# DEUDORES INCUMPLIDOS

INCLUYE GUÍA DE ESTUDIO
(Primera Fase)

# DEUDORES INCUMPLIDOS

La Iglesia ante el Desafío de Romanos 1:14

TOMO I

Diagnóstico, Fundamentos Teológicos y Diseño Ministerial

GUILLERMO FERNÁNDEZ

Deudores Incumplidos: La Iglesia ante el Desafío de Romanos 1:14

Autor
Guillermo Fernández
D. Min (Midwestern Baptist Theological Seminary)
Master of Theological Studies (Indiana Wesleyan University)

Diseño
Deyanire Musa

Cita recomendada
Deudores Incumplidos: La Iglesia ante el Desafío de Romanos 1:14. Miami, FL, 2024.

Nro. de registro Library of Congress
978-1-958547-15-1

Así alumbre vuestra luz delante de los hombres,

para que vean vuestras buenas obras,

y glorifiquen a vuestro Padre que está en los cielos.

– Jesús

# ÍNDICE

# ABREVIATURAS

## LIBROS DE LA BIBLIA

Gn. – Génesis
Ex. – Éxodo
Lv. – Levítico
Nm. – Números
Dt. – Deuteronomio
Jos. – Josué
Jue. – Jueces
Rt. – Rut
1–2 S. – 1–2 Samuel
1–2 R. – 1–2 Reyes
1–2 Cr. – 1–2 Crónicas
Esd. – Esdras
Neh. – Nehemías
Est. – Ester
Job. – Job
Sal. – Salmos
Pr. – Proverbios
Ec. – Eclesiastés
Cnt. – Cantares
Is. – Isaías
Jer. – Jeremías
Lm. – Lamentaciones
Ez. – Ezequiel
Dn. – Daniel
Os. – Oseas
Jl. – Joel
Am. – Amós
Abd. – Abdías
Jon. – Jonás

Mi. – Miqueas
Nah. – Nahúm
Hab. – Habacuc
Sof. – Sofonías
Hag. – Hageo
Zac. – Zacarías
Mal. – Malaquías

Mt. – Mateo
Mr. – Marcos
Lc. – Lucas
Jn. – Juan
Hch. – Hechos
Ro. – Romanos
1–2 Co. – 1–2 Corintios
Gá. – Gálatas
Ef. – Efesios
Fil. – Filipenses
Col. – Colosenses
1–2 Ts. – 1–2 Tesalonicenses
1–2 Ti. – 1–2 Timoteo
Tit. – Tito
Flm. – Filemón
He. – Hebreos
Stgo. – Santiago
1–2 P. – 1–2 Pedro
1–2–3 Jn. – 1–2–3 Juan
Jud. – Judas
Ap. – Apocalipsis

## GENERAL

d. C. – después de Cristo (en el año de nuestro Señor)
cf. – compárese
cap(s). – capítulo(s)
dis. – disertación
Ed (s). – editor(es), editado por, edición
esp.– especialmente
et al. – y otros
Ibid. – ibidem, en el mismo lugar
ídem – lo que se mencionó anteriormente
n. – nota
NT – Nuevo Testamento
AT – Antiguo Testamento
p. – página
pp. – páginas
rev. – revisado(a)
trad. – traductor, traducido por
v(vv). – versículo(s)

## VERSION DE LA BIBLIA

RVR60 – Reina-Valera 1960-Revisada 1960

AVM – Acción-Valor-Ministerio

ILTH – Iglesia Local Tradicional Hispana

PI*5frentes*ILTH – Proceso de Integración de los cinco frentes de la ILTH

**Nota: Sigue el Formato de las abreviaturas españolas de las Sociedades Bíblicas Unidas.*

# PRÓLOGO

El doctor e ingeniero Guillermo Fernández ha cumplido con una deuda al publicar este libro. La oportunidad que Dios le concedió al permitirle acumular conocimientos técnicos y teológicos y, posteriormente, recibir una amplísima formación Bíblica y Teológica, le obligaba a compartir, investigar y enseñar.

En cierta forma, la publicación de este primer tomo se convierte, para mí, en la oportunidad de acercarme a cumplir la deuda que contraje al disfrutar de un privilegio concedido por el autor: me refiero a la misión de trabajar junto a él en algunos de sus proyectos.

Y todos tenemos una gran deuda que cumplir, primero con Dios y luego con aquellos que nos acompañan "... en la defensa y confirmación del Evangelio...". Ese mismo pasaje nos recuerda una gran bendición al proclamar: "*... todos vosotros sois participantes conmigo de la Gracia.*" (Fil. 1:7). La Gracia de Dios nos hermana y constituye la primera cualificación para servirle.

Cuando Fernández, en su condición de candidato doctoral, inició sus reuniones conmigo —es decir, con un viejo profesor de seminarios teológicos e investigador universitario— comprendí que el futuro doctor reunía todas las condiciones requeridas para los niveles académicos que perseguía.

Además de conocer algunos de sus ensayos previos, algo no del todo inesperado me aguardaba en el proceso. Al ir emitiendo opiniones basadas en viejas experiencias personales y al hacer observaciones sobre aspectos de la investigación que estaba llevando a cabo, fui recibiendo sorpresa tras sorpresa. En cuestiones fundamentales, Guillermo se mostraba como un investigador mucho más cualificado que este anciano historiador.

Hoy, con el libro terminado, puedo asegurar que nos enfrentamos a un esfuerzo de carácter enciclopédico que cambiará de manera radical ciertas interpretaciones, enfoques y métodos utilizados por quienes hemos trabajado en la obra cristiana e investigamos acerca de su pasado, presente y futuro.

El libro que llega ahora a vuestras manos constituye un

recurso que se proyecta en múltiples direcciones. Por eso lo hemos identificado
con un carácter enciclopédico. A partir de ahora, prescindir de este texto sería renunciar al necesario enfrentamiento con profundas realidades y desechar, así, excelentes oportunidades de beneficio para toda la comunidad cristiana.

Cuánto hubiera deseado añadir este esfuerzo —tan inmensamente abarcador— a los magníficos materiales para entrenamiento pastoral que recibí durante un excelente programa académico de los Bautistas del Sur, el cual completé como estudiante a mediados de la década de 1960. Sin duda, habría podido ampliarlos con los aportes de esta obra.

Y no solo en materia de entrenamiento pastoral se evidencia su utilidad. Se trata de un amplio estudio de la situación religiosa actual, sustentado por datos que hasta ahora no habíamos tenido a disposición y que alcanzan los más altos niveles de rigurosidad.

La investigación es tan vasta que describirla adecuadamente exigiría la publicación de una extensa introducción adicional. Esa misma dificultad la enfrentó el autor al ordenar cuidadosamente los materiales para que el lector estudioso los aproveche al máximo.

Aquel que se disponga a penetrar seriamente en el estudio detallado de este contenido podrá ir comprendiendo no solo el alcance, sino también la especificidad y la aplicación posible en múltiples asuntos. Enfrentar estos desafíos se convierte en un ejercicio obligatorio dentro del período histórico que nos ha tocado vivir.

Entremos, entonces, en materia, intentando acercarnos a secciones y detalles de este material, el primero que pone en perspectiva las realidades de la obra cristiana en nuestro propio tiempo y en nuestro idioma castellano. Se trata de un trabajo que debe incluirse, cuanto antes, en los programas más serios de formación pastoral: aquellos que no temen considerar el entorno real en el que nos desenvolvemos.

Para abordar plenamente los métodos evangelísticos utilizados en las últimas décadas, se impone considerar otro tema vital que no puede separarse del anterior: el discipulado. Este ha sido descuidado, en ocasiones, por muchas congregaciones cuyos líderes —a veces por exigencias denominacionales— priorizan la búsqueda de cifras impresionantes de asistencia a cultos y programas.

Si bien estos asuntos son fundamentales, no deben reemplazar ni subestimar de manera significativa otra gran misión encomendada por el mismo Jesucristo a Su Iglesia: el discipulado, es decir, la formación de verdaderos seguidores del Evangelio.

La urgente necesidad de discípulos comprometidos, en medio de una sociedad cada vez más secularizada, hace que el presente trabajo de Fernández se adentre en la realidad del entorno. El panorama social actual, donde se desarrollan los proyectos pastorales y misioneros, ocupa un papel determinante en el proceso.

No vivimos ya en épocas donde ciertos valores eran no solo respetados, sino también destacados. No es realista pretender habitar en periodos pasados de nuestra propia historia. Los valores no cambian, pero el entorno sí los distorsiona.

A la par que resalta la intervención de Dios en todos los detalles, este trabajo de investigación describe minuciosamente el tipo de sociedad y tiempo histórico en que se desarrolla hoy la obra cristiana. Lo anterior no altera lo que es permanente.

Una lectura del libro de los Hechos de los Apóstoles confirma lo que aquí se analiza. La actitud —y especialmente el trabajo misionero— del apóstol Pablo refleja su profundo entendimiento de los factores religiosos y sociales de su tiempo. Ya no era la época del patriarcado Bíblico ni del período intertestamentario.

Tampoco nosotros vivimos en la era de la Reforma del siglo XVI, ni en el gran Avivamiento del siglo XVIII en territorios de habla inglesa, ni en los movimientos pietistas de Europa, ni en el ambiente inspirador de las sociedades misioneras del siglo XIX.

Sin embargo, en medio de cambios y convulsiones, podemos recordar a nuestros contemporáneos esas palabras imborrables: "Jesucristo, el mismo ayer, hoy y por los siglos" (He. 13:8). En lo personal, no me canso de mencionarlas.

Quien estudie seriamente el fenómeno que nos ocupa

necesita adquirir plena consciencia de la sociedad en que desarrolla su ministerio. Aunque alguien pudiera minimizar el uso de estadísticas, estas resultan indispensables, y el autor las aplica tanto en la práctica ministerial como en el desarrollo de su estudio. Con ellas aprendemos realidades que en ocasiones pasan inadvertidas.

Me atrevo a asegurar que son pocos los conscientes de cuán profundamente está dividida esta sociedad, no solo en asuntos políticos, sino también en cuanto a afiliación religiosa. Nos corresponde vivir en una época de pluralismo, apreciada en líneas generales por quienes promueven la tolerancia y el entendimiento, pero acompañada del peligro de permitir la entrada de ideas altamente contrarias al propósito del cuidado pastoral, la evangelización y las misiones.

Fernández, deseoso de despejar toda duda, acude a datos indispensables que ofrece tanto en el texto como en los apéndices. Ninguna investigación seria debe limitarse a reconocer diferencias; debe proceder a compararlas para obtener una visión más clara.

Regresando brevemente a los apéndices, considero que el doctor Fernández nos enriquece con ellos. Tras medio siglo de cátedra e investigación, confieso ahora mi propia insuficiencia por no haber conocido datos relacionados con el cuidado pastoral y con la formación y crecimiento de nuevas iglesias.

Esto se relaciona con otro problema frecuente: en el ámbito religioso, muchos han cerrado sus oídos y corazones, impidiendo que los creyentes participen activamente en la obra más allá de imitar modelos pastorales o misioneros.

La obra de Dios no se beneficia del culto a la personalidad, ni de pretensiones de infalibilidad. Lo resumo así: escuchemos y compartamos; siempre habrá mucho que aprender.

-Dr. Marcos A. Ramos
Miami, Florida
Julio 2024

**N**ota del autor:
Aunque esta publicación presenta únicamente el Tomo I, el Dr. Marcos A. Ramos tuvo acceso al manuscrito completo de la obra al momento de realizar su revisión. Por esta razón, su prólogo refleja una comprensión integral del proyecto en su totalidad.

# INTRODUCCIÓN

## DEUDORES INCUMPLIDOS

(El adeudo de la Iglesia frente al Evangelio)

Pablo se autodenomina como deudor en varias de sus cartas del Nuevo Testamento, especialmente en la epístola a Los Romanos. En (Ro. 1:14) Pablo reconoce que es deudor tanto a los griegos como a los no griegos, a los sabios como a los no sabios. Su comprensión de la Gracia divina y de la comisión que Dios le confió le dio un sentimiento de deuda. La transición de perseguir a los cristianos a uno de los apóstoles más destacados le pareció un cambio tan increíble que lo convenció de que era el hombre que Dios había destinado para llevar el evangelio de Jesucristo a todas las personas, sin distención de origen o estatus.[1]

Alrededor de esta convicción gira el concepto de deuda que Pablo asumía. Él no se refería a una deuda financiera, sino a una deuda moral y espiritual.[2] Su nueva vida —otorgada por Dios como acto de transformación y redención— le infundió un sentido instintivo de responsabilidad hacia todos.[3] Su deuda ética estaba entonces con la humanidad, fundamentada en la universalidad de la buena noticia salvadora del Evangelio, la cual había recibido como encargo apostólico, tanto a judíos como a gentiles.[4]

La iglesia actual, siguiendo el ejemplo de Pablo, también es deudora moral y espiritualmente frente a la humanidad. Este sentimiento de deuda debería impulsarnos a compartir el evangelio de manera inclusiva y universal, reconociendo, que hemos recibido una Gracia inmerecida y, que, por ello, estamos llamados a transmitirla con la misma urgencia y responsabilidad.[5]

Otro pasaje que refleja este principio es (Gá. 5:13–14). Aunque no utiliza la palabra "deuda", el apóstol enseña que los creyentes están moralmente comprometidos los unos con los otros por medio del amor. Es, por tanto, una deuda de amor.[6]

Finalmente, la palabra "*Urgencia*", que aparece de forma tenue tanto en la parte superior e inferior del centro de la "Portada", simboliza dos elementos clave en la misión contemporánea de la iglesia: la unión y la urgencia. La *unión* representa la necesidad de que el cuerpo de Cristo actúe conjuntamente, movilizando sus dones y recursos para enfrentar los desafíos actuales con una visión coherente y transformadora. La urgencia, por su parte, expresa la necesidad impostergable de intervenir con liderazgo contextual y dinámico para recuperar la relevancia del testimonio cristiano en una sociedad que cambia aceleradamente.[7] Ambas palabras convergen como un llamado ineludible a una acción eclesial proactiva, encarnada y profundamente comprometida.

## LA IGLESIA ANTE EL DESAFÍO DE ROMANOS 1:14

La inscripción «La Iglesia y el desafío de Romanos 1:14» destaca la coherencia entre la misión de la Iglesia y su vocación actual. Romanos 1:14 invita a una profunda reflexión sobre el verdadero papel de la Iglesia en el mundo actual. El sentido de deuda que Pablo expresa hacia griegos y no griegos, sabios e insensatos, desafía a la comunidad cristiana a reevaluar su función como agente de Dios para bendecir, influir y fortalecer la sociedad.[8]

En consecuencia, la Iglesia, frente a este "desafío", debe redescubrir y reafirmar sus vínculos con las enseñanzas del Evangelio. Esto implica ofrecer una respuesta de fe auténtica, contextual y relevante para la cultura actual, integrándose activamente en su entorno social.[9] Para ser más precisos, la era del culto dominical introspectivo ha terminado.[10] La Iglesia está llamada a dejar su metafórica "vestimenta dominical" y adoptar una mentalidad de misión continua durante toda la semana: vivir con empatía, inclusión, acción y presencia.[11] La relevancia de este punto no solo refleja lo que la Iglesia es hoy, sino que apunta a lo que está llamada a ser en su glorioso futuro.[12]

## EL FUTURO HÍBRIDO DE LA IGLESIA: DESAFÍOS Y OPORTUNIDAD EN LA ERA DIGITAL

### Introducción

La iglesia atraviesa una transición hacia una nueva era relacional marcada por tecnologías digitales e inmersivas. Este escenario plantea un desafío decisivo: adaptarse con discernimiento y fidelidad al evangelio o arriesgarse a perder relevancia para las nuevas generaciones.[13] No se trata de seguir tendencias, sino de reconocer que la misión también exige presencia responsable en los espacios donde hoy se desarrolla la vida humana. Sin una reflexión crítica sobre este futuro híbrido, la iglesia puede ver debilitada su capacidad de formar comunidad, proclamar el Evangelio y discipular con profundidad.[14]

## Desafíos Claves

1. Mediatización y secularización:

La digitalización introduce tensiones teológicas, comunitarias y éticas que requieren discernimiento. La mediatización de la fe puede reducir la experiencia espiritual a un espectáculo, diluyendo el sentido de lo sagrado y debilitando la verdad Bíblica.[15]

2. Abandono de la dimensión comunitaria:

Asimismo, una iglesia centrada exclusivamente en lo virtual corre el riesgo de erosionar la vida comunitaria, sustituyendo la comunión real por una participación pasiva y aislada.[16]

3. Desafíos éticos y de seguridad digital:

El entorno digital también plantea desafíos éticos relacionados con la privacidad, la protección de menores y el uso responsable de datos, exigiendo que la iglesia sea un espacio seguro incluso en lo virtual.[17]

4. Comercialización de la fe:

A esto se suma la tentación de comercializar la fe mediante estrategias de marketing que privilegian la popularidad sobre la profundidad teológica, comprometiendo la integridad del testimonio cristiano.[18]

5. Exclusión digital y Pérdida de autoridad espiritual:

Además, la exclusión digital puede marginar a comunidades sin acceso tecnológico,[19] mientras que la sobreabundancia de voces en línea puede debilitar la autoridad espiritual y la formación pastoral.[20]

7. Sostenibilidad financiera y Brechas generacionales:

La sostenibilidad financiera de las plataformas digitales y las brechas generacionales entre jóvenes digitalizados y adultos mayores poco familiarizados con la tecnología[21] completan un panorama que demanda planificación, cooperación e integración intergeneracional.[22]

## Oportunidades Estratégicas

1. Uso inteligente de tecnologías virtuales:

Desde la pandemia, muchas iglesias han utilizado Zoom, redes sociales y plataformas digitales para servicios, estudios Bíblicos y oración. Esto debe continuar con excelencia, formación técnica y pastoral, acompañando a los miembros en su uso ético y espiritual.

- *Talleres formativos*: Capacitación para líderes y miembros en ética digital, reverencia y participación significativa.
- *Nuevas herramientas*: Realidad aumentada (AR) y virtual (VR) pueden ofrecer formas creativas de enseñar historias Bíblicas o visualizar conceptos espirituales.[23]

2. Rediseño de espacios físicos:

Aunque el futuro es híbrido, los espacios presenciales siguen siendo esenciales.

- *Diseño flexible*: Salas modulares y equipadas tecnológicamente.
- *Centros tecnológicos*: Espacios para miembros sin acceso digital, integrándolos a la comunidad global.[24]

3. Servicios híbridos e interconectados:

La Iglesia puede ofrecer reuniones presenciales y virtuales sincronizadas.

- *Estaciones de participación*: Puntos donde asistentes presenciales interactúan con creyentes conectados.
- *Programación global*: Adaptación a diferentes zonas horarias y contextos culturales.[25]

4. Ampliación de la audiencia y colaboración global:

La iglesia puede trascender fronteras y conectar con creyentes de otras culturas.

- *Alianzas globales*: Enriquecimiento mutuo.
- *Proyectos conjuntos*: Evangelismo, ayuda humanitaria, discipulado.[26]

5. Nuevas formas de adoración y creatividad espiritual:

La tecnología abre posibilidades para experiencias significativas de fe.

- *Eventos virtuales temáticos*: Celebraciones en entornos inmersivos.
- *Arte digital cristianos*: Música, imágenes, testimonios.[27]

6. Conexión, mentoría y servicio comunitario:

Una iglesia digital no puede perder su vocación de discipulado y amor práctico.

- *Mentores virtuales*: Acompañamiento pastoral a distancia.
- *Grupos de afinidad*: Estudios Bíblicos en línea con sentido comunitario. [28]
- *Presencia física en el servicio*: La acción social, la distribución de alimentos o la atención a necesitados sigue siendo vital para el testimonio cristiano.

7. Optimización digital para sostenibilidad:

El uso digital reduce costos operativos, facilita la administración y amplía el impacto misionero.[29]

## Conclusión

El futuro de la iglesia será híbrido, integrador y desafiante. Frente a esta transformación, se requiere una actitud pastoral profética: discernir los tiempos, abrazar la tecnología con responsabilidad, y mantener el corazón centrado en Cristo.[30] El reto no es solo estar presentes en los nuevos espacios, sino formar discípulos auténticos, conectados a Dios y a la comunidad, en cuerpo y en espíritu.[31]

# INTEGRACIÓN DEL MINISTERIO ECLESIAL - LAICO: DINÁMICA DE CONEXIÓN Y EXPANSIÓN EN LA IGLESIA CONTEMPORÁNEA

La iglesia contemporánea está llamada a un enfoque ministerial renovado que integre de manera estratégica el ministerio desarrollado en la iglesia local con el ministerio ejercido por los creyentes en sus vocaciones laicas, superando las barreras tradicionales que han fragmentado su misión. Esta integración busca generar vínculos profundos entre las personas y Dios, entre los creyentes entre sí, y con la ciudad, la cultura y el Movimiento de Iniciación de Iglesias (MII), entendido no como una tarea adicional, sino como una función orgánica de la vida eclesial, equiparable a la adoración, la evangelización, la enseñanza y la comunión.

Este paradigma desplaza una estructura centrada solamente en el liderazgo pastoral hacia un modelo ministerial participativo, donde todos los creyentes son capacitados para vivir su vocación tanto en el ámbito eclesial como en sus contextos sociales, culturales y laborales. Así, la misión deja de ser una función delegada y se convierte en una responsabilidad colectiva, recuperando la esencia y el dinamismo de la iglesia primitiva, particularmente el modelo paulino de misión contextualizada.

La incorporación activa del ministerio laico, articulada desde la propia estructura eclesial, representa una evolución natural del proceso de integración ministerial. Este enfoque permite a la iglesia responder con relevancia a los desafíos de la era actual sin renunciar a su fundamento Bíblico, fortaleciendo su presencia pública y su capacidad transformadora.

En este marco, la Fundamentación Bíblica resulta decisiva en la formación de los líderes del Equipo Vocacional de Conexión (EVC), quienes desempeñan un papel clave en el desarrollo de un ministerio integrador. La articulación entre fe y trabajo, así como entre adoración, evangelización y misión, se expresa como una práctica visible de una iglesia orientada hacia fuera, que encarna una fe activa en medio de la sociedad. De este modo, el ministerio integrador se afirma como una expresión equilibrada entre espiritualidad y acción, entre la Palabra revelada y la realidad vivida.

## RESUMEN CONSOLIDADO DE LAS LITERATURAS ESTUDIADAS

A partir del esquema de la Primera Fase del proyecto, y en coherencia con la exposición general de la Segunda y Tercera Fase proyectadas, el contenido de este estudio se integra en el *Manual del Estudiante*, el cual será desarrollado y ampliado en el próximo libro. La investigación se fundamenta en un conjunto de obras clave orientadas a la formación de líderes eclesiales y laicos, así como al desarrollo de una misión cristiana contextualizada, urbana y apologéticamente sólida.

De manera central, destacan las contribuciones de Timothy Keller, cuyas obras *Iglesia Centrada*, *Toda Buena Obra*, *El Dios Pródigo*, *Ministerio en la Ciudad* y el *Manual para Plantadores de Iglesias* (junto a J. Allen Thompson) ofrecen un marco teológico integral para la edificación de iglesias saludables, centradas en el evangelio y culturalmente contextualizadas. Estos trabajos subrayan la necesidad de integrar fe, trabajo, cultura, ciudad y misión como una unidad inseparable.

Junto a En diálogo con Keller, los aportes de Darrow L. Miller (*Vocación y Llamado*) y Nancy Pearcey (*Verdad Total*) profundizan en una cosmovisión cristiana aplicada al trabajo y la cultura, desafiando la privatización de la fe. A su vez, Mark Greene, con *Transforma tu Trabajo*, provee herramientas prácticas para encarnar esta integración en la vida cotidiana del creyente.

Complementando este núcleo, los estudios apologéticos de Antonio Cruz, C. L. Miller, Rainer Siemens, Delmer y Wiebe ofrecen enfoques Bíblicos y culturales que fortalecen la capacidad de la iglesia para responder a los desafíos filosóficos contemporáneos, en contextos posmodernos.

Finalmente, para quienes deseen profundizar en los desafíos actuales del ministerio cristiano en entornos urbanos y poscristianos, se propone un conjunto de literaturas complementarias que amplían y enriquecen el marco teórico y práctico de este estudio:

- *Ministerio en la Ciudad* (Timothy Keller), sobre liderazgo eclesial urbano.
- *Gospel in Life* (Redeemer Presbyterian Church), sobre cómo la Gracia transforma la cultura.
- Lesslie Newbigin, con su enfoque misionero en sociedades secularizadas.
- *ChurchNext* (Eddie Gibbs), sobre los cambios cuánticos en la praxis eclesial contemporánea.
- *The Forgotten Ways* (Alan Hirsch), que llama a redescubrir estructuras misionales más flexibles.

En conjunto, estas literaturas –tanto principales como opcionales– ofrecen un marco teológico, apologético y estratégico para el desarrollo de un ministerio integrador, contextualizado y preparado para los retos de la iglesia en el siglo XXI.

En este libro, *Deudores Incumplidos: Romanos 1:14*, las literaturas estudiadas como fuentes agregadas ofrecen una rica variedad de perspectivas y enfoques sobre el ministerio de integración, así como sobre los fundamentos y la defensa de la fe cristiana en contextos culturales diversos.

## LA IMPORTANCIA DE INTEGRAR LA FE Y EL TRABAJO EN LA VIDA SOCIAL DE LA IGLESIA

Integrar la primera fase —la fe y el trabajo en la vida social, así como la adoración y la evangelización—, es fundamental para conectar a Dios con la ciudad, a partir de la predicación pastoral, es fundamental para encarnar el evangelio en la cotidianidad. Esta conexión permite a los creyentes vivir con coherencia, propósito y testimonio en todos los ámbitos, incluido el laboral. Además, promueve una comunidad solidaria, ética y transformadora, que impacta no solo a la iglesia, sino también a la sociedad en su conjunto.

Integrar esta primera fase, fortalece la coherencia entre la vida espiritual y la actividad diaria, permitiendo que tanto los eclesiales como laicos vivan su vocación con propósito (Ef. 2:10). Esta integración no solo genera testimonio visible en el entorno (Mt. 5:16), sino que también impulsa la justicia social (Am. 5:24), promueve la solidaridad dentro de la comunidad cristiana (Gá. 6:2), y favorece el desarrollo personal y espiritual (Pr. 27:17). Aplicar principios Bíblicos dentro de la iglesia y fuera de la iglesia contribuyen a transformar estructuras

sociales de forma ética y sostenible, reflejando el Reino de Dios en la vida cotidiana y eclesial (Col. 3:23). Así, la iglesia se convierte en un agente de esperanza, propósito y renovación para la sociedad.

## CONCLUSIÓN

Este trabajo exhorta a pastores y creyentes a integrar la fe en todas las áreas de la vida, particularmente en el trabajo y la cultura, inspirándose en el modelo de la iglesia de Éfeso y en la visión centrada en el evangelio de Timothy Keller. Mediante un liderazgo compartido y una cosmovisión Bíblica aplicada, se propone una renovación misional de la iglesia en el contexto poscristiano, integrando adoración, vocación y acción social bajo la guía del Espíritu en su primera fase.

En la realidad contemporánea, la falta de relevancia, apertura y conexión cultural ha llevado a percibir a la iglesia como distante de las preocupaciones reales de la sociedad. Esta desconexión limita su capacidad de influencia cultural, debilita el diálogo con quienes piensan distinto y empobrece el ejercicio de la misión.

Frente a este desafío, el proyecto invita a redescubrir el propósito divino que da sentido tanto al trabajo cotidiano como a la adoración y la evangelización desde el púlpito, ofreciendo principios Bíblicos y estrategias prácticas. Que cada página fortalezca a líderes eclesiales y laicos en este camino de integración, iluminados por la Gracia y la verdad del evangelio.

## AGRADECIMIENTO

Expreso mi más profundo respeto y gratitud a todos aquellos cuyas ideas y experiencias fueron esenciales en la conformación de este libro. Agradezco a *Indiana Wesleyan University* la bendición de estudiar una maestría de estudios teológicos y al *Midwestern Baptist Theological Seminary* por la oportunidad de obtener un doctorado en "Ministerio y Liderazgo", representando a la comunidad hispana. También valoro el liderazgo del *Dr. Bobby Sena* y su equipo, quienes han impulsado con entusiasmo la formación de líderes eclesiásticos y laicos hispanos para establecer una iglesia influyente en la era poscristiana.

Deseo manifestar mi más sincero apreció al *Pastor Francisco Rodríguez,* quien posee una maestría en *Teología Bíblica*, cuyo apoyo espiritual ha sido vital para el desarrollo de este trabajo.

Agradezco enormemente al *Dr. César Pérez-Olivero*, cuya orientación y apoyo constante fueron fundamentales en cada fase de la tesis que antecedió a este trabajo. Su amplio conocimiento y perspectiva enriquecedora no solo intensificaron mi pasión, sino que también ampliaron mi visión en este campo de estudio.

Mi agradecimiento al *Dr. Eduardo Delás Segura* por su participación como lector preliminar de este manuscrito. Sus observaciones críticas y recomendaciones precisas han sido esenciales para refinar y profundizar el análisis presentado en este trabajo.

Un reconocimiento especial al *Dr. Marcos Antonio Ramos,* revisor y lector final de este libro, cuya agudeza y meticulosidad han sido cruciales para pulir este texto hasta su versión definitiva. Su escrutinio detallado y sus valiosas aportaciones han mejorado significativamente tanto el contenido como la claridad del libro, además de su valiosa amistad, desprovista de extremos y egocentrismo.

También valoro profundamente el apoyo de mis hijos, nueras y nietos, cuyo amor y cuya paciencia han sido esenciales para sobrellevar las exigencias de tiempo que este proyecto ha requerido, especialmente a mis nietos, *Emily Fernández*, *Mathew Verdecia*, *Bella Betancourt* **y** *Lucas Fernández*. A mi hijo y nuera, *Eric Fernández y Mariana Fernández*. por su dedicación y liderazgo en llevar nuestra empresa familiar hacia nuevos horizontes; a mi hijo y nuera, *Guillermo Jr. Fernández y Dailet Fernández*; y a mi hija *Cynthia Fernández*, mi primera princesa, por su constante disposición a ofrecer apoyo. Cada uno de ellos me ha brindado un respaldo valioso y firme a lo largo de esta jornada. Mi ferviente deseo es que puedan desarrollar una práctica cristiana coherente en sus respectivos ámbitos profesionales, con el fin de desplegar la fuerza transformadora del evangelio, enriqueciendo así sus vidas y el entorno que los rodea.

Finalmente, mi eterno agradecimiento a Dios y a mi esposa, *Eurídice Fernández*, cuyo apoyo incondicional, junto con sus valiosas lecturas, revisiones e ideas sobre el manuscrito, han sido fundamentales ante los desafíos enfrentados durante esta investigación. Su amor y comprensión han sostenido este viaje académico.

## Integración de la Fe y el Trabajo

La integración de la fe y el trabajo desde una perspectiva eclesiástica, que ha sido un tema de interés y acción dentro de la Iglesia Cristiana a lo largo de su historia, ha evolucionado en diferentes formas según el contexto histórico, teológico y cultural. Sin embargo, el movimiento moderno que explícitamente busca integrar la fe con el trabajo y ver la vocación laboral como una parte esencial del llamado cristiano ganó una notable prominencia en las últimas décadas del siglo XX, particularmente en los años 80 y 90, cuando comenzaron a surgir organizaciones, conferencias y ministerios dedicados a investigar y promover esta integración.

Este interés se intensificó debido a los cambios en la economía mundial, el crecimiento de la era de la información y un aumento del deseo entre los cristianos de encontrar significado y propósito en su trabajo más allá de la simple supervivencia o el éxito económico en una sociedad como los EE. UU., caracterizada por el escepticismo hacia las narrativas metafísicas y la declinación de la influencia cristiana en la vida pública y cultural.[32]

Organizaciones como *"Theology of Work Project"*, *"Center for Faith & Work"* de Redeemer Presbyterian Church en Nueva York (fundado por Tim Keller y Katherine Leary Alsdorf a principios del siglo XXI), y *Faith-Driven Entrepreneur* son ejemplos de cómo la Iglesia ha buscado abordar esta integración en los últimos tiempos. Además, la publicación de libros y materiales relacionados con el tema ha ayudado a popularizar y profundizar la discusión sobre la fe en el lugar de trabajo entre los fieles.

No obstante, actualmente no se percibe una orientación en la gran mayoría de las iglesias hispanas de Miami hacia la "integración de la fe con el trabajo cotidiano", además de un rediseño eclesial tanto dentro como fuera. Se observa que muchos pastores se enfocan más en servir a los miembros de la comunidad interna que aplicar la fe en el mundo exterior. Los líderes de estas congregaciones no reconocen las complejidades del mundo moderno, ni cómo las estructuras culturales e industriales podrían servir como centros de fe cristiana. Esto llevó a que la práctica de la fe se relegue a actos simbólicos o puntos de vista políticos, en lugar de una integración profunda y exitosa en la vida diaria y profesional.

## Origen de Múltiples Causas [33]

En el proceso de discernir las razones detrás del estancamiento de muchas iglesias tradicionales, emerge una red compleja de factores interconectados que trascienden lo puramente doctrinal. Este listado de causas no pretende emitir juicio, sino ofrecer una mirada crítica, pastoral y contextualizada sobre las raíces de la ineficacia misional en contextos poscristiano, especialmente dentro de comunidades hispanas.

A través de estas causas se evidencian patrones de autoconservación, falta de contextualización, estructuras de liderazgo inflexibles y una profunda desconexión entre la fe, el trabajo y la cultura. Identificarlas representa un primer paso hacia la renovación eclesial, permitiendo a los líderes reflexionar, corregir el rumbo y avanzar hacia una iglesia verdaderamente centrada en el evangelio y comprometida con su ciudad.

Las causas son:

1. Autoconservación institucional: Prioriza su estabilidad interna antes que su misión externa.
2. Imagen idealizada: Busca parecerse a iglesias modelo más que responder a su propio contexto.
3. Arrogancia organizacional: Orgullo eclesial que bloquea la autocrítica y la apertura.
4. Neofobia: *Rechazo al cambio* por temor a perder identidad.
5. Falta de visión clara: Deseo de crecer sin estrategias viables o planificación efectiva.
6. Presupuesto desequilibrado: Inversión desproporcionada en salarios y mantenimiento interno.
7. Misión reducida a eventos: Misiones vistas como viajes anuales sin integración local.
8. Justificación institucional: Declararse iglesia misionera sin impacto real en su entorno.
9. Liderazgo pastoral solitario: Control excesivo sin participación congregacional.
10. Toma de decisiones limitada: Reuniones dominadas por asalariados o pocos miembros activos.

11. Presiones económicas del pastor: Temor al futuro laboral que impide visión misional.
12. Control centralizado: El liderazgo ignora la sabiduría y participación del laicado.
13. Desconexión ministerial: Miembros con llamado son marginados por la estructura interna.
14. Cultura de obediencia pasiva: Las peticiones de cambio son vistas como rebeldía.
15. Trabajo visto como empleo común: Se pierde el sentido vocacional del ministerio.
16. Misión limitada: Enfoque en el culto tradicional, no en el servicio a pobres y necesitados.
17. Falta de servicio comunitario: No se educa ni moviliza a la iglesia hacia la acción social.
18. Ausencia de alianzas estratégicas: No se conecta con ONGs ni otras iglesias.
19. Rechazo a iniciativas sociales: Temor a comprometer los valores por alianzas externas.
20. Recursos mal gestionados: No se desarrollan programas eficaces de ayuda directa.
21. Resistencia cultural: Incapacidad para adaptarse a realidades urbanas y multiculturales.
22. Desconexión con la comunidad: La iglesia pierde impacto e influencia en su ciudad.
23. Desvinculación de la vocación: No se ve el trabajo como parte del llamado cristiano.
24. Dualismo fe-trabajo: Separación entre espiritualidad dominical y vida semanal.
25. Teología de la prosperidad: Éxito económico reemplaza el llamado al servicio.
26. Falta de liderazgo práctico: Formación teológica sin entrenamiento organizacional.
27. Pérdida de credibilidad: Testimonio débil frente a la ciudad y la cultura.
28. Cambio demográfico ignorado: No se contextualiza ante una sociedad más diversa.
29. Desconocimiento del mundo empresarial: Miedo a nuevos métodos de sostenibilidad.

30. Educación teológica desconectada: Formación sin conexión con la acción práctica.
31. Miedo al compromiso con el Estado o empresa: Temor de perder la identidad espiritual.
32. Modelos heredados sin discernimiento: Se repiten estructuras sin evaluación contextual.
33. Falta de discipulado integral: La enseñanza se limita al aula y no llega al estilo de vida.
34. Liderazgo sin formación intercultural: Falta de preparación para contextos plurales.
35. Tecnología no aprovechada: Poca adaptación al mundo digital y laboral remoto.
36. Falta de creatividad pastoral: Repetición de métodos sin evaluación ni innovación.
37. Desmotivación espiritual: El ministerio pierde pasión al no ver transformación social.

### Conclusión del Diagnóstico

Este diagnóstico sintetiza múltiples factores que contribuyen al estancamiento de muchas iglesias tradicionales, especialmente en contextos hispanos y urbanos. Lejos de ser una crítica condenatoria, busca ofrecer una base clara para la reflexión pastoral, la reforma estructural y la renovación espiritual.

Reconocer estas causas no solo permite identificar obstáculos, sino también vislumbrar caminos de transformación. Una iglesia saludable será aquella que, guiada por el Espíritu y anclada en la Palabra, sepa integrar su fe con la vida, abrirse al cambio con discernimiento, y volver a su misión esencial: encarnar el evangelio con verdad, gracia y justicia en cada rincón de su comunidad.

## NAVEGANDO EN LA POSMODERNIDAD: ESTRATEGIA PARA REVITALIZAR LA IGLESIA EN LA ERA POSCRISTIANA[34]

En esta era marcada por el escepticismo, la relativización de la verdad y el abandono progresivo de los valores cristianos tradicionales, la Iglesia Tradicional Local (ITL) enfrenta el desafío de mantener su relevancia. La cultura posmoderna y poscristiana, especialmente en países como Estados Unidos, ha desplazado el cristianismo del centro de la ética pública, reduciendo su influencia y asistencia congregacional.

## Desafíos para la Iglesia

El pluralismo, la autonomía individual y la secularización exigen a la iglesia una reevaluación profunda de su papel. Su impacto público ha disminuido, y muchos la perciben como desconectada de la realidad actual.

## Estrategia de Integración

Una propuesta clave es formar líderes que combinen competencia ministerial con preparación profesional en el mundo secular. Esta dualidad les permitiría tener ingresos independientes, liberar fondos congregacionales y reinvertir en misión y servicio social. A su vez, aumentaría su integridad, testimonio y conexión con la sociedad.

## Implementación de un Modelo de Liderazgo Dual

(Un llamado, dos formas de servicio)

El modelo de liderazgo dual — pastores, líderes, y laicos sirven en la iglesia y trabajan en el mundo secular— es una respuesta viable y urgente. Este enfoque ofrece múltiples beneficios:

1. Reducción de Costos: Permite liberar fondos para la obra misionera y la acción social, fortaleciendo la presencia e impacto de la iglesia.
2. Autenticidad y Relevancia: Los líderes eclesiales, líderes laicos, y en general, cristianos que viven en el entorno laboral cotidiano pueden conectar mejor con los desafíos reales de sus comunidades.
3. Sustentabilidad Económica: Reduce la dependencia financiera de la iglesia, permitiendo más recursos para expansión y ministerios activos.
4. Expansión del Ministerio: Facilita la plantación de iglesias sin depender de sueldos a tiempo completo, fomentando comunidades pequeñas y ágiles.

5. Testimonio Evangelístico: Al estar en el mundo laboral, los líderes tienen contacto directo con sectores no alcanzados por el evangelio tradicional.
6. Desarrollo de Habilidades Versátiles: La experiencia en entornos seculares aporta herramientas útiles al liderazgo pastoral, enriqueciendo la gestión eclesial.
7. Resiliencia y Adaptabilidad: El equilibrio entre lo ministerial y lo profesional fortalece la capacidad de liderar en contextos complejos y cambiantes.
8. Conexión con la Sociedad: Rompe con el dualismo sagrado-secular, mostrando que la fe cristiana es relevante en todos los ámbitos de la vida.

### Conclusión

Frente a los desafíos de la era posmoderna y poscristiana, la iglesia está llamada a redescubrir su misión con audacia y humildad. Integrar la fe con el trabajo, y adoptar un liderazgo compartido que sirva dentro y fuera de las estructuras eclesiales, no es solo una estrategia funcional, sino una respuesta Bíblica y contextual al llamado de Cristo. A la vez que, estimula la participación del cristiano común a ser una parte integral de este proyecto. Así, la iglesia podrá volver a ser sal y luz en medio de una cultura fragmentada, encarnando la Gracia con verdad, y mostrando que el evangelio sigue siendo profundamente relevante para cada rincón de la vida humana.

## PROFESIONAL DUAL: CÓMO LOS LÍDERES RELIGIOSOS PUEDEN IMPACTAR EN LA SOCIEDAD MODERNA[35]

El modelo de "Trabajo Dual", inspirado en el apóstol Pablo, integra la vocación laboral y la misión eclesial como una sola práctica misional, maximizando el impacto del Evangelio tanto en el ámbito de la iglesia como en la vida pública y social. Las siguientes prácticas pueden fortalecer este modelo:

- Capacitación continua: Formación en áreas técnicas y tecnológicas que fortalezcan tanto el ministerio como la inserción en el mercado laboral.

- Herramientas digitales: Uso de plataformas como blogs, pódcast y transmisiones en vivo para expandir el alcance del ministerio.
- Desarrollo tecnológico: Creación de apps y herramientas educativas para discipulado, estudio Bíblico y formación en línea.
- Coaching y consultoría: Aplicación de habilidades profesionales para asesorar organizaciones y comunidades con principios cristianos.
- Participación pública: Presencia en foros y debates, dando testimonio de una fe con fundamentos profesionales.
- Responsabilidad social: Liderazgo de proyectos de RSE desde la fe, promoviendo ética empresarial y justicia social.
- Ética profesional cristiana: Formación y talleres para profesionales en valores Bíblicos aplicados al trabajo.
- Teletrabajo ministerial: Aprovechar la flexibilidad digital para combinar trabajo secular y servicio eclesial.

Al implementar estas estrategias, los líderes religiosos pueden seguir el modelo de Pablo al ser profesionalmente competentes en el mercado secular, al mismo tiempo que llevan a cabo un ministerio efectivo y relevante. Esto no solo fortalece su testimonio, sino que también demuestra que los principios cristianos son útiles y valiosos en todos los aspectos de la vida.

## Expandiendo la Influencia Cristiana en la Sociedad Tecnológica [36]

- Contenido educativo digital: Cursos, seminarios y series en video que conecten fe y vida profesional.
- Redes profesionales cristianas: Comunidades de apoyo entre creyentes en espacios laborales seculares.
- Mentoría: Acompañamiento vocacional y espiritual a jóvenes profesionales.
- Innovación comunitaria: Uso de tecnología para optimizar servicios comunitarios y actividades sociales de la iglesia.
- Empresas sociales: Impulso a iniciativas de negocio con propósito cristiano y enfoque transformador.
- Tecnología accesible: Promoción de herramientas inclusivas para personas con discapacidades o escasos recursos.

- Talleres sobre fe y trabajo: Capacitaciones sobre cómo aplicar valores cristianos en el ámbito laboral.

## Adaptación y relevancia de la Iglesia Hoy

- Participación tecnológica: Uso de apps, redes y plataformas para mantener conexión con la comunidad.
- Relevancia social: Enfrentar temas como justicia, medioambiente y equidad con una voz Bíblica y comprometida.
- Inclusión cultural: Aceptar y celebrar la diversidad en formas de culto y acción ministerial.
- Profundidad espiritual: Mantener enseñanza Bíblica sólida, vida devocional activa y comunidad espiritual significativa.
- Servicio comunitario: Implementar programas que atiendan necesidades reales del entorno: alimentación, salud, educación.
- Flexibilidad organizativa: Capacidad de adaptación a nuevos desafíos sociales, culturales y generacionales.
- Formación continua: Invertir en capacitación de líderes preparados para los retos del siglo XXI.
- Colaboración interinstitucional: Cooperar con iglesias, religiones y organizaciones civiles para transformar comunidades.
- Transparencia: Liderazgo ético en lo administrativo, financiero y pastoral.
- Evangelización contextual: Comunicar el evangelio de forma relevante, sensible y transformadora.

Una iglesia adaptada a estos principios puede permanecer fiel a su misión, siendo a la vez una voz relevante y profética en la sociedad contemporánea.

## Formación de Pastores "Jóvenes en Espíritu" [37]

Formar líderes "jóvenes en espíritu" —más allá de la edad— implica prepararlos para vivir su fe activamente fuera del entorno eclesial, enfrentando los desafíos de una sociedad multicultural y posmoderna. Inspirado en la iglesia de Éfeso, este enfoque busca desarrollar congregaciones culturalmente relevantes, bilingües e inclusivas. Estos son los componentes clave:

- Teología contextualizada: Incluir en el currículo temas como secularización, pluralismo, diálogo intercultural y teología contextual para abordar la fe en entornos diversos.
- Comunicación bilingüe: Fomentar el aprendizaje de idiomas (como el inglés) para facilitar el ministerio en contextos multiculturales.
- Sensibilidad cultural: Ofrecer fundamentos en antropología y sociología para comprender mejor las culturas locales y actuar con empatía.
- Liderazgo flexible: Capacitar en gestión del cambio, resolución de conflictos y liderazgo transformacional para iglesias en constante transición.
- Misión integral: Formar pastores que integren el evangelismo con justicia social, servicio comunitario y acción relacional, local e internacionalmente.
- Competencia digital: Preparar líderes para usar herramientas digitales y redes sociales con eficacia pastoral y evangelística.
- Vocación integral: Afirmar que toda labor, no solo el ministerio formal, es una forma válida de servir a Dios, recuperando una visión reformada del trabajo.
- Compromiso con la justicia: Promover una ética cristiana que transforme el ámbito laboral mediante prácticas justas y sostenibles.
- Redes y recursos: Fomentar el acceso a plataformas, libros y grupos de apoyo para la integración de fe y trabajo.
- Protagonismo del laico: Enfatizar que el laico está llamado a vivir su fe en su vocación diaria, superando el dualismo entre lo "sagrado" y lo "secular".
- Ética y espiritualidad: Incluir formación ética y desarrollo espiritual como pilares del carácter pastoral.
- Práctica transcultural: Facilitar experiencias ministeriales en distintos contextos culturales para fomentar un liderazgo global e inclusivo.

Este modelo busca formar pastores con visión amplia, convicción Bíblica y habilidades prácticas, capaces de liderar iglesias transformadoras, sensibles a los cambios culturales y fieles al evangelio.

### Ejemplo histórico de Pablo en Éfeso

El apóstol Pablo, en su ministerio en Éfeso, ejemplificó un modelo dual efectivo al combinar la predicación del evangelio con su oficio de fabricante de tiendas. Este modelo le permitió sustentarse económicamente sin depender de la iglesia local, manteniendo así su independencia y credibilidad. Su presencia en el ámbito laboral le abrió puertas para relacionarse con diversos sectores de la sociedad, fortaleciendo su testimonio y estableciendo conexiones significativas más allá del entorno religioso. Esta integración entre fe y trabajo mostró cómo la vocación profesional puede ser un puente hacia la misión, inspirando a los líderes de hoy a influir activamente en un mundo secularizado desde dentro de la sociedad.

### Conclusión

Para que la iglesia en EE. UU. recupere su relevancia y ejerza una influencia renovadora en una cultura poscristiana, es crucial que adapte su modelo al contexto urbano y pluralista. La adopción de un enfoque económico sostenible, junto con la fidelidad a los principios cristianos esenciales, permitirá a las iglesias responder a los desafíos actuales con autenticidad y efectividad. Este enfoque integral no busca abandonar la tradición, sino revitalizar su aplicación, conectando con las necesidades reales de la sociedad contemporánea y reabriendo espacios para el testimonio cristiano en todos los ámbitos de la vida.

## BUSCANDO UN "QUINTO GRAN DESPERTAR": RESEÑA DE LA EXPANSIÓN DEL CRISTIANISMO EN EE. UU.

La historia del cristianismo protestante en Estados Unidos está marcada por varias figuras influyentes que contribuyeron significativamente a su desarrollo y expansión. A continuación, se presentan algunas de las figuras más destacadas:

- Primer Gran Despertar (1730s-1740s)

Jonathan Edwards (1703-1758): Predicador, teólogo y misionero, Edwards fue una figura central en "un movimiento de reavivamiento que enfatizó la importancia de una experiencia religiosa personal y profunda". Sus sermones, como "Pecadores en manos de un Dios airado", son emblemáticos de este período. (Jonathan "Edwards: *A Life" de George M. Marsden).* Marsden es un renombrado historiador que proporciona un análisis exhaustivo de Edwards y su influencia en el Primer Gran Despertar). [38]

George Whitefield (1714-1770): Figura central del movimiento de avivamiento religioso del siglo XVIII, a menudo considerado uno de los primeros evangelistas "profesionales". Predicador anglicano británico que desempeñó un papel decisivo en el Gran Despertar tanto en Gran Bretaña como en las colonias americanas. Whitefield fue conocido por su poderosa oratoria y su habilidad para atraer grandes multitudes, promoviendo un cristianismo de carácter emotivo y personal. (Thomas S. Kidd, *George Whitefield: America's Spiritual Founding Father).* Kidd ofrece una visión detallada de la vida de Whitefield y su papel central en el despertar religioso de las colonias americanas. [39]

- Segundo Gran Despertar (1790s-1840s)

Charles Finney (1792-1875): Finney fue un evangelista, teólogo y educador cuyos métodos innovadores en la predicación y las "reuniones de avivamiento" influyeron profundamente en el protestantismo estadounidense durante segundo despertar. Abogó por la *mesure of revival* (*medida del avivamiento*) y es considerado un precursor del movimiento del evangelismo moderno (Charles E. Hambrick-Stowe, *Charles G. Finney and the Spirit of American Evangelicalism).* Este libro ofrece un análisis profundo de la teología y metodología de Finney dentro del contexto del Segundo Gran Despertar.[40] *A sí mismo, se destacar a* Lyman Beecher (1775-1863): Líder y defensor del temperance movement, y una figura importante en el Segundo Gran Despertar. El despertar promovió la democratización de la religión y la expansión de las iglesias protestantes. Graduado de la Universidad de Yale en 1797, fue un clérigo presbiteriano estadounidense en la tradición revivalistas.[41]

- Tercer Gran Despertar (1850s-1900s)

Dwight L. Moody (1837-1899): Líder evangelista y editor, Moody fue una figura influyente en el desarrollo del evangelismo moderno. Fundó la Moody Bible Institute y se le recuerda por su enfoque pragmático para la evangelización y la educación cristiana. (Lyle W.

Dorsett, "A Passion for Souls: The Life of D.L. Moody). Dorsett explora la vida, ministerio y legado de Moody, destacando su impacto en el evangelismo moderno. [42]

- Cuarto Gran Despertar (1960s-1980s)

Billy Graham (1918-2018): Probablemente el evangelista más conocido del siglo XX, Graham llevó a cabo cruzadas de evangelización a gran escala en Estados Unidos y en todo el mundo, llegando a millones de personas. Fue consejero espiritual de varios presidentes estadounidenses y jugó un papel importante en la configuración del evangelismo moderno. La efectividad de Billy Graham como evangelista y figura pública se extendió a lo largo de varias décadas, hasta bien entrados los años 2000. Graham llevó a cabo su última cruzada evangelística en 2005 en Nueva York, marcando el final de sus eventos públicos a gran escala, que habían comenzado en 1947 (William Martin, *A Prophet with Honor: The Billy Graham Story*). Martin proporciona una biografía completa de Graham, examinando su influencia a lo largo del siglo XX. [43]

Estas figuras, entre otras, desempeñaron roles fundamentales en diversos momentos de la historia estadounidense, influyendo en la dirección del protestantismo y contribuyendo al carácter religioso de la
nación. A través de sus predicaciones, enseñanzas, y obras, ayudaron a moldear y difundir los principios del cristianismo en los Estados Unidos. Su influencia perdura, recordando que cada generación necesita redescubrir la pasión y la verdad del Evangelio en su propio contexto histórico. En este sentido, hablar hoy de un *Gran Quinto Despertar* no implica afirmar un hecho consumado, sino expresar una esperanza teológica y una actitud de oración consciente ante los desafíos espirituales, culturales y misionales de un mundo poscristiano. (Ver resumen "Los Grandes Despertares en la Historia del Cristianismo en EE. UU.").[44]

## QUINTO DESPERTAR: ESTRATEGIA DE LA INTEGRACIÓN DEL MINISTERIO LAICO[45]

Finalmente, la integración de un segundo ministerio en la iglesia, de carácter laico y complementario al eclesial, es una estrategia esencial en el libro *Deudores Incumplidos: La Iglesia ante el Desafío de Romanos 1:14*. Su objetivo es ampliar la influencia de la comunidad de fe en la sociedad y reafirmar el rol activo de la Iglesia Local Tradicional (ILTH) en la misión, superando la fragmentación entre fe confesional y práctica pública. Esta propuesta se centra en el contexto hispano en EE. UU., especialmente en Miami, promoviendo un modelo que revitalice el compromiso social y espiritual, al estilo de la iglesia de Éfeso, entendida como paradigma Bíblico de expansión misional en contextos urbanos complejos.

Este enfoque plantea la necesidad de formar y empoderar líderes eclesiales y laicos capaces de expandir el cristianismo a todas las áreas de la vida, transformando comunidades mediante el servicio y el testimonio activo, desde una comprensión vocacional integral de la fe. El modelo propone desarrollar ministerios que no solo fortalezcan el cuerpo interno de la iglesia, sino que también movilicen al pueblo de Dios hacia la ciudad y la cultura, con una *visión integral del Reino de Dios* que articule adoración, misión y responsabilidad pública.

En este contexto, se sugiere que podría estar gestándose un "Quinto Gran Despertar", un nuevo movimiento de renovación espiritual capaz de enfrentar los desafíos contemporáneos. Las razones que apoyan esta posibilidad incluyen:

1. Reforma moral y social urgente.
2. Búsqueda de autenticidad espiritual.
3. Innovación en prácticas religiosas.
4. Interconexión global.
5. Respuesta a crisis globales.
6. Conexión entre fe dominical y vida laboral durante la semana, como eje del discipulado contemporáneo, que implica:
    - Aplicación de la fe a lo cotidiano.
    - Testimonio cristiano en el mundo.
    - Relevancia frente a la secularización.

    - Potenciación del servicio desde cada vocación.
    - Discipulado integral.
    - Innovación ministerial y cultural.
    - Unidad y diversidad dentro del cuerpo de Cristo.
    - Compatibilidad entre ciencia y fe.

- Comprensión del dualismo de la Ciudad de Dios y la Ciudad Terrenal según Agustín, como marco teológico para la acción cristiana en la sociedad.

En conclusión, este capítulo propone que conectar la vida dominical con la vida semanal no solo hace a la iglesia más relevante, sino también más fiel a su misión de ser sal y luz (Mt. 5:13-16), evitando tanto el aislamiento eclesial como la dilución del testimonio cristiano. Ante una cultura poscristiana, la integración de un segundo ministerio laico es clave para fomentar una iglesia transformadora, contextual y comprometida con los valores del Reino en todos los espacios sociales.

Si bien la posibilidad de un *Quinto Gran Despertar* es objeto de debate y especulación, la idea subyacente refleja un anhelo persistente por la renovación espiritual y la reforma social que ha caracterizado a movimientos religiosos significativos a lo largo de la historia. Los primeros dos "Grandes Despertares," sin desmerecer el "Tercer y Cuarto Despertar", tuvieron un impacto profundo en la vida religiosa y social de Estados Unidos, llevando a grandes renovaciones espirituales, reformas sociales y la fundación de numerosas iglesias y movimientos cristianos. En este sentido, la idea de un Quinto Gran Despertar refleja el deseo o la anticipación de un renacimiento espiritual similar que aborde los desafíos y necesidades del mundo contemporáneo, particularmente en contextos urbanos, plurales y poscristianos.

## PRIORIDAD PARA TODA IGLESIA: CONTEXTUALIZAR ANTES DE TRANSICIONAR DE IGLESIA TRADICIONAL A UNA IGLESIA CENTRADA EN EL EVANGELIO

Antes de iniciar la transición de una estructura eclesiástica tradicional hacia un modelo centrado en el evangelio, es crucial que las congregaciones comprendan su contexto poscristiano y posmoderno. Timothy Keller, fundador de Redeemer Presbyterian Church, aboga por una aproximación misionera contextualizada, adaptada a la diversidad de subculturas que caracterizan las ciudades modernas de Estados Unidos.

El modelo tradicional, con su enfoque geográfico y estructurado, puede no ser suficiente en contextos actuales. Las nuevas realidades urbanas y culturales requieren estrategias flexibles. Keller sugiere reorganizar la misión de la iglesia en torno a redes y afinidades más que solo geografía.

## Razones para considerar el Modelo Tradicional[46]

1. Movilidad y Urbanización: Las personas ya no viven, trabajan y adoran en el mismo lugar. Las iglesias deben adaptarse a esta movilidad.
2. Subculturas y Redes: Hoy la identidad se define más por afinidades que por ubicación, exigiendo formas de misión más relacionales y adaptativas.
3. Evangelismo Relacional: El evangelismo efectivo ocurre en redes de relaciones personales y laborales.
4. Participación en la Ciudad: La iglesia debe integrarse activamente en la vida urbana, promoviendo justicia y bienestar y servicio público como expresión del Evangelio.

## Estrategias Claves para Líderes en Contextos Laborales [47]

1. Contextualización Específica: Entender y comunicar el evangelio según la cultura del entorno.
2. Flexibilidad Misionera: Salir del modelo parroquial y llegar donde está la gente.
3. Comunidades por Afinidad: Formar redes de fe según intereses comunes de vida.
4. Evangelismo en el Trabajo: Vivir en testimonio coherente en los entornos laborales y profesionales.
5. Involucramiento Urbano: Participar en iniciativas cívicas y sociales desde una perspectiva informada por la fe.
6. Uso de Tecnología: Discipulado de formación y conexión a través de medios digitales.
7. Liderazgo en Red: Colaborar con otras iglesias para maximizar impacto.
8. Resiliencia Cultural: Preparar cristianos para afrontar cambios sociales con discernimiento, confianza y fidelidad.

Conclusión

La transición de una iglesia tradicional a una iglesia centrada en el evangelio requiere preparación y contextualización. Keller propone una misión arraigada en la realidad urbana y cultural actual, basada en relaciones, flexibilidad, participación dinámica en la ciudad, y uso estratégico de los medios modernos. Adaptarse es esencial para mantener la relevancia y eficacia del evangelio en el siglo XXI.

# CRÍTICA A LA POSTURA DE KELLER POR RASMUSEN

En el artículo "Lo que incomoda a Tim Keller" de Eric Rasmusen al referirse a "El Coraje Primordial" plantea críticas significativas hacia Timothy Keller que tocan aspectos fundamentales de cómo los líderes religiosos y las iglesias enfrentan desafíos culturales y morales en la sociedad moderna. Su análisis sugiere que, mientras Keller es respetado por su habilidad intelectual y su liderazgo en la iglesia, también podría ser visto como un ejemplo de las tendencias de esnobismo y cobardía que Rasmusen percibe en las iglesias reformadas contemporáneas. [48]

La crítica principal de Rasmusen se centra en la idea de que Keller, —y por extensión, muchas figuras dentro de las iglesias reformadas— no ejercen el coraje necesario para enfrentar y discutir abiertamente los temas difíciles y potencialmente divisivos. Rasmusen parece valorar el coraje no solo como una virtud personal, sino como un prerrequisito esencial para ejercer otras virtudes cristianas de manera efectiva. Argumenta que, sin coraje, otras virtudes como la justicia, la prudencia y la templanza no pueden manifestarse completamente, ya que el coraje es lo que permite a las personas enfrentar los desafíos y riesgos inherentes a vivir una vida conforme a sus convicciones religiosas.

Esta crítica refleja un desafío más amplio dentro de muchas comunidades religiosas que luchan con cómo equilibrar la Verdad y la Gracia en un mundo que a menudo es hostil a sus enseñanzas y valores. Rasmusen implica que hay un riesgo de que los líderes religiosos se vuelvan demasiado cautelosos o calculadores en su enfoque, posiblemente por miedo a la controversia o al rechazo, lo que podría llevar a un tipo de compromiso que diluya su mensaje.

Desde una perspectiva más amplia, la reflexión sobre esta crítica podría ser útil para cualquier líder o comunidad religiosa. Rasmusen plantea dos preguntas cruciales ¿Están realmente viviendo y comunicando sus valores de manera efectiva y auténtica? ¿Están preparados para enfrentar las consecuencias de hacerlo en un entorno que puede no ser siempre receptivo o amigable? Este es un desafío constante en el equilibrio entre mantener la fidelidad doctrinal y ser sensible al contexto cultural en el que las iglesias operan.

En conclusión, la crítica de Rasmusen a Keller es provocativa y pide como un llamado a la reflexión sobre el papel del coraje en la práctica de la fe. Sugiere que el liderazgo en cualquier capacidad, especialmente en una espiritual o religiosa, requiere no solo sabiduría y entendimiento, sino también valentía de defender y actuar según esas creencias, incluso cuando hacerlo es difícil o impopular ejecutarlo.

Sin embargo, desde mi percepción, Timothy Keller era conocido por su enfoque equilibrado y reflexivo hacia temas complicados y culturalmente sensibles, incluida la homosexualidad. A diferencia de muchos líderes cristianos que pueden tomar una postura más confrontativa como expresa Rasmusen, Keller se distinguió por mostrar cómo el Evangelio ilumina todos los aspectos de la vida humana, incluidas la sexualidad.

Keller enfatizaba que, aunque el Evangelio no altera los preceptos éticos de la Escritura, sí transforma la manera en que los cristianos deben relacionarse con quienes no comparten sus creencias. Repetidamente afirmó la importancia de tratar a cada persona con dignidad y respeto como portadores de la imagen de Dios, sin renunciar a convicciones doctrinales. Su enfoque buscaba unir verdad y compasión, evitando tanto la hostilidad como la permisividad.

Sobre el diálogo y el enfrentamiento de temas difíciles como la homosexualidad, Keller prefería un método que no comprometiera la verdad Bíblica, pero que también se esforzara en comprender, acompañar y mostrar el carácter redentor del Evangelio. Su actitud reflejaba el deseo de no solo afirmar la verdad doctrinal, sino aplicarla de manera pastoral, relacional y transformadora.

En el terreno político, aunque Keller criticó tendencias ideológicas contrarias al Evangelio, evitó alinearse con partidos o candidatos, insistiendo en que la fidelidad cristiana supera las categorías políticas. Su reticencia en apoyar públicamente a figuras políticas específicas se debía a su convicción de que el Evangelio debe formar la conciencia, no ser un instrumento de polarización.

En síntesis, Keller parecía favorecer un enfoque que combinaba firmeza en principios y gentileza en trato. Consideraba que ese camino, difícil pero necesario, era la manera más fiel de mostrar cómo el Evangelio transforma todo, incluso las conversaciones sobre temas sensibles.

## LA IGLESIA COMO AGENTE DE EQUIDAD E INCLUSIÓN

Las fuentes aquí citadas sostienen los distintos aspectos del enfoque adoptado, brindando fundamentos teológicos, sociológicos y prácticos para mostrar cómo la Iglesia puede actuar como agente de equidad e inclusión, un motor de cambio social, y un punto de referencia doctrinal en temas complejos como la ética, la economía y la sexualidad.

Acciones Claves para la Equidad e Inclusión:

1. Educación y Formación: Talleres en habilidades laborales, alfabetización digital y formación vocacional (Os. 4:6).
2. Programas de Salud: Chequeos gratuitos, atención a la salud mental y prevención de adicciones (3 Jn. 1:2).
3. Espacios de Diálogo: Foros sobre justicia, equidad racial y reconciliación social (Mt. 5:9).
4. Redes de Apoyo: Distribución de alimentos, ropa y apoyo emocional (Gá. 6:2).
5. Emprendimiento Comunitario: Proyectos de desarrollo económico local (Pr. 16:3).
6. Defensa de Políticas Justas: Apoyo a leyes que promuevan acceso equitativo a salud, educación y vivienda (Pr. 31:8-9).
7. Responsabilidad Social Corporativa: Alianzas estratégicas con empresas (1 Ti. 6:18).

8. Cuidado Ambiental: Reciclaje, huertos comunitarios, educación ambiental (Gn. 2:15).
9. Vivienda Asequible: Proyectos de vivienda digna con ONGs y gobiernos (Is. 58:7).
10. Mentoría Juvenil: Apoyo académico y moral a niños y adolescentes (Pr. 22:6).
11. Desarrollo Económico: Impulsar Microempresas y formación empresarial (Jr. 29:7).
12. Voluntariado y Filantropía: Servicio dentro y fuera de la iglesia (He. 13:16).
13. Alianzas Interreligiosas: Cooperación con otras comunidades de fe ante retos sociales (Ro. 12:18).
14. Formación en Derechos Humanos: Educación sobre justicia social y responsabilidad comunitaria (Mi. 6:8).
15. Diversidad e Inclusión: Promoción de un liderazgo diverso sin comprometer la doctrina (Gá. 3:28; Jn. 13:34–35).

Orientación Pastoral sobre Acompañamiento:

16. Acompañamiento sabio: Escuchar, discernir y acompañar sin prejuicios.
17. Inclinaciones no elegidas: No se consideran moralmente culpables; lo evaluable es la acción voluntaria (Sgto. 1:14–15).
18. Tendencia y acción: Se distingue entre inclinación y conducta (Mt. 7:17–20).
19. Condición humana caída: La naturaleza está afectada por el pecado original (Ro. 5:12), sin juzgar por ello.
20. Evitar el juicio temerario: No juzgar sin conocer el corazón ajeno (Mt. 7:1–5).

Enseñanza de la Iglesia afirman:

21. Diseño de la sexualidad: La sexualidad dentro del matrimonio entre hombre y mujer como diseño divino (Gn. 2:24).
22. Dignidad humana: Toda persona merece dignidad y acogida por ser imagen de Dios (Gn. 1:27).
23. Formación pastoral: Enseñanza sobre sexualidad y acompañamiento (2 Ti. 2:15).
24. Fomentar el diálogo respetuoso: (Col. 4:6) y el apoyo espiritual (Gá. 6:2).
25. Promover la castidad y vida santa: (1 Tes. 4:3–4).

26. Unidad y misión: Reafirmar la unidad en Cristo y el sentido de la misión de la iglesia (1 Co. 12:12).

Conclusión Pastoral

La Iglesia está llamada a reflejar el Reino de Dios en cada esfera de la vida humana. Su misión no se limita al ámbito espiritual individual, sino que abarca toda la vida pública y comunitaria. Por tanto, debe abrazar su responsabilidad como promotora de justicia, formadora de conciencia, y modelo de compasión, siempre arraigada en la Verdad Bíblica y sostenida por la Gracia redentora.[49]

## LA IGLESIA Y SU COMPROMISO CON LOS NECESITADOS FRENTE AL APOYO DEL ESTADO

La crítica hacia la iglesia por delegar la asistencia a los necesitados únicamente al Estado revela una preocupación sobre su papel en la sociedad contemporánea. Esta actitud tiene varias implicaciones relevantes:

1. Pérdida de Relevancia Social (Sgto. 1:27): Al abandonar su papel tradicional de asistencia, la iglesia corre el riesgo de diluir su identidad y reducir su impacto en la comunidad.
2. Desconexión de la Realidad Comunitaria (Pr. 21:13): Su ausencia en el acompañamiento de los más vulnerables puede alejarla de los desafíos concretos que enfrentan las personas a su alrededor.
3. Vacío en el Acompañamiento Espiritual (Mt. 4:4): El Estado puede suplir necesidades materiales, pero la iglesia aporta dimensión espiritual y apoyo moral, esenciales para una atención integral.
4. Oportunidad de Perdida de la Incidencia Pública (Pr. 31:8–9): Al no involucrarse, pierde su capacidad de abogar por justicia social y participar en debates que afectan a los más desfavorecidos.
5. Responsabilidad Compartida (Gá. 6:2): El cuidado de los necesitados no debe depender solo del Estado. La iglesia tiene recursos y redes comunitarias para ser una aliada clave en esta tarea.

## Conclusión

Para seguir siendo una fuerza transformadora en la sociedad, la iglesia debe retomar activamente su llamado a servir a los vulnerables. Solo así podrá cumplir con su misión espiritual y su responsabilidad social. Este enfoque se alinea con visiones contemporáneas de justicia social como la de John Rawls, que proponen un compromiso preferencial con los más desfavorecidos como base para una sociedad justa y equitativa.

John Rawls, uno de los filósofos políticos más influyentes del siglo XX, formuló en *Una Teoría de la Justicia* (1971) una propuesta normativa que redefinió el pensamiento sobre justicia social en contextos democráticos. Su teoría se articula en torno a dos principios fundamentales:

1. Principio de Igualdad de Libertades Básicas
    - Cada persona debe tener derecho al sistema más amplio de libertades básicas compatible con un sistema similar para los demás (pp. 47–49). Estas libertades incluyen, entre otras, la libertad de expresión, libertad de conciencia, y el derecho al voto.
2. Principio de Diferencia (dos subprincipios)
    - Igualdad equitativa de oportunidades (pp. 217–219): Todos deben tener acceso equitativo a cargos y oportunidades, independientemente de su origen social o económico. La justicia requiere condiciones reales de equidad, no solo igualdad formal.
    - Principio de diferencia (pp. 113–122, 152–155): Las desigualdades sociales y económicas solo se justifican si benefician de manera compensatoria a los menos favorecidos y si las posiciones de ventaja están abiertas a todos bajo condiciones justas.

Concepto Clave: El "Velo de Ignorancia" (pp. 201–205)

Rawls introduce este experimento mental dentro de la llamada "posición original", en la que se eligen principios de justicia desde un estado hipotético donde nadie conoce su lugar en la sociedad. Este "velo de ignorancia" garantiza imparcialidad y universalidad en la elección de principios justos.[50]

## La Iglesia Local Tradicional Hispana (ILTH) como Complemento Social en EE. UU. Según la Perspectiva de Rawls

La influencia de John Rawls ha sido decisiva en los debates contemporáneos sobre justicia, ética y equidad. Su visión de una sociedad estructurada con principios de igualdad y oportunidades equitativas sigue guiando a líderes políticos, legisladores y académicos. En este marco, las iglesias hispanas en Estados Unidos pueden desempeñar un rol estratégico complementario al del Estado, aún en contextos secularizados y con políticas públicas robustas.

1. Servicios comunitarios y apoyo integral: Las iglesias ofrecen acompañamiento espiritual, apoyo a familias, rehabilitación de adicciones, alimentos y albergue, alcanzando necesidades que trascienden lo material (Is. 58:7).
2. Voluntariado y movilización rápida: Congregaciones activas movilizan voluntarios y recursos en situaciones de emergencia o carencia, actuando como red comunitaria solidaria (1 P. 4:10).
3. Defensa y activismo ético: Las iglesias pueden abogar por justicia, denunciar desigualdades y proponer cambios sociales a favor de los más vulnerables (Pr. 31:8–9).
4. Participación en el bienestar social: Aunque muchos servicios están hoy en manos del Estado, las iglesias siguen teniendo un papel histórico en el cuidado de inmigrantes, mayores, refugiados y sectores marginados (Gá. 6:10).
5. Presencia en medio de la secularización: A pesar de una sociedad secular, las iglesias mantienen su relevancia a través del servicio comunitario, actuando como luz visible en la cultura (Mt. 5:14).

## Conclusión breve

Al integrar vínculos relacionales y el Evangelio con acciones prácticas, las iglesias hispanas demuestran que su impacto trasciende la religión institucional, ofreciendo un testimonio vivo de compasión y justicia que complementa -y a veces supera- la acción del Estado.[51]

# PERSPECTIVA CRISTIANA EN EL SIGLO XXI: CIENCIAS, SOCIEDAD, ECONOMÍA Y POLÍTICA

## 1. El Cristianismo y la Ciencia: Hacia una Visión Integral y Dialógica

La ciencia se ocupa del mundo material, como los genes y las células, y procesos naturales, mientras que la religión trata del sentido, los valores y la dimensión espiritual. Sin embargo, esta dicotomía "hecho/valor" es engañosa. El cristianismo hace aseveraciones sobre el mundo material, incluyendo el origen del cosmos, el carácter de la naturaleza humana (Gn. 1:1; Col. 1:16), así como los hechos históricos de la Resurrección de Jesús (1 Co. 15:14; Hch. 2:32). Conjuntamente, el cristianismo subraya la importancia de la fe basada en evidencias (He. 11:1; 1 P. 315), valora el papel de la sabiduría y el conocimiento en la fe (Pr. 2:6; Ro. 1:20), y reconoce el mandato divino de explorar y cuidar la creación (Sal. 19:1; Gn. 2:15).

No obstante, muchos cristianos contemporáneos están dispuestos a negar que su fe tuviera contenido cognitivo, reduciéndola a cuestiones subjetivas de "valor y significado". Frases como *"La religión es lo que uno cree por fe"* y *"Para la ciencia, se necesita evidencia que es necesario respaldar"* o *"La religión no tiene que ver nada con la evidencia o la razón"* son comunes.

La suposición de que la religión no tiene nada que ver con la evidencia o la razón es insostenible. Cuando los cristianos reducen su fe a una cuestión de categorías subjetivas, desconectadas de la epistemología y de las cuestiones de verdad o evidencia, pierden la capacidad de evangelizar a quienes anhelan una verdad unificada que trascienda la omnipresente división hecho/valor.

Si la mayor repercusión del darwinismo fue expulsar el cristianismo de la esfera de la verdad objetiva, la repercusión más amplia del movimiento del Diseño Inteligente será recuperarlo. Al proporcionar evidencia de la obra de Dios en la naturaleza, el Diseño Inteligente restaurará al cristianismo su derecho a proclamar conocimiento genuino, y proporcionará los medios para reclamar un asiento a la mesa del debate público. Los cristianos estarán entonces en condiciones de desafiar la dicotomía hecho/valor que ha marginado la religión cristina reduciéndola a experiencia irracional y subjetiva.

No obstante, para cumplir este objetivo, debemos superar la crítica negativa a la evolución naturalista y desplegar la evidencia positiva del designio, proponiendo un plan viable de investigación.[52] [53]

La diferencia central entre un darwinista y un cristiano no es su capacidad científica, sino la cosmovisión con la que interpretan el universo: una naturalista y otra teísta. Esto no impide que científicos cristianos contribuyan a la ciencia con rigor, integrando fe y razón.

El cristianismo hace afirmaciones significativas sobre el mundo material, el origen del cosmos y la historia humana, y estas son compatibles con una ciencia que busca la verdad. Lejos de ser irracional, la fe cristiana puede armonizarse con la evidencia empírica y filosófica, ofreciendo una visión más holística de la realidad.

Se propone una educación integral que permita enseñar tanto la evolución como el Diseño Inteligente, fomentando el pensamiento crítico. También se alienta un diálogo constructivo entre ciencia y fe, superando la falsa dicotomía entre ambas. La noción de que la religión no se basa en evidencia es una falacia, ya que muchos cristianos sustentan su fe en argumentos razonados y empíricos.

Finalmente, el darwinismo, interpretado filosóficamente, ha servido para imponer una cosmovisión materialista. Frente a ello, el cristianismo propone una visión integral en la que ciencia y espiritualidad dialogan y se enriquecen mutuamente. Desde esta perspectiva, el creyente entiende que tanto la fe como la ciencia aportan conocimiento a la obra que pertenece a Dios.

## 2. La Ventana de Overton (The Overton Window) [54] y el Rol de los Cristianos en la Sociedad Actual

El análisis aborda cómo los gobiernos han adoptado posiciones extremas, promoviendo una globalización que desmantela la cultura y la familia, al mismo tiempo que pondera una ideología de género. En contraste, Michael D. LaFaive explica, que concepto de la ventana de Overton, permite que ideas radicales se conviertan en políticas aceptadas.[55] Este fenómeno puede ser explotado por ideologías opuestas. Por un lado, el nacionalismo dentro de los republicanos utiliza la religión cristiana para asentar agendas políticas extremas. Por otro lado, los demócratas promueven la Agenda 2030, incluyendo la ideología de género y otras manifestaciones liberales. Ambas partes manipulan la ventana de Overton para avanzar sus respectivas agendas políticas.

El uso manipulado de la ventana de Overton puede socavar la democracia, aumentar la polarización y distorsionar el debate público. Por ello, es crucial promover un uso ético, basado en la transparencia, la responsabilidad y el bien común.

Los cristianos deben actuar con integridad tanto en lo espiritual como en lo secular, participando en el diálogo público con ética, respeto y sin polarización. Esto incluye colaborar con otros para promover políticas justas, respetando la separación iglesia-estado.

Ejemplos Bíblicos como José (Gn. 41:38-40); Nehemías (Neh. 2:17-18); Ester (Est. 4:16) y Daniel (Dn. 6), muestran cómo personas de fe pueden ejercer influencia política sin comprometer sus principios, guiados por convicciones morales y fidelidad a Dios.

Timothy Keller enseña que la unidad cristiana surge del Evangelio de la Gracia, y que la comunión se basa en la justificación por la fe. Esta unidad nos conecta no solo con otros creyentes, sino también con las necesidades del mundo. En un contexto dividido entre moral personal (conservadora) y justicia social (progresista), el Evangelio une palabra y obra en una sola misión redentora.

En conclusión, los cristianos están llamados a vivir una fe coherente, que influya positivamente en la cultura, resista la manipulación ideológica y defienda con amor los derechos de los más vulnerables en una sociedad marcada por el egoísmo.

## 3. El Liderazgo Eclesiástico Fe y Trabajo en la Sociedad Moderna

En la era poscristiana, el liderazgo eclesiástico tiene un rol crucial al integrar la primera fase juntas con las dos fases futuras y enfrentar los desafíos sociales actuales. Las iglesias deben adoptar un enfoque multifactorial, con modelos de liderazgo dual, como el de Pablo en Éfeso, conectando la espiritualidad con la vida cotidiana.

Frente a la crítica de Eric Rasmusen hacia Timothy Keller, se valora el equilibrio de Keller, quien abordó temas complejos con compasión y firmeza. Las iglesias deben seguir este modelo valiente pero reflexivo, promoviendo equidad social mediante programas de salud, [56] educación y apoyo comunitario, sin depender únicamente del Estado.

Asimismo, es esencial contextualizar su misión, innovar en estrategias y ejercer un liderazgo resiliente que responda a los cambios culturales. En este marco, se reconoce la vigencia del pensamiento de Max Weber, quien en *La ética protestante y el espíritu del capitalismo* explica cómo el calvinismo influyó en la ética del trabajo, el ahorro y la inversión, elementos que impulsaron el desarrollo del capitalismo industrial en Occidente. Esta visión refuerza la necesidad de una iglesia que integre fe, ética laboral y transformación social. [57]

La pérdida de influencia de la iglesia y el debilitamiento de los valores éticos han generado consecuencias sociales, económicas y espirituales negativos. En lugar de culpar únicamente al Estado o al contexto moral decadente, los cristianos debemos asumir la responsabilidad y proclamar el Evangelio a los perdidos, como lo hizo Cristo.

Es urgente revalorizar la ética, priorizar el Evangelio en la vida cotidiana y promover una educación con fundamentos morales desde el hogar y las instituciones. También se requiere liderazgo ético y políticas públicas que impulsen justicia y equidad. En medio de una nación quebrantada, debemos salir de nuestras cuatro paredes, servir a nuestros vecinos y participar activamente en la transformación de nuestra comunidad, reflejando el amor y la verdad de Jesús en cada acción.

## 4. Resumen del artículo de *Pew Trust Magazine*: "What Is the Future of Religion in America?"

El artículo examina la posible evolución del panorama religioso en EE. UU., señalando que, de continuar las tendencias actuales, los cristianos podrían representar menos de la mitad de la población para 2070. Desde los años 90, un número creciente de estadounidenses ha abandonado el cristianismo, identificándose como ateos, agnósticos o "nada en particular". Las proyecciones basadas en variables como transmisión generacional, fertilidad y migración estiman una caída del 64 % (2020) a entre el 54 % y el 35 %. Aunque se reconocen posibles eventos inesperados, el análisis resalta un crecimiento constante de los no afiliados religiosos, subrayando un cambio estructural en la identidad espiritual del país. [58]

Sin embargo, esto aumentaría, si sigue esta tendencia, de ser un país cristiano a un país muy parecido a lo que sucedió en Europa.

## 5. Evaluación de la Desconexión Cultural de los Cristianos en EE. UU.

Las estadísticas reflejan una creciente desconexión cultural de los cristianos en EE. UU., especialmente entre los jóvenes que abandonan la fe al llegar a la adultez. Esto se debe, en parte, a la falta de preparación para defender sus creencias frente a discursos darwinianos bien articulados. Estudios como *Soul Searching* (Christian Smith y Melina Lundquist Denton) revelan que muchos adolescentes cristianos carecen de una formación teológica sólida. Asimismo, el informe *You Lost Me* (Barna Group) señala que los jóvenes perciben que la iglesia no responde adecuadamente a sus inquietudes sobre ciencia y fe. Todo esto evidencia la urgente necesidad de fortalecer la educación y el acompañamiento espiritual para que los jóvenes puedan sostener su fe y contribuir con firmeza a la cultura contemporánea. [59]

## 6. Moneda Digital Integral: perspectivas de ambos partidos políticos

Algunos demócratas han mostrado interés en explorar la idea de un dólar digital. Por ejemplo, el representante Stephen

Lynch ha reintroducido legislación que busca crear un programa piloto para un dólar digital, indicando que hay un segmento dentro del partido que ve beneficios potenciales en esta tecnología. [60] Sin embargo, esta postura no es uniforme dentro de los demócratas, ya que otros han expresado inquietudes sobre las implicaciones de privacidad y control gubernamental con una moneda del banco central, o CBDC (Central Bank Digital Currency), podría traer. [61]

En contraste, el candidato republicano ha prometido apoyar el sector cripto, detener la supuesta "cruzada" contra las criptomonedas, y proteger la libertad de expresión mediante una orden ejecutiva que limite la censura federal. Los republicanos han mostrado creciente simpatía por el ecosistema bitcoin, criticando las regulaciones actuales. A partir de 2025, EE. UU. podría proyectar la adopción de una política de almacenamiento del bitcoin similar a la de El Salvador. [62]

Mientras que la adopción de tecnologías financieras avanzadas puede ofrecer beneficios significativos, la eliminación total del efectivo presenta retos importantes que deben ser cuidadosamente considerados. Incluso en un escenario donde las criptomonedas dominan a nivel global, el dólar en efectivo puede seguir siendo preferido en contextos locales debido a su privacidad, menor regulación, facilidad de uso y estabilidad. El dólar es una moneda estable respaldada por el gobierno de EE. UU., lo que proporciona un alto nivel de confianza y previsibilidad en su valor. Las criptomonedas pueden ser extremadamente volátiles, lo que puede representar un riesgo significativo para quienes necesitan estabilidad financiera. En todo este camino no podemos olvidad a la relación "Acceso y Equidad", ya que la eliminación del dólar físico podría excluir a segmentos de la población que no tienen fácil acceso a la tecnología digital, como las personas mayores o aquellas en áreas rurales sin acceso confiable a Internet. [63]

## 7. Postura: Republicano vs. Demócrata

Republicanos

La tendencia económica del Partido Republicano se centra en el libre mercado, abogando por políticas de desregulación gubernamental y recortes de impuestos para individuos y empresas, con el objetivo de estimular el crecimiento económico. Además, promueven la reducción del gasto público, especialmente en programas sociales, para disminuir el déficit y la deuda nacional. En cuanto a su ideología social, los republicanos suelen adoptar posiciones conservadoras en temas como el matrimonio, el aborto y los derechos LGBTQ+ y el "Woke Cultural" e indirectamente apoyan el *whitewashing* en personajes o narrativas que originalmente representan. También defiende el derecho a portar armas como un bien constitucional fundamental. Prefieren una menor intervención del gobierno federal en asuntos estatales y locales, favoreciendo un enfoque de federalismo. En política exterior, promueven una defensa militar robusta y priorizan los intereses nacionales sobre los internacionales, adoptando una postura nacionalista y de fuerza militar.[64]

La elección de JD Vance como compañero de fórmula de Donald Trump ha generado entusiasmo en Silicon Valley. Aunque históricamente era liberal, ha mostrado un cambio hacia el movimiento MAGA.[65] Líderes tecnológicos como Peter Thiel y David Sacks han apoyado de manera explícita la candidatura presidencial republicana, debido a la expectativa de un gobierno más favorable que reduzca regulaciones y estimule la innovación tecnológica. Por primera vez, la relación entre Silicon Valley y los republicanos se ha fortalecido, pese a eventos controversiales como el ataque al Capitolio el 6 de enero, asociado con el entonces candidato republicano.[66]

Por otra parte, Donald Trump, con su agenda nacionalista, su ego desmedido y un culto a la personalidad, busca agradar a una población extremadamente polarizada mediante una retórica agresiva sobre la inmigración. Esta postura no reconoce que la mayoría de los inmigrantes llegan en busca de una vida mejor, contribuyendo a una nación multicultural y multilingüe, en armonía con el diseño Bíblico. Esto se refleja incluso en la historia de Jesús como emigrante en Egipto para escapar de Herodes (Mt. 2:13–15).

Es importante para este efecto, que los inmigrantes cumplan con las leyes y regulaciones de inmigración del país de destino. Aunque la inmigración tiene el potencial de aportar beneficios significativos a un país, es esencial que se gestione de manera eficaz para minimizar estos problemas y maximizar las ventajas tanto para los inmigrantes como para la sociedad en general. Las aperturas de fronteras sin un control adecuado pueden generan problemas profundos como ha sucedido recientemente en Estados Unidos.

Demócratas

En contraste, los demócratas apoyan una mayor intervención gubernamental en la economía, promoviendo regulaciones y programas sociales expansivos para abordar desigualdades económicas y mejorar el bienestar social. Abogan por impuestos más altos a los ricos y las corporaciones para financiar estos programas. Socialmente, adoptan posiciones progresistas, apoyando los derechos LGBTQ+, el "Woke Cultural", criticado incluso por Barack Obama y James Carville, el derecho al aborto, políticas inclusivas y de igualdad. En política exterior, los demócratas favorecen el multilateralismo, la cooperación internacional y el uso de la diplomacia antes que la fuerza militar, priorizando la colaboración global para abordar problemas como el cambio climático y los derechos humanos. [67]

Los demócratas priorizan nacional e internacionalmente la llamada "Agenda 2030".[68] Sin embargo, desde una perspectiva cristiana, dicha agenda no es asumida de manera acrítica ni considerada normativamente vinculante, lo que ha dado lugar a múltiples evaluaciones teológicas y éticas. En este contexto, el estudio titulado *Christian Academic Critiques of the 2030 Agenda* presenta un análisis crítico y comparado de aportes académicos provenientes de la Doctrina Social de la Iglesia y de la ética cristiana contemporánea. En particular, dicho análisis sintetiza las principales líneas de evaluación teológica, antropológica y ética desarrolladas en trabajos que examinan la Agenda 2030 desde perspectivas católicas y ecuménicas, abordando cuestiones como la *antropología integral*, la *dimensión trascendente del desarrollo*, la *implementación institucional de los Objetivos de Desarrollo Sostenible (ODS)* y el *discernimiento cristiano frente a proyectos seculares de desarrollo*. Para una exposición detallada de estos enfoques, véanse las fuentes (1–4) en la bibliografía. [69]

Al igual que los republicanos, los demócratas representan un dietario extremo, dejando claro, que debemos ejercer el derecho al voto por aquello cuya perspectiva se asemeja más a la nuestra, recordando que existen otros postulantes y que el objetivo de la iglesia, de acuerdo con el propósito de Dios, no se encuentra en el activismo político. Nuestra misión radica, no en cambiar la nación a través de reformas políticas, sino en cambiar corazones a través de la Palabra de Dios.

Una postura cristiana equilibrada

La postura como cristianos debería colocarnos en una posición central para dialogar con todos, permitiéndonos compartir el mensaje de *Jesucristo humano*, quien es el *mediador entre Dios y los hombres* (1 Ti. 2:5). Debemos esforzarnos por presentarnos ante *Dios aprobados, como obreros que no tienen de qué avergonzarse, que usa bien la palabra de verdad* (2 Ti. 2:15).

Como cristiano comprometido con el evangelio, creemos firmemente que el gobierno debe ejercer un secularismo respetuoso, que garantice la libertad religiosa sin imponer ideologías, sean estas progresistas o cristianas. La fe no puede ser forzada por leyes, sino vivida con convicción y testimonio. La Iglesia debe actuar como conciencia profética de la sociedad, no como instrumento de poder político. Jesús rechazó el mesianismo político (Jn. 6:15). El Reino de Dios no avanza por el poder del Estado, sino por el testimonio transformador del evangelio en las personas.

Siguiendo la tradición de pensadores como Agustín, Lutero o Kuyper, afirmaron que la Iglesia no debe gobernar, ni el Estado imponer religión. El Estado debe asegurar justicia común y libertad de conciencia para todos. Un Estado secular auténtico protege la libertad religiosa de todos (cristianos, ateos, musulmanes, etc.), sin favorecer ni perseguir ninguna fe. Cuando el cristianismo se vuelve ideología estatal, o cualquier otra religión, pierde su poder profético y se vuelve rehén de partidos, poder o cultura.

8. Conclusión

En la intersección de la fe y la razón, la comunidad cristiana enfrenta desafíos y oportunidades únicas. La integración del cristianismo con la ciencia propone un enfoque integral que supera la dicotomía hecha/valor, permitiendo a los creyentes participar activamente en el avance del conocimiento.

# LA CONTRIBUCIÓN DE LOS CRISTIANOS A UNA DEMOCRACIA ÉTICA Y EQUILIBRADA EN EL ÁMBITO SOCIAL

En el ámbito social, los cristianos estamos llamados a contribuir activamente al fortalecimiento de la democracia, promoviendo un diálogo constructivo entre Republicanos y

Demócratas. Es fundamental impulsar una política de alto nivel ético y profesional que integre el principio de "agree to disagree" con una "corrección política equilibrada", garantizando así un espacio de respeto mutuo sin caer en la censura ni en la polarización extrema.

Para enriquecer y fortalecer la democracia contemporánea, es necesario complementar estos principios con seis fundamentos adicionales:

1. Debate basado en evidencia: No basta con aceptar el desacuerdo; es imprescindible fomentar un diálogo sustentado
en la lógica y en hechos verificables. [70]
2. Pluralismo con responsabilidad cívica: La libertad de expresión debe garantizarse, pero con límites claros a los discursos de odio que socavan la dignidad y la convivencia social. [71]
3. Instituciones independientes y transparencia total: Para prevenir la corrupción y el abuso de poder, las instituciones deben operar con autonomía y rendición de cuentas. [72]
4. Educación en pensamiento crítico: Una sociedad democrática requiere ciudadanos informados, capaces de analizar, cuestionar y participar activamente en los asuntos públicos. [73]
5. Cultura del consenso: Es esencial evitar la polarización extrema y la parálisis política, fomentando espacios de negociación y búsqueda de acuerdos comunes. [74]
6. Trascendencia del Espíritu: La democracia no puede reducirse a un mero sistema de reglas y procedimientos; necesita una dimensión Espiritual y ética que dé vida a sus instituciones, evitando que se conviertan en estructuras vacías sin humanidad.

Integrar estos principios permitirá no solo consolidar una democracia más justa y estable, sino también asegurar que su propósito trascienda lo meramente técnico, dotándola de un fundamento moral y trascendente que refleje el verdadero bienestar de la sociedad.

En el ámbito social, los cristianos están llamados a jugar un rol activo en la configuración de políticas y en la promoción de la justicia y la equidad, contextualizando su liderazgo para adaptarse a las necesidades contemporáneas. Las proyecciones sobre el futuro de la religión en EE. UU. sugieren una necesidad urgente de revitalizar el compromiso religioso y cultural, mientras que la evaluación de la desconexión cultural destaca áreas críticas de mejora. Por último, en el campo económico, el debate sobre las monedas digitales y la necesidad de mantener el efectivo refleja la importancia de garantizar la inclusión financiera y la protección de los más vulnerables. A través de estos esfuerzos, la comunidad cristiana puede contribuir significativamente a una sociedad más justa, ética y equilibrada.

## EL CAMINO DEL AMOR (Gálatas 5:13-14): RECONCILIACIÓN POLÍTICA DESDE UNA PERSPECTIVA CRISTIANA

Las obras de Martin Luther King Jr. ilustran con claridad su compromiso con la reconciliación, la justicia y una crítica profética dirigida tanto a liberales como a conservadores. Cada uno de sus escritos demuestra que el liderazgo cristiano debe superar la polarización y caminar por el sendero del amor, fundamento central del Evangelio.

1. Obras Clave y su Contribución a la Reconciliación

- *"Carta desde la Cárcel de Birmingham" (1963)*: Desde su celda, King expresa su profunda decepción hacia los líderes religiosos blancos y hacia los moderados que preferían la "paz del orden" antes que la justicia verdadera. Denunció tanto a quienes se resistían al cambio como a quienes querían retrasarlo indefinidamente. Su crítica reveló que la neutralidad ante la injusticia se convierte en complicidad. [75]
- *"Tengo un Sueño" (1963)*: En este histórico discurso pronunciado durante la Marcha sobre Washington, King convoca a la nación a trascender sus divisiones raciales y políticas. Su visión profética describe un futuro donde todas las personas caminan juntas en igualdad, justicia y amor. Para King, la reconciliación solo es posible cuando se reconoce la dignidad que Dios ha otorgado a cada ser humano. [76]

- *"¿Dónde Vamos Desde Aquí: ¿Caos o Comunidad?"* (1967): En esta obra, King analiza los desafíos sociopolíticos de su tiempo y critica tanto a conservadores que se resistían a la justicia como a liberales que, pese a su discurso, no actuaban con suficiente determinación. Subraya que la verdadera comunidad requiere sacrificio, integridad y compromiso persistente con la dignidad humana. [77]
- *"Beyond Vietnam: A Time to Break Silence"* (1967): En este discurso, King denuncia la Guerra de Vietnam y vincula esa crítica con las injusticias económicas y sociales dentro de Estados Unidos. Argumenta que una nación no puede buscar la paz en el exterior mientras descuida la justicia en el interior. Su llamado profético exige un cambio moral que trascienda las fronteras partidistas. [78]

Estos textos demuestran claramente la defensa de King de un liderazgo moral basado en los principios cristianos de amor, justicia y reconciliación. Desafió tanto a liberales como a conservadores cuando sus acciones no se alineaban con estos valores.

2. Significado para el Siglo XXI

Estos escritos muestran que Martin Luther King Jr. abogaba por un liderazgo moral profundamente cristiano, capaz de:

- denunciar la injusticia sin importar su fuente;
- resistir la manipulación política;
- promover la reconciliación basada en el amor y no en la ideología;
- llamar a liberales y conservadores por igual a una ética superior al partidismo.

Su visión sigue siendo un modelo para la iglesia contemporánea, llamada a encarnar el mandamiento del amor (Gá. 5:13–14) en medio de polarizaciones crecientes. La reconciliación no significa neutralidad; significa compromiso radical con la justicia, la verdad y la dignidad humana, por encima de colores partidarios.

## Conclusión

En la sociedad poscristiana actual, el liderazgo eclesiástico enfrenta el desafío de integrar la fe con la vida cotidiana. Esta integración exige atender las causas que limitan el impacto de la iglesia, como la autoconservación institucional y la falta de visión. Para responder a este contexto, se requiere un modelo pastoral como el de Pablo en Éfeso, que combine espiritualidad con compromiso social.

La historia de los avivamientos en EE. UU., con líderes como Edwards, Whitefield, Finney y Graham, inspira la expectativa de un *"Quinto Gran Despertar"*. Este nuevo mover espiritual exige empoderar al laicado e integrar el ministerio fuera de las estructuras tradicionales, promoviendo un *liderazgo dual* comprometido con la transformación social y espiritual.

Antes de transicional a una iglesia centrada en el Evangelio, es vital contextualizar el mensaje y comprender la realidad local. Timothy Keller promueve un enfoque misional adaptado a la ciudad, que une *Verdad y Gracia*. Su perspectiva equilibra el valor del coraje —destacado por Eric Rasmusen— con una respuesta compasiva y firme ante los desafíos culturales.

La iglesia debe asumir su papel como agente de equidad e inclusión, promoviendo salud, educación, justicia social y apoyo integral a los necesitados, complementando —y no delegando exclusivamente— dichas responsabilidades al Estado. Al hacerlo, fortalece su misión, su testimonio y su relevancia comunitaria.

En este siglo, la fe cristiana debe dialogar con la ciencia, la economía y la política, superando el dualismo entre hechos y valores. El cristiano influye positivamente en el mundo como embajador de Cristo (2 Co. 5:17-21), viviendo una cosmovisión que articula la fe con el conocimiento y la acción social.

Keller también propone una lectura transformadora de la parábola del hijo pródigo (Lc. 15:11-32), mostrando que la *Gracia del Padre alcanza tanto al rebelde como al moralista.* [79] Esta visión confronta los extremos de la cultura occidental, marcada por la división entre moralistas y hedonistas, recordando que tanto la desobediencia como la auto justicia pueden alejarse de Dios. [80]

En este marco, *la iglesia debe recuperar su papel profético*, proclamando con amor y verdad la necesidad del perdón y la reconciliación. Como los cristianos del primer siglo, llamados a ser sal y luz en contextos hostiles, la iglesia hoy debe asumir su rol de influencia y transformación, confiando en que el Evangelio sigue siendo poder de Dios para salvar y renovar la cultura.

La Parte 2 de este estudio se centrará en la descripción del entorno ministerial de una iglesia ubicada en el condado de Miami-Dade, presentando el contexto sociocultural, eclesial y pastoral en el que se desarrolla el proyecto. A través de datos relevantes y observaciones diagnósticas, esta sección permite comprender con mayor claridad el punto de partida, los desafíos existentes y las condiciones que motivan la propuesta ministerial que se desarrollará en las partes posteriores.

# PARTE 2: ENTORNO MINISTERIAL

En la Parte 1 se estableció que, a medida que las sociedades evolucionan, muchas iglesias han quedado atrapadas en estructuras tradicionales que no responden a las necesidades del creyente contemporáneo. En el contexto hispano de los Estados Unidos, particularmente en ciudades como Miami, se observa que numerosas congregaciones no han desarrollado estrategias eficaces para integrar la fe con el trabajo ni para actuar como agentes de transformación cultural.

En lugar de fortalecer su testimonio en medio del mundo secular, muchas iglesias han centrado sus esfuerzos en la conservación institucional y en la protección de su estatus eclesiástico. Ante esta realidad, en la Parte 2 se presenta una propuesta concreta para fortalecer la vocación del cristiano en la cultura, trascendiendo los límites de la iglesia local y promoviendo un proceso de integración que, en su primera fase, busca conectar en su "Primera Fase a las personas con la cultura *—integrando la fe y el trabajo—* y con Dios, a través de la *adoración y la evangelización*." Además, se incluye una preparación general sobre las dos fases futuras del proceso: una segunda fase enfocada en conectar a las personas entre sí y con la ciudad, fomentando la comunidad y el compromiso urbano; y una tercera fase orientada a establecer iglesias como una dinámica del Movimiento de Iniciación de Iglesias (MII).

## Introducción

A partir de este apartado, el libro expone un caso práctico sobre un programa realizado en una iglesia del condado de Miami-Dade. Con el fin de proteger la privacidad de los involucrados y facilitar la implementación del programa en diversas congregaciones, se ha optado por no revelar los nombres de la iglesia ni de los participantes.

Esta decisión estratégica tiene como propósito asegurar que cualquier comunidad eclesiástica *—bautista, pentecostal, metodista u otra denominación—* pueda adoptar y adaptar este modelo. Por ello, utilizamos el término "iglesia" o "Iglesia Local Tradicional

Hispana (ILTH)" para expresar la universalidad y aplicabilidad del programa en las distintas tradiciones cristianas.

Partiendo de este capítulo, el libro traza una estrategia para el desarrollo y la expansión de los Equipos Vocacionales de Conexión (EVC), enfocándose en el proceso de integración ministerial de la primera fase. También aborda la preparación del equipo pastoral frente a los desafíos actuales, mediante una formación teórica y práctica. La misión es preparar, conectar y movilizar a la ILTH en su reforma pastoral y eclesial, para lograr una transformación centrada en el Evangelio que impacte su entorno urbano siguiendo el diseño de la iglesia de Éfeso.

La ILTH entra así en una etapa de alistamiento, crecimiento y ramificación de líderes vocacionales que lleven el Evangelio a los espacios laborales de la ciudad de Miami y una renovación de la *"adoración y evangelización"* desde el púlpito, como parte de un ministerio integrador que supera el dualismo entre lo espiritual y lo secular. Este proyecto ministerial se desarrolla desde la Parte 2 hasta la Parte 7, con la siguiente estructura:

- Parte 2: Describe el entorno ministerial de una iglesia localizada en el condado de Miami-Dade, ofreciendo los datos y observaciones necesarios para comprender el punto de partida del proyecto.
- Parte 3: Se desarrolla la Primera Fase dentro de un proceso de integración del ministerio de la Iglesia Local Tradicional Hispana (ILTH), en respuesta a los desafíos de esta era poscristiana y posmoderna. En esta fase, se propone rediseñar dos frentes estratégicos desde la misma iglesia: Llevar la fe a los lugares de trabajo, activando la presencia del Evangelio en la cultura, y fortalecer la adoración y la evangelización desde el púlpito, para que el culto dominical sea misional, accesible y transformador. Todo ello con el fin de formar una iglesia más contextualizada, relevante y comprometida con su entorno.

  Parte 4: Analiza la historia y las tendencias contemporáneas, subrayando la necesidad de recuperar el liderazgo eclesial y vocacional en la cultura con el propósito redentor de Dios, para restaurar su rol formativo en la vida de la iglesia y en la vocación de los creyentes.

- Parte 5: Desarrolla una estrategia práctica para preparar el ministerio eclesial y vocacional (*"fe y trabajo" — "adoración y evangelización"*) desde la ITLH hacia los lugares de trabajo, con miras al crecimiento integral de la iglesia.
- Parte 6: Describe la implementación del proyecto y resalta los aspectos clave de cada semana de entrenamiento.
- Parte 7: Evalúa la ejecución del plan y examina en qué medida se alcanzaron los objetivos, propósitos y metas del proceso formativo.

El enfoque de este proyecto se dirige fundamentalmente a las áreas de liderazgo, discipulado y evangelismo, impactando no solo el ámbito eclesial y laboral, sino también el tejido social circundante.

Los objetivos específicos son: a) identificar a diez líderes vocacionales junto al Pastor Principal (PP) y al Líder de Influencia (LI) para su capacitación inicial; b) desarrollar un plan de enseñanza de diez semanas para conformar un proceso de integración en su primera fase (Frente 1 y 4); c) sensibilizar al ministerio eclesial y laico sobre su rol en este proceso; y d) evaluar la efectividad mediante la implementación práctica de los EVC en los espacios laborales.

## La Hispanización de los EE. UU.

1. Orígenes históricos de la presencia hispana en EE UU.

La presencia hispana en lo que hoy es Estados Unidos se remonta a etapas coloniales anteriores a la formación del país, con asentamientos españoles como San Agustín (Florida, 1565) y Nuevo México (1598). Además, tras conflictos como la Guerra México-Estados Unidos (1846-1848) y el Tratado de Guadalupe Hidalgo, grandes extensiones del antiguo territorio mexicano pasaron a formar parte de EE. UU., con sus pobladores automáticamente convertidos en ciudadanos estadounidenses.[81]

2. Evolución demográfica de la población hispana

En 1980, los hispanos representaban apenas el 7 por ciento de la población total estadounidense —aproximadamente 14,8 millones de personas— mientras que para 2021 eran cerca del 19 por ciento, es decir, unos 62,5 millones. Entre 2010 y 2020, la población hispana creció un 23 por ciento, desde 50,5 millones a más de 62 millones, lo que evidencia una expansión significativa en solo una década. Entre 2010 y 2022, más de la mitad del crecimiento poblacional de EE. UU., aproximadamente el 53 por ciento correspondió a personas hispanas. Este aumento representa un fenómeno demográfico sin precedentes en la historia moderna del país.[82]

3. Perfil social, salud y diversidad de los hispanos

En 2022, los hispanos representaban el mayor grupo étnico minoritario, con 63,6 millones de personas —un 19,1 por ciento del total, de la población—. Según proyecciones del Censo, para mediados de siglo (2050-2060), la población hispana podría alcanzar entre el (27,9 por ciento y el 30,6 por ciento) del total de EE. UU.

La población hispana es sumamente diversa, con orígenes que incluyen México (la mayoría), Puerto Rico, El Salvador, Cuba, República Dominicana, Guatemala, Colombia, Honduras y Venezuela, entre otros. El crecimiento más rápido ha sido el de origen venezolano: entre 2010 y 2022 su número aumentó un 236 por ciento, mientras que otros como los hondureños, guatemaltecos, dominicanos y colombianos crecieron entre un 51 por ciento y un 67 por ciento.[83]

4. Impacto cultural y migración reciente en EE UU.

La hispanización no solo transforma la demografía, sino la cultura estadounidense en áreas como la política, el arte, la música, los negocios y más: figuras como Sonia Sotomayor (Corte Suprema), artistas como Lin-Manuel Miranda y música como el reggaetón son evidencias del impacto latino. Además, movimientos migratorios recientes han elevado la proporción de extranjeros en EE. UU. al nivel más alto desde 1910, especialmente de América Latina, lo que profundiza la presencia hispana en la sociedad estadounidense.[84]

## Aclaración de Términos

En esta tesis, los términos "hispanos", "latinos" e "hispanoamericanos" se utilizarán de manera intercambiable para referirse a la población latina en los EE. UU. Estos tienen sus raíces en una de las naciones de habla hispana de América.

## Hispanos en los EE. UU.

El explosivo aumento de la población hispana fue una de las conclusiones salientes de la "Oficina del Censo de 2020 en EE. UU." Alrededor de la mitad del crecimiento de la población en las últimas dos décadas se deben a los hispanos; la proporción hispana nacionalmente ha crecido de 12,5 por ciento (35,3 millones) en el año 2000 al 18,7 por ciento (62,1 millones) en el 2020.

El crecimiento de la población hispana es un componente primordial en los cambios de la pluralidad racial y étnica de EE. UU. Los hispanos representan el grupo étnico más grande del país y se espera en el año 2060 un aumento de la población latina hasta aproximadamente el de 27 por ciento, superando los 100 millones de personas. Una de cada cuatro personas en EE. UU. se identificará como ciudadano de herencia hispana, además de un aumento de la población (61 por ciento) más de 38,0 millones en el 2060.

1. Crecimiento por nacimiento vs. Inmigración: En su publicación del 27 de noviembre de 2021, Mark Hugo López escribe que, según el estudio del Buró de Censo de los EE. UU., los hispanos, además de influenciar cambios, son influenciados por los estadounidenses. Según estos datos, los nacidos de padres hispanos en el país han sobrepasado el crecimiento poblacional en la relación con la inmigración de hispanos, el cual fue el primer factor determinante hasta hace un tiempo atrás. Entre 2010 y 2019 nacieron 9,3 millones de hispanos en EE. UU. Los inmigrantes recién llegados sumaron 3,5 millones (33 por ciento) de la población hispana en el año 2019, cifra inferior del año 2000 (40 por ciento). Además, el censo 2020 reveló, que un tercio de los hispanos en EE. UU. tienen un origen multirracial, muy por encima (al 6 por ciento) en el año 2010, indicando que las futuras generaciones podrían identificarse simultáneamente como hispanas y pertenecientes a otro grupo racial. Alrededor 5 millones de hispanos reconocen su herencia racial.[85] Según, las estadísticas del Buró de Censo anunciadas el 12 de agosto del 2021, la distribución de la población latina residente en EE. UU. 2020 por país de origen era México mayoritariamente, seguido de Puerto Rico, Cuba, El Salvador, República Dominicana, Venezuela, Guatemala, Colombia y Otros Hispanos (ver gráfica 1). [86]

2. Educación de los Hispanos: En cuanto a la educación, la matrícula hispana en instituciones de cuatro años siguió aumentando incluso durante el primer año del COVID-19. Entre 2000 y 2020, la matrícula hispana en instituciones de cuatro años pasó de 620,000 a 2,4 millones, un aumento del 287 por ciento (ver gráfica 2). Los latinos representan una proporción cada vez mayor de los estudiantes matriculados en instituciones postsecundarias. En el 2020, se inscribieron 3.7 millones de latinos, lo que representó la quinta parte de todos los estudiantes (20 por ciento) (ver gráfica 3). Sin embargo, los latinos y afroamericanos siguen siendo los menos propensos a completar una licenciatura o más (ver gráfica 4). Una de las principales razones por la que los hispanos no finalizan sus estudios es la presencia de limitaciones financieras y barreras de acceso (ver gráfica 5). [87]

3. Fuerza laboral: En cuanto a la fuerza laboral, los empresarios latinos crean empresas a un ritmo per cápita mayor que cualquier otro grupo racial o étnico en Estados Unidos. En los últimos cinco años, uno de cada 200 latinos (0.5 %) ha iniciado una nueva empresa cada mes, en comparación con el 0.3 % de los grupos más numerosos de blancos y asiáticos. Las empresas de propiedad latina han crecido a una tasa anual del 12.5 %, frente al 5.3 % de las empresas de propiedad blanca. Aunque estas compañías se concentran principalmente en ciudades con poblaciones latinas extensas —como Los Ángeles, Miami y la ciudad de Nueva York—, 45 de los 50 estados registraron un aumento de negocios latinos entre 2012 y 2017.

Según McKinsey & Company, la riqueza de los latinos ha crecido a una tasa promedio anual de alrededor del 7 % en las últimas dos décadas, más rápido que la de los hogares blancos no latinos. Sin embargo, el punto de partida es mucho más bajo, lo cual limita la paridad general. McKinsey calcula que, si los latinos tuvieran la misma riqueza per cápita que los blancos estadounidenses, el flujo neto anual de riqueza sería 380 000 millones de dólares más alto. Los latinos también muestran mayores tasas de movilidad intergeneracional, pero como comienzan desde una base económica más baja, la brecha persiste. Al mismo tiempo, los latinos nacidos en EE. UU. impulsan la mayor parte del aumento demográfico, mientras que los empresarios latinos enfrentan barreras persistentes en el acceso al capital y a las redes de negocios. [88]

De acuerdo con investigaciones del Baker Institute de la Universidad Rice, Estados Unidos enfrenta los desafíos combinados de una fuerza laboral que envejece y un crecimiento poblacional cada vez más lento. La inmigración, especialmente desde América Latina, será esencial para mantener la competitividad económica.[89] Los datos del Censo de EE. UU. muestran que la fuerza laboral hispana creció de 10,7 millones en 1990 a 29 millones en 2020, y se proyecta que superará los 31 millones en 2030. Asimismo, estudios del Pew Research señalan que los hispanos representaron más de la mitad del crecimiento poblacional en la última década, y que su presencia es vital en sectores que enfrentan escasez persistente de mano de obra, como la construcción, la agricultura, la hostelería, la salud y la manufactura. Estos hallazgos destacan que el desarrollo y la fuerza laboral de la comunidad hispana son claves para el futuro y el bienestar de Estados Unidos.

## La Familia y la Religiosidad de los Hispanos

En este estudio, "hogar" y "familia" se definen como la unidad social básica encargada de la transmisión de la vida humana, organizada bajo la autoridad familiar, influida por la cultura y sostenida por valores espirituales. Es una entidad natural y afectiva de origen remoto que ha servido para perpetuar la especie humana. El modelo de la familia en estos 20,23 siglos ha tenido profundos cambios. En dicho estudio se considerará: "La familia de Dios" y "La familia extendida". "La familia de Dios está llamada a enseñar las Escrituras y ser así una opción en la conservación de la institución, cuyo origen se remonta a la misma Creación. Es la unidad esencial de la sociedad que tiene la responsabilidad de procrear y formar mejores seres humanos y ciudadanos". Es básica para el desarrollo de una personalidad sana y madura.[90]

La familia hispana en EE. UU., tenía en el 2020 alrededor de 2,7 millones de niños que están viviendo en familias extendidas. Debido a la diversidad creciente racial y étnica en el país, la población latina, además de la asiática, se reprodujeron rápidamente más que los blancos. Según el Centro de Investigación

Pew Research, uno de cada cinco ciudadanos vive en un hogar multigeneracional. Los latinos y los afroamericanos, con un 21 por ciento cada uno, tenían más probabilidades de vivir en este tipo de hogares que los blancos (13 por ciento). Además, el 38 por ciento de los adultos hispanos reportaron haber sufrido discriminación el año anterior.

A lo largo de los años, las familias inmigrantes latinas han sido criminalizadas y deportadas más que otros grupos de inmigrantes. Además de causar inestabilidad económica, la separación familiar perjudica el desarrollo socioemocional y cognitivo de los niños pequeños y de la familia en general. El 48 por ciento de los hispanos en general dijeron que temían su existencia en el país, según una encuesta del Pew Research Center. En estos casos, los abuelos suelen convertirse en cuidadores principales a tiempo completo, asumiendo la responsabilidad después de que estos niños han atravesado experiencias de trauma significativo. A pesar de estos retos, los latinos mantienen sus compromisos y sus valores culturales en el cuidado de los tipos de familias. Una cultura que se basa en la tradición de sus ancestros.[91]

En síntesis, para servir eficazmente a la comunidad latina en EE. UU., es fundamental comprender su diversidad cultural y diseñar respuestas específicas para sus necesidades. Esto implica identificar sus fortalezas, desafíos y valores sociales con el fin de crear servicios y programas pertinentes que promuevan una convivencia saludable. Solo al conocer profundamente la identidad y la realidad de cada comunidad podremos acompañarla de manera significativa. Este esfuerzo debe realizarse con el espíritu del Justo e Incalculable Amor de Jesús, llevando Su Evangelio al corazón del diario vivir.

En los Estados Unidos, las tendencias recientes evidencian un declive sostenido de la identidad cristiana. Las proyecciones indican que, si el ritmo actual se mantiene, la proporción de cristianos podría descender del 64 por ciento actual a un rango de entre el 54 % y el 35 por ciento para el año (ver gráfica 6). De manera paralela, el grupo de los *"nones"* o *"ningunos",* que incluye ateos, agnósticos y personas sin afiliación religiosa, podría aumentar del 30 por ciento a un rango de entre el 34 por ciento y el 52 por ciento (véase Gráfica 7), consolidándose como el segundo grupo religioso más numeroso del país, después de los cristianos. Entre los millennials, el 31 por ciento se identifica como *"nones"*, [92] mientras que entre los miembros de la Generación Z esta cifra asciende al 33 por ciento. [93] Cabe destacar que, durante la Guerra Fría, este grupo representaba apenas alrededor del 5 por ciento de la población; en la actualidad, los *"nones"* constituyen alrededor del 30 por ciento de la población estadounidense. [94]

Según la encuesta de valores y creencias de Gallup, realizada del 2 al 22 de mayo, las tendencias entre 2002 y 2022 muestran que un número creciente de estadounidenses califica como "pobre" el estado actual de los valores morales del país (ver gráfica 8). En esta evaluación negativa, los republicanos registraron el porcentaje más alto, por encima de demócratas e independientes (ver gráfica 9). Asimismo, en lo referente a la falta de consideración por los demás, el racismo mostró un incremento notable: pasó del 2 por ciento en 2012 al 8 por ciento en 2022 (ver gráfica 10).[95] Por otro lado, un estudio reciente coescrito por Kyle Emich, profesor asociado de dirección en la Facultad de Negocios y Economía Alfred Lerner de la Universidad de Delaware, señala que poseer características de "liderazgo ético" es absolutamente esencial para dirigir una organización en tiempos de crisis.[96]

La falta generalizada de valores morales y éticos ha generado una crisis profunda en la familia, la sociedad, la cultura y el ámbito laboral. Según McKinsey, cerca de un tercio de las empresas reconoce que no cuenta con la cantidad ni la calidad de líderes necesarios para cumplir sus estrategias y metas.

Diversos investigadores han estudiado durante décadas qué factores explican la calidad del liderazgo. Aunque no existe un consenso definitivo, sí emerge un punto común: la dimensión ética. Inspirados en

Max Weber, estudios recientes en EE. UU. han destacado el liderazgo carismático, analizando tanto los motivos y conductas de los líderes como los procesos psicológicos mediante los cuales influyen en sus seguidores.[97]

En cuanto a la fuerza laboral actual, la Generación Z y los Mileniales constituyen el cuarenta y un por ciento de los trabajadores de tiempo completo en EE. UU. Este grupo exige ambientes laborales centrados en el bienestar personal, liderazgo ético, transparencia y apoyo a la diversidad e inclusión.[98]

Cada uno de estos datos evidencia la urgencia de que la iglesia prepare líderes capaces de integrar su vocación cristiana con la vida pública, ejerciendo una influencia espiritual, ética y social en la cultura de la ciudad.

## Diversidad Religiosa en EE. UU.: el 48 Por ciento se Considera Religiosa

En un artículo reciente publicado por *Caplin News*, medio de la Lee Caplin School of Journalism & Media de Florida International University, los periodistas Jerónimo Mura, Pamela Correa, Victoria Clariá y Sabrina Bacal analizan la diversidad religiosa en Estados Unidos. El reporte destaca que, aunque el país es uno de los más poblados del mundo con 331 449 281 habitantes según el Censo de 2020, solo un 48 por ciento de la población se considera parte de una congregación religiosa.

De acuerdo con datos del U.S. Religion Census, existen aproximadamente 351 723 congregaciones religiosas en todo el país. Los estados con mayor número de adherentes son: California (17 727 373), Texas (11 050 311), Nueva York (10 347 548), Florida (10 142 871) e Illinois (1 510 927).

El artículo también aborda el crecimiento de las minorías religiosas en Estados Unidos, con un énfasis en el judaísmo y el islam. Según el Pew Research Center, alrededor del 2,4 por ciento de los adultos estadounidenses se identifican con estas confesiones.[99]

## Economía de los Hispanos

En la actualidad, aproximadamente uno de cada cinco habitantes de Estados Unidos es de origen latino, cifra que se espera ascienda a uno de cada cuatro para 2060, alcanzando un total de 119 millones de personas. Este crecimiento demográfico subraya el papel fundamental que desempeña la comunidad latina en la economía de la nación.

Según datos de la Oficina del Censo de EE. UU., los latinos generan anualmente un Producto Interno Bruto (PIB) de 2.8 billones de dólares, una suma comparable con la economía combinada de México y Brasil. Si la comunidad latina en EE. UU. fuese un país independiente, constituiría la quinta economía mundial, superando a Reino Unido, India o Francia, según Sol Trujillo, cofundador y presidente de Latino Donor Collaborative (LDC).

Este "PIB latino" refleja el valor de todos los bienes y servicios producidos por esta comunidad dentro del país. A pesar de las dificultades para medir el PIB por grupo étnico, investigadores han cruzado múltiples bases de datos para estimar este indicador, revelando un crecimiento económico significativo. Solo en 2020, el PIB latino fue estimado en 2,8 billones de dólares.

El impacto económico de los latinos está estrechamente ligado al éxito económico nacional. La población latina ha crecido un 19% en la última década, y esta tendencia demográfica contribuye a su creciente participación en la fuerza laboral del país. Además, la comunidad latina está cada vez más educada, lo que facilita su acceso a mejores empleos y, por ende, fortalece su poder económico y capacidad de consumo.

Los latinos también se destacan en el emprendimiento, con 4,7 millones de negocios que generan más de 800,000 millones de dólares. A pesar de enfrentar barreras como el acceso limitado a créditos, su ímpetu emprendedor es notable.

Finalmente, la propiedad de viviendas entre los latinos está aumentando, lo que contribuye a la creación de riqueza a largo plazo para estas familias. Este dinamismo económico refleja el creciente papel de los latinos en fortalecer y dar forma al futuro económico de Estados Unidos.[100]

## EE. UU., Multicultural y Poscristiana en un Contexto Posmoderno

Estados Unidos se ha convertido en una nación multicultural y poscristiana dentro de un contexto posmoderno, lo que refleja profundas transformaciones en su estructura social y cultural. La diversidad cultural, impulsada por la inmigración, ha dado lugar a un mosaico de lenguas y creencias. Este fenómeno se evidencia en la coexistencia de una amplia gama de idiomas —desde lenguas indígenas como el navajo hasta lenguas globales como el español, el chino y el árabe—. Esta diversidad se extiende más allá del ámbito lingüístico hasta la esfera religiosa, donde el cristianismo, aunque sigue siendo la religión predominante, está perdiendo terreno frente a otras confesiones y a una creciente secularización.[101]

El concepto de una sociedad poscristiana en Estados Unidos se refiere al declive de la influencia del cristianismo como fuerza dominante en la cultura y la vida pública. Históricamente, el cristianismo moldeó gran parte de la identidad estadounidense, pero en las últimas décadas, ha habido una notable disminución en la membresía y participación en las iglesias cristianas. Esta tendencia es especialmente pronunciada entre las generaciones más jóvenes, quienes son más propensas a identificarse como "no religiosas" o a adoptar una espiritualidad personalizada que no se adhiere a ninguna tradición específica. [102]

En un contexto posmoderno, la fragmentación de la fe y la relativización de las normas morales se han intensificado. El posmodernismo, con su rechazo a las verdades absolutas y su énfasis en la subjetividad y la pluralidad de perspectivas, ha influido profundamente en cómo los estadounidenses abordan la religión y la espiritualidad. Esto ha llevado a un entorno donde la religión se convierte en una cuestión de elección personal más que de tradición o imposición cultural, erosionando las estructuras religiosas tradicionales y fomentando una mayor diversidad de creencias y prácticas. [103]

En resumen, Estados Unidos está experimentando un cambio significativo hacia una sociedad más diversa y menos centrada en el cristianismo tradicional. Este cambio está impulsado en gran parte por la multiculturalidad y el posmodernismo, que desafían las estructuras establecidas que formaron a esta nación como líder mundial.

## Datos demográficos de la Florida

"America Counts" lanza una mirada sobre los cambios demográficos que revelan los nuevos resultados del 2010 a 2020 sobre la raza y origen étnico de la población hispana en el estado de la Florida, la cual era de una población total de 21,5 millones. A partir de los datos obtenidos, según los resultados en 2020, los hispanos representaron el 21,5 por ciento (5,7 millones), con un aumento de 14,1 por ciento (2,74 millones) en relación con los datos obtenidos en el censo último del 2010.[104]

En cuanto a la economía, la Florida es la cuarta más grande de los EE. UU. Según la organización de desarrollo económico del estado, cinco sectores concentran la mayor generación de empleos: "1. las manufacturas"; 2. "tecnologías de la información"; "3. Servicios financieros y profesionales"; "4. Logísticas y profesionales"; y "5. las sedes corporativas". Este último sector es particularmente importante, ya que Florida alberga cerca de 3 000 oficinas centrales, muchas de ellas funcionando como sedes regionales para América Latina, gracias a su ubicación estratégica, infraestructura avanzada y entorno empresarial competitivo. [105]

Según el Instituto de Política y Política Latina de la UCLA y datos de la Encuesta Nacional sobre la Comunidad de EE. UU. (2015 al 2019), los latinos son el segundo grupo racial y étnico más grande en Florida. También tienen una edad promedio más joven (35 años) que el resto de la población del estado, aunque ligeramente mayor que el promedio nacional latinos de 29 años (ver gráfica 11). En cuanto a educación superior, las mujeres latinas poseen un nivel educativo superior al de los hombres latinos. La fuerza laboral latina (hombres y mujeres) es la más grande en comparación con el resto de los hombres y mujeres del estado. Por otro lado, en el 2020, el 19 por ciento de la población vivía por debajo del umbral de pobreza [106] (4,1 millones), una cifra mayor al promedio nacional de 10.5 por ciento en el 2020 (ver gráfica 12). Los latinos entre los floridanos representan el segundo ingreso familiar promedio más bajo (ver gráfica 13). En cuanto al seguro, los latinos tienen mayor probabilidad de no tenerlo en relación con otros grupos (ver gráfica 14). Por otro lado, los latinos de la Florida tienen más probabilidades de ser propietarios de vivienda en comparación al resto de los latinos de Estados Unidos: 51 por ciento frente al 47 por ciento. (ver gráfica 15).[107] En cuanto a los ahorros, las remesas agotan aún más el capital de los latinos en el país. Finalmente, se presentan dos gráficos sobre los hispanos en Kendale Lakes: el primero muestra los lugares de nacimiento más comunes en el extranjero de los hispanoamericanos residentes (ver gráfica 16), y el segundo hace referencia a la religiosidad en dicha ciudad (ver la gráfica 17).

La Florida cuenta con 17 condados, siendo Miami-Dade el más poblado con 2 751 791 habitantes, evidenciando un aumento del 10,2 por ciento desde el último censo. Le siguen los condados de Broward (1 935 878), Palm Beach (1 471 150), Hillsborough (1 381 127) y Orange (1 323 598), todos superando el millón de residentes. Destacablemente, el condado de Orange ha experimentado el mayor incremento, con un 17,7 por ciento. En contraste, los condados menos poblados incluyen a Liberty con 8 242 habitantes y Lafayette con 8 451, ambos experimentando descensos poblacionales del 1,5 y 4,7 por ciento respectivamente. Sin embargo, otros como Franklin. (11,727) y Glades (13,754) han visto aumentos del 1,5 y 1,8 por ciento. El condado de Sumter se distingue por tener la tasa de crecimiento más elevada del estado con un 34 por ciento, alcanzando los 125 115 residentes. Osceola y St. Johns también han registrado crecimientos notables del 31,1 y 28,3 por ciento. Por otro lado, Bradford muestra un decrecimiento del 5,2 por ciento, reduciendo su población a 21 728 (ver tabla 1). [108]

## La religiosidad del hispano en la Florida

En la Florida, no es sorpresa que la religión predominante en este estado sea la Iglesia Católica, ya que según el último Censo de los Estados Unidos, la población hispana aumentó a un 21,8 por ciento, seguido de la población blanca.

Dentro de las 5 religiones con más adherentes en el estado, lidera la lista la Iglesia Católica con 4 097 017. Les siguen las Iglesias Cristianas Sin Denominación con 2 020 871, la Convención Bautista del Sur con 1 092 140, la Iglesia Metodista Unida con 377 800, y los Testigos de Jehová con 304 524.

Las minorías religiosas, como el judaísmo, son otro elemento de la diversidad religiosa en la Florida. Según el Pew Research Center, en Florida representa al 3 por ciento de la población del estado. Aunque la identidad judía no siempre implica la pertenencia a una congregación (para algunos el judaísmo es una afinidad cultural y no una fe), son estas asociaciones las que nos dibujan mejor el mapa de las distintas ramas del judaísmo en Florida. De las 238 congregaciones judías contabilizadas en 2020 por el Religion Census, en este estado, el 38% pertenecen al movimiento Lubavitch o Chabad, cuyo objetivo ha sido crecer dentro de la comunidad durante los últimos años.

Otra de las minorías religiosas relevadas en el censo son los musulmanes. Datos oficiales del Pew Research Center han señalado que casi una de cada cuatro personas en el mundo practica el islam, sin embargo, esto no se replica en Florida. Según el informe publicado por el U.S Religion Census, tan solo habría 4 147 musulmanes en el estado del sol.

Una de las características principales que tiene el islam es la marcada diferencia que existe para practicarla a través de sus diferentes ramas. De acuerdo con cifras del mismo estudio, en total son 151 congregaciones musulmanas que reúnen a todos los practicantes de esta religión en Florida. [109]

## Religiosidad de los Hispanos en el condado de Miami-Dade County

El condado de Miami-Dade, en el sur de Florida, alberga muchas iglesias y congregaciones religiosas. El condado es conocido por su diversidad e influencias culturales de todo el mundo. Personas de todas las religiones se reúnen para adorar en las diferentes congregaciones religiosas de todo el condado. Desde pequeñas iglesias de barrio hasta megaiglesias con miles de miembros, hay varias opciones disponibles para que personas de todos los orígenes practiquen su fe. Con una amplia gama de denominaciones representadas, las iglesias de Miami-Dade brindan apoyo y orientación espiritual, así como actividades de extensión comunitaria. Ya sea que asista a servicios o participe en trabajo voluntario, estas iglesias son una parte integral de la vida en el condado de Miami-Dade. Como dato curioso según algunas estimaciones, existen aproximadamente 4 200 religiones en el mundo.

En el condado de Miami-Dade, el 40,1 por ciento de la población se identifica como religiosa. Dentro de esta comunidad religiosa, la mayoría son católicos, representando el 22,4 por ciento. Otros grupos cristianos también tienen presencia significativa; los bautistas constituyen el 5,4 por ciento, mientras que un 5,9 por ciento pertenece a otras denominaciones cristianas. Los judíos representan el 1,2 por ciento de la población religiosa, seguidos por los musulmanes, que constituyen el **0,9** por ciento. Las denominaciones más pequeñas incluyen a los pentecostales con un

1,7 por ciento, los metodistas con un 0.8 por ciento, y varios otros grupos como episcopalianos, luteranos, presbiterianos, y la Iglesia de Jesucristo, cada uno representando menos del 1 por ciento. Además, un 0,2 por ciento de la población practica alguna fe oriental.

Este perfil demuestra la diversidad religiosa en Miami-Dade, reflejando una amplia gama de creencias y prácticas. El análisis del panorama religioso del condado destaca el catolicismo como la fe predominante, con un 22,4 por ciento que abarca a más de la mitad de los creyentes. Los bautistas y otros grupos cristianos también mantienen una presencia notable.[110]

A pesar del contexto diverso y abierto que ofrece el condado, una gran mayoría de iglesias cristianas continúa funcionando bajo modelos introspectivos, limitando su impacto en los espacios culturales, sociales y públicos de la ciudad.

## Descripción del Contexto Ministerial

El condado de Miami-Dade, Florida, tiene una población estimada de 2,7 millones de habitantes (2024) y abarca más de 2 000 millas cuadradas, incluyendo aproximadamente un tercio de su área dentro del Parque Nacional Everglades. Limita con el Océano Atlántico, el Parque Nacional Everglades, los Cayos de Florida y el condado de Broward. El condado es gobernado por un alcalde y una Junta de Comisionados del Condado compuesta por 13 miembros, y ofrece tanto servicios metropolitanos como servicios de tipo municipal, especialmente para las áreas no incorporadas. El alcalde, quien puede servir dos mandatos de cuatro años, supervisa las operaciones diarias del condado y posee poder de veto sobre las acciones de la Comisión.

Miami-Dade es el condado más poblado de Florida, compuesto por 34 municipios y numerosas áreas no incorporadas. Su población es marcadamente diversa, con una presencia significativa de emigrantes cubanos y haitianos, lo cual influye en su paisaje cultural y demográfico.

Históricamente, el área fue un sitio temprano de conflicto entre las potencias europeas y posteriormente se hizo conocida por las actividades de salvamento de naufragios. La era moderna comenzó con la llegada del ferrocarril de Henry Flagler en 1891, lo que transformó la región mediante proyectos de desarrollo y el auge inmobiliario de los años 1920. El apodo de Miami, "La Ciudad Mágica", refleja el rápido crecimiento experimentado durante este período. Tras la Segunda Guerra Mundial, la población aumentó significativamente con el regreso de veteranos y la expansión del turismo.

Entre los acontecimientos más relevantes se encuentran el descubrimiento arqueológico del "Círculo de Miami", con una antigüedad aproximada de 2000 años, y el impacto del Huracán Andrew en 1992, que provocó daños superiores a 20 mil millones de dólares. En la actualidad, Miami-Dade continúa prosperando, con el turismo y el transporte como sus principales industrias, apoyadas por el papel estratégico del Aeropuerto Internacional de Miami. La rica historia y diversidad cultural del condado siguen siendo elementos fundamentales de su identidad.[111]

## Datos Demográfico de Miami-Dade County

El sitio web oficial del Condado de Miami-Dade ofrece información detallada sobre su estructura administrativa y demográfica. Miami, la sede del condado, es el núcleo de una región que ha experimentado un crecimiento notable. Desde el año 2020, cuando la población se registró en 2,195,185 personas, ha habido un crecimiento del 0.19 por ciento, sumando casi 5,000 residentes más hasta 2024. La fundación del condado data del 18 de enero de 1831, y desde entonces ha evolucionado hasta convertirse en el condado más grande de Florida, con una superficie de 1900 millas cuadradas y una densidad de 1421 personas por milla cuadrada.

La estimación para el año 2024 es que la población de Miami-Dade alcance los 2,700,178 habitantes, reflejando un aumento del 0.51 por ciento en comparación con el año anterior. Esta tendencia de crecimiento, del 7.73 por ciento desde 2010, destaca la continua atracción y expansión del condado. La distribución de género es equilibrada, con un 49.05 por ciento de hombres y un 50.95% de mujeres, y la edad media de la población es de 40.1 años.

En cuanto a la composición étnica, el condado presenta una diversidad considerable: los hispanos blancos constituyen el 33.8%

de la población; las personas de dos o más razas, el 27.71 por ciento; otras razas, el 5.95 por ciento; negros o afroamericanos, el 1 por ciento; nativos americanos, el 0.17 por ciento; asiáticos, el 0.08 por ciento; y nativos hawaianos o isleños del Pacífico, menos del 0.01 por ciento. La estructura residencial del condado también es diversa. La mayoría de los hogares son ocupados por sus propietarios, con un 51.9 por ciento de propietarios frente a un 48.1 por ciento de arrendatarios. Los hogares casados representan un 14.1 por ciento de propietarios, mientras que los hogares no familiares tienen una mayor proporción de arrendatarios, con un 58.7 por ciento. Las viviendas ocupadas por mujeres tienen una proporción de propiedad del 43.3 por ciento y de arrendamiento del 51.7 por ciento; los hogares masculinos tienen un 41.3 por ciento de propietarios y un 53.7 por ciento de arrendatarios.

La distribución educativa en el condado revela patrones interesantes: entre los hispanos, 1,094,411 personas han completado la educación secundaria y 412,381 han obtenido licenciaturas. Esta tendencia también se observa en otros grupos raciales, subrayando la importancia de la educación en la configuración socioeconómica del condado. Además, los datos del condado de Miami-Dade abarcan una amplia gama de aspectos como educación, ingresos, pobreza, empleo, matrimonio y datos sobre veteranos (ver tabla 2). [112]

El área metropolitana de Miami, con más de 6 millones de habitantes y formada por los condados de Miami-Dade, Broward y Palm Beach, reúne más de 25 ciudades que aportan una gran diversidad cultural. Miami-Dade, incluye ciudades como Miami, Miami Beach, Coral Gables, Aventura, Doral y Hialeah. Broward suma urbes como Fort Lauderdale, Miramar y Weston, mientras que Palm Beach destaca con Boca Raton, Delray Beach y West Palm Beach, conocidas por su estilo de vida elegante. Entre ellas sobresale la ciudad de Miami, con más de 450 000 habitantes según el U.S. Census Bureau (2023) y un clima subtropical con temperaturas promedio de 28 °C en verano y alrededor de 20 °C en invierno. "La región es un centro neurálgico para el comercio internacional, las finanzas y los medios de comunicación en español, lo que ofrece abundantes oportunidades de empleo. Además, se distingue por su rica vida cultural y nocturna, así como por una variada oferta gastronómica que va desde la auténtica comida cubana hasta exquisitos platos de mariscos. Miami es, sin duda, un lugar vibrante y diverso, ideal tanto para vivir como para visitar". [113]

El condado de Miami-Dade alberga una amplia gama de actividades económicas, desde grandes corporaciones como Carnival Corporation y Ryder System hasta empresas con fuerte arraigo comunitario, como Sedanos Supermarkets y Panther Coffee. Aunque el costo de vida es superior al promedio nacional, el alquiler medio de un apartamento de dos habitaciones se sitúa en $1,920, frente a $1,430 a nivel nacional, y el Índice de Costo de Alimentos alcanza 108, en comparación con el promedio estadounidense de 100. A pesar de estas condiciones, muchas personas eligen residir en Miami-Dade debido a su diversidad cultural y dinamismo económico.

En términos laborales, el condado presenta una tasa de desempleo del 8.2 por ciento, superior al promedio nacional del 1.0 por ciento. No obstante, el mercado laboral ha registrado un incremento del 0.8 por ciento en el último año, y se proyecta un crecimiento del 38.0 por ciento en los próximos diez años, superando el promedio estadounidense del 33.5 por ciento. En materia fiscal, la tasa de impuesto sobre ventas es del 7.0 por ciento, ligeramente inferior al promedio nacional del 7.3 por ciento, mientras que el impuesto estatal sobre la renta es del 0.0 por ciento, frente al 4.1 por ciento a nivel nacional. En cuanto a ingresos, el ingreso promedio por residente en Miami-Dade es de $23,433 anuales, comparado con el promedio nacional de $28,555, y el ingreso medio por hogar alcanza los $57,815 al año, mientras que el promedio en EE. UU. es de $19,021 por año [114] (ver tabla 3).

En conclusión, el condado de Miami-Dade no solo destaca por su tamaño y crecimiento poblacional, sino también por la complejidad de su composición social y económica. Su diversidad cultural, junto con los desafíos socioeconómicos y las oportunidades que presenta, lo convierten en un espacio de interés permanente para el análisis académico y el diseño de políticas públicas

## Una Síntesis Histórica de la Iglesia Hispana en Florida

El crecimiento significativo de las congregaciones hispanas en el estado de Florida ha marcado un hito sin precedentes en el alcance comunitario hacia la población hispana. Este fenómeno se puede atribuir principalmente a tres eventos determinantes —dos de ellos de carácter migratorio— que, en conjunto, han transformado el panorama cultural y religioso de la región: dos de ellos de carácter migratorio— que, en conjunto, han transformado el panorama cultural y religioso de la región:

1. la consolidación la consolidación del sur de Florida como puerto de entrada a América Latina, donde muchos buscan establecerse para mejorar sus condiciones de vida;

2. el triunfo de la "revolución" en Cuba, liderada por Fidel Castro el 1 de enero de 1959, que provocó un éxodo masivo de cubanos; y

3. la trascendencia de la obra bautista hispana en Florida, cuyo crecimiento y consolidación fue posibles gracias a la visión estratégica y la disposición que Dios puso en iglesias anglohablantes, con la guía de la *Home Mission Board* (HMB) de la Convención Bautista del Sur (CBS), la Asociación Bautista de Florida (ABF) [115] y otras asociaciones cristianas posteriores, que prepararon y culminaron la transición de congregaciones de habla inglesa hacia iglesias de habla hispana.

Estos eventos no solo provocaron cambios demográficos significativos, sino que también impulsaron el desarrollo y la diversificación de las expresiones religiosas entre la población hispana en el estado. La capacidad de las iglesias para adaptarse a estas transformaciones resulta crucial en esta era poscristiana y posmoderna, tanto para su crecimiento como para su efectividad en el servicio a una comunidad cada vez más diversa, menos definida por alineamientos ideológicos y más condicionada por realidades económicas. Esta necesidad se hace especialmente evidente en el contexto de la comunidad cubana, mayoritaria en la ciudad de Miami.

## Ventajas y Desventajas de los Hispanos

### Ventajas

Miami es la capital de América Latina, siendo los socios más cercanos para todo tipo de emprendimiento dentro del continente. Inversionistas del mundo entero invierten en Miami, no únicamente atrae al turismo, sino también, a latinos profesionales y pudientes que buscan proteger sus inversiones y llevar una vida tranquila.

Miami es uno de los centros financieros más importantes de EE. UU., se destaca como centro de comercio, finanzas y una comunidad fuerte de negocios internacional. Miami goza de una situación geográfica privilegiada, estando en la encrucijada del Caribe, América Central y América del Sur. Es por eso que la ciudad es el epicentro del comercio internacional entre las Américas. Un ejemplo destacado es la Zona Libre de Miami (Miami Free Zone), fundada en 1977, considerada la mayor zona comercial privada del mundo.[116]

La ciudad de Miami ha sido fiel a sus tradiciones latinas. El idioma oficial de la administración es el inglés, sin embargo, en diferentes períodos entre 1973 y 2000, el español y el criollo también tuvieron estatus oficial junto con el inglés.[117] La región metropolitana del sur de Florida, compuesta por los condados de Miami-Dade, Broward y Palm Beach, alberga un sólido sistema de educación superior. Entre las instituciones más destacadas del condado de Miami-Dade se encuentran la Florida International University (FIU), con 17,393 títulos otorgados en 2020; el Miami Dade College, con 11,150 títulos; y la University of Miami, con 5,917 títulos.[118] Por su parte, la ciudad de Orlando ocupa el segundo lugar a nivel nacional en clasificación por matrícula universitaria, gracias en gran medida a la University of Central Florida (UCF), una de las universidades públicas más grandes del país.[119]

Desventajas

En el Condado de Miami-Dade, persiste el riesgo de desastres naturales provenientes de huracanes, el costo de la vivienda y el costo de vida con un salario medio afectan, a gran parte de la población. Para vivir en Miami, se debe generar alrededor de $70, 000 dólares al año o más y la media promedio gana alrededor de los $51, 000. Todo esto, genera que un 10 por ciento de los residentes de Miami-Dade enfrente dificultades y un 19 por ciento **viva en situación de** pobreza.[120]

Expertos locales destacan varios problemas comunes: tuberías obstruidas por escombros, acumulación de sedimentos, raíces de árboles que invaden las líneas de drenaje y un diseño deficiente de los sistemas.[121] Aunque el transporte público ofrece cierto alivio, sigue siendo insuficiente para una ciudad del tamaño de Miami, lo que hace del transporte privado una necesidad casi obligatoria, como confirma *DataUSA, "Miami-Dade County, FL Profile (Demographics & Economy)," 2024,* https://datausa.io/profile-/geo/miami-dade-county-fl. El cambio climático y el aumento del nivel del mar complican aún más el desafío, generando mayores riesgos de inundación durante huracanes y tormentas estacionales, según el sitio web oficial del Condado de Miami-Dade, "About Miami-Dade County," 2023, Las soluciones preventivas incluyen inspecciones rutinarias, limpieza de alcantarillas, control de erosión e introducción de infraestructura verde como jardines de lluvia y pavimentos permeables, que ya se están probando en partes del condado de Miami-Dade. En conjunto, estas medidas reflejan la necesidad urgente de contar con infraestructura resiliente para una ciudad que seguirá experimentando crecimiento demográfico y una población cada vez más envejecida en las próximas décadas.

Según datos de la U.S. Census Bureau, una proporción significativa de la población del Condado de Miami–Dade habla un idioma distinto del inglés en el hogar, y una parte relevante reporta dominio limitado del inglés, lo que refleja la marcada diversidad lingüística del condado. Esta realidad lingüística, combinada con patrones de integración segmentada entre las distintas nacionalidades hispanas, ha contribuido a procesos de fragmentación social y económica dentro de la comunidad hispana en general. El estatus socioeconómico acentúa aún más estas divisiones. Estimaciones indican que aproximadamente 632,000 inmigrantes indocumentados residen en el sur de Florida, de los cuales cerca del 41 por ciento vive en el Condado de Miami–Dade, representando una fuerza laboral vital en sectores de alta demanda física que muchos residentes legales no suelen estar dispuestos a desempeñar. [122]

Los datos demográficos del Censo 2020 evidencian además la diversidad racial de la población hispana en el Condado de Miami–Dade. Los hispanos identificados como blancos constituyen aproximadamente el 23.45 por ciento de la población hispana, mientras que los hispanos negros o afroamericanos representan alrededor del 1.14 por ciento. Los hispanos de otras razas alcanzan cerca del 16.41 por ciento, y aquellos que se identifican con dos o más razas comprenden aproximadamente el 58.45 por ciento. En total, la población hispana del condado ascendió a 1,941,122 personas en el año 2020. La observación comunitaria de largo plazo sugiere asimismo que los hispanos de ascendencia africana continúan estando insuficientemente alcanzados por esfuerzos focalizados y tienden a residir principalmente en vecindarios predominantemente afroamericanos, lo que pone de relieve brechas persistentes de integración social y participación comunitaria. [123]

Otro fenómeno es, especialmente, las poblaciones de menos recursos y de minorías étnicas. La falta de recursos para realizar ensayos del censo y la propuesta del gobierno estadounidense actual de incluir una pregunta sobre la ciudadanía que, según expertos, podría inhibir a inmigrantes y extranjeros a participar. Se calcula que entre 900,000 y 4 millones de personas quedarían sin contar, especialmente negros, hispanos y niños menores de 5 años, dice el estudio del Urban Institute. La Florida es uno de los estados donde este fenómeno es más previsible. Estos datos son críticos, ya que las comunidades podrían tener menos recursos e influencias políticas. [124]

Defendiendo el proyecto vocacional

*La Gracia Común* se manifiesta como la acción de Dios que otorga sabiduría, habilidad, protección y contención del mal, incluso fuera de la comunidad de fe. Pasajes como Isaías 28:24-29 y Santiago 1:17 muestran que todo conocimiento, destreza y virtud verdadera provienen de Dios, sin importar quién las ejerza. Ejemplos como el llamado de Ciro (Is. 45:1) o la protección de Abimelec (Gn. 20:1-7) revelan cómo el Espíritu de Dios guía, restringe y ennoblece a personas e instituciones aún sin su conocimiento consciente, confirmando que toda dádiva buena es una expresión de la Gracia divina que actúa soberanamente en el mundo.

Entonces, mediante la Gracia Común Dios bendice a todas las personas, y así los cristianos puedan beneficiarse de los no creyentes y cooperar con ellos. Sin embargo, se sabe que aquel que no reconoce a Cristo debería cargar la consecuencia de su decisión (Ro. 1:18). Lutero escribió: "El trabajo es un instrumento fundamental de la Providencia de Dios; es como sustenta Dios el mundo humano."[125]

Dicho de otro modo, en la labor divina, cada individuo contribuye como parte del esfuerzo creativo de Dios. Lo que distingue al cristiano del no creyente son las intenciones que motivan su labor, no la Providencia ni el amor divinos que ambos reciben. Comprender esto es crucial para combatir el elitismo y el sectarismo que podrían invadir la perspectiva cristiana sobre el trabajo, al reconocer las características particulares de la cosmovisión cristiana.

La integración de la fe y el trabajo rechaza el dualismo, reconociendo la Gracia Común y la realidad del pecado humano. Responde al llamado cristiano (Col. 1:28), cumple con la Gran Comisión (Mt. 28:18–20) y asume la vocación como parte del mandato cultural de cultivar el mundo para la gloria de Dios (Gn. 1:28; 2:15). Estudiar la cosmovisión permite desvincular el cristianismo de los moldes culturales que han llevado a muchos, especialmente jóvenes, a alejarse de la iglesia.

En la era posmoderna, el trabajo secular y eclesial, debe entenderse como una vocación divina que continúa la obra creadora de Dios. Por lo tanto, Integrar la *fe con el trabajo* y la *adoración y evangelización* dignifica toda profesión y exige que la iglesia respalde el crecimiento espiritual de sus miembros en sus entornos laborales y en la predicación desde la iglesia, conectando a Dios con la comunidad. Esta visión se fortalece cuando el liderazgo pastoral, desde sus vocaciones eclesiales, y el laicado colaboran en unidad, proclamando el Evangelio tanto desde el púlpito como en la vida cotidiana (1 Ti. 2:3–4).

## Presuposición Hipotética

El propósito de este libro es capacitar a líderes del EVC (Equipo Vocacional de Conexión), al PP (Pastor Principal) y al LI (Líder de Influencia) para integrar Bíblicamente *la fe con el trabajo,* y *la adoración con la evangelización*. Esta formación les brinda una comprensión teológica y práctica de sus roles dentro y fuera de la iglesia. El EVC tiene la responsabilidad de facilitar espacios de reflexión espiritual en el ámbito laboral, dirigir reuniones periódicas y discernir el llamado de otros líderes vocacionales, con el fin de preparar, conectar y movilizar a creyentes hacia una transformación integral centrada en el Evangelio.

Por su parte, el PP y el LI, en colaboración con el director del proyecto, son equipados para fortalecer la fe de sus colegas, enfrentar los desafíos de sus respectivas vocaciones desde una perspectiva Bíblica, y ejercer una influencia redentora en la cultura y la comunidad. En particular, el LI actúa como un puente entre la iglesia y el entorno profesional, encarnando una espiritualidad coherente y promoviendo una conexión viva con Dios a través de su testimonio e impacto laboral.

En Éfeso, Pablo ejerció su vocación como constructor de tiendas (Hch. 18:1-4) y, más tarde, la usó para sostenerse a sí mismo y a su equipo, apoyando también a los necesitados (Hch. 20:33-35). Como líder eclesial desarrolló el laicado a niveles máximo e integró su labor evangelística con su impacto económico, fusionando *fe y trabajo* y el resto de las vocaciones (eclesial y laica) desde un ministerio dual.

## La Declaración de la Tesis

La tesis de este libro plantea la formación de líderes de Equipos Vocacionales de Conexión (EVC) como parte de un proceso integral que abarca la primera fase y ofrece una visión general de las fases 2 y 3**,** las cuales serán desarrolladas en una futura sesión.

Diez líderes serán capacitados, junto con su Pastor Principal (PP) y un Líder de Influencia (LI), bajo la guía del director del proyecto, para comprender su vocación como motor del crecimiento espiritual y misional de la iglesia.

Esta formación integra dos dimensiones esenciales:

1. Por un lado, la aplicación de principios Bíblicos en la cultura, particularmente en el ámbito laboral, promoviendo una fe activa que transforma los espacios de trabajo.

2. Por otro lado, la conexión con Dios desde la iglesia, a través de la adoración, la evangelización y la predicación, fortaleciendo el testimonio del Evangelio en un mundo poscristiano.

Al concluir esta primera fase, los líderes estarán preparados para dirigir reuniones semanales, formar nuevos líderes vocacionales y comenzar a multiplicar el modelo dentro del marco de esta etapa inicial, como parte de una iglesia comprometida con su entorno y centrada en Cristo. Paralelamente, el Pastor Principal asumirá la necesidad de un cambio estructural, que incluye el rediseño de la predicación y de las clases de formación Bíblica, integrando las variables fundamentales de esta propuesta: *la conexión entre fe y trabajo, la adoración como vínculo con Dios, y la misión evangelizadora de la iglesi*a en una cultura poscristiana. Este proceso también lo lleva a reconocer los beneficios del trabajo dual, es decir, el valor de combinar el ministerio eclesial con la vocación profesional, como una vía legítima y estratégica para extender el Reino de Dios en todos los ámbitos de la sociedad.

## Conclusión

Esta obra parte de la convicción de que la iglesia necesita un modelo Bíblico, holístico y contextual que le permita reconocer cómo Dios mismo se deleita en el trabajo, y cómo ha diseñado nuestra vocación para ser un canal de Su Gracia y para nuestro bien. La obra más significativa en el avance del Reino no siempre ocurre desde los púlpitos, sino a través de cristianos comunes que responden fielmente al llamado de Dios en sus esferas cotidianas de influencia.

Cuando el Pastor Principal (PP) y el Líder de Influencia (LI) asumen este proceso, no solo se beneficia el entorno laboral al recibir cristianos mejor formados para testimoniar con integridad, sino que la propia vida eclesial es revivificada. El pastor redescubre la importancia de integrar la vocación con la predicación, y se compromete a rediseñar la enseñanza Bíblica y la dinámica congregacional a la luz de esta visión integradora. A su vez, reconoce los beneficios del trabajo dual (ministerial y profesional), no como una amenaza a su llamado pastoral, sino como una oportunidad para conectar la misión de la iglesia con los desafíos reales de la sociedad.

En la Parte 3 se cimentará en la premisa de que la capacitación Bíblica y el desarrollo de líderes de Equipos Vocacionales de Conexión (EVC) junto con el Pastor Principal (PP) y el Líder de Influencia (LI), coordinado desde la iglesia local tradicional Hispana (ILTH), constituye un modelo efectivo, respaldado por las Escrituras y pertinente para el contexto poscristiano actual.

# PARTE 3: LA FUNDAMENTACIÓN BÍBLICA

## Introducción

El presente proyecto ministerial propone un modelo Bíblico y contextual para la formación de líderes de Equipos Vocacionales de Conexión (EVC), desarrollado en colaboración con el Pastor Principal (PP) y el Líder de Influencia (LI), quienes participan en una doble función como colaboradores y estudiantes, junto con el director del proyecto. Este modelo tiene como propósito integrar *la fe con el trabajo en la cultura* y, al mismo tiempo, fortalecer *la adoración y la evangelización desde la iglesia* en su primera fase de integración. Ambas dimensiones se presentan como vías complementarias orientadas al crecimiento espiritual, la renovación congregacional y la expansión misional, todo ello sustentado en principios Bíblicos derivados tanto del Antiguo como del Nuevo Testamento.

## La Historia Bíblica del Trabajo

### Introducción

El trabajo es considerado como una actividad disciplinada y persistente, en la que se empeña esfuerzo y facultades, orientada al logro de una meta o la realización de algo, y que constituye únicamente el medio para la consecución de estos. Donde, generalmente, esa meta u objetivo es la satisfacción de necesidades económicas.

El trabajo social es un campo profesional especializado que se ocupa de la aplicación de los principios sociológicos y psicológicos para abordar problemas específicos en la comunidad y aliviar tensiones individuales. Se ocupa de cuestiones relacionadas con el ajuste y el funcionamiento de la organización social de la comunidad, así como la integración del individuo en su entorno social. [126]

El trabajo puede entenderse como una inversión de energía y tiempo en una actividad productiva orientada hacia un fin determinado, ya sea la consecución de una meta o la prestación de un servicio. Su propósito principal es alcanzar un resultado concreto, y con frecuencia está vinculado a la satisfacción de necesidades económicas.[127] El trabajo social, por otro lado, constituye un campo profesional especializado en el que se aplican principios sociológicos y psicológicos para abordar problemas comunitarios y aliviar tensiones individuales. Se centra en facilitar el ajuste del individuo en su entorno y en mejorar el funcionamiento de la organización social. En este sentido, el trabajo —entendido en sentido amplio— trasciende la mera definición formal, pues está impregnado de la riqueza de la vida cotidiana. Todo comportamiento humano encaminado a producir algo, ya sea tangible o intangible, se inserta dentro de esta realidad. [128]

En el diccionario Teológico del Antiguo Testamento (*G. Johannes Botterweck y Helmer Ringgren (eds.), Diccionario Teológico del Antiguo Testamento*, vol. II (Madrid: Ediciones Cristiandad, 1986), 500–507), se enseña que el trabajo, a través de toda la Biblia, presenta muchas referencias, dividiéndose en dos clases. El término, que carece de implicación moral o física, se utiliza, por ejemplo, cuando Dios trabaja en la creación, o cuando se hace referencia al trabajo del hombre en esta vida. Este significado teológico más amplio resuena con *Miroslav Volf en «El trabajo en el Espíritu: Hacia una teología del trabajo» (Eugene, OR: Wipf & Stock, 1991, pp. 69-85)*, donde argumenta que el trabajo humano, impulsado por el Espíritu, participa en los propósitos redentores de Dios más allá de la mera necesidad económica. En hebreo, las palabras *məlāʿḵāh* (Gén. 2:2; Éx. 20:9; 1 Cr. 4:23; Hageo 1:14), *māʿăśeh* (Gén. 5:29; Éx. 5:13; Pr. 11:3; Ecl. 1:14), y el término griego *ergon* son las más comunes para este propósito. Sin embargo, otros términos como *yəḡîʿāh* (Deut. 28:33; Sal. 128:2; Isa. 55:2; Eze. 23:29) y *ʿāmāl* (Sal. 90:10; Ecl. 1:3; 2:10ss.; Jer. 20:18) en el Antiguo Testamento, y *kopos* en el Nuevo Testamento (Mat. 11:28; Juan 4:38; 1 Cor. 4:12; 15:58; 1 Tes. 1:3; 2 Tes. 3:8), transmiten connotaciones de cansancio, aflicción y trabajo. [129]

La Biblia entiende el trabajo como una actividad orientada

a servir a la humanidad y considera que es la ocupación natural del ser humano en el mundo. Incluso en el estado de inocencia, el hombre, como representante de toda la creación ante Dios (Gn. 2:15), recibió la tarea de trabajar como parte de su existencia normal. Este enfoque contrasta con conceptos modernos que perciben el trabajo como algo negativo, promoviendo la idea de que el hombre debería evitarlo.

En este contexto, la Escritura nos recuerda que *"no solo de pan vivirá el hombre"* (Mt. 4:4). La Palabra expande la noción de trabajo más allá de la dimensión económica, abarcando aspectos diversos como lo material, espiritual, cultural, entre otros. A pesar de la rica dotación de dones y habilidades al hombre pecador para dominar el mundo físico, su existencia carecería de significado si no reconoce que su propósito fundamental es glorificar a Dios.

Para una lectura más amplia de la noción Bíblica del trabajo humano debemos considerar los aportes del Nuevo Testamento. El Dios

mismo encarnado asumió una profesión: carpintero (Mr. 6:3) e hijo de obrero (Mt. 13:55), santificando así el trabajo común. Esta práctica de la visión del trabajo refleja una aptitud real de la vida cristiana, porque Dios manifestó su Gracia para salvar al mundo (Tit. 2:11). Cristo no vino para salvar a las almas, sino a los hombres, revelando con su Misterio pascual el sentido del Reino de Dios. Si Dios al que creyó lo reconcilió con el mismo por Cristo, y entregó ese ministerio a cada cristiano para ser embajador en nombre de Cristo en el mundo (2 Co. 5:17-21), entonces el trabajo de lunes a viernes es un campo valioso para restituir el lugar donde el hombre labora, tierra bendita y santificada, gracias a la acción del Espíritu de Dios que actúa en la persona.

El ejemplo más elevado de trabajo lo tenemos en Dios, tanto en la Creación (Gn. 1 y 2) como en la Redención (Jn. 5:17). El creyente es considerado colaborador de Dios (1 Co. 3:9). No estando bajo la maldición, sino gozando de la bendición de Dios, es exhortado a trabajar con fidelidad, *"no sirviendo al ojo ... sino con corazón sincero, temiendo a Dios"* (Col. 3:22*).* [130]

Nunca ha habido más cristianos o iglesias en el mundo como hoy. En los últimos cincuenta años ha habido un avance sin precedentes en la evangelización. En muchas partes del mundo se ha tenido éxitos en las iniciativas que han sido abordadas: salvar almas, fundar iglesias y desarrollar megaiglesias. Pero, la pobreza material sigue reinando en los países que han sido evangelizados; mientras tanto, la pobreza moral y espiritual prevalece en el Occidente "cristiano". La iglesia evangélica moderna, en vez de proporcionar una cosmovisión que desafié el trágico paradigma animista y materialista, se ha retirado en gran medida de la vida pública y ha salido de la cultura de la calle para establecer un dualismo evangélico (ver gráfica 18), el cual ha adoptado dos formas del pensamiento cristiano sobre el trabajo: una vocación superior (ver gráfica 19); y otra un campo de actividad espiritual (ver gráfica 20). [131]

Es fundamental aclarar que, en la era posmoderna actual, la intencionalidad al compartir el Evangelio mediante la contextualización en las culturas laborales (40 horas semanales) representa una opción estratégica con un impacto social expansivo para la iglesia, alineada con una perspectiva global. Según Miller, la "Meta-narrativa Esencial" no solo emana de la cultura, sino también de nuestra fe. La realidad, destacada en la historia Bíblica, presenta un contexto donde la vida y el trabajo pueden converger para cumplir el plan perfecto de Dios.[132]

## El Trabajo en la Creación (Acto#1)

Nuestras vidas y trabajo deben ser desplegados en el contexto de la historia Bíblica: "Creación, Caída, Redención y Nueva Creación". Sobre la Creación, Tim Keller escribe que el libro de Génesis enseña una realidad asombrosa, el trabajo era parte del paraíso; y adiciona una frase de Ben Witherington donde el erudito resume: "Es evidente que el buen plan de Dios siempre envolvía que los seres humanos trabajaran, o, en términos más concretos, vivieran en el ciclo constante de trabajo y descanso." [133]

La Biblia sitúa al hombre como centro de la creación, la grandeza de su naturaleza, absolutamente distinta de los otros seres, se destaca porque es imagen de Dios. La creación comprendida desde el día que Dios *Bārā'* (עָשָׂה) creó al hombre (Gn. 1: 27a), a la semejanza de Dios, lo *ā·śāh* (עָשָׂה) hizo (Gn. 1: 27a), sirve de marco a lo que se denomina la obra cumbre de la creación. Al hombre, a la imagen y semejanza de Dios, se le entregó una posición privilegiada al darle dominio sobre el resto de la creación (Gn. 1:28-30; 2:19). Es más, le ordenó sojuzgarla, y señorearla "en los peces del mar, en las aves de los cielos, y en todas las bestias que se mueven sobre la tierra". [134]

En este relato (Gn. 1:21-28) hay cinco palabras hebreas de rico contenido semántico que describen la acción y las cualidades que puso Dios dentro de cada ser humano como sujeto copartícipe de la creación con Él: (1) *Bārā'* (Gn. 1:27), "crear";
(2) *ṣelem* (Gn. 1:26–27) y *dĕmût* (Gn. 1:26), "imagen y semejanza";
(3) *rādâ* (Gn. 1:26, 28), "dominar"; y
(4) *kābaš* (Gn. 1:28), "sojuzgar". [135]

Este grupo de palabras nos permite elaborar las siguientes verdades acerca de cómo el Señor hizo al ser humano para el trabajo de la creación confiada a él: (1) es producto de su mano y no de la casualidad u otros factores; (2) tiene la capacidad de relacionarse con él y por eso puede razonar y hablar; (3) ha sido creado por Él con la capacidad de ser administrador general de todo lo que está creado y responsable de cumplir con la misión que Dios les entregó. [136]

En el versículo 28, la palabra hebrea utilizada es "*berek*". Este verbo tiene dos connotaciones. En primer lugar, implica otorgar un privilegio o regalo directo de la mano de Dios. Los animales acuáticos, por ejemplo, reciben el privilegio de reproducirse (v. 22). En el caso del hombre y la mujer, la bendición se extiende a la capacidad de reproducirse y tener dominio sobre toda la creación (v. 28). En segundo lugar, la bendición conlleva un llamado a la santidad, siendo un compromiso y dedicación a Dios. Un ejemplo de esto es la bendición y santificación del séptimo día (Gn. 2:3). Asimismo, Dios bendijo al hombre y a la mujer, y les dio el nombre *'ā·ḏām* (אָדָם), que significa "hombre" o ser humano (Gn. 5:2). [137]

En el relato yahvista de Gn. 2:4b-3, 24, se amplía la visión del hombre Bíblico. Desde una visión descendente, muestra con claridad la total dependencia existencial del hombre con Dios (v. 2:7b.), como también una dependencia y una materialidad del mundo al ser formado de la tierra, resaltando la realidad somática del ser humano (v.2: 7a.). Hay una intención de hacer ver que el hombre ha recibido de Dios directamente tanto su existencia como su forma, las cuales están compuestas por elementos sacados del mundo. El hombre recibe su existencia directamente de Dios: "(...) e insufló en sus narices aliento de vida, y resultó el hombre" (Gn. 2:7b). Se concibe una relación de dependencia radical del hombre con el Creador al recibir el *nefesh* (נֶפֶש) y ser animado por su soplo vital. [138]

En Gn. 2:15 dice que: "tomó, pues, Jehová Dios al hombre, y lo puso en el huerto de Edén, para que lo labrará y lo guardase". Adán debía labrar y cuidar del huerto. Luego, Eva es creada como su ayudante. Literalmente, Adán y Eva debían labrar el huerto, hacerlo crecer y florecer, y debían guardarlo, protegerlo con el fin de evitar que pudieran arruinarlo o dañarlo.

Su trabajo, como representantes de Dios, era tomar lo que Dios había comenzado y extenderlo para mostrar Su Gloria. El punto no era dar a conocer quiénes eran ellos a través de su trabajo, era dar a conocer a Dios a través de su trabajo. Porque al ser creados a su imagen, su trabajo daba testimonio de Él.

En resumen, se puede apreciar que la Escritura alumbra el sentido del trabajo humano, al presentar a Dios como Creador omnipotente (Gn. 2:2; Job. 38-41; Sal. 104 y 147), se considera al hombre a su imagen y lo invita a trabajar la tierra (Gn. 2:5-15) y a custodiar el jardín de Edén, donde lo ha puesto (Gn. 2:15). No debe ser despótico e irracional; al contrario, ha de "cultivar y custodiar" (Gn. 2:15) los bienes creados por Dios: bienes que el hombre no ha creado, sino que ha recibido como un don precioso, confiado a su responsabilidad por el Creador.

Esto marca la primera lección en la narrativa Bíblica sobre el trabajo. Inicialmente, el propósito del trabajo humano era fomentar la prosperidad humana para la gloria de Dios. A pesar de la perfección con la que Dios creó todo desde el principio, el potencial aún no estaba completamente realizado. Dios diseñó al hombre para desarrollar el potencial de la creación, un tema que exploraremos a fondo en el Acto #3, con repercusiones emocionales que resaltan la importancia de la vida laboral.

El trabajo, independientemente de la esfera en la que el cristiano se encuentre, en el hogar, la iglesia, la fábrica, es mostrar la bondad y magnificencia de su carácter como portadores de su Imagen. Hacemos esto al cultivar el huerto que se nos ha confiado, para la prosperidad de las personas que nos rodean, para alabanza de la gloria de Dios. En otras palabras, el trabajo es, ante todo, un acto de adoración.

En la segunda lección (Acto #2), seguidamente veremos cuán activamente Dios trabaja para redimir su creación, cuán atentamente vigila el trabajo para ordenar y reordenar el mundo y sus habitantes.

## El Trabajo en la Creación Caída (Acto # 2)

En Gn. 3:14-19, el pecado de Adán y Eva en la "Caída" fue provocado esencialmente por esta tentación: "seréis como dioses" (Gn. 3:5). Ambicionaron tener el dominio absoluto sobre todas las cosas, sin someterse a la voluntad del Creador. Desde entonces el suelo se ha vuelto avaro, ingrato, hostil (Gn. 4:12); solamente con el sudor de la frente será posible obtener el alimento (Gn. 3:17-19).

Dios instituyó el trabajo con un doble propósito: (1) Para que el hombre sea coadjutor con Dios en el cuidado de la creación. (2) Para que el hombre sea mayordomo de lo que Dios ha hecho. En el primer caso, en este sentido, el hombre es un siervo de Dios. Es interesante que la *voz* "cultivar", del hebreo *habad*, se traduce por *"servir"* en (Ex. 3:12) cuando dice: "(...) serviréis a Dios en este monte" (ver también Ex. 4:23). Hay un acto de servicio y adoración a Dios por medio del trabajo. Nuestra palabra "culto" es una forma corta de "cultivar" y el trabajo es una manera de cultivar nuestra relación con Dios. En el segundo caso, para que el hombre sea mayordomo de lo que Dios ha creado, él tiene que cuidar y proteger la tierra y sus elementos porque tendrá que dar cuentas del resultado de su gerencia. [139]

Se desconoce cuánto tiempo transcurrió entre el primer día de trabajo y el día de la caída, pero la realidad es que, en el designio divino, las circunstancias creadas terrestres existen en función del hombre antes de la caída. Estos castigos representan la justicia retributiva. Adán y Eva pecaron al comer el fruto prohibido; por lo tanto, tendrían que sufrir para poder comer. Creándose una concepción anti-dualista de la materia y del hombre (tierra y aliento de vida).

Cuando Dios expulsa a Adán y Eva del Jardín del Edén (Gn. 3:23-24), llevan consigo sus relaciones fracturadas, y su trabajo se vuelve arduo. Sin embargo, Dios continúa proveyéndoles (Gn. 3:21), y la maldición no destruye su capacidad de multiplicarse (Gn. 4:1-2) ni de alcanzar cierta prosperidad (Gn. 4:3-4). El trabajo ahora es una combinación de creación y reparación, éxito y fracaso, alegría y tristeza.

Hay mucho más que hacer ahora que en el jardín. El trabajo no es menos importante para el plan de Dios, sino más. Como dijo Pablo, "Si alguno no quiere trabajar, tampoco coma" (2 Ts. 3:10). En esta etapa, el hombre va a adorar ídolos en lugar de a Dios. La muerte y la dominación serán dos males gemelos.

Fuera del huerto, la última preocupación de Adán es la esperanza de la redención de su raza prometida por Dios (Gn. 4:25–26). Se destaca a los descendientes de Set, alejados de Caín. Mientras que la generación de Caín se identifica por su trabajo absoluto, la identidad de Set se caracteriza por ser adoradores de Dios. La centralidad de este pasaje radica en que los adoradores de Dios, ya sea que desempeñen trabajos sagrados o seculares, no deben ser definidos por sus labores, sino por su adoración y entrega al Dios Eterno. En Génesis, se presta poca atención a las corrientes de pensamiento o grupos de individuos menos relevantes para el plan redentor de Dios para el hombre. El enfoque se centra en la doctrina y las personas cruciales en dicho plan.[140]

A continuación, el diluvio, en respuesta a Genesis 6:1-22, donde se establece el mundo de la anarquía, que quebranta todo orden creado, reduciéndose a un caos. La respuesta de Dios es el dolor y la determinación de empezar de nuevo, excepto Noé quien le agradó (Gn. 6:1-8), hombre justo, íntegro en su generación; Noé marchó con Dios (Gn. 6:9). Fue el progenitor de sacerdotes, profetas y apóstoles, llamados a la obra de reconciliación con Dios.

Dios lo llama a ejecutar por medio del trabajo un proyecto para construir una embarcación (que guardará a su familia y a toda especie de animales, entre otros) y al llamado a una labor global de reconciliación y redención.

A pesar de las dificultades, el texto asegura que Noé hizo todo lo que Dios le mandó (Gn. 6:13-22). El arca muestra una vez más el interés minucioso que el Creador tuvo con Noé y su familia y por todas sus criaturas (Gn. 8:1-3). También nos asegura que, a pesar de las condiciones en que vivieron en la nave, ninguna especie se extinguió. El diluvio no había cambiado el propósito que Dios quería: "el de fructificar y multiplicarse en la tierra y sojuzgadla y dominadla" (Gn. 1:28). [141]

Vemos un presagio de una máxima perfección y sanación del mundo material, desde los efectos de la Caída, dentro del actual cosmos, a través de alguien más grande que Noé. Se obtiene ese mejor vistazo en el último libro de la Biblia (Ap. 21 y 22). Es evidente que la edificación del arca, es la primera obra de ingeniería de gran envergadura además de ser un proyecto medioambiental, ético y cultural. [142]

Finalmente, este pasaje ensancha la idolatría del trabajo (Gn. 11:1-4), exactamente igual a los descendientes de Caín que consolidan el progreso a partir de la tecnología (La torre de Babel): los constructores transgredieron el mandato de Dios de extenderse y llenar la tierra. Centralizaron sus viviendas geográficas, su cultura, idioma e instituciones. En su ambición de hacer una gran cosa ("hacernos un nombre"), sofocaron la amplitud del esfuerzo que debería venir con la variedad de dones, servicios, actividades y funciones con las que Dios dota a las personas (1 Co. 12:4-11). Dios diseñó a las personas para que trabajaran juntas por el bien común (Gn 2:18; 1 Co. 12:8). Dios no hizo al hombre imagen de Él para lograr el poder a través de la centralización y acumulación de bienes. Advirtió al pueblo de Israel contra los peligros de agrupar el poder en un rey que no fuera Él mismo (1 S. 10-18).

Dios no respondió a la Caída retirándose del mundo material y limitando sus intereses. En Génesis, Dios que es Espíritu y se sumerge en crear de la materia inexistente las formas de vida que hacen para los humanos un mundo, y que permanece obrando en él después de la desobediencia de la humanidad redimiendo el mandato de la creación (Gn. 1:28), a pesar de que se perdió el trabajo como acto de adoración para dar paso a la idolatría, Dios sigue firme en Su Propósito.

En esta segunda lección (Acto # 2), observamos en Génesis cómo Dios trabaja activamente para redimir su creación de los efectos de la Caída. En el Acto # 3, Dios ha establecido un rey divino, nuestro Señor Cristo, y bajo Su autoridad no hay lugar para concentraciones de poder en líderes, instituciones o gobiernos.

## El Trabajo en la Redención (Acto # 3)

Dios preparó a la humanidad para la venida de nuestro Señor Jesucristo, Redentor de los hombres. Dios realizó esta preparación eligiendo al pueblo de Israel y revelándose por medio de los patriarcas y los profetas: todo el contenido del AT es la preparación a la venida del Mesías, Después de la caída de los primeros padres del mundo, se enseña el primer anuncio del plan de rescate de Dios en (Gn. 3:15-24. [143] Se ve en los versículos 15:

(1) El Salvador prometido era la simiente de la mujer –el Dios-hombre;

(2) Esta Simiente santa heriría la cabeza de la serpiente –vencería al pecado;

(3) La serpiente a su vez heriría el calcañar del Salvador –en la cruz, donde murió. Dios tenía en cuenta a Un Vencedor para la raza humana. Específicamente el v.15, llamado el **"protoevangelio",** porque encierra una promesa de esperanza para la pareja pecadora con un intenso acento mesiánico. [144]

Darrow L. Miller sostiene que la esperanza mesiánica de Israel culmina en una redención cósmica en Cristo, donde no solo la humanidad, sino toda la creación es restaurada bajo el señorío de Dios (cf. Is. 11:1–2).[145]

Como señala Herman Bavinck, la Encarnación no solo introduce a Cristo en el mundo, sino que ennoblece la creación humana y restaura su propósito original (H. Bavinck, *Reformed Dogmatics*, Vol. 3 (Grand Rapids: Baker, 2006), 272–275). En la Redención, Dios se encarna en Jesús, quien es el agente divino en la obra de la creación del universo antes de la caída, ya que es el cocreador (Jn. 1:1–3; Col. 1:16). En Jn. 1:1, leemos: "En el principio era el verbo (...)", lo cual demuestra la eternidad de Jesús; "(...) y el verbo era con Dios (...)", demuestra la personalidad de Jesús; "(...) y el Verbo era Dios", indica la deidad de Jesús. En Mt. 13:54-55, Jesús nace de la virgen María, siendo José, un carpintero de oficio, su padre adoptivo; y en Marcos 6:3, Jesús es identificado como carpintero, al igual que su padre José.

Como explica Timothy Keller, el hecho de que Jesús trabajara como carpintero antes de comenzar su ministerio público demuestra que el trabajo humano —incluido el trabajo manual, repetitivo y común— posee una dignidad divina, pues el propio Hijo de Dios asumió un oficio dentro del orden creado antes de desempeñar su obra redentora (T. Keller, *Every Good Endeavor: Connecting Your Work to God's Work* (New York: Dutton, 2012), 33–52). Así, Cristo santifica el trabajo cotidiano al participar en él, revelando que toda labor honesta puede convertirse en un acto de servicio y adoración a Dios cuando se realiza desde una identidad centrada en el Padre y orientada a Su gloria.

Como desarrolla John Stott, la obra central de Cristo en la historia humana es la expiación sustitutiva, por la cual Jesús cargó con la culpa del pecador y satisfizo la justicia divina al entregar su vida voluntariamente en la cruz (J. Stott, *The Cross of Christ* (Downers Grove: IVP, 1986), 160–175). La muerte de Cristo no fue un accidente ni un

simple martirio moral, sino la culminación de Su misión redentora, anunciada desde Su bautismo y confirmada en Sus palabras: "He acabado la obra que me diste que hiciese". En la cruz, cuando declaró "Consumado es", Cristo afirmó que Su sacrificio había cumplido plenamente el propósito eterno de Dios: reconciliar al mundo consigo mismo, destruir el poder del pecado y abrir el camino para que los creyentes fueran perdonados, adoptados y restaurados a la comunión original con Dios.

Christopher J. H. Wright confirma que el Evangelio no cambia las condiciones del trabajo. Cambia la condición del corazón del hombre (C. J. H. Wright, *The Mission of God* (Downers Grove: IVP Academic, 2006), 412–426). El Evangelio no altera inmediatamente las condiciones externas del trabajo, sino que redime la voluntad, cura las inclinaciones del corazón, vence la codicia y rompe el miedo que esclaviza a la persona. Así, el cristiano aprende a trabajar no para obtener valor o seguridad, sino porque participa en el propósito del Dios que lo llama a reflejar Su carácter en cada tarea (1 Co. 2:9; 2 P. 1:4), convirtiendo su labor diaria en parte del testimonio misional que revela la justicia, la Gracia y la compasión del Reino de Dios.

La Biblia en esta etapa nos ofrece una preeminencia en las relaciones laborales (Col. 3:22-25). En (Col. 3:22-25) una preeminencia sobre los empleados, y en los vv. 22-23 nos enseña una concepción del trabajo, donde no hay separación entre lo espiritual y secular. Para impactar en lo social, comunitario, político, etc., se debe estar dispuesto a sufrir por un tiempo (Fil. 4:12), además de los que tienen, deben compartir con los pobres y no ser egoístas (2 Ti. 1:17-19, Hch. 2:45). La identidad del cristiano en esta etapa, no está en el trabajo, sino en Cristo (Col. 3:2). En (Ef. 2:10), dice que somos "hechura" de Cristo y en (2 Co. 3:2-3), que somos "carta" de Cristo. Dios es el Dueño de la iglesia, Cristo es la Cabeza y la iglesia es el cuerpo. Horton enseña, que la iglesia con sus líderes, evangelistas, pastores y maestros se encargan de educar y desarrollar los dones de sus laicos para ponerlos al servicio en sus trabajos (Ef. 4:11-12), permitiendo que nuestra vocación —sea manual, intelectual o ministerial— sea ofrecida como un acto de culto, gratitud y fidelidad al Dios que nos creó y nos redimió para buenas obras (M. Horton, *The Christian Faith* (Grand Rapids: Zondervan, 2011), 574–582).

En esta tercera lección (Acto # 3), observamos a Jesús, el Creador mismo, adentrándose en el mundo material y ennobleciendo nuestra forma humana a través de su vida y obra al encarnarse. Envía a sus seguidores a trabajar en unidad, amándose unos a otros, mientras se disponen a hacer discípulos en todas las naciones (Lc. 10:1-17; Mt. 28:18-20). La misión cristiana trabaja colaborativamente y con amor para extender la oportunidad de trabajo, incluido el trabajo de restauración, a las próximas generaciones, cumpliendo así con el mandato de la creación (Gn. 1:22, 28). Bosch destaca la misión cristiana inseparable del sacrificio, el sufrimiento, lejos de ser un obstáculo, se convierte en la plataforma donde la Gracia de Dios se manifiesta con mayor claridad, revelando que la vocación del creyente consiste en servir, amar y permanecer firme aun cuando las circunstancias sean difíciles. De esta manera, la misión no se limita a palabras, sino que se encarna en vidas que reflejan al Cristo crucificado y resucitado, llevando Su reconciliación al mundo (D. Bosch, *Transforming Mission* (Maryknoll: Orbis, 1991), 391–403). A continuación, nuestro quehacer cotidiano cobra sentido en el marco de la historia Bíblica, ocupando específicamente tiempo y espacio entre la primera venida de Cristo en la Cruz y su segunda venida la Nueva Creación de la historia (Acto # 4)].

## La Nueva Creación (Acto # 4)

La nueva creación, quizás la mayor discrepancia en la interpretación, se encuentra entre aquellos que ven el libro principalmente como futuro, abordando el final absoluto de la historia desde el capítulo 1 en adelante, y aquellos que relacionan la mayor parte del libro con eventos de la época en que Juan lo escribió (generalmente visto como el final de la historia, finales del siglo I d.C.). [146]

La buena noticia es que los intérpretes responsables que sostienen el punto de vista "futurista" reconocen que los eventos en el futuro están modelados en la obra de Dios en el pasado, más notablemente en la Creación y el Éxodo de Egipto. Asimismo, incluso aquellos que interpretan el libro principalmente desde el punto de vista del primer siglo, sí, reconocen que se habla del futuro último (p. ej., la Nueva Jerusalén). Por esta razón, nadie debe oponerse a encontrar verdades espirituales perdurables en las imágenes del libro, ni ver una orientación futura significativa en las promesas contenidas en él. [147]

En Romanos 8, Pablo no habla de la redención del trabajo y la cultura, sino de la liberación de la Creación. Habla acerca de la Nueva Creación, cuando Jesús regrese. En Ro. 8:19-21, la interrelación del hombre con la naturaleza material de la cual forma parte y en la cual habita, fue establecida en la sentencia del juicio pronunciada contra Adán después de la caída (Gn. 3:17-19).

Pablo indica que esa relación tiene un aspecto futuro, en relación con el programa divino para la salvación del ser humano: "el anhelo ardiente de la creación" (lit. "la expectación vehemente [*apokaradokia* aparece solamente en otro lugar en el Nuevo

Testamento: Fil. 1:20], la creación sigue esperando en forma ansiosa") "es el aguardar la manifestación de los hijos de Dios". El verbo "aguardar" (*apekdejomai*) se emplea siete veces en el NT y cada una es sobre el regreso de Cristo (Ro. 8:19, 23, 25; 1 Co. 1:7; Gá. 5:5; Fil. 3:20; He. 9:28). La manifestación ocurrirá cuando Cristo vuelva por los suyos; compartirán su gloria (Ro. 8:18; Col 1:27; 3:4; He. 2:10) y seremos transformados (Ro. 8:23). [148]

Cuando se cumpla el programa divino de salvación, los hijos de Dios juntos experimentemos "la libertad gloriosa del pecado", de Satanás y de la decadencia física, entonces "la creación misma será libertada de la esclavitud de corrupción". Dios lo hará debido a la posición y autoridad que tenía el hombre sobre la creación como representante divino (Gn. 1:21–30; 2:8, 15). En forma semejante, y a la luz con el programa divino para la salvación de la humanidad, será una nueva creación (2 Co. 5:17; Gá. 1:15) y el mundo natural será creado de nuevo (Ap. 21:5). [149]

Parecería evidente que Pablo tenía en mente Génesis 3, al escribir Ro. 8:19. El hombre está sujeto a la frustración y a la esclavitud de la corrupción, ha sido su historia después de la caída. Ahora, la gran noticia es que no será para siempre, llegará el día que las condiciones del trabajo cambiarán definitivamente. Ni habrá más esclavitud, ni más fustigación, ni más muerte, ni enfermedad. En cambio, será una libertad gloriosa (v. 21). La etapa conclusiva de la historia del trabajo es que Dios hará nuevas todas las cosas. Un mundo donde no vivirá la maldición. Y cuando eso suceda, el trabajo no desaparecerá. Precedió a la Caída, también perdurará. El trabajo será restaurado a su debido contexto, y es eso el séptimo día, día en el que Dios reposó. Así, el séptimo día, el día en que Dios reposó, representa ese estado final de paz, plenitud y restauración, donde el trabajo recobra su verdadero sentido en comunión con Dios y sin los efectos de la maldición.

Ese día de reposo en **Hechos 4**, se celebra la perfección de la liberación de Egipto y el hecho del camino último del desierto que estamos siguiendo en nuestra vida diaria ha sido ya forjada por Aquel que ha ido delante de nosotros y ahora, por su Espíritu, nos acompaña en el camino. Celebramos la relación con Él, en anticipo del Gran Día de Reposo, cuando entraremos plenamente en el gozo de nuestro Señor.[150]

En He. 4:9-11 se deja por sentado que el autor está hablando del reposo del día final, aquel reposo que el creyente disfrutará en la Jerusalén celestial (Ap. 21, 22). A medida que los países llevan su esplendor a la Nueva Jerusalén, el huerto se ha convertido en una ciudad, la ciudad de Dios, donde Él habita con su pueblo. Éste es el final de la historia del trabajo, un final que es realmente un nuevo comienzo. Por toda la eternidad, nuestro trabajo, nuestra creatividad y nuestra industria, traerán esplendor.

Pero ese esplendor no se enfocará en nosotros, no será usado para engrandecer nuestros nombres. El esplendor de nuestro trabajo será para la gloria de Dios. También debemos considerar las implicaciones de las visiones del futuro del AT, se ven en una continuidad significativa con la vida actual. Por ejemplo, Is. 65:17, es un texto de trasfondo crítico para Apocalipsis 21–22 y ofrece su enseñanza fundamental: "Estoy a punto de crear nuevos cielos y una nueva tierra; las cosas anteriores no serán recordadas ni vendrán a la mente" (cf. Ap. 21:1). Sin embargo, este mismo capítulo dice de las bendiciones futuras del pueblo de Dios: "Edificarán casas y las habitarán; plantarán viñas y comerán su fruto. No edificarán y otro habitará; no plantarán y otro comerá; porque como los días de un árbol serán los días de mi pueblo, y mis escogidos gozarán por mucho tiempo de la obra de sus manos" (Is. 65:21-22). Ciertamente, Isaías está señalando, de manera adecuada a su época, algo mucho más grande que la mera abundancia agrícola, pero difícilmente puede estar señalando algo menos. Sin embargo, menos es precisamente lo que se ofrece típicamente en una visión del "cielo": nubes, arpas y túnicas blancas.[151]

En Ap. 22:1-5, Juan describe la ciudad de Dios, donde todo el pueblo redimido de Dios vivirá para siempre. En la ciudad vemos "el río del agua de la vida" y "el árbol de la vida". El río y el árbol de la vida que estaban en el jardín en el Acto # 1 y están aquí nuevamente en la ciudad en el Acto # 4. La gran historia de Dios pasó de la vida a la muerte a la esperanza y luego de regreso a la vida.

En Apocalipsis 22:1–5 se nos presenta una imagen del nuevo jardín del Edén. La revelación de Dios inicia con Adán y Eva en el paraíso, junto al árbol de la vida y el río que riega el jardín, y culmina con la visión de los redimidos habitando ese Edén restaurado, donde el árbol de la vida vuelve a ocupar su lugar central y el río de vida fluye desde el trono de Dios y del Cordero. Esta escena expresa la consumación del propósito divino: el cielo manifestado en la tierra. Como bien resume una conocida expresión devocional de autor anónimo, "estar con Jesús es, en verdad, el cielo".[152]

Si bien existe necesariamente una ruptura radical entre el mundo actual y el nuevo mundo, también existe un sentido fuerte de continuidad entre los dos. Después de todo, la Nueva Jerusalén sigue siendo la Nueva Jerusalén. Conviene concluir con la visión positiva de la Nueva Jerusalén.

Finalmente, al entender la historia Bíblica del trabajo, los cristianos que habitan en el tiempo del "ya y todavía no" comprenderán que el final del trabajo es Dios. Eso les cambiará las perspectivas del compromiso para movilizar de manera ascendente la labor del creyente. Como vocación laica, el Evangelio tiene que ser llevado a los trabajos como el obrero que usa bien la palabra de verdad (2 Ti. 2:15) y esa verdad tiene que estar asentada por medio de un testimonio de integridad y servicio sobre el fundamento, siendo la piedra del ángulo Jesucristo mismo (Ef. 2:20).

El trabajo, además de ser una vocación humana, también es divina. "En el principio creó Dios los cielos y la tierra." Dios trabajó para crearnos y nos creó para trabajar. "Jehová Dios tomó al hombre y lo puso en el jardín de Edén para que lo labrara y lo guardara" (Gn. 2:15). Dios igualmente creó el trabajo para que sea bueno, incluso si es difícil de ver en un mundo caído. Hasta el día de hoy, Dios nos llama a trabajar para mantenernos y servir a los demás (Ef. 4:28). El trabajo puede cumplir muchos de los propósitos de Dios para nuestras vidas: las necesidades básicas de alimento y vivienda, así como una sensación de satisfacción y gozo.[153]

La Biblia ofrece una guía práctica y actual para vivir de manera íntegra también en el ámbito laboral. Nos enseña cómo realizar nuestro trabajo con excelencia, mejorar las relaciones laborales, servir a los demás y hallar verdadero sentido en lo que hacemos. En Cristo, el trabajo cobra su propósito original: ser una bendición y no una carga.

El magisterio eclesial, desde la modernidad, ha respondido con claridad a los desafíos del trabajo humano. Durante la revolución industrial, la fe cristiana ofreció una alternativa ética y esperanzadora ante la explotación. Sus principios aún son reconocidos por haber impulsado conquistas sociales justas para los trabajadores.

Hoy más que nunca, es necesario que los cristianos brillen en sus trabajos con principios de verdad, justicia y servicio. Ante un mundo globalizado que muchas veces ignora la dignidad de los humildes, la ética cristiana puede actuar como una fuerza restauradora de valores esenciales.

Como autor, afirmo que los dones de la Gracia de Dios, como los bienes naturales, son para todos los seres humanos. Restaurar el trabajo y dignificarlo requiere volver a sus fundamentos Bíblicos: servicio, responsabilidad y honestidad. Esta es una alternativa social real para redimir una cultura laboral en decadencia.

## Trabajo, Equipo y Liderazgo Vocacional de Pablo en la Cultura de la Ciudad

El pasaje más frecuentemente relacionado con el trabajo en el libro de Hechos es la construcción de tiendas de Pablo en Hechos 18:1–4. Este pasaje a menudo se entiende como que el trabajo de Pablo haciendo tiendas de campañas es para mantenerse en su verdadero ministerio para dar testimonio de Cristo. Obviamente, esta visión es muy estrecha, ya que Pablo instaura en 1 Cor 10:31, "hacedlo todo para la gloria de Dios". Pablo era un testigo tanto cuando predicaba como cuando hacía tiendas de campaña.

En esta ocasión, Pablo deseaba mantenerse a sí mismo y al grupo que lo acompañaba. Sin embargo, su intención no era simplemente sostener su ministerio como predicador; también buscaba proveer apoyo financiero para los necesitados. Pablo expresó el impacto económico que tuvo entre los efesios en Hch. 20:33-35.[154] Pablo a estos hombres le recuerda: "Ni plata ni oro ni vestido de nadie he codiciado" (Hch. 20:33). La codicia de dinero ha arruinado la espiritualidad de muchos hombres.

Pero el apóstol había ido mucho más allá que evitar la codicia: "para lo que me ha sido necesario a mí y a los que están conmigo, estas manos me han servido" (v. 34). Como en Tesalónica (2 Ts. 3:7-12) y en Corinto (1 Co. 9:11-15; 2 Co. 11:7-12; 12:13-11), en Éfeso también Pablo se había ganado su vida con el trabajo de sus manos. Hizo esto para no dar ocasión a la crítica de sus opositores judíos de que él estaba predicando por ganancias.[155]

El trabajo de Pablo, del cual devengaba dinero, fue una labor para fortalecer la comunidad económicamente. Pablo está diciendo que el cristiano debe usar sus habilidades y fortunas para el beneficio de la comunidad y dice francamente que este es un ejemplo a seguir. No expresa que sigan su ejemplo de predicar, pero "sí" que sigan su ejemplo de trabajar para ayudar al débil y ser generosos al dar, como Jesús mismo lo enseñó (Mt. 20:28; 1 Jn. 3:17).

Tener un oficio era una práctica que concordaba perfectamente con las costumbres rabínicas de aquellos días. Lo más natural para Pablo era que él aprendiera este oficio. Así encontramos a Pablo trabajando en su oficio por tres años en Éfeso (Hch. 20:31-35). Pablo exhortó a los líderes de la iglesia diciéndoles: Velad (v. 31*)* — "estad despiertos", o "alerta"— acordándoos que por tres años —la aproximación de su tiempo en Éfeso (cf. 19:8, 10, 22) —no he cesado de amonestar— literalmente, "recordar" y así "amonestar, exhortar"—de noche y de día...con lágrimas a cada uno... (v.19). Pablo tenía una pasión: servir a Cristo, al servir a otros.[156]

Aquila y Priscila, en resumen, fueron una pareja dedicada que sirvió con toda fidelidad e incluso arriesgaron su vida por Pablo (Ro. 11:3-4). Ellos lo ayudaron en Éfeso (Hch. 18:18–28), en su casa había una iglesia donde alojaron a Pablo (1 Co. 11:19). También viajaban con frecuencia. Primero, se sabe que estaban en Roma (Hch. 18:2). Conocieron a Pablo en Corinto (Hch. 18:2).

Después, lo acompañaron a Éfeso, donde se encargaron de discipular a Apolos (Hch. 18:18-28).[157]

Aquila y Priscila fueron una parte importante del "equipo" de Pablo y él dio gracias a Dios por ellos. Aquila y Priscila fueron hacedores de tiendas. Ellos hacían tiendas con Pablo en Corinto y le ayudaron a empezar esa congregación (Hch. 18:2-4). Habiendo sido discipulados por Pablo, ellos se cambiaron de Corinto a Éfeso donde empezaron una iglesia en su casa y discipularon a Apolos (Hch. 18:19-28). De allí se mudaron a Roma y empezaron otra iglesia en su casa (Ro. 11:3-5). Aquila y Priscila se ganaban la vida haciendo tiendas. No hay indicación alguna en la Escritura, de que ellos recibieran apoyo financiero de otros creyentes. Ellos fueron hacedores de tiendas y también plantaron al menos dos iglesias en sus casas en lugares no alcanzados. Pablo era una persona que tenía entrenamiento formal, tanto en el conocimiento religioso como secular, así como experiencia antes de conocer a Jesús. Jesús nos enseña que se nos dará responsabilidad basada en nuestra capacidad de manejarla (Mt. 29:14-29). Pablo fue usado grandemente por Dios porque él tenía el celo y las habilidades para confiarle muchas cosas.

No hay dudas que Pablo predicaba con el ejemplo. Su servicio dual en el ministerio profesional era profundo, Pablo en la posición apostólica amplió el ministerio de dar testimonio de Cristo en todo lugar, incluyendo el lugar de trabajo. En otras palabras, Pablo conectaba el Evangelio en todas las áreas existenciales de su vida (Hch. 27:21-38). Su testimonio de integridad y servicio era la fuerza mayor para decir con acción más que con palabras "soy un siervo de Jesucristo" (Ro. 1:1-14).

Pablo, quería ser un ejemplo a los nuevos creyentes. Muchos de los creyentes en los días de Pablo, no tenían un concepto Bíblico de trabajo. Pablo sabía que no era suficiente hablarles sobre la importancia de ganarse la vida. Él necesitaba ilustrarlo con su ejemplo. Pablo instó a los creyentes de Corinto a imitar su manera de vivir (1 Co. 4:15-17). En Tesalónica, él y su equipo no sólo predicaron el Evangelio, sino que compartieron sus propias vidas con la gente. El equipo trabajó de día y de noche para demostrar cómo el trabajo y el ministerio podían ser integrados (1 Ts. 2:8-12). El trabajo le permitió a Pablo modelar el mensaje (2 Ts. 3:8). Trabajar e identificarse con la gente sirve como buen modelo para los nuevos creyentes.

Fabricar tiendas, se ha convertido en la actualidad en una metáfora común para los cristianos que tienen una profesión con la que ganan dinero como medio para sustentar lo que con frecuencia se denomina el "ministerio profesional". Pablo enseña que en toda la vida humana debemos dar el mismo testimonio. El margen entre el ministerio profesional y otras formas de dar testimonio son muy pequeñas.[158]

De acuerdo con el libro de los Hechos, los cristianos solamente tienen una vocación: ser testigos del Evangelio. Existen muchas formas de servicio, incluyendo la predicación y el cuidado pastoral, la fabricación de tiendas, la construcción de muebles, dar dinero y cuidar al débil. Aquel fiel cuya profesión le provee dinero, tal como la fabricación de tiendas, para sustentar una profesión que no proporciona dinero, como la de enseñar sobre Jesús, sería descrito de una forma más precisa como un "servidor dual" (1 Co. 11:15; 2 Co. 9:12; 1 Ti. 1:2; 3 Jn. 1:1), en vez de "Bivocacional" —un llamado, dos formas de servicio—. Lo mismo sucede para cualquier cristiano que sirve en más de una línea laboral.[159]

En una investigación de versículos Bíblicos se pudiera apreciar tres modelos usados por Pablo para financiar su ministerio de plantar iglesias:

(1) La misión financiada por aquellos que formaban el cuerpo de Cristo, es decir, la iglesia. Pablo afirma con claridad los derechos del obrero cristiano a recibir lo necesario para su sustento material (1 Co. 9:4–18), apoyándose tanto en ejemplos del mundo cotidiano (v. 7) como en la práctica eclesial observada en otras comunidades (Fil.4:10–20; 2 Co. 11:7–12). Este derecho establece la legitimidad Bíblica del ministerio sostenido por la iglesia, aun cuando el propio Pablo, por razones misionales y contextuales, eligiera en ciertos casos no ejercerlo.

(2) Por contribución u ofrendas: (1 Co. 16: 1-4); 2 Co. 8-9; Ro. 15: 25–27).[160]

(3) Ministerio profesional, que se divide en:

(a) "Servicio Dual", el trabajo del siervo Pablo: ministerio de fabricante de carpa o hacedor de tiendas (Ef. 4:1-4), se ha convertido en una metáfora común para los cristianos que se involucran en una profesión para ganar dinero como un medio de apoyar su ministerio no lucrativo de la enseñanza acerca de Jesús y la evangelización. EL modelo Paulino del "Servicio Dual" no solo proporcionó a Pablo independencia financiera, evitando cualquier sospecha de lucro personal en su ministerio (Hechos 18:3; 1 Co. 9:12), sino que también le permitió contextualizar el mensaje cristiano en diversas culturas. Al participar activamente en la vida económica y social de las comunidades donde predicaba, Pablo adquiría un conocimiento profundo de su contexto, lo que le permitía adaptar su mensaje a los códigos culturales, expresiones y preocupaciones de su audiencia (1 Co. 9:19-23).

En la actualidad, en una **era posmoderna y poscristiana**, este modelo de ***servicio dual*** cobra una relevancia aún mayor. En un mundo donde la institucionalidad eclesiástica tradicional ha perdido influencia en muchas sociedades, la integración del trabajo con la misión cristiana se presenta como un medio eficaz para conectar con la cultura contemporánea. Los creyentes que combinan su vocación profesional con el testimonio y la enseñanza cristiana tienen la oportunidad de encarnar el Evangelio en entornos donde el acceso a un ministerio exclusivamente religioso sería limitado o incluso rechazado.

(b) "Servicio "Bivocacional" [161] una expresión misional contemporánea en la cual el creyente asume un empleo secular dentro del campo misionero y, de manera paralela, desarrolla un ministerio explícito de evangelización. Este modelo no surge directamente del relato Bíblico ni de la experiencia de la iglesia de Éfeso, sino como una estrategia misional aplicada en contextos específicos de acceso restringido al Evangelio, como ocurre, por ejemplo, con muchos misioneros que sirven en la llamada ventana 10/40.

## Aclaración conceptual necesaria

Es importante señalar que, aunque algunos autores contemporáneos describen retrospectivamente el ministerio del apóstol Pablo como "bivocacional", esta designación responde a una categoría analítica moderna y no a un concepto explícito del

Nuevo Testamento. En el relato Bíblico no se observa en Pablo la existencia de
"dos vocaciones" diferenciadas —una secular y otra ministerial—, sino una única vocación misional, vivida de manera integrada en los ámbitos social, laboral y eclesial.

El uso del término *bivocacional* aplicado a Pablo surge principalmente en la literatura teológica de los siglos XX y XXI como un intento de describir su autosustento económico junto a su labor apostólica. Sin embargo, esta terminología puede resultar equívoca si no se matiza adecuadamente, ya que Pablo no concebía su trabajo manual como una ocupación paralela o secundaria al ministerio, sino como parte integral de su testimonio y estrategia misional (cf. 1 Co. 9:19–23; Hch. 18:3).

Por esta razón, el presente estudio distingue celosamente entre el ministerio bivocacional **contemporáneo**, entendido como una estrategia misional contextual aplicada en escenarios específicos de acceso restringido al Evangelio, y el modelo paulino de Trabajo Dual Misional, en el cual la fe, el trabajo y la misión se integran en una sola vocación cristiana. Esta distinción evita anacronismos conceptuales y permite reconocer con mayor precisión el carácter orgánico, encarnado y expansivo del ministerio apostólico.

## La Malformación del Testimonio Cristiano en el Trabajo

Cuando el trabajo del creyente se reduce exclusivamente a un ejercicio de ética privada —sin conciencia misional ni testimonio público del Evangelio— se produce una *malformación del discipulado cristiano*. Esta distorsión separa artificialmente la fe de la misión, vacía el trabajo de su dimensión vocacional y convierte la presencia cristiana en el mundo laboral en una experiencia silenciosa y sin impacto transformador.

Esta malformación se manifestó tanto en contextos de persecución ideológica —como en países socialistas del Este y en Cuba— donde la fe fue forzada a replegarse al ámbito privado, como también en sociedades libres, donde una eclesiología encerrada confinó la misión al espacio del templo. Aunque las causas fueron distintas, el resultado fue el mismo: la privatización del Evangelio y la pérdida de su carácter público, encarnado y misional.

Frente a esta distorsión, el modelo paulino de Trabajo Dual Misional recupera el diseño Bíblico original, integrando fe, vocación y misión como una sola realidad, y devolviendo al trabajo su lugar como espacio legítimo de testimonio, servicio y expansión del Reino de Dios.

## El liderazgo misional contextual del apóstol Pablo

Pablo era un líder que se adaptaba a las culturas. Para él un modelo no ajustaba todas las circunstancias. Esto se observa, por ejemplo, cuando en Hch. 16:13 Pablo espera encontrar una reunión de oración a la orilla de un río, consciente de las prácticas religiosas y culturales de quienes buscaban a Dios en aquel contexto. Pablo era creativo, sensible a las circunstancias y poseía la sabiduría necesaria para acercarse a personas diversas y avanzar eficazmente en la tarea misional.

Pablo, tenía la habilidad de preocuparse por el reino más allá de su propio círculo ministerial. Esto se evidencia en la manera en que se refiere a Apolos, quien no fue su discípulo directo (Hechos 18:24). Aun cuando algunos creyentes se identificaban como seguidores de distintos líderes (1 Co. 1:12; 3:4), Pablo habla de Apolos con respeto y honra (1 Co. 3:5–9; 4:6), subrayando que todos son colaboradores al servicio del mismo Señor. Esta misma actitud se refleja en su disposición a delegar y a soltar el control de las iglesias recién establecidas (Hch. 16:40), mostrando que su preocupación principal no era el poder personal ni el prestigio de un grupo, sino el avance del Reino en su totalidad.

El movimiento del Evangelio impulsado por Pablo se extendió por regiones enteras, produciendo no solo transformación individual, sino también un impacto social visible. Un ejemplo significativo es Éfeso, una ciudad cosmopolita comparable a los grandes centros urbanos contemporáneos. Pablo comenzó su ministerio allí en la sinagoga con el propósito de alcanzar personas estratégicas y establecer conexiones que permitieran impactar a la sociedad pagana. Tras la oposición judía (Hch. 19:9), se trasladó junto a sus discípulos a la escuela de Tiranno, donde continuó la enseñanza entre los gentiles. Como resultado, el Evangelio provocó disturbios públicos (Hechos 19:23), evidenciando su confrontación con estructuras culturales, religiosas y económicas, como también ocurrió en Atenas y Corinto.

Tan efectiva fue su labor en Éfeso que el Evangelio se difundió por toda la provincia de Asia (Hch. 19:10). Durante este período se fundaron iglesias como las de Colosas, Laodicea y Hierápolis (Col. 4:13). Aunque algunos sugieren que las siete iglesias de (Apo. 2–3) pudieron iniciarse en este tiempo, tal afirmación no puede establecerse con certeza.[162] Pablo no centró su ministerio en estructuras eclesiásticas, sino en una presencia activa en el mercado, el trabajo, los hogares y otros espacios públicos, encontrando oportunidades para dialogar y presentar el Evangelio en todo lugar disponible. Su misión en Éfeso (Hch. 19–20) constituye el estudio de caso más extenso de un movimiento iniciador de iglesias en el Nuevo Testamento.[163]

En cuanto al trabajo, la Escritura enseña que Dios lo ordenó como parte normal de la vida humana. Toda tarea legítima posee un valor intrínseco y constituye un medio para glorificar a Dios (Gn. 1:27–28; Éx. 20:9; Dt. 5:13; Sal. 104:23). Pablo afirma que el trabajo fortalece el testimonio del creyente ante los incrédulos y es el instrumento mediante el cual Dios provee lo necesario para la vida (1 Ts. 4:12.[164]

El propósito divino del trabajo incluye la realización personal (Ec. 2:24; 3:22; 5:19), el servicio a los demás (Ef. 4:28; Pr. 31:15; 1 Ts. 2:9; 1 Ti. 5:8) y la glorificación de Dios (Col. 3:17; 1 Co. 10:31; Ef. 1:5–8; Col. 3:22–24). Considerar el trabajo como ordenanza divina implica verlo como deber moral (Tit. 3:14; Ec. 9:10; 1 Ts. 4:11; 2 Ts. 3:7–12), como llamado de Dios (Ro. 13:1; 1 Co. 7:17, 20–24) y como expresión de mayordomía delante del Señor (Mt. 25:14–30; Lc. 19:12–27; Col. 3:23–24).[165]

El creyente es considerado colaborador de Dios (1 Co. 3:9) y, no estando bajo la maldición sino gozando de la bendición divina, es exhortado a trabajar con fidelidad, "no sirviendo al ojo, sino con corazón sincero, temiendo a Dios" (Col. 3:22). "Y todo lo que hagáis, hacedlo de corazón, como para el Señor y no para los hombres" (v. 23), sabiendo que el trabajo "en el Señor no es en vano" (1 Co. 15:58). Por ello, los creyentes deben ocuparse en buenas obras (Tit. 3:8), viviendo "sobria, justa y piadosamente" mientras esperan la venida de su Señor (Tit. 2:12–13). El trabajo del creyente tiene un triple propósito: glorificar a Dios (1 Co. 1:20), suplir sus propias necesidades sin cargar a otros (1 Tes. 4:11–12) y ayudar a los necesitados (Ef. 4:28). Debe realizarse de manera sosegada (2 Tes. 3:12) y sin avaricia (He. 13:5), confiando en el cuidado del Señor (Fil. 4:19). La Escritura mantiene un equilibrio claro: "si alguno no quiere trabajar, tampoco coma" (2 Tes. 3:10), y a la vez, "el obrero es digno de su salario" (Lc. 10:7; 1 Co. 9:14; 1 Ti. 5:18).[166]

Sin embargo, la pregunta fundamental es, ¿cómo se relaciona la fe con el trabajo? El trabajo ocupa un lugar medular en la vida de la mayoría de los seres humanos. Las personas de fe deben desarrollar una cosmovisión sana con relación a la manera como se interactúa en él y la forma como Dios desea que usemos los dones, talentos y habilidades que nos ha otorgado para "cultivar y cuidar Su creación".

El apóstol Pablo ejemplifica la integración entre fe y trabajo al reconocer la verdadera recompensa de la labor cristiana (Col. 3:22–25; 4:1). En estos textos establece parámetros claros sobre los motivos, actitudes y conductas de los siervos cristianos, una enseñanza notable dentro de una sociedad esclavista. Asimismo, exhorta a los amos a practicar lo que es justo (*dikaion*) y equitativo (*isoteta*) (Col. 4:1), recordándoles que también ellos están bajo la autoridad de un Amo celestial que juzga con justicia. La aplicación de estos principios en las relaciones laborales contemporáneas podría transformar significativamente la motivación y el adeudo de los trabajadores. [167]

El autor William E. Diehl, expresa en su libro "The Monday Connection: A Spirituality of Competence, Affirmation, and Support in the Workplace": Si los laicos no pueden encontrar un significado espiritual en su trabajo, están condenados a vivir una dualidad innegable; no conectarán quienes son el domingo por la mañana con lo que hacen el resto de la semana. Necesitan descubrir que las acciones de la vida diaria son espirituales y permiten a las personas tocar a Dios en el mundo, en vez de alejarse. Esta espiritualidad hace que "tu trabajo [sea] tu oración".[168]

## Conclusión

Aunque Pablo reconoció y defendió diversas formas de sostenimiento ministerial, la expansión inicial de la Iglesia estuvo estrechamente vinculada a su práctica del trabajo dual como estrategia misional consciente. De manera similar, si la Iglesia en los Estados Unidos y el mundo aspira a ver surgir una tercera generación evangélica con el mismo impacto misional de la primera —y no repetir el estancamiento de la segunda, que permaneció mayormente confinada al espacio eclesial—, deberá recuperar una fe encarnada que salga nuevamente al mundo del trabajo, la cultura y la vida pública, integrando vocación y misión como parte esencial de su testimonio.

## CUANDO LA SANGRE PREDICÓ MÁS FUERTE QUE EL PÚLPITO

El trabajo dual o ministerio dual, hoy denominado "bivocacional", se practica tanto en países no perseguidos como en regiones de alto riesgo. No podemos olvidar que la persecución y el martirio fueron, efectivamente, uno de los factores que impactaron profundamente al mundo antiguo y contribuyeron al crecimiento exponencial del cristianismo (cf. Tertuliano: "la sangre de los mártires es semilla").

El artículo titulado *"Dentro de la Ventana 10/40: Los países de los 3.400 millones de personas no alcanzadas"*, realizado por la misionera Katie el 13 de junio de 2024 y publicado en el website de Ywamnuremberg[1], explica que aproximadamente 3.400 millones de personas en el mundo nunca han oído hablar de Jesús, y que el 97% de ellas vive dentro de la llamada Ventana 10/40[1],[2]. Esta región concentra la mayor densidad poblacional del planeta, altos niveles de pobreza, severas restricciones a la libertad religiosa y algunos de los contextos de persecución cristiana más intensos[3].

Sin embargo, solo el 3,4% de los misioneros globales sirve en esta región[4], y aunque se donan miles de millones de dólares a la obra cristiana mundial, apenas el 0,09% se destina directamente a la Ventana 10/40[5]. La desproporción entre necesidad espiritual, presencia misionera y asignación de recursos revela un desafío estratégico urgente frente a la Gran Comisión.

Históricamente, miles de creyentes en los primeros siglos estuvieron dispuestos a perder bienes, libertad e incluso la vida por su fe. En el siglo XX, entre 10 y 20 millones de cristianos murieron en contextos de persecución vinculada a su fe bajo regímenes totalitarios. Hoy, aunque más de 360 millones viven bajo altos niveles de persecución y miles mueren cada año, en gran parte del mundo occidental el cristianismo ya no enfrenta persecución estatal sistemática.

La disminución visible del sacrificio no se debe necesariamente a mayor fidelidad, sino a mayor comodidad cultural.

El contraste no es entre fe verdadera y fe falsa, sino entre contextos de presión y contextos de confort. La pregunta sociológica no es cuántos mueren hoy, sino cuánto estamos dispuestos a perder cuando no nos exigen morir.

Bibliografía


1. Katie. *Dentro de la Ventana 10/40: Los países de los 3.400 millones de personas no alcanzadas*. Ywamnuremberg, 13 de junio de 2024. Disponible en: https://www.ywamnuremberg.com/es/blog/unreached-countries-1040-window
2. Pray 10/40. *10/40 Window: The Ultimate Guide*. Recuperado de: https://pray1040.com/10-40-window/
3. Open Doors. *World Watch List 2024*. Recuperado de: https://www.opendoors.org/en-US/persecution/countries/
4. The Traveling Team. *Mission Stats: The Current State of the World* (2024). Recuperado de: https://www.thetravelingteam.org/stats
5. David B. Barrett y Todd M. Johnson. *World Christian Trends*, Table 20-3, lines 23-26 (2001; tendencia confirmada hasta 2022).


MÁRTIRES DEL CRISTIANISMO PRIMITIVO (SIGLOS I–III)

| Nombre | Fecha aproxi-mada | Tipo de muerte | Lugar | Fuente histórica específicas |
|---|---|---|---|---|
| Esteban | c. 34 d.C. | Apedrea-miento | Jerusalén | Hch. 7 |

| Santiago (hijo de Zebedeo) | c. 44 d.C. | Decapi-tación | Jerusalén | Hch. 12:1–2 |
|---|---|---|---|---|
| Pedro | 64–67 d.C. | Crucifixión | Roma | Eusebio, Historia Eclesiástica II.25 |
| Pablo | 64–67 d.C. | Decapita-ción | Roma | Eusebio, Historia Eclesiástica II.25 |
| Andrés | s. I | Crucifixión (cruz en X) | Patras (Grecia) | Hechos de Andrés (tradición antigua) |
| Tomás | c. 72 d.C. | Lanza | India | Hechos de Tomás (tradición siríaca) |
| Felipe | s. I | Crucifixión | Hierápolis | Eusebio, Historia Eclesiástica III.31 |
| Bartolomé | s. I | Desollado / decapitado | Armenia | Eusebio, Historia Eclesiástica V.10 (tradición) |
| Ignacio de Antioquía | c. 107 d.C. | Fieras | Roma | Cartas de Ignacio; Eusebio III.36 |
| Policarpo de Esmirna | c. 155 d.C. | Quemado y atravesado | Esmirna | Martirio de Policarpo |
| Cristianos bajo Nerón | 64 d.C. | Crucificados / quemados | Roma | Tácito, Annales XV.44 |
| Cristianos bajo Domiciano | 81–96 d.C. | Ejecuciones diversas | Roma | Suetonio, Vida de Domiciano; Eusebio III.17 |
| Cristianos bajo Diocleciano | 303–311 d.C. | Tortura / ejecución | Imperio Romano | Eusebio VIII; Lactancio, De Mortibus Persecutorum |
| Perpetua y Felicidad | 203 d.C. | Fieras en anfiteatro | Cartago | Acta Perpetuae et Felicitatis |

1. Métodos de Ejecución Frecuentes (Siglos I–III)
Crucificados
Quemados vivos (usados como antorchas humanas bajo Nerón)
Decapitados
Arrojados a fieras en anfiteatros
Torturados públicamente
Forzados a trabajos forzados hasta la muerte
2. Impacto Histórico
Lejos de extinguir el movimiento, las persecuciones produjeron simpatía popular y expansión del cristianismo (Tácito).
Credibilidad moral del testimonio cristiano.
Cohesión comunitaria.
Atracción espiritual ante la fidelidad inquebrantable de los creyentes frente al sufrimiento y la muerte.

## Base Teológica de la Primera Fase: Conectar a las Personas con Dios y con la Cultura

### Introducción

El modelo de un "*Proceso de Integración de los 5 frentes de la Iglesia Local Tradicional Hispana* (PI*5frentes*ILTH**)**, establece el fundamento espiritual y misiológico del proceso de integración ministerial en sus tres fases. En esta primera fase se articulan dos frentes fundamentales e interdependientes: (Frente 4) la Fe y el Trabajo en la Cultura, y (Frente 1) la Adoración y Evangelización. Ambos frentes se desarrollan desde una visión Bíblica integral, que reconoce que la vida del creyente no se divide entre lo "espiritual" y lo "secular", sino que todo debe ser vivido para la gloria de Dios (1 Corintios 10:31).

### Fundamento Bíblico de la Adoración y la Evangelización

En toda propuesta de integración de la fe con el trabajo y la cultura, es indispensable recordar que el punto de partida del llamado cristiano es la comunión con Dios a través de la adoración, y su expresión práctica se manifiesta en la proclamación del Evangelio. La iglesia local, como comunidad redimida, no solo es un agente de transformación cultural, sino también el espacio donde se forma, se adora, se enseña y se envía. Por tanto, cualquier modelo vocacional que aspire a ser fiel a la Escritura debe sostenerse sobre esta base eclesial, desde donde brota la verdadera misión.

El apóstol Pablo afirma en Ef. 1:12–14 (NVI 1999) que los creyentes son *"para alabanza de su gloria"*, habiendo sido sellados con el Espíritu Santo. Este sello no solo garantiza la redención, sino que nos consagra como pueblo adorador, cuyo propósito primario es glorificar a Dios. Así, la adoración no es una actividad periférica, sino la respuesta central del creyente a la obra de salvación, y constituye la fuente desde la cual fluye toda vocación auténtica.

Asimismo, la evangelización brota del impulso de la adoración. Como afirma Pedro, el pueblo de Dios es llamado a "anunciar las virtudes de aquel que os llamó de las tinieblas a su luz admirable" (1 P. 2:9). Por ello, la proclamación del Evangelio no puede separarse del culto cristiano. En el patrón neotestamentario, la predicación formaba parte esencial del ministerio eclesial (cf. Hch. 18:19), actuando como puente entre la comunidad creyente y el mundo.

La iglesia de Éfeso, tanto en su fundación (Hechos 18–20) como en la carta paulina (Efesios), nos ofrece un modelo donde la vida congregacional —con su adoración, enseñanza y evangelización— forma el núcleo de la misión. No se trata simplemente de enviar creyentes al mundo laboral, sino de hacerlo desde una comunidad que ora, canta, predica y vive el Evangelio con fidelidad. Esto requiere un rediseño deliberado de la predicación y la enseñanza, que no se limite a contenidos doctrinales abstractos, sino que conecte la Palabra con las realidades concretas del trabajo, la cultura, la familia y la ciudad.

Por tanto, este proyecto no propone una salida del templo hacia la cultura sin raíces. Al contrario, propone un movimiento misional que nace desde el corazón de la iglesia, donde la adoración renueva la identidad y la evangelización expresa la misión. La renovación pastoral,

el liderazgo vocacional y la transformación cultural solo serán sostenibles si están ancladas en una vida congregacional donde se honra la Palabra, se proclama la salvación y se adora a Dios en espíritu y en verdad (Jn. 4:23-24).

## Frente 1: Adoración y Evangelización

### Fundamento Teológico

La adoración centrada en Cristo es el acto fundamental de reconocer la soberanía de Dios y su Gracia Redentora. Esta adoración produce una vida evangelizadora, ya que quien ha sido transformado por la Gracia desea compartirla. La iglesia primitiva es un modelo de esta relación (Hch. 2:42-47).

| Principio | Descripción | Textos Clave |
|---|---|---|
| Centralidad de Cristo | La adoración gira en torno a la obra redentora de Cristo y su señorío. | Ef. 1:4-6; Apo. 5:9-14 |
| Comunidad transformada | La adoración crea una comunidad viva que testifica con su unidad y servicio | Hch. 2:42-47; Ef. 4:1-6 |
| Evangelización como desborde | El evangelismo es la expresión natural de una fe adoradora. | Mt. 28:18-20; Hch. 1:8 |

### Implicación Ministerial

Una iglesia saludable inicia su renovación conectando a sus miembros con Dios a través de una adoración profunda que, a su vez, los impulsa a evangelizar con pasión.

## Frente 4: Fe y Trabajo en la Cultura

### Fundamento Teológico

La vocación del creyente en el ámbito laboral y cultural es parte de su adoración a Dios. El trabajo no es una actividad separada de la espiritualidad, sino una expresión de obediencia y testimonio en la vida diaria (Colosenses 3:23-24).

| Principio | Descripción | Textos Clave |
|---|---|---|
| Trabajo como vocación | Todo trabajo digno es un llamado de Dios para contribuir a su propósito en el mundo. | Ef. 2:10; Gn. 2:15 |

| Testimonio en la cultura | El creyente es luz y sal en su entorno laboral, social y cultural. | Mt. 5:13-16; Jer. 29:7 |
|---|---|---|
| Integración fe-vida | No existe separación entre la fe personal y la acción profesional. | Ro. 12:1-2; Col. 3:17 |

## Implicación Ministerial

La iglesia debe formar a sus miembros para que entiendan su lugar de trabajo como su campo misionero, promoviendo una espiritualidad activa en todos los ámbitos de la cultura.

## Iglesia que Envía vs. Iglesia que Forma: Un Marco

## Complementario

| Aspecto | Iglesia que Envía | Iglesia que Forma |
|---|---|---|
| Origen de la Misión | Se focaliza en el envío de creyentes al mundo. exterior, destacando el impacto en ambientes laborales y culturales. | Parte desde el interior de la comunidad, fundamentándose en una vida de adoración y enseñanza que renueva la identidad espiritual. |
| Enfoque Ministerial | Predica para movilizar a sus miembros hacia espacios seculares, resaltando la integración de fe y trabajo. | Se centra en la formación y edificación interna mediante la adoración, evangelización y enseñanza Bíblica. |
| Función Pastoral | El Pastor Principal (PP), el Líder de Influencia (LI) y otros líderes impulsan programas de capacitación enfocados en el testimonio en el entorno laboral. | Se enfatiza el rediseño del culto, la predicación y las clases de formación para fortalecer la vida eclesial y la comunión. |
| Aplicación Bíblica | Basada en textos que destacan la obra de transformar la cultura (e.g., aplicar los principios en el trabajo, ver Ef. 2:10). | Fundada en pasajes que resaltan el llamado a la adoración y la proclamación de la fe (e.g., Ef. 1:12-14; 1 P. 2:9; Jn. 4:23-24). |

| Resultado Esperado | Una iglesia misional que influya positivamente en la sociedad a través de acciones en diversos ámbitos laborales y culturales. | Una comunidad eclesial renovada, centrada en Cristo, capaz de formar líderes y edificar el discipulado desde un núcleo devocional. |
|---|---|---|

Esta sección busca subrayar que la misión de la iglesia no comienza cuando termina el culto, sino que se origina en él. Por ello, el proyecto de formación de líderes vocacionales en su Fase 1 no solo busca capacitar para el trabajo, sino también renovar la vida eclesial desde su fuente original: la *adoración y la proclamación del Evangelio.* El liderazgo conjunto del Pastor Principal (PP), del Líder de Influencia (LI) y del director del proyecto garantiza que este equilibrio entre cultura e iglesia sea sostenido con fidelidad, profundidad y visión llevando el amor de Dios en medio de la diversidad, el conflicto y la necesidad urbana.

### Conclusión

El Fase 1 establece una base teológica y espiritual que rompe con el dualismo moderno. Conectar a las personas con Dios *(adoración y evangelización- Frente 1)* y con la cultura *(fe y trabajo - Frente 4)* no es una estrategia, sino una expresión del Reino de Dios en acción. Esta primera fase prepara a la iglesia para las siguientes dos etapas de formación comunitaria (Fase 2) y acción misionera (Fase 3).

## Consideraciones y Aplicaciones Prácticas

La preparación de líderes de EVC en unidad con el PP y LI, deben caracterizar el estilo de vida de la iglesia y servir como base para la relación con la comunidad laboral, el crecimiento espiritual y el cumplimiento integral de la misión, de acuerdo con los dones espirituales, tanto dentro como fuera del ámbito laboral.

Algunas debilidades a considerar en la formación de los líderes de (EVC*)* por vía Zoom en su "servicio dual" al integrar la fe y el trabajo en la vida laboral son: (a) existe una mayor desconexión con el alumno físicamente, no hay como ponerse al día con las conversaciones de pasillo y la motivación colectiva que se da en las aulas es difícil de replicarla en las clases en línea; (b) que se genere problemas y divisiones entre el grupo, en vez de sujetarnos al espíritu; (c) la aparición de participantes que impongan sus puntos de vista e imposibiliten el buen trabajo de la preparación; (d) los partícipes deben pensar en la necesidad de aplicar la ética de trabajo cristiano en equipo para evitar que se generen actitudes egocéntricas.

Por otra parte, algunas fortalezas en la preparación de líderes de EVC en unidad con el PP y LI, mediante Zoom son: (a) proporcionan una vía de conexión en la adoración y compañerismo, además de preparar a otras ILTH y líderes distantes, tanto en el país como en el extranjero; (b) eliminan la necesidad de un lugar físico para las clases, evitando así gastos de renta o compra de locales; (c) permiten la comunicación y adaptación de reuniones para desarrollar nuevas estrategias misioneras, clases, adoración y discusiones, utilizando un método práctico adaptable al contexto y la preparación general; (d) ofrecen la posibilidad de activar destrezas particulares de liderazgo que favorecen el alcance misionero mediante la fe en el trabajo diario y la extensión necesaria de la iglesia; (e) la formación de (EVC*)* fomenta un compañerismo que establece una comunidad colectiva creada por Dios, enriquecida por la multiplicidad cultural con otras naciones, y posibilita la grabación de las conferencias llevadas a cabo. Este compañerismo cristiano facilita la unificación social interna y proporciona fuerza para el alcance evangelístico en el área laboral; (f) los Grupos de Conexión facilitan la participación de más personas, generando más recursos, ideas, energía y fuerzas, así como originando múltiples métodos para alcanzar una meta en cada situación (Pr.11:14); (g) la carga es compartida (Éx. 18:22); permite mantener la comunión con Dios (v. 19); (h) facilita la instrucción para mantener la doctrina en la vida cotidiana (v. 20); y (i) estimula el nacimiento de nuevos líderes (v. 21) y la continuidad de la visión (v. 22).

Finalmente, todo esto ayuda a delegar responsabilidad y autoridad, exigir cuentas de los resultados periódicamente y explicar que se espera de ellos. Si alguien del grupo no lo está haciendo bien, educarle. Finalmente, el (PP, LI y EVC) tiene la capacidad de enfrentar y resolver cualquier crisis en los trabajos, pero también en la iglesia.

## Conclusión

Esta Parte 3 ha explorado los principios que sustentan la integración de la Fase 1 mediante la preparación estratégica del Pastor Principal (PP), el Líder de Influencia (LI) y los líderes del Equipo de Conexión Vocacional (EVC), tanto en el ámbito laboral como en la vida de la iglesia. Se ha establecido una base teológica sólida sobre el trabajo, la adoración y la evangelización, apoyada en ejemplos Bíblicos e históricos, y se ha propuesto una capacitación práctica a través de plataformas como Zoom. La Escritura afirma que el liderazgo vocacional es clave para vincular la vida espiritual con la comunidad y los entornos profesionales, ofreciendo una oportunidad transformadora para fortalecer estos equipos, ampliar su impacto y contribuir a un crecimiento eclesial sostenible y contextual.

La Parte 4 presentará una visión general de la integración fe–vida, examinando sus antecedentes contemporáneos, el cautiverio cultural presente en la iglesia evangélica y los principales marcos teóricos del pensamiento posmoderno. Además, incluirá una crítica al modelo eclesial tradicional, concluyendo con una aplicación práctica contextualizada a partir de la experiencia histórica de los grupos pequeños.

# PARTE 4: LA INVESTIGACIÓN Y LA BIBLIOGRÁFICA

## Introducción

En la Parte 2 se abordarán las características del contexto ministerial de la iglesia local. La Parte 3 desarrolló un análisis Bíblico-teológico que fundamenta la integración entre ***Fe** y Trabajo **y** Adoración y Evangelización en el liderazgo de los Equipos Vocacionales de Conexión (EVC),* junto con los copartícipes y estudiantes del proyecto: el Pastor Principal (PP) y el Líder de Influencia (LI).

La Parte 4 presentará una visión general de dicha integración, sus precursores contemporáneos, el fenómeno del cautiverio cultural en la iglesia evangélica y los referentes teóricos más influyentes en el contexto posmoderno. Asimismo, se incluirá una crítica a los modelos eclesiales de acción piramidal y a la falacia de que todos deben evangelizar de la misma manera.

Esta sección concluirá con una aplicación práctica contextualizada, apoyada en la historia de los grupos pequeños y en los principios avanzados adoptados en el proyecto ministerial, con el fin de facilitar una implementación más realista y adecuada al contexto local.

## Estudio General en la Integración de la Fe y el Trabajo

El director del proyecto se apoya en diversos autores que han explorado el desarrollo del movimiento "fe y trabajo" a lo largo de la historia cristiana. Uno de los textos clave que orienta esta parte del estudio es *Vida, Trabajo y Vocación* de Darrow L. Miller, que presenta una teología Bíblica del quehacer diario desde la Reforma hasta el siglo XX. Este marco es esencial para comprender los dos acápites que siguen en el estudio.

Durante el siglo XVI, la Reforma Protestante en Europa surge como respuesta al dualismo religioso imperante y al humanismo renacentista. Se recupera una visión Bíblica de la vida y el trabajo como expresión consciente en la presencia de Dios, superando la separación entre lo espiritual y lo secular. Esta época marcó un punto de inflexión teológico y cultural sobre cómo los cristianos deben vivir su fe de manera integral.

En este contexto surgieron figuras como Martín Lutero (1483-1546), quien abordó la reintegración de los monjes y monjas que abandonaban las abadías, así como la desafiante tarea de comprender la vocación cristiana en su plenitud.[169] Su doctrina restó valor a las obras religiosas como medio de salvación y, al mismo tiempo, otorgó un nuevo significado espiritual al trabajo cotidiano.[170] Juan Calvino (1509-1564) promovió en Ginebra la convicción de que ningún ámbito de la vida está exento de los negocios con Dios. Junto con Ulrico Zuinglio (1484-1531), desafió la cosmovisión dualista que se había infiltrado en la Iglesia. Así, se recuperó una concepción bíblica integral y se rompió la dicotomía entre lo sagrado y lo secular. En cuanto a Calvino, Kennedy y Newcombe plantearon que las ideas de la reforma en general liberaron el dinero del control absoluto al que había estado sujeto por mucho tiempo.[171] Calvino, por su parte, promovió la vocación individual como una llamada histórica, llena de novedad y progreso, ejercida en los negocios o en distintas posiciones, siempre con el compromiso de actuar con virtud.[172]

Alister McGrath, en su libro *"Pensamiento de la Reforma"*, escribe: "La reforma cambió actitudes tales como el dualismo en la vida pública de forma decisiva e irreversible". A partir de este giro histórico, la comunidad de fe dejó de concebir la vida cristiana como una realidad confinada al templo y comenzó a desafiar la mentalidad dualista heredada de la Iglesia medieval.

Se defendieron dos puntos: (1) todos los creyentes, y no solo los obreros religiosos, poseen una vocación delante de Dios; (2) todo trabajo legítimo, y no únicamente el espiritual, puede ser comprendido como vocación. De esta manera, la dicotomía entre lo sagrado y lo secular fue progresivamente superada, dando paso a una comprensión Bíblica integral de la vida cristiana.[173]

En el siglo XVII, la joven iglesia protestante que había transformado Europa **se encontraba ahora** acuciada por diversos problemas, porque algunas tradiciones o denominaciones (luteranismo o la iglesia reformada) comenzaron a preocuparse en exceso por la corrección teológica a expensas de una vida de fe vivida. Esta fue, en primer lugar, una consecuencia no intencionada de las intensas batallas teológicas de la Reforma. Otro problema significativo fue los lazos estrechos entre religión y Estado. Mucha gente no distinguía claramente entre ser miembro de una iglesia y ser ciudadano de un Estado en particular. En general, el pietismo tendió a enfatizar la práctica religiosa personal por encima de la reflexión doctrinal, lo que trajo un énfasis marcado en la piedad individual y la rutina devocional. Como resultado, se produjo un desplazamiento del énfasis reformador original, que había acentuado **la** comprensión de cómo aplicar la Biblia tanto a la vida pública como a la privada.[174]

La Ilustración, desarrollada en los siglos XVII y XVIII, conocida como la "Era de la Razón", fue un movimiento filosófico con epicentro en Inglaterra, Francia y en menor medida Alemania. Aunque se basaba en la creencia en un Dios creador (afín al teísmo Bíblico), lo reinterpretó bajo el deísmo, el cual sirvió de puente hacia el secularismo y, posteriormente, hacia el materialismo ateo moderno. Esta etapa marcó el inicio del racionalismo, en el que el ser humano asumió el rol de árbitro supremo del conocimiento, desplazando las cosmovisiones premodernas.

Frente a esta corriente racionalista, los fundadores de la ciencia moderna —teístas Bíblicos— defendieron la idea de que Dios se revela tanto en la naturaleza (la creación) como en las Escrituras. Mientras que la ciencia deísta y más tarde la naturalista negaron lo trascendente, los científicos cristianos buscaron comprender el pensamiento de Dios a través de estos dos "libros". Con el paso del tiempo, el racionalismo filosófico y la ciencia materialista desplazaron progresivamente la revelación propia del teísmo Bíblico.

La Ilustración también impactó a las iglesias, llevando a muchos creyentes y clérigos a adoptar una perspectiva en la que lo espiritual se separaba de lo físico. Sin embargo, como respuesta, sectores de la iglesia reafirmaron una fe más ortodoxa e integral, **orientada a mantener** la unidad entre lo espiritual y lo material.[175]

El Gran Avivamiento de los siglos XVIII y XIX: en la primera mitad del siglo XVIII (1730–1750), un avivamiento se extendió a ambos lados del Atlántico. Fue un regreso a una fe Bíblica integral, que produjo transformaciones sociales significativas en el mundo moderno. Ralph Winter, estratega de misiones y fundador de la universidad internacional William Carey, lo define como la "Primera Herencia Evangélica" en su libro *The Future of Evangelicals in Mission*. En esta etapa, el Evangelio integró tres dimensiones: la salvación personal, la transformación social y la misión en el extranjero. Esto contrasta con lo que Winter denomina la "Segunda Herencia Evangélica", caracterizada por un énfasis en la salvación personal, el rapto y la segunda venida de Jesucristo, con escaso impacto del Evangelio en la sociedad.[176]

El avivamiento fue encendido por figuras representativas de la Primera Herencia Evangélica. En Inglaterra destacó John Wesley (1703-1791), ministro anglicano, reformador social y fundador del movimiento metodista. En las colonias norteamericanas, sobresalieron Jonathan Edwards (1703-1758) y George Whitefield (1714-1770). Whitefield, colaborador cercano y hermano en el ministerio de Wesley, se trasladó a la colonia británica de Georgia en 1738. Como resultado de su predicación conjunta, "Edwards y Whitefield, en EE. UU., y Wesley, en Inglaterra, predicaron a Cristo e inspiraron en los convertidos una fe y una práctica profundamente Bíblica", dando lugar a una concepción integral que llevó la fe personal a la acción en la sociedad civil y en la vida pública.[177]

La "Primera Herencia" evangélica sentó bases decisivas en la formación de una nueva nación. El experimento político estadounidense se vio profundamente influido por la fe Bíblica como consecuencia del "Gran Avivamiento". Los cristianos deseaban constituir una cultura política y una nación basada en principios Bíblicos, aun antes de que los Padres Fundadores, los puritanos y los peregrinos cruzaran el Atlántico con la Biblia en la mano. El "Gran Avivamiento" reavivó entre los "Padres Fundadores" el Libro por excelencia y una cosmovisión global de las Escrituras. David Gates y Kenneth Woodward, periodistas de Newsweek, han manifestado que los historiadores están descubriendo que la Biblia, quizás más que la Constitución, constituye el documento fundacional de la nación, al estar vinculada al rescate de la cosmovisión Bíblica integral promovida por el Gran Avivamiento. A medida que la iglesia ha ido abandonando esta herencia y retirándose de la esfera cultural, los mundos moderno y postmoderno han consolidado su influencia. La pregunta es: ¿recuperará la iglesia la fe integral de sus antepasados de la Primera Herencia? [178]

En los siglos XIX y XX, la llamada "Era Moderna", el Gran Avivamiento pasó a ser un referente histórico, mientras que el secularismo se consolidó sobre la negación del ámbito espiritual. El materialismo ateo comenzó a dominar las universidades y las culturas nacionales, tanto europeas como estadounidenses. Frente a este avance secular, la iglesia se encontró ante dos opciones: adaptarse al nuevo paradigma **o** rechazarlo y replegarse hacia un paradigma heredado de raíz griega (ver gráfica 21). Los liberales abrazaron en mayor o menor medida el paradigma secular moderno, reduciendo la fe a un activismo social sustentado en una filosofía profana, **al** desconectar la justicia y la sanidad integral de su fuente trascendente en Cristo. Por su parte, los fundamentalistas se aferraron a los fundamentos doctrinales, pero también abandonaron la cosmovisión Bíblica, **al** negar las aplicaciones integrales del Evangelio para la transformación de la sociedad. Estos grupos conformaron lo que Winter denomina la "Segunda Herencia". Como resultado, se promovió una fe limitada al ámbito dominical, abandonando la comprensión de ser iglesia también el lunes, y negando la soberanía de Cristo sobre la vida entera, incluida la vocación laboral (ver gráfica 22). Este proceso dio lugar a un evangelicalismo de rasgos gnósticos, caracterizado por empobrecimiento intelectual, abandono cultural y retirada del mundo (ver gráficas 23 y 24).[179]

Una última alerta emergió a partir del punto de inflexión provocado por la crisis económica de 2008 en Estados Unidos. En ese contexto, George W. Bush fue presentado como el "chivo expiatorio" de la debacle, mientras que, con el ascenso carismático de Barack Obama, este fue percibido por muchos como una figura de salvación política. Para el otoño de 2010, la narrativa se invirtió, y Obama comenzó a asumir la culpa del deterioro económico y social, mientras que el Tea Party ofrecía una versión derechista de esperanza y cambio. Sin embargo, paralelamente surgió un relato alternativo, primero como una crítica severa a la administración Bush y luego como una interpretación más amplia del panorama estadounidense contemporáneo. Contrario a la idea de que Estados Unidos estaba perdiendo su conexión con sus raíces cristianas, estos críticos presentaron la fe cristiana como el problema central, describiendo las luchas políticas de la década de 2000 como "una lucha apocalíptica entre la ciencia y la ignorancia, la razón y la superstición, la luz del progreso y la oscuridad medieval". En este escenario, el proyecto secular prosperó ante la ausencia de un contrapeso cultural y teológico sólido.

Durante los últimos cincuenta años, los estudios sobre religión han puesto de manifiesto un profundo desafío epistemológico en la vida cotidiana. La sociedad ha perdido su centro y su equilibrio. Como se ha señalado, "la individualización y privatización de la fe representan el cambio más trascendental en la historia de la cristiandad moderna".[180] En el ámbito del trabajo, ha resurgido una distinción errónea entre lo sagrado y lo secular, que desvaloriza el trabajo laico y exalta el eclesiástico, repitiendo errores que la Reforma había superado. Según Newbigin, esta división de la verdad encierra al Evangelio en una 'cautividad cultural', relegándolo al ámbito privado y limitando su capacidad transformadora sobre la cultura.[181]

Es urgente abandonar el paradigma dualista aún persistente y recuperar una cosmovisión cristiana integral, basada en el estudio y la práctica de la Palabra de Dios. La Biblia establece tres instituciones sociales fundamentales: la familia [182], la iglesia [183] y el gobierno civil (el Estado),[184] mostrando que la verdad cristiana constituye un sistema integral que abarca todas las esferas de la vida. Aunque en las últimas décadas han surgido programas académicos, literatura y recursos digitales que fortalecen la relación entre la fe y el trabajo, quizás como no se veía desde la Reforma Protestante, muchos creyentes continúan sin recibir la orientación práctica necesaria para vivir su fe en el ámbito laboral. Por esta razón, el proyecto ministerial se apoyará en varias de estas obras como base para los apartados siguientes.

## El Cautiverio Cultural de la Iglesia Evangélica

El modernismo y el posmodernismo, aunque distintos, coexisten hoy como una división persistente del pensamiento occidental, cuyas raíces se remontan a la antigua Grecia. El modernismo predomina en ámbitos prácticos como la ciencia, la política y la economía, caracterizándose por una visión materialista y reduccionista. En contraste, el posmodernismo opera en el plano subjetivo, promoviendo el relativismo y la irracionalidad como formas de liberación personal.

Frente a esta dicotomía, hoy normalizada, Nancy Pearcey plantea que los creyentes comprometidos con el movimiento de Fe y Trabajo están llamados a reconstruir una cosmovisión cristiana integral. La autora, profesora en Houston Baptist University, expone en su obra *Verdad Total: Libera el Cristianismo de su Cautiverio Cultural* —en diálogo con los aportes de Francis Schaeffer, de quien fue discípula— cómo esta división ha cautivado la fe cristiana. Pearcey subraya que comprender la cosmovisión de una cultura es el primer paso esencial para responder a sus desafíos desde una fe integral y transformadora

En este trabajo, la autora identifica siete puntos clave que ayudan a comprender la necesidad de un cambio profundo en una amplia parte de la iglesia contemporánea. Estos son: (1) el cristiano, en general, observa la realidad desde una cosmovisión secular, influenciada por la cultura posmodernista; (2) muchos jóvenes creyentes carecen de una Cosmovisión Bíblica que integre su fe con la acción en la cultura, quedando el cristianismo relegado a un ámbito especializado de creencia y devoción personal; (3) el primer paso es reconocer el error de sostener una cosmovisión de dos niveles, asumiendo en su lugar una cosmovisión cristiana unificada que abarque toda la vida; (4) para recuperar presencia en el debate público, es necesario romper la división entre lo "secular" y lo "sagrado", superando la dicotomía entre lo "público y lo privado" y entre "hecho y valor" (ver gráfica 25), así como abandonar la separación artificial de los dos niveles de la verdad (ver gráfica 26); (5) la extensión de una cosmovisión cristiana reconoce que la obra más efectiva la realizan los creyentes comunes, al vivir su llamado en sus esferas locales de influencia; (6) los cristianos están llamados a reclamar las áreas desviadas por la cosmovisión secular, estableciendo un contrapeso social. Quienes trabajan en los negocios, la industria, la política y la cultura constituyen frentes de avance en esta batalla espiritual, mientras que la iglesia actúa como centro de formación y envío. Como advierte Os Guinness, los creyentes que adoptan herramientas filosóficas sin discernimiento crítico no usan un solo instrumento, sino una caja completa de herramientas sesgadas, siendo finalmente moldeados por la cultura que pretendían influir;[185] (7) finalmente, como señala Albert M. Wolters, "necesitamos algún credo para vivir, algún mapa para trazar la ruta a seguir".[186] **S**egún Nancy Pearcey, el primer paso para recuperar una cosmovisión cristiana consiste en reconocer la cosmovisión dividida del mundo posmoderno, volver a la Palabra y estudiarla en profundidad junto con una lectura teológica del contexto, permitiendo que Dios forme al creyente. Esto implica comprender y afirmar la verdad cristiana como un todo unificado, que abarca "la verdad acerca de la realidad total".[187]

En ese mismo sentido, Albert M. Wolters, al igual que Nancy Pearcey, subraya el alcance integral de la "Creación", afirmando que, si todas las cosas han sido creadas por Dios, también las afirmaciones Bíblicas sobre la caída y la redención deben comprenderse de manera integral. Por ello, el cristianismo exige una visión comprensiva de la realidad.[188] "Como señala Wolters, "el cristianismo como cosmovisión ha sido uno de los sucesos más significativos en la historia reciente de la iglesia."[189] En esta misma línea, Pearcey aboga por un estudio crítico y analítico que evalúe las distintas corrientes filosóficas y cosmovisiones, destacando la necesidad de diagnosticar sus discrepancias con la realidad desde una perspectiva cristiana. Este enfoque resulta vital para la iglesia contemporánea (ver gráficas 27–34).

Finalmente, otros autores significativos antecedieron a Pearcey con verdades importantes sobre la cosmovisión como fueron: *Harry Blamires (1911), Bob Briner (1935), Peter Berger (1977), Francis Schaefer (1982), Michael Goheen (1985), Lesslie Newbigin (1994), Philip E. Johnson (2000).*[190] Todos ellos han escrito verdades importantes sobre la cosmovisión. Sin embargo, se prefirió el libro de la autora "Verdad Total" porque da respuesta a esa hambre que se percibe en los evangélicos al presente. Su propuesta ayuda a identificar la separación de lo "sagrado y secular" que mantiene la fe aislada de la esfera privada de la verdad religiosa.[191]

Timothy Keller es ampliamente reconocido como una de las voces contemporáneas más influyentes en el estudio de la Fe y el

Trabajo, un campo que, desde la Reforma Protestante, no había recibido una reflexión teológica tan sistemática y pastoral. Al igual que Nancy Pearcey, Keller propone una cosmovisión cristiana integral, en la cual la fe no se limita al ámbito eclesial, sino que abarca todas las dimensiones de la vida humana, incluido el trabajo cotidiano. En su obra *Every Good Endeavor*, Keller ofrece un marco Bíblico-teológico que capacita a la Iglesia para extender la fe al ámbito laboral, partiendo de la vocación eclesial como fundamento para formar y equipar a los laicos. Su propuesta busca dotarlos de una enseñanza Bíblica sólida que les permita honrar a Dios a través de su trabajo, entendiendo este no solo como medio de subsistencia, sino como una expresión del llamado divino y del servicio al prójimo. En este enfoque, Keller destaca cinco contribuciones clave, entre las cuales se subraya la siguiente:

(1) Permite La recuperación de la vocación en el trabajo como esperanza para una cultura desintegrada. Keller sostiene que la Iglesia está llamada a restaurar el significado vocacional del trabajo en un contexto cultural fragmentado, donde frecuentemente se separa la vida espiritual de la vida económica y profesional. Además de las dualidades ya señaladas en la reflexión contemporánea sobre liderazgo empresarial, Keller identifica tensiones fundamentales como: *la vida y la economía, la actividad empresarial y el bienestar colectivo*, y, *lo que conviene a la empresa y lo que conviene a la sociedad.* Al abordar la determinación de la cosmovisión, Keller presenta un modelo analítico cuyo propósito es examinar y reconciliar estas dualidades a la luz del Evangelio. Para ello, utiliza una especie de "caja de herramientas teológica", diseñada para ayudar a los creyentes a integrar la Fe y el Trabajo de manera contextual, considerando su área de influencia, su época histórica y su lugar específico dentro de la cultura.[192]

(2) El concepto del trabajo como vocación tiene su fuente en la Creación misma. Desde este fundamento, la conexión entre fe cristiana y trabajo no solo redefine, sino que transforma y revoluciona todas las ideas y prácticas relacionadas con la vida laboral. El plan de Dios para el trabajo revela Su diseño original desde Génesis, donde Dios es presentado como un trabajador activo: un artesano que forma, ordena y contempla Su obra como "buena" (Gn. 1:31; 2:1). Dios crea al ser humano para participar de

Su labor en santidad y sin conflicto (Gn. 2:7), planta y cuida un jardín (Gn. 2:8–9), y forma a la mujer como parte de ese orden creador (Gn. 2:21–22). A lo largo del resto de la Escritura, Dios continúa trabajando: cuida Su creación (Sal. 104:10–22), sostiene a todo ser viviente y atiende sus necesidades (Sal. 145:14–16). Este Dios trabajador delega Su obra al ser humano, autorizándolo como colaborador en Su misión creadora (Gn. 1:28). En este marco, Dios dignifica el trabajo, lo integra a la cultura (Gn. 1:26–28; 2:15) y lo define como servicio vocacional delante de Él (1 Co. 7:17). El trabajo forma parte de nuestro "ADN" creacional y es constitutivo de la concepción cristiana de la libertad: fuimos creados para servir.[193] En consecuencia, servir no es una degradación, sino la expresión misma de portar la imagen de Dios.

(3) En la etapa de la caída, el drama del trabajo es que pierde su sentido y fecundidad: se vuelve infructuoso (Gn. 3:11–19), absurdo (Ec. 2:17), egoísta (Gn. 11:2–4) y revela los ídolos del corazón humano (Éx. 34:17). Desde entonces, la creación "gime", sujeta a corrupción y debilidad, a la espera de redención. Sin embargo, Dios no retira Su Gracia, pues el ser humano permanece portador de Su image. Este principio se evidencia en figuras como Ester, Daniel y José, creyentes en el Dios de Israel que sirvieron como funcionarios dentro de culturas y gobiernos pluralistas, sin pertenecer al ámbito religioso institucional. No fueron profetas, sacerdotes ni maestros, y aun así ejercieron una influencia decisiva en los más altos círculos de poder de instituciones culturales seculares, demostrando que la vocación y el testimonio pueden ejercerse plenamente en contextos no confesionales.[194]

(4) El Evangelio enseña que el sentido de la vida es amar a Dios y al prójimo, y que el principio operativo de esa vida es el servicio. En este marco, la Cosmovisión Bíblica comprende de manera integral que la naturaleza, el problema y la salvación del ser humano responden a su carácter esencialmente relacional. Fuimos creados para vivir en dependencia de Dios; esta relación se perdió por el pecado, pero puede ser restaurada por Su Gracia mediante la salvación. Primero, el Evangelio ofrece una historia para el trabajo, ya que toda práctica laboral se impulsa desde una cosmovisión que define el sentido de la vida y del desarrollo humano.[195] Segundo, la fe cristiana presenta el trabajo como colaboración con Dios,

participando de Su amor y cuidado por el mundo, tanto hacia creyentes como hacia no creyentes. Tercero, el Evangelio provee un nuevo juicio moral, especialmente sensible a la condición humana, mediante normas éticas sólidas que orientan decisiones, conductas y consejos del corazón. Cuarto y finalmente, el trabajo y los valores no son fines en sí mismos, sino medios para dar testimonio del Evangelio de Cristo, el único que salva y transforma los corazones.[196]

Uno de los aportes significativos de Timothy Keller, es la validación de un sistema de grupos vocacionales, "operando de manera continua (24/7) en sus respectivos campos laborales", como una herramienta legítima y estratégica de evangelización. En este marco, la vocación eclesial y la vocación laica, ejercidas por líderes en distintos ámbitos, deben ser reinterpretadas para superar la dicotomía artificial entre lo "sagrado" y lo "secular". Primero, una visión teológica correcta de la metanarrativa Bíblica resulta indispensable para un ministerio eficaz en la ciudad. Entre las creencias doctrinales y las prácticas ministeriales debe existir una concepción teológica integrada que permita encarnar el Evangelio dentro de un contexto cultural y un momento histórico específicos. Segundo, un trabajo es verdaderamente vocación solo cuando está orientado al servicio del otro y no al interés propio.[197] Cuando hablamos de vocación, las nociones de esperanza, sacrificio, servicio y generosidad no se sostienen en el individuo, sino que dependen de Alguien superior: Dios. Solo desde esta referencia trascendente la persona comprende correctamente el sentido del sacrificio y del servicio, no como pérdida, sino como expresión de obediencia, libertad y propósito. (3) Amar al prójimo es evidencia de un corazón transformado por la Palabra de Dios; cuando el creyente vive con humildad, gratitud y generosidad en su trabajo, el Evangelio se expresa de manera visible y concreta; (4) La vocación cristiana consiste en producir bienes o servicios que mejoren la vida de los demás; aun cuando el trabajo sea arduo o repetitivo, conserva su dignidad al cuidar la creación de Dios y suplir necesidades reales; (5) El trabajo posee propósito divino cuando se ejerce al servicio del prójimo sin distinción, reconociendo en cada persona la imagen de Dios; por ello, debe realizarse conforme a un patrón ético coherente con la fe cristiana; (6) En la tradición reformada, la visión calvinista enfatiza la fidelidad a Dios en toda obra, mientras la luterana subraya el servicio a la creación y al prójimo mediante el trabajo cotidiano; Keller integra ambos enfoques en una teología vocacional unificada.[198]

Además de los aportes de Keller, hemos considerado cuatro más que, resumen la forma de reestructurar la relación de las vocaciones en la interacción "eclesial y laica", de la mayoría de los autores presentados, las cuales son: (7) Dios es dueño de la Iglesia, Cristo la Cabeza y la Iglesia el Cuerpo, formado por vocaciones eclesiales y seculares, distintas por función, no por estado; (8) La Iglesia enseña y envía; los eclesiales predican y los laicos anuncian el Evangelio en el mundo, 24/7; (9) **La** Fe y el Trabajo se unifican integrando valor y hecho en la vida cristiana (2 Co. 5:18); (10) La Iglesia asume carácter social y se integra a la comunidad.

David Miller, al igual que Keller, identifica la dicotomía fe-trabajo y se enfoca en el movimiento Faith at Work (FAW), entendiendo el ministerio laico como vocación sacra y secular. Describe tres etapas históricas (1895-1945; 1941-1985; 1985-presente) y afirma que la etapa actual revela una vida cristiana bifurcada, donde fe y trabajo están fragmentados y no son fieles al Evangelio. Ante ello, Miller llama a un cambio inmediato y propone acciones concretas: (1) formar a la Iglesia para la fe en el trabajo desde universidades y seminarios;(2) expandir la educación pastoral clínica (CPE) y la enseñanza de campo al mundo laboral;(3) equipar a pastores e iglesias para el ministerio vocacional laico;(4) que los pastores conozcan los trabajos de sus miembros;(5) desarrollar encuentros que aborden las Cuatro EEEE: ética, evangelismo, experiencia y enriquecimiento.).[199]

Mark Greene critica la separación entre lo "sagrado" y lo "secular", porque debilita la misión cristiana. Con su concepto de la triple "SSS" (Separación entre Sagrado y Secular), explica que esta mentalidad reduce el alcance del Evangelio: lo limita a ciertos lugares (el templo), a ciertas personas (líderes remunerados), a momentos específicos (actividades religiosas) y a una fe separada de la vida diaria. Frente a esto, Greene propone una misión integral que abarque toda la vida del creyente y cada esfera de la sociedad, no solo el espacio eclesial (Col. 1:20).[200] Finalmente, es importante destacar la obra de Manfred Svensson, que, analiza, tras el fracaso del proceso constitucional chileno de 2022, los supuestos de las políticas de identidad, a las que considera reduccionistas y perjudiciales para la diversidad democrática. Frente a los clivajes de las *batallas culturales* (patriotismo vs. globalismo; progresismo vs. conservadurismo), defiende el pluralismo como antídoto contra las dicotomías simplificadoras, señalando que su clave no es la mera diversidad, sino la capacidad de trato justo, moderada por la amistad cívica y la conciencia de lo común.[201] Desde esta perspectiva, el cristianismo requiere una comprensión madura del pluralismo para influir éticamente en la vida pública, reconociendo las diferencias sin perder la unidad del ser humano creado a imagen de Dios, condición indispensable para el bien común, la tolerancia y la democracia, especialmente relevante para los evangélicos en el contexto actual de los Estados Unidos.[202]

Si el cristianismo desea influir significativa en la vida social, necesita una comprensión madura del pluralismo, que le permita contribuir de forma justa y respetuosa a la diversidad contemporánea.

Superar las dicotomías dominantes en el discurso político exige reconocer las diferencias sin perder de vista la unidad fundamental del ser humano creado a imagen de Dios. El pluralismo adquiere su valor cuando posibilita la unidad en la diversidad, condición esencial para el bien común, la tolerancia y la democracia; sin este marco, el diálogo cede ante el conflicto y la imposición. Esta reflexión constituye una llamada a la Iglesia, particularmente a los evangélicos en el contexto actual de los Estados Unidos, a refinar su discernimiento ético y social frente a la diversidad.

## Tres Exponentes del Posmodernismo

La participación regular en servicios religiosos se ha asociado de manera consistente con tasas de mortalidad significativamente más bajas y con una reducción de las denominadas "muertes por desesperación". Estudios longitudinales a gran escala realizados por Tyler J. VanderWeele y sus colegas demuestran que las personas que asisten a servicios religiosos de forma semanal experimentan una reducción aproximada del 33 % en la mortalidad por todas las causas durante largos períodos de seguimiento, en comparación con quienes nunca asisten.[203] Otros hallazgos indican riesgos sustancialmente menores de suicidio y de muertes relacionadas con el abuso de sustancias entre los asistentes regulares, lo que subraya el papel protector de la comunidad y de la práctica religiosa en el ámbito de la salud pública.[204]

Es difícil acceder a datos exhaustivos sobre la vida en el cielo; sin embargo, podemos analizar las expresiones imperfectas de la felicidad que se experimentan en la tierra, como la salud y el bienestar. Estos aspectos pertenecen al orden terrenal **y** merecen ser examinados, particularmente en relación con la contribución de las comunidades religiosas, ya que también son valiosos delante de Dios. En este marco, la obra de Jesús en la cruz ha hecho posible una manera redimida y más plena de trabajar.

## Timothy Keller

En las últimas dos décadas, muchas iglesias han integrado la fe y el trabajo dentro de su ministerio integral. Uno de los casos más representa**tivos** fue el crecimiento de Redeemer Presbyterian Church dirigida por Tim Keller en New York, EE. UU. Para 2005, la congregación contaba con aproximadamente 3,000 adoradores semanales, una proporción significativa de ellos nuevos en la fe cristiana. Este crecimiento estuvo vinculado a una reorganización ministerial iniciada en 2002, estructurada en cinco áreas, entre las cuales destacó el (CFW) "Center for Faith & Work".[205]

En este proceso, las iglesias priorizaron la enseñanza, superando la suposición de que enseñar automáticamente conduce a la aplicación. Basados en estudios sobre el aprendizaje de adultos, se entendió que las personas cambian cuando adoptan nuevas formas de pensar, las discuten en comunidad (conexión) y las practican en escenarios simulados o reales (movilización). Los programas fueron evaluados por su alcance y por los recursos invertidos, bajo el principio de que, a mayor compromiso del participante, mayor inversión. Por ello, se destinó una inversión significativa a un programa intensivo llamado "Gotham Fellowship" (ver gráfica 35).[206]

En la actualidad, los "Grupos Vocacionales Redeemer" cuentan con una amplia red de grupos activos, organizados según esferas profesionales y culturales específicas. Entre ellos se incluyen actores, publicistas, arquitectura, ingeniería y negocios, moda, salud, finanzas, construcción, bailarines, educadores, empresarios, cinematografía, educación superior, tecnología de la información, diplomacia, estudiantes de doctorado, ministerio internacional, leyes, artes visuales y escritores.[207]

La iglesia desarrolla tres ministerios adicionales. Primero, la iniciativa de espíritu emprendedor, orientada a servir a la ciudad de Nueva York, contribuir a la plantación de nuevas iglesias y apoyar a empresarios mediante un plan de competencia empresarial con enfoque teológico y estratégico. Los ganadores reciben pequeños donativos y mentoría de empresarios curtidos, integrándose además a una red de profesionales que colaboran en proyectos centrados en el Evangelio.[208] Segundo, los ministerios con artistas, que abarcan artes, música, teatro, danza, escritura y diseño. Muchos artistas en Nueva York se han sentido incomprendidos o rechazados por la iglesia debido a que su trabajo no es explícitamente religioso. Este ministerio los introduce a una teología de las artes y la cultura, y facilita espacios de colaboración donde pueden compartir su obra y participar en proyectos diversos.[209] Tercero, el discipulado basado en la iglesia, desarrollado por el grupo, *Redeemer's Center for Faith & Work* (CFW), parte de la convicción de que la integración entre fe y trabajo es esencial para la vida eclesial. Su objetivo es modelar una comprensión vocacional de la vida cristiana, clave para humanizar plenamente la lectura y aplicación de la Biblia.

La Redeemer Presbiterana en Manhattan está compuesta por diez iglesias de aproximadamente 400 miembros cada una, un modelo que T. Keller consideró más efectivo que una megaiglesia. El liderazgo fue confiado a un equipo pastoral culturalmente diverso - chinos, coreanos, británicos y nagameses/libaneses- unido en una misma teología y enriquecido por perspectivas culturales distintas.

## Tim Chester

Chester, como pastor de la congregación (Grace Church, Boroughbridge, Reino Unido), desarrolla un enfoque pragmático y didáctico para nuestro tiempo sobre cómo el Evangelio de Jesús transforma la manera de comprender el trabajo cotidiano, de lunes a viernes. Su propuesta puede aplicarse en el hogar, en contextos laborales seculares, de forma individual o grupal, y dentro de ministerios, lo que refuerza su carácter formativo e integral. El autor articula seis ideas centrales. (Primero, propone una estructura pedagógica fija de seis elementos en cada capítulo: un concepto clave centrado en el Evangelio, un contexto realista con tensiones del día a día, un principio teológico con aplicación contemporánea, preguntas para reflexión personal o grupal, y sugerencias prácticas para la vida individual y comunitaria.[210] Segundo, desde el mandato cultural, Dios revela Su propósito para el trabajo humano, creado a Su imagen, llamado a crear, inventar, explorar, desarrollar, producir, comprar y vender, participando con Dios en la construcción de un mundo que refleje Su gloria. Tercero, aunque la caída distorsionó el trabajo, una visión centrada en el Evangelio orienta al creyente hacia la nueva creación, donde el trabajo será restaurado como deleite.[211] Cuarto, el empresario cristiano es llamado a un estilo de vida misional, que incluya servicio comunitario regular, generación de recursos para la plantación de iglesias, creación de empleos que bendigan a la comunidad **y** expansión responsable del negocio. [212] Quinto, el trabajo se convierte en un acto de adoración cuando se ama a Dios buscando Su gloria y no la fama personal, y cuando se ama al prójimo como oportunidad de bendición (Mr. 12:29–31).) Sexto y finalmente, este enfoque conduce a que las iglesias construyan relaciones continuas con los no creyentes, viviendo su testimonio de manera constante (24/7).[213]

## S. Traeger & G. Gilbert

Traeger y Gilbert han trabajado tanto en el mercado laboral como en el ministerio. Han sido empleados, jefes, dueños de negocios y empresarios; además, han desarrollado su enseñanza desde una experiencia integral que abarca tanto el mercado laboral como el ministerio cristiano. Ambos han sido empleados, jefes, dueños de negocios y empresarios, y han cumplido además roles familiares y eclesiales como esposos, padres, miembros de iglesia y ancianos. Gilbert, a diferencia de Traeger, se desempeña como pastor principal en una iglesia bautista en Louisville, Kentucky (EE. UU.). Desde esta diversidad de contextos, ambos se han dedicado a vincular de manera intencional el Evangelio con el trabajo cotidiano. Su enseñanza libera al creyente de la idea de que el trabajo carece de propósito o significado, afirmando que "fe y trabajo" no es un simple lema, sino un movimiento bíblico orientado a la madurez espiritual, el crecimiento y la expansión del Reino. Primero, el trabajo no debe convertirse en un ídolo, sino en un acto de adoración a Dios (cf. Lc. 18:18–29). Segundo, Dios utiliza el trabajo para moldear el corazón del creyente, quien es llamado a laborar "como para el Señor" y no por mera obligación (cf. Ef. 6:7). Tercero, el Evangelio transforma el entorno laboral al introducir un nuevo Amo: la justicia (cf. Ro. 1:17–18); una nueva tarea: amar a Dios y al prójimo (cf. Mt. 22:37–39); una nueva confianza, basada en el amor transformador de Cristo; y una nueva recompensa, al saber que "del Señor recibiréis la recompensa" (cf. Col. 3:24). Esta transformación concede además libertad para descansar, hacer el **bien** (cf. Pr. 22:29) y vivir con gozo y sin ansiedad (cf. Ec. 1:2–3). Cuarto, el trabajo posee un propósito integral: amar a Dios (cf. Mt. 22:37), amar al prójimo, reflejar Su imagen (cf. Gn. 1:26), proveer para otros (cf. 2 Ts. 3:10; Pr. 12:11), disfrutar con gratitud del fruto del esfuerzo (cf. 1 Ti. 6:17), adornar el Evangelio con integridad (cf. Tit. 2:9–10) y servir a Cristo en toda labor (cf. Col. 3:23–24).[214] Quinto, el cristiano debe discernir sabiamente su empleo, procurando que honre a Dios, permita una vida piadosa, supla necesidades personales, bendiga a otros (cf. 1 Ti. 5:8), beneficie a la sociedad, use los dones dados por Dios y, cuando sea posible, sea una labor disfrutada (cf. Col. 3:23). Sexto, es necesario equilibrar familia, iglesia y trabajo: en la familia, fidelidad conyugal y crianza piadosa (cf. Ef. 5:22, 25; 6:4); en la iglesia, participación activa en el cuerpo de Cristo (cf. 1 Co. 12:27); y en el trabajo, fidelidad, autoevaluación, arrepentimiento y crecimiento continuo. Sexto, es necesario equilibrar familia, iglesia y trabajo: en la familia, fidelidad conyugal y crianza piadosa (cf. Ef. 5:22, 25; 6:4); en la iglesia, participación activa en el cuerpo de Cristo (cf. 1 Co. 12:27); y en el trabajo, fidelidad, autoevaluación, arrepentimiento y crecimiento continuo. Séptimo, el trabajo debe ejercerse con discernimiento vocacional, procurando que honre a Dios, permita una vida piadosa, supla las necesidades personales, bendiga a otros (cf. 1 Ti. 5:8), beneficie a la sociedad, utilice los dones dados por Dios y, cuando sea posible, sea una labor disfrutada (cf. Col. 3:23). Octavo y finalmente, el jefe cristiano es llamado a liderar conforme a los principios del Reino, reconociendo que su autoridad proviene de Dios, usándola para servir y no para abusar (cf. 2 S. 23:3–4), imitando a Cristo, con espíritu sacrificial (cf. Mt. 20:25–28) y recordando siempre que también trabaja para Él.[215]

Autores como Timothy Keller, Darrow L. Miller, Tim Chester, S. Traeger & G. Gilbert, junto con otros como Wayne Grudem (2003), David W. Miller (2007), R. P. Stevens (2012), Tom Nelson (2011), Gene Edward Veith Jr. (2020) y M. O'Donnell (2021), han impulsado una visión integral que, siguiendo el modelo del apóstol Pablo, integra la vocación laica y la religiosa en un servicio profesional dual de fe y trabajo, en diálogo con la cultura de su tiempo. Estos autores enseñan un Evangelio que no solo se proclama, sino que se vive, construyendo relaciones (cf. 1 P. 2:21) y dando testimonio mediante una conducta ejemplar ante los incrédulos, quienes, al observar las buenas obras, glorifican a Dios (cf. 1 P. 2:12). Este testimonio abarca todos los ámbitos de la vida: la sociedad (cf. 1 P. 2:13–17), el trabajo (cf. 1 P. 2:18–25) y el hogar (cf. 1 P. 3:1–7). En este sentido, Cristo envió al Espíritu Santo no solo para el evangelismo, sino para el testimonio, de modo que toda la vida del creyente se convierta en un evento evangelístico continuo.

Por ello, cada iglesia evangélica, en sus comunidades y en los espacios laborales de sus fieles, debe discernir cómo activar los dones vocacionales según su cultura, época, organización y contexto, al servicio del bien común. Esta praxis brota de una teología esencial: conocer quién es Dios, Su relación con el ser humano, Su plan para el mundo y cómo el Evangelio transforma vidas y prácticas laborales. Para impactar la cultura, el redimido debe ser transformado.

Finalmente, es esencial que la iglesia no solo permanezca, sino que se multiplique. En una evaluación ministerial con enfoque Bíblico, la medida no es el éxito visible ni la fidelidad pasiva, sino la productividad espiritual, entendida como fruto del Reino. El apóstol Pablo lo expresa con la metáfora del cultivo: "vosotros sois el campo de cultivo de Dios" (1 Co. 3:9). Así, la iglesia no es solo receptora de cuidado pastoral, sino agente activo de siembra, llamada a crecer, expandirse y multiplicarse, orientando toda su obra a producir vida, discipulado y transformación misional.[216]

No obstante, este escenario solo podrá revertirse si la iglesia tradicional —mayoritaria en Miami y en Estados Unidos— vuelve con decisión a la autoridad de la Escritura, abandona modelos de control centralizado y redistribuye el ejercicio del ministerio. Solo entonces podrá encarnar plenamente el cuerpo vivo que Jesús estableció. En este marco, los tres modelos que siguen permiten discernir el estado actual de la Iglesia y trazar caminos concretos para su renovación ministerial.

## Ministerios Equipadores en Efesios 4:10–13: Evangelistas, Pastores y Maestros para una Iglesia Participativa

Cristo, quien descendió y luego ascendió victorioso a los cielos para llenarlo todo (Ef. 4:10), cumplió Su misión redentora en la tierra y fue exaltado para retomar Su lugar y gloria eternos. Desde esa posición, equipó a Su Iglesia con los dones necesarios para cumplir la tarea encomendada. Así, la Iglesia, auxiliada por el Espíritu Santo, queda capacitada para servir fielmente hasta Su regreso.

## Conclusión

En el modelo de Efesios 4, la Iglesia no se concibe como una pirámide clerical, ni como una institución centralizada en una figura pastoral dominante, sino como un cuerpo vivo donde cada miembro participa activamente. Los ministerios dados por Cristo, evangelistas y pastores-maestros, no sustituyen la acción del pueblo de Dios, sino que lo equipan y lo liberan para el servicio. Esta visión desmantela el clericalismo y empodera al laico como corresponsable de la misión de Dios en el mundo.[217]

Desde este enfoque Bíblico y participativo, resulta necesario contrastar el modelo apostólico con otros modelos eclesiales contemporáneos, evaluando sus fortalezas, limitaciones y fidelidad al diseño apostólico. Por ello, se presenta una tabla comparativa (Tabla 5) entre la iglesia en Éfeso, el modelo tradicional contemporáneo y la propuesta de Timothy Keller, con el fin de discernir cuál responde mejor al llamado del cuerpo de Cristo en el siglo XXI.

Siguiendo el modelo apostólico de Pablo, la iglesia en Éfeso se consolidó como una comunidad saludable, misional, doctrinalmente firme y espiritualmente madura. Su estructura no giraba en torno a una figura centralizada, sino al cuerpo entero equipado para la obra del ministerio. Evangelistas, pastores, ancianos y maestros no monopolizaron el liderazgo, sino que capacitaron y empoderaron al pueblo de Dios.

Inspirado en esta visión, el modelo contemporáneo propuesto por Keller retoma estos principios y los contextualiza para la iglesia urbana, planteando una iglesia centrada en el Evangelio, con una misión integral que incluye vocación, cultura y justicia. Al igual que Pablo, Keller no propone una iglesia clericalizada, sino una comunidad de creyentes que entienden su llamado y actúan como agentes de redención en el mundo. Este vínculo entre el modelo apostólico y su adaptación contemporánea ofrece una base sólida para la comparación de los tres modelos presentados en la Tabla 5.

## Los ministerios permanentes según Efesios 4:11–13

Además de los ministerios fundacionales de apóstoles y profetas, Efesios 4:11 destaca tres funciones ministeriales perenne, evangelistas, pastores y maestros, como instrumentos dados por Cristo ascendido para capacitar y consolidar a Su Iglesia.

### 1. Los evangelistas: Misioneros de nuevos comienzos

Los evangelistas eran ministros itinerantes encargados de proclamar el Evangelio en contextos no alcanzados, sembrando nuevas comunidades de fe (cf. Hch. 8:5–40). En una iglesia participativa, no evangelizan solos, sino que movilizan a creyentes comunes para vivir su vocación como plataforma de testimonio cotidiano.

### 2. Pastores-maestros: Discipuladores y formadores comunitarios

La gramática del texto indica que "pastores y maestros" constituyen una función integrada. Este liderazgo cuida, protege y enseña fielmente la Palabra, no desde un modelo autoritario, sino relacional y formativo, orientado a equipar a cada creyente para su servicio (cf. 1 P. 5:1–4).

### 3. Un cuerpo que se edifica mutuamente

Según Efesios 4:12, los ministerios existen para capacitar (*katartismós*) a los santos, es decir, a todos los creyentes, para que ellos mismos realicen la obra del ministerio. Este enfoque rompe con el modelo clerical, donde el liderazgo actúa y el laicado observa.

Cuando cada miembro es equipado, el cuerpo de Cristo se edifica a sí mismo en amor (cf. Ef. 4:16).

### 4. La unidad y la madurez como fruto del cuerpo participativo

El propósito de estos dones es conducir a la Iglesia **a** la unidad de la fe, al conocimiento pleno de Cristo y a la madurez espiritual (Ef. 4:13). En este modelo, el ministerio no pertenece a unos pocos, sino que es una misión corporativa, donde el liderazgo no concentra los dones, sino que los multiplica, para que la Iglesia sea un cuerpo vivo, funcional y misional, conforme al diseño apostólico.[218]

## Crítica Teológica y Académica al Modelo Eclesial Generalizado: ¿Todos deben evangelizar por igual?

Esta sección se aborda los errores comunes en la enseñanza de que "todos deben evangelizar", diferenciando entre el testimonio general de los creyentes (1 Pedro 3:15) y el ministerio específico del evangelista (Ef. 4:11). Asimismo, se revisa el malentendido del sacerdocio universal según Martín Lutero el cual, correctamente entendido, remite a una teología eclesial basada en la diversidad funcional del cuerpo de (1 Co. 12:14–17).

### 1. El malentendido del "todos deben evangelizar"

En muchas congregaciones actuales se enseña que todo creyente debe "salir a evangelizar" como un mandato indiscriminado. Esta enseñanza suele apoyarse en textos como Mt. 28:19 ("Id y haced discípulos a todas las naciones") y Mr. 16:15 ("Id por todo el mundo y predicad el Evangelio a toda criatura"). No obstante, esta interpretación ignora el contexto ministerial del mandato y las diferencias de dones que el mismo Nuevo Testamento reconoce: "Y él mismo constituyó a unos, apóstoles; a otros, profetas; a otros, evangelistas; a otros, pastores y maestros" (Ef. 4:11-12).

Pablo no dice que todos son evangelistas, sino que algunos lo son como llamado específico dentro del cuerpo de Cristo. Confundir la responsabilidad de testimoniar con fidelidad (1 P. 3:15) con el oficio ministerial del evangelista lleva a una sobrecarga espiritual y emocional innecesaria para muchos creyentes que no han sido llamados a esa función.

Mientras algunos son llamados al evangelismo público, otros son llamados a sostener con fidelidad y profundidad los procesos internos de discipulado, consejo, enseñanza, cuidado pastoral o liderazgo espiritual como los ancianos. Ellos han sido llamados a ministrar desde la enseñanza y la sabiduría (cf. Ro. 12:7–8), otros desde la administración y la misericordia, y algunos desde el liderazgo espiritual local, como los ancianos, que "velan por vuestras almas como quienes han de dar cuenta" (He. 13:17).

## 2. El sacerdocio universal mal entendido

Martín Lutero introdujo el concepto del sacerdocio universal de los creyentes, afirmando que todo cristiano tiene acceso directo a Dios sin necesidad de mediadores humanos [cf. Martín Lutero, *Obras*, ed. y trad. Teófanes Egido, vol. 2 (Salamanca: Ediciones Sígueme, 2006), pp. 11–112]. Este planteamiento constituyó un acto revolucionario contra la jerarquía eclesial medieval, al cuestionar la exclusividad espiritual del clero **y** reafirmar la dignidad espiritual de todo creyente.[219]

Sin embargo, con el tiempo, este principio fue malinterpretado como una igualación funcional, lo cual desconoce la diversidad de funciones dentro del cuerpo de Cristo. Pablo es claro: *"Porque el cuerpo no es un solo miembro, sino muchos... Si todo el cuerpo fuese ojo, ¿dónde estaría el oído?"* (1 Co. 12:14–17). El texto no apunta a que todos hagan todo, sino que cada miembro cumpla su función específica en unidad y con equidad. Pablo rescata esta distinción integrando a todos los miembros, no bajo un mismo rol, sino con funciones claramente delineadas y ejercidas en armonía.

## 3. La Iglesia como Cuerpo en Efesios: Diversidad, no uniformidad

Ef. 4:16 declara: "De quien todo el cuerpo, bien concertado y unido entre sí por todas las coyunturas que se ayudan mutuamente, según la actividad propia de cada miembro, recibe su crecimiento para ir edificándose en amor".

Aquí se afirma un principio fundamental: cada miembro tiene una actividad propia, y el cuerpo solo crece cuando cada ministerio funciona según su diseño. No hay uniformidad, hay complementariedad. La insistencia en que "todos deben evangelizar" por igual contradice este principio y debilita el cuerpo de Cristo al forzarlo hacia una forma que no le pertenece. [220]

## 4. La contradicción con la realidad eclesial actual

Aunque se afirma teológicamente que "no hay diferencia entre laicos y eclesiásticos" solo que cumplen roles diferentes, es cierto, pero en la práctica la mayoría de las iglesias:

- Dependen de una sola figura pastoral;
- No desarrollan equipos ministeriales funcionales;
- No capacitan a los miembros según sus dones particulares;
- No promueven una cultura de mentoría ni de activación ministerial estructurada.

Esta disonancia ha sido ampliamente diagnosticada por Timothy Keller, quien ha llamado a transitar de un liderazgo clerical a un modelo misional centrado en el equipamiento de todos los creyentes, conforme al diseño de Efesios 4. [221]

## 5. Ejemplo Bíblico del modelo de Éfeso

La iglesia de Éfeso, según Hechos y Efesios, no solo se caracterizó por una doctrina sólida y una experiencia espiritual intensa, sino también por un liderazgo plural y funcional.

- Hch. 20:17 menciona a los ancianos de Éfeso, a quienes Pablo convoca colectivamente.
- En Éfesios 4, Pablo expone la importancia de que todos los ministerios estén en operación activa para la edificación del cuerpo.
- No hay evidencia de una dependencia de un solo pastor ni de un activismo indiscriminado. Lo que había era madurez ministerial, roles claros y una visión cristo-céntrica. [222]

## 6. Aplicación como respuesta contextualizada

El modelo es claro. El modelo de Éfeso ofrece principios vitales para una adaptación actual:

- Respetar la diversidad de dones y llamados dentro de la iglesia.
- Establecer una estructura funcional donde todos los ministerios operen de manera definida, incluyendo cada don y llamado.

- Activar permanentemente las enseñanzas Bíblicas en todos los ministerios, siguiendo el ejemplo de Ef. 1:10 (unir todas las cosas en Cristo).
- Desarrollar procesos formativos progresivos en lugar de imponer exigencias uniformes que desconozcan las etapas de crecimiento.
- Romper el dualismo iglesia/laico, sin eliminar los roles, sino organizándolos armónicamente: los laicos realizando la obra del ministerio y los ministeriales eclesiales formando y equipando para su contexto cultural.
- Orientar la predicación pastoral de manera que sea un mensaje claro tanto para los miembros como para los visitantes, integrando un lenguaje que prepare hacia adentro y hacia afuera.[223]

## 7. Transición hacia la integración Fe–Trabajo

La insistencia en que "todos deben evangelizar" de la misma manera pasa por alto las distinciones ministeriales claramente establecidas en el Nuevo Testamento. El modelo de la Iglesia de Éfeso no promueve una igualdad funcional ni una homogeneización de roles, sino una *unidad orgánica* que integra la *Identidad Misional,* compartida por todo el pueblo de Dios, con una *diversidad de funciones* ejercidas según los dones específicos otorgados por el Espíritu Santo.

En este marco, la fidelidad Bíblica no consiste en eliminar las diferencias entre los miembros del cuerpo, sino en reconocer la necesidad de una estructura equilibrada, descentralizada y viva, que:

- Respete los dones específicos otorgados a cada creyente,
- Forme a los miembros conforme a su llamado particular,
- Y promueva una iglesia activa, madura y contextualizada.

Este enfoque encarna la universalidad cristiana proclamada por Lutero, enriqueciendo el principio paulino de que "cada uno actúe conforme a la medida de fe y Gracia que le fue dada" (Romanos 12:3-6). Así, la iglesia se libera de estructuras de control que la ahogan y puede desarrollarse como un cuerpo vivo, descentralizado y verdaderamente misional, evitando convertirse en un club social más dentro de este mundo.

# Conclusión Integrada del Capítulo 4

Integración de la Fe y el Trabajo en la Identidad Misional de la Iglesia

*"Y todo lo que hagáis, hacedlo de corazón, como para el Señor y no para los hombres" (Colosenses 3:23, RVR1960).*

## Introducción de Aclaración

La presente conclusión integra los aportes Bíblicos, teológicos y prácticos desarrollados a lo largo del Capítulo 4 en torno a la relación entre la fe y el trabajo dentro de la vida de la Iglesia. Se ha demostrado que la misión cristiana no se limita al espacio litúrgico ni al ejercicio clerical, sino que se despliega en todos los ámbitos de la existencia humana, particularmente en el mundo laboral, social y público.

Desde esta perspectiva, el capítulo ha propuesto comprender el *Trabajo Dual Misional en* contextos libres, afirmando que la vocación cristiana no se fragmenta entre lo "espiritual" y lo "secular", sino que se vive de manera unificada bajo el señorío de Cristo y la guía del Espíritu Santo. Este enfoque constituye un aporte académico y pastoral que busca superar la dicotomía artificial entre Iglesia y mundo, reconociendo el trabajo, la profesión y la participación pública como espacios legítimos de misión, testimonio y servicio al Reino de Dios.

## Desarrollo

En una sociedad profundamente individualista, donde el interés personal se ha sacralizado por encima del bien común, se vuelve urgente recuperar una visión vocacional del trabajo. En este trabajo se propone integrar la fe y el trabajo como una vía para sanar la fragmentación cultural que divide la vida en dos niveles: lo espiritual y lo secular. Desde una perspectiva cristiana, el trabajo solo adquiere verdadero sentido cuando es concebido como una misión de servicio, más allá de la autorrealización personal.

Históricamente, a mediados del siglo XX, surgieron grupos pequeños de creyentes en universidades y ciudades como Nueva York y Pittsburgh que buscaban aplicar la fe en el contexto laboral. Líderes como Sam Shoemaker promovieron esta visión a través de comunidades guiadas por laicos con impacto directo en el mundo de los negocios.[224] No obstante, la iglesia institucional tendió a ver la fe en el trabajo principalmente como una forma de aplicar ética al capitalismo, enfocándose en la evangelización individual. En cambio, movimientos como la Fraternidad Internacional de Hombres de Negocios del Evangelio Completo promovieron un enfoque práctico para equipar a los cristianos laicos a vivir y compartir su fe en el entorno profesional.[225]

Los reformadores como Lutero y Calvino colocaron el trabajo humano en el centro del propósito divino para la vida. En contraste con la visión medieval que restringía la vocación a clérigos y monjes, afirmaron que todo cristiano es llamado por Dios a servirlo a través de su ocupación diaria. Unieron la vocación divina con el trabajo cotidiano, enseñando que todo trabajo realizado con fe y obediencia es un medio para glorificar a Dios y servir al prójimo. Esta visión incluyó el sacerdocio de todos los creyentes y la igualdad ante Dios, con profundas implicaciones sociales y espirituales.[226]

Es transcendental vislumbrar que los líderes de equipos vocacionales de conexión (EVC) al integrar la fe y el trabajo son un potencial de crecimiento expansivo. En estos grupos vocacionales establecen una realidad muy energizante, ellos por primera vez reciben una verdad que nunca antes habían observado. En este contexto, representa un modelo estratégico para integrar la fe y el trabajo, ya que facilitan un discipulado que conecta la identidad espiritual con la vida laboral, impulsando el testimonio cristiano en la cultura.

En este proceso los miembros descubren que:

1. El trabajo es un llamado a servir a Dios y por tanto al prójimo;
2. El pecado es el problema, no las personas, permitiendo juzgar con equilibrio y sin demonizar al prójimo;
3. La identidad está en Cristo, no en la profesión;
4. El descanso en Cristo (Sabbat) libera del afán de producir sin medida, afirmando la salvación en la Gracia y no en las obras.[227]

Todo esto genera una conexión sólida en los EVC, iniciando desarrollo espiritual, relaciones efectivas y apoyo mutuo, tanto entre los líderes como en sus contextos laborales y de vida diaria — algo poco común en los modelos de ILTH en Miami.

El discipulado de líderes vocacionales desde la iglesia resulta crucial por al menos tres razones:

1. el trabajo suele ser el espacio donde Dios expone los ídolos del corazón y moldea al creyente a la semejanza de Cristo;

2. la iglesia toca al mundo de manera concreta a través ámbitos laborales.

3. esta integración atrae a personas influyentes de la cultura, otorga credibilidad pública al testimonio cristiano y provee una visión misional compartida para servir a la sociedad. [228]

Esta afirmación no solo se sostiene en el testimonio Bíblico, sino que ha sido reafirmada por la teología evangélica contemporánea. Stott afirma que, aunque no todos poseen el don específico de evangelista, todos los creyentes participan de la Identidad Misional de la Iglesia. Cada miembro es llamado a dar testimonio de Cristo en su contexto, mientras que algunos, dotados de manera particular, ejercen el ministerio público y formativo del evangelismo. La visión fiel no consiste en eliminar las diferencias, sino en reconocer la necesidad de una estructura equilibrada y descentralizada, que respete los dones específicos otorgados a cada creyente, forme a los miembros conforme a su llamado particular y promueva una iglesia activa, madura y contextualizada.[229]

Por otro lado, McGrath plantea que este enfoque encarna la universalidad cristiana proclamada por Lutero, enriqueciendo el principio paulino de que "cada uno actúe conforme a la medida de fe y gracia que le fue dada". Así, la iglesia se libera de estructuras de control que la ahogan y puede desarrollarse como un cuerpo vivo, descentralizado y verdaderamente misional, evitando convertirse en un club social más dentro de este mundo.[230]

Aunque no todos los creyentes poseen el don específico de evangelista, todos participan de la identidad misional de la Iglesia. Esto significa que cada miembro es llamado a dar testimonio de Cristo en su vida y en su entorno cotidiano, mientras que algunos, dotados de manera particular, ejercen el ministerio público y formativo del evangelismo. [231] [232]

Finalmente, la iglesia debe abrazar la promesa de que el Evangelio transforma todas las áreas de la vida, incluyendo el trabajo. Como señala Keller, resulta clave identificar las creencias actuales que moldean la cosmovisión de los creyentes y enseñar verdades Bíblicas que los conduzcan a vivir el Evangelio de manera integral. Esta transformación produce cambios reales en el pensamiento, las emociones y las acciones, expandiendo la fe más allá de la salvación individual hacia la renovación de la comunidad, la cultura y la vocación laboral. [233]

Tabla Comparativa: Identidad Misional vs. Convergencia Funcional

| Concepto | Definición Académica | Versículos Clave (RVR1960) | Autores citados |
|---|---|---|---|
| Identidad Misional | La esencia de la Iglesia como enviada por Cristo al mundo. Define quiénes somos y hacia dónde vamos: una comunidad que participa en la misión de Dios (missio Dei), proclamando y encarnando el Evangelio en medio de la cultura | Jn. 20:21; Mt. 5:13-16; Hch. 1:8 | John Stott; Lesslie Newbigin |
| Convergencia Funcional | La acción común y coordinada de la Iglesia bajo la autoridad de Cristo. No depende de métodos únicos, sino de un proceso compartido: anunciar, discipular, formar y edificar al cuerpo. | Mt. 28:18-20; Ef. 4:11-13; 1 Co. 12:4-6 | — |
| Síntesis | 1. Identidad misional = quiénes somos (una Iglesia enviada). 2. Convergencia funcional = cómo actuamos juntos (un mismo proceso bajo el señorío de Cristo). | — | — |

Tabla: Diversidad Funcional Coordinada

| Concepto | Definición Académica | Versículos Clave (RVR1960) | Autores citados |
|---|---|---|---|
| Diversidad Funcional Coordinada (Identidad Orgánica) | La variedad de dones, ministerios y vocaciones distribuidos en la iglesia no se vive como fragmentación, sino como una coordinación guiada por el Espíritu Santo. Cada miembro aporta desde su contexto laboral, social y espiritual a la edificación del cuerpo de Cristo. | 1 Co. 12:11; 1 Co. 12:12-27; Ef. 4:16 | Miroslav Volf; Jürgen Moltmann; Michael Frost & Alan Hirsch |
| Síntesis | 1. Diversidad funcional coordinada = distintos dones, un mismo propósito en Cristo. 2. La coordinación no proviene de estructuras humanas, sino | — | — |

| | del Espíritu Santo que guía a la Iglesia. | | |
|---|---|---|---|

Explicación final del concepto: Identidad Orgánica

En este marco surgen dos conceptos fundamentales: *Identidad Misional y Convergencia Funcional.* Ambos, lejos de ser polos opuestos, se integran en una *Identidad Orgánica*, que refleja la naturaleza viva de la Iglesia como cuerpo de Cristo.

- *La Identidad Misional* responde a la pregunta *¿quiénes somos?*, afirmando que la Iglesia es, en su esencia, una comunidad enviada por Cristo a encarnar y proclamar el Evangelio en medio de la cultura.
- *La Convergencia Funcional,* por su parte, responde a la pregunta *¿cómo actuamos juntos?*, señalando que el pueblo de Dios comparte un mismo proceso bajo el señorío de Cristo: anunciar el Evangelio, bautizar, enseñar y formar discípulos.

La síntesis de ambos aspectos no es el resultado de estructuras humanas ni de diseños organizacionales, sino de la obra coordinadora del *Espíritu Santo*, quien reparte los dones conforme a Su voluntad, une la diversidad en un solo cuerpo y produce el crecimiento integral de la Iglesia.

Desde esta perspectiva, la Identidad Orgánica:

1. Reconoce la diversidad funcional de dones, ministerios y vocaciones dentro de la Iglesia.
2. Evita tanto la uniformidad rígida como la fragmentación dispersa.
3. Sitúa la misión de la Iglesia en la convergencia de lo espiritual y lo laboral, lo eclesial y lo cultural.

La Iglesia primitiva ofrece un testimonio claro de esta realidad. La síntesis de ambos aspectos no es el resultado de estructuras humanas ni de diseños organizacionales, sino de la obra coordinadora del *Espíritu Santo*, quien reparte los dones conforme a Su voluntad, une la diversidad en un solo cuerpo y produce el crecimiento integral de la Iglesia; [234] Aquila y Priscila abrían su hogar como espacio de discipulado y formación;[235] y *Lidia* transformó su actividad empresarial en una plataforma misional al servicio del Evangelio.[236] En todos los casos, la vocación cotidiana se integró orgánicamente a la misión de la Iglesia.

La categoría de *Identidad Orgánica* no surge en el vacío, sino como una síntesis coherente de aportes ya presentes en la teología contemporánea. *Miroslav Volf* ha subrayado que los dones del Espíritu, distribuidos de manera diversa a cada creyente, no deben entenderse como fragmentación, sino como integración comunitaria al servicio de la misión.[237] *Jürgen Moltmann*, desde una eclesiología pneumatológica, enfatiza que es el Espíritu Santo quien coordina esta diversidad de ministerios, evitando tanto la uniformidad rígida como la dispersión caótica. [238] De manera complementaria, *Frost y Hirsch* proponen comprender la Iglesia como un organismo vivo y descentralizado, donde cada miembro aporta desde su vocación particular a la misión de Dios. [239]

En conclusión, hablar de Identidad Orgánica es afirmar que la Iglesia es misional en su esencia, convergente en su práctica y coordinada por el Espíritu Santo", quien hace posible que la diversidad se exprese en unidad para la gloria de Dios.

En la *Parte 5* se llevará a cabo la implementación de una estrategia para la formación de líderes de *(EVC)*, contando con la colaboración activa del *(LI)* y del *(PP)*, quienes participarán como estudiantes y coparticipantes en el proyecto.

El objetivo central es establecer la Primera Fase y preparar el camino para la segunda y tercera fase de una iglesia contemporánea en la ciudad de Miami, sentando las bases para un modelo de ministerio integrado, misional y vocacional, que conecte *"la fe y el trabajo"* con *"la adoración y evangelización"* en el contexto cultural más amplio.

# PARTE 5: ESTRATEGIA DE IMPLEMENTACIÓN

En la Parte 4, se realizó una revisión histórica de la labor evangelizadora de la Iglesia. Se examinaron los antecedentes de la Integración de la *Primera Fase* junto con sus efectos actuales, el impacto del posmodernismo en la iglesia evangélica, y se proporcionó un análisis conciso de la historia de grupos pequeños que integraron la fe y el trabajo, además de los principios aplicados al proyecto ministerial.

En la *Parte 5* se enfoca en la implementación de una estrategia integral para la formación de líderes de los Equipos Vocacionales de Conexión (EVC). Esta fase contará con la colaboración activa del Líder de Influencia (LI) y del Pastor Principal (PP), quienes participarán como estudiantes y co-participantes del proceso formativo. El propósito central es iniciar la Primera Fase del modelo y, al mismo tiempo, preparar el terreno para el desarrollo de la Segunda y la Tercera Fase de una iglesia contemporánea en la ciudad de Miami.

Esta sección abordará la definición de la tesis general del proyecto, el propósito de cada etapa, la formulación de metas y objetivos, la planificación logística y operativa, la asignación de recursos, la *elaboración de hipótesis de trabajo*, la identificación de limitaciones y la clarificación de conceptos clave. Asimismo, se ofrecerá visión panorámica de las Fases Segunda y Tercera, entendidas como parte de la continuidad y proyección estratégica del programa ministerial en su conjunto.

Desde la semana 5 hasta la semana 7, se desarrollará de manera progresiva el estudio de la Primera Fase, con énfasis en la conexión de las personas con la cultura mediante la integración de *la fe y el trabajo, y con Dios a través de la adoración y la evangelización.* Posteriormente, a partir de la semana 8, se introducirá la exploración de las Fases Segunda y Tercera, permitiendo a los participantes adquirir una comprensión más holística del ministerio eclesial y capacitarlos para ejercer una influencia significativa en la iglesia contemporánea, especialmente en el contexto de la era poscristiana. La evaluación principal de esta etapa se centrará en la comprensión y aplicación de los elementos clave de la Primera Fase, como fundamento para el desarrollo integral del proceso ministerial.

## Tesis y Declaración de Propósito

La tesis central de este proyecto sostiene que la formación de líderes de los Equipo Vocacional de Conexión (EVC), con la participación activa del Pastor Principal (PP) y del Líder de Influencia (LI), constituye la base inicial de un modelo eficaz para el desarrollo ministerial en la ciudad de Miami. Esta *primera fase* integra la *fe con el trabajo en el ámbito cultural, así como la adoración con la evangelización desde el púlpito,* como expresión de la relación con Dios.

Este enfoque se proyecta hacia una *segunda y una tercera fase* futuras que, una vez desarrolladas, favorecerán la expansión del Evangelio mediante el fortalecimiento de los grupos pequeños y el liderazgo laico comprometido. Comprender este proceso integrador permitirá a los participantes identificar las causas del distanciamiento entre la iglesia evangélica y su comunidad, promoviendo una renovación de su misión y de su enfoque ministerial.

Cada participante evaluará su contexto profesional con el propósito de formar a otros líderes vocacionales, contribuyendo así al desarrollo de una eclesiología misional contextualizada que empodere a los laicos para vivir y compartir su fe en el ámbito laboral.

La integración vocacional en la vida de la iglesia requerirá una visión holística de la misión de Dios, impulsando a los creyentes a reconsiderar la manera en que viven su fe en sus lugares de trabajo y en sus comunidades, a partir de una comprensión profunda del contexto urbano.

La capacitación se centrará en las posturas y habilidades del PP, el LI y los miembros del *EVC*, tomando como referencia la iglesia de Éfeso, con el fin de fomentar una mayor participación del liderazgo laico y ampliar el impacto misional de la iglesia en los entornos cotidianos.

## Objetivo Principal

El objetivo principal de este proyecto de investigación es movilizar a la comunidad de fe de la iglesia para participar activamente en la cultura de la ciudad de Miami, mediante la capacitación de líderes de los Equipos Vocacional de Conexión *(EVC),* en colaboración con el Pastor Principal *(PP) y* el Líder de Influencia *(LI)*

Este proceso se desarrollará a través de la integración de la Primera Fase en los distintos contextos laborales y vocacionales, así como mediante la comprensión progresiva de la *Segunda y Tercera Fase del proceso integrador laico.*

## Metas y Objetivos

El propósito de este proyecto es desarrollar herramientas de capacitación, fundamentadas en literatura especializada, para la formación de líderes de Equipos Vocacionales de Conexión *(EVC).* Dichas herramientas se implementarán dentro de un proceso más amplio de integración ministerial que abarca la Primera Fase y proyecta las dos fases futuras, siguiendo el modelo propuesto por Center Church.

La implementación contará con la participación activa del Pastor Principal *(PP)* y del Líder de Influencia *(LI),* quienes asumirán un doble rol: estudiantes del proceso y coparticipantes junto al director del proyecto.

## Meta 1

Que los líderes de los Equipos Vocacionales de Conexión (EVC), en conjunto con el Pastor Principal (PP) y el Líder de Influencia (LI), comprendan la necesidad de liderar a la iglesia local en el proceso de integración de la Primera Fase, contextualizada a la realidad de la iglesia hispana.

## Objetivos

1. Evaluar el estado actual del crecimiento eclesial de la ILTH.
2. Identificar los factores internos y externos qué favorecen dicho crecimiento.
3. Analizar los pasos clave para fomentar un desarrollo eclesial

saludable en la Primera Fase del proceso

Plan de acción

1. Semana 1: Presentación general del proyecto, explicación de metas y aplicación del pretest diagnóstico para evaluar conocimientos previos sobre iglesias saludables.
2. Semana 2: Estudio de fundamentos teológicos *sobre "fe y trabajo"* y *"adoración y evangelización"* en la era poscristiana, a partir de autores como Darrow Miller, Nancy Pearcey, T. Keller, Mark Greene y autores referentes en apologética contemporánea como Cruz, C.L. Miller, Siemens, Delmer y Wiebe.
3. Semana 3: Desarrollo de un grupo focal orientado al análisis de desafíos y estrategias que impulsen el crecimiento saludable de la (ILTH) en la Primera Fase del proceso integrador.

## Meta 2

Que los líderes de los Equipos Vocacionales de Conexión (EVC), junto con el Pastor Principal (PP) y el Líder de Influencia (LI), sean guiados a comprender el concepto de una iglesia saludable, a partir del modelo de la iglesia de Éfeso guiada por Pablo y del enfoque de la *iglesia centrada* en su primera fase, con el fin de aplicar estos principios al contexto ministerial de la era poscristiana y posmoderna

## Objetivos

1. Analizar el modelo de cambio espiritual capítulo 14 del Manual para Plantadores de Iglesias de T. Keller y Thompson, basado en el caso de la Iglesia de Éfeso guiada por Pablo, para identificar las características observadas en una iglesia saludable.
2. Evaluar la salud de la ILTH a la luz de las características observada en la iglesia de Éfeso, según el análisis del Capítulo 14 del Manual.
3. Evaluar el estado actual de la ILTH en relación con el modelo de Iglesia Centrada, a fin de analizar sus implicaciones prácticas en el contexto ministerial contemporáneo.

4. Presentación general de la primera fase de una iglesia sana en la actualidad, integrando los principios bíblicos, teológicos y misionales estudiados.

Plan de acción

1. Semana 4 en la mañana: El director del proyecto presentará y explicará la propuesta teológica y metodológica del Capítulo 14 del *Manual para Plantadores de Iglesias,* como marco de referencia para el estudio de caso de la iglesia de Éfeso guiada por Pablo.
2. Mediante la aplicación del cuestionario diagnóstico descrito en el capítulo 14 del Manual, se identificará el estado actual de la ILTH en relación con los indicadores de salud eclesial.
3. Con base en los `resultados del cuestionario, los participantes identificarán y analizarán las características de una iglesia saludable observadas en la iglesia de Éfeso, estableciendo paralelos críticos con la realidad actual de la ILTH.
4. Semana 4 en la tarde: Una vez identificadas las características de la iglesia de Éfeso, el director del proyecto, partiendo de la base teológica de la Primera Fase del modelo de Iglesia Centrada, de T. Keller, guiará una reflexión sobre el llamado de Dios y la responsabilidad del creyente en su entorno laboral y comunitario, con el objetivo de identificar las "implicaciones eclesiales y pastorales" que una iglesia sana deberá considerar en la era poscristiana y posmoderna.
5. Semana 5: Desarrollo de un estudio de caso aplicado a los Frentes 4 y 1 de la Primera Fase. Frente 4: cómo conectar a las personas con la cultura mediante *"la integración de la fe y el trabajo";* y, Frente 1: cómo conectar a la comunidad con Dios a través de "la *adoración y la evangelización"*. Durante la mañana, se reflexionará sobre el trabajo como vocación misional; durante la tarde, sobre el culto congregacional como herramienta de alcance cultural. A través del estudio de pasajes bíblicos clave, dinámicas grupales y ejercicios prácticos, se espera que los participantes: Redescubran el valor espiritual de sus vocaciones; Elaboren propuestas prácticas aplicables tanto en la iglesia como en el entorno laboral; Asuman compromisos personales coherentes con una visión misional integral.

Meta 3

Que el EVC, junto con el (PP) y el (LI), diseñen, revisen y presenten un proceso de integración ministerial contextualizado que permita iniciar la transformación de su iglesia tradicional, conectando a las personas con Dios (Frente 1) y con un liderazgo transformador que integre la fe y el trabajo (Frente 4), como paso inicial para una renovación cultural integral.

Objetivos

1. Identificar los elementos estructurales, teológicos y ministeriales ausentes o deficientes en el modelo de iglesia local tradicional que impiden un desarrollo saludable y misional.
2. Diseñar, desde una perspectiva Bíblica y contextual, un proceso inicial de integración aplicable a las iglesias participantes.
3. Evaluar críticamente los planes creados, contrastándolos con los principios Bíblicos y misionales aprendidos en las fases previas del proyecto.
4. Elaborar un diagnóstico comparativo entre la iglesia local y la iglesia de Éfeso descrita en el *manual para plantadores* de Iglesias y el modelo de la iglesia centrada de T. Keller en su Primera Fase, con el fin de identificar áreas prioritarias de intervención.

Plan de Acción

1. Semana 6: Esta sesión guiará al Pastor Principal (PP) y al Líder de Influencia (LI) en la integración de la fe cristiana con la vida laboral cotidiana, afirmando que el trabajo constituye una dimensión esencial del llamado de Dios y un espacio legítimo de misión. A partir del enfoque de *Iglesia Centrada* de Timothy Keller, se presentará una visión Bíblica y pastoral que resalta el valor espiritual del trabajo como expresión de adoración, testimonio y servicio. Se estudiarán textos Bíblicos clave y se ofrecerán principios prácticos para la predicación y el discipulado desde una perspectiva vocacional. Como resultado, se espera que: el PP oriente a los creyentes a vivir como testigos de Cristo en sus vocaciones; el LI diseñe iniciativas de mentoría y acompañamiento vocacional; y el LI diseñe iniciativas de mentoría y acompañamiento vocacional.

2. Semana 7: Esta sesión capacitará a pastores y líderes en el rediseño del culto dominical para que sea Bíblicamente fiel, culturalmente comprensible y misionalmente evangelizador, conforme al modelo de *Iglesia Centrada.* Se presentará la adoración como un espacio misional y se enseñarán principios homiléticos que asuman conscientemente la presencia de personas no creyentes en el culto. Se espera que: el PP implemente cambios concretos en su predicación o en la estructura del culto; y el LI alinee los equipos ministeriales con esta visión; el EVC lleve el mensaje del domingo a su contexto cotidiano, dando testimonio, invitando a otros y estando preparados para presentar el Evangelio con claridad.
3. Semana 8: Se presentará una visión general de las fases futuras: Segunda Fase (Frentes 2 y 3), enfocada en la formación y profundización de la comunidad cristiana; Tercera Fase (Frente 5), orientada a la multiplicación y plantación de nuevas iglesias.
   Esta sesión funcionará como un puente conceptual que permita comprender la proyección del modelo hacia una dinámica de movimiento misional.
4. Semana 9: Cada participante perfeccionará su plan de integración ministerial con asesoría personalizada del director del proyecto. Se entregarán las versiones finales de los planes y se aplicará un "postest" para evaluar el aprendizaje, la comprensión del modelo y la madurez del diseño propuesto.
5. Semana 10: Se seleccionará un plan representativo para su revisión y evaluación grupal. La sesión concluirá con un espacio de retroalimentación metodológica y cierre reflexivo, valorando el aporte de cada participante en la transición del proyecto desde una propuesta formativa hacia una acción pastoral concreta, contextualizada y sostenible

## Anotaciones Logísticas

1. Propósito del proyecto: El presente proyecto adopta un enfoque eminentemente práctico, orientado a la

capacitación inicial del Equipo Vocacional de Conexión (EVC), del Líder de Influencia (LI) y del Pastor Principal (PP). Cada uno de estos actores ministeriales cumple un énfasis específico dentro del modelo propuesto: el EVC se enfoca en la integración de la fe y el trabajo en el ambiente laboral hispano de la ciudad de Miami, mientras que el LI y el PP articulan la adoración y la evangelización desde la vida congregacional. No obstante, estas funciones no se conciben de manera aislada, sino como dimensiones complementarias de una misma Identidad Misional compartida. El propósito central del proyecto es implementar la Primera Fase del proceso de integración del ministerio laico, al tiempo que se fortalece la capacitación ministerial y profesional del PP y del LI, con el fin de conectar a la iglesia con la ciudad mediante un testimonio público coherente, Bíblico y transformador. De este modo, se busca preparar a los participantes para una participación efectiva, sostenible y progresiva en las dos fases subsiguientes del proceso ministerial.

2. Método de investigación: El proyecto se desarrollará mediante el método de investigación–acción, entendido —siguiendo a John Elliott— como una modalidad investigativa en la que el investigador-practicante mejora su práctica a través de la reflexión crítica sistemática, la recopilación de evidencia en el campo y la participación activa de los sujetos involucrados en el proceso. Aplicado al contexto ministerial, este enfoque permite integrar el análisis teológico con la acción pastoral concreta, promoviendo procesos de transformación contextualizada.[240]
3. Naturaleza del método: La investigación–acción se concibe como un proceso cíclico, colaborativo y transformador, que articula de manera continua la acción y la reflexión crítica con el objetivo de modificar la realidad ministerial existente. Este enfoque facilita la conexión entre el conocimiento teológico y la práctica pastoral concreta, permitiendo que las convicciones Bíblicas se traduzcan en estructuras, hábitos y dinámicas ministeriales vividas dentro de la comunidad de fe.

4. Enfoque colaborativo y contextual: El método enfatiza un enfoque colaborativo y contextual, caracterizado por la flexibilidad para adaptarse a las particularidades culturales del entorno urbano de Miami, el fomento del aprendizaje mutuo y el reconocimiento del individuo como agente activo de cambio misional. En una cultura marcada por el individualismo y el egocentrismo, este enfoque busca reorientar la vocación cristiana hacia una comprensión comunitaria y misional de la fe, en la que cada creyente participa responsablemente en la misión de Dios desde su contexto cotidiano.

a. Técnicas de investigación

5. Introducción a las técnicas: Para la ejecución del presente proyecto práctico se emplearán tres técnicas principales de investigación: observación**,** conversación **y** análisis documental. Estas técnicas, utilizadas de manera complementaria, permiten recopilar información desde distintas perspectivas y ofrecen un marco integral para evaluar tanto los procesos de formación ministerial como el desarrollo de liderazgo vocacional en el Equipo Vocacional de Conexión (EVC), el Pastor Principal (PP) y el Líder de Influencia (LI).

b. Observación

6. Observación directa: Se adoptará el rol de "observador participante"**,** manteniendo una actitud atenta y sistemática, con el propósito de registrar de manera detallada los comportamientos, interacciones y dinámicas grupales. Esta observación se enfocará tanto en el funcionamiento del EVC como en la interacción de los copartícipes principales: el (PP) y el (LI), dentro del proceso formativo.

**7.** Observación activa: De manera complementaria, el director del proyecto participará activamente en las prácticas ministeriales y profesionales desarrolladas durante el proceso. Esta modalidad permitirá registrar progresos, reacciones, desafíos y hallazgos derivados de la interacción directa con los participantes, facilitando una evaluación contextualizada del impacto del modelo en la práctica real

c. Técnica basada en la observación

8. Cuestionarios estructurados: Se aplicarán cuestionarios estructurados al inicio y al final del proyecto, incorporando una "escala Likert". Esta herramienta permitirá comparar cambios en las percepciones de los participantes, identificar avances en la comprensión teológica y evaluar la aplicación práctica de los contenidos ministeriales abordados durante el proceso formativo.
9. Grupos de discusión: estructurados al inicio y al final del proyecto, incorporando una escala Likert. Esta herramienta permitirá comparar cambios en las percepciones de los participantes, identificar avances en la comprensión teológica y evaluar la aplicación práctica de los contenidos ministeriales abordados durante el proceso formativo.

d. Análisis documental

10. Análisis de documentos: Se llevará a cabo un análisis sistemático de los textos Bíblicos y de la literatura teológica especializada como fundamento del modelo de liderazgo vocacional propuesto. Este análisis servirá como marco metodológico para el diseño de un enfoque de liderazgo misional que conecte la vida congregacional del domingo con la vida cotidiana y laboral a partir del lunes, integrando fe, vocación y misión dentro de un marco coherente y Bíblico.[241]

e. Instrumentos y herramienta adicional de pesquisa

11. Bitácora del investigador: El director del proyecto utilizará una "bitácora o diario de campo" para registrar de manera sistemática los hallazgos, observaciones, impresiones y aprendizajes prácticos surgidos a lo largo del proceso. Este instrumento constituirá un insumo clave para evaluar el impacto espiritual, pastoral y formativo del proyecto, permitiendo una reflexión crítica continua sobre la praxis ministerial.
12. Cuestionario con escala Likert: Se empleará un cuestionario estructurado con "escala Likert", orientado a recopilar información de carácter cualitativo y perceptual sobre inquietudes reales, actitudes y niveles de comprensión. El instrumento enfatizará la participación equitativa de los tres actores involucrados: el Equipo Vocacional de Conexión (EVC), el Pastor Principal (PP) y el Líder de

Influencia (LI), permitiendo comparar avances, logros y transformaciones a lo largo del proceso.

13. Técnica grupal de discusión: Los grupos de discusión se utilizarán como técnica cualitativa para obtener información detallada sobre las necesidades, percepciones y preocupaciones del grupo de conexión, incluyendo al Pastor Principal (PP) y al Líder de Influencia (LI). Esta técnica ayudará a la profundidad, la veracidad del análisis y la reflexión colectiva, aprovechando la dinámica de un grupo relativamente homogéneo comprometido con el proceso ministerial.
14. Exégesis aplicada como herramienta de diseño: La exégesis Bíblica no solo fundamenta teológicamente el modelo propuesto, sino que también inspira su traducción práctica, orientando la vocación hacia la misión en el contexto laboral y cultural cotidiano, fortaleciendo la predicación dominical en la vida congregacional y contribuyendo al desarrollo de una auténtica cultura de iglesia misional.

## Planes de acción del proyecto

### 1. Descripción general del equipo y su estructura de apoyo

El proyecto de capacitación de líderes del (EVC) en Miami-Dade reunió a diez hermanos hispanos con potencial ministerial comprobado. Los participantes fueron seleccionados por su compromiso con la expansión de la iglesia local, en coordinación con el líder de influencia (LI) y el pastor principal (PP). Todos los participantes fueron informados de que este proceso formativo forma parte del trabajo doctoral del director.

### 2. Compromiso del EVC y apoyo pastoral

El Equipo Vocacional de Conexión (EVC) se encuentra en la primera etapa de un proceso de integración ministerial diseñado para responder a los desafíos de la era poscristiana. El objetivo central es conectar la vida de la iglesia con la cultura de lunes a viernes en la ciudad de Miami. Esta integración se desarrolla en dos

frentes fundamentales: (1) "la adoración y la evangelización" desde la predicación congregacional (Frente 1), asegurando una proclamación Bíblica fiel y comprensible tanto para creyentes como para no creyentes; (2) la "vivencia de la fe" en el entorno laboral y cultural, formando creyentes que impacten su ciudad mediante una fe activa en sus vocaciones.

Dos líderes clave, el Pastor Principal (PP) y el Líder de Influencia (LI) como coparticipe y estudiante, respaldan y guían la preparación de este equipo, promoviendo una iglesia más relevante, misional y comprometida con su contexto.

## 3. Perfil de los Participantes de la Clase (Ver Tabla 6A y 6B)

### Nota metodológica:

La descripción nominal de los participantes no se incluye en el cuerpo del texto. Esta omisión es intencional y responde al carácter replicable del proyecto, el cual no se limita a una iglesia local específica, sino que está diseñado para su aplicación en Iglesias Locales Tradicionales Hispanas (ILTH) del contexto urbano de Miami. En consecuencia, los participantes se describen exclusivamente desde sus roles funcionales y ministeriales —Equipo Vocacional de Conexión (EVC), Pastor Principal (PP) y Líder de Influencia (LI)—, preservando tanto la ética investigativa como la transferibilidad del modelo.

1. "Participante 1 (EVC)"
2. "Participante 2 (EVC)"
3. "Participante 3 (EVC)"
4. "Participante 4 (EVC)"
5. "Participante 5 (EVC)"
6. "Participante 6 (EVC)"
7. "Participante 7 (EVC)"
8. "Participante 8 (EVC)"
9. "Participante 9 (EVC)"
10. "Participante 10 (EVC)"
11. "Participante 11 (Líder de Influencia - LI)"
12. "Participante 12 (Pastor Principal - PP)"

Observación: la edad promedio del grupo participante es de aproximadamente 30 años.

## 4. La experiencia del entrenamiento

- Elección del material y enfoque formativo

El proyecto usó materiales seleccionados con base en los objetivos del plan. Se eligieron autores clave para construir una visión amplia sobre la realidad cultural, espiritual y laboral.

- Contenido y propósito del material

Cada obra fue seleccionada por su valor teológico y práctico. El contenido busca informar, formar y capacitar a los líderes para actuar con convicción en sus contextos de trabajo.

- Enfrentar el posmodernismo con formación Bíblica (ver tabla 12)

Se subraya la necesidad de líderes sólidamente formados en la Escritura para confrontar las ideologías propias del pensamiento posmoderno, caracterizadas por el relativismo, la fragmentación de la verdad y la confusión ética. En este marco, la formación recibida apunta a afirmar una cosmovisión cristiana coherente, capaz de dialogar con la cultura sin diluir el Evangelio. Los autores trabajados incluyeron a:

1. Darrow L. Miller y Marit Miller
2. Nancy Pearcey
3. Timothy Keller
4. Timothy Keller y J. Allen Thompson
5. Mark Greene
6. Antonio Cruz
7. Rainer Siemens y Delmer Wiebe
8. C. S. Lewis
9. Howard G. Hendricks y William D. Hendricks
10. Craig Van Gelder & Dwight J. Zscheile, especialmente en su adaptación al modelo Teología Práctica y Eclesiología Misional.

- Preparación previa y proceso de aprendizaje

Como parte del proceso formativo, los participantes adquirieron las obras asignadas y elaboraron resúmenes previos al inicio del entrenamiento. Dichos trabajos fueron revisados y corregidos por el director del proyecto, y posteriormente integrados al manual del estudiante. Las sesiones formativas se desarrollaron mayoritariamente a partir de estas fuentes, promoviendo un aprendizaje activo, reflexivo y contextualizado.

## Formato del curso y duración

El proyecto incluye 10 sesiones semanales divididas en cinco etapas. Las clases se imparten los miércoles vía Zoom, con entrega previa del manual de entrenamiento.

- Experiencia de Entrenamiento

El programa de capacitación se estructurará en cinco fases formativas, con una duración aproximada de una hora y cuarenta y cinco minutos por sesión (ver Tabla 13). Cada clase seguirá una secuencia pedagógica claramente definida que incluye el repaso de la sesión anterior, la introducción a la temática correspondiente y la presentación explícita de los objetivos de aprendizaje. Con el fin de garantizar la participación activa y el compromiso sostenido de los participantes, el director del proyecto enviará previamente una carta de compromiso en la que se detallan las responsabilidades formativas y pastorales asociadas al proceso. Asimismo, cada miembro recibirá con antelación el manual de capacitación, lo que permitirá una preparación previa adecuada para cada encuentro. Este diseño metodológico busca fomentar un aprendizaje progresivo, reflexivo y contextualizado, integrando teoría y práctica dentro del marco del proceso de integración ministerial propuesto. A continuación, se describen de manera general las cinco fases que componen el desarrollo del proyecto:

## Etapa 1 – Preparación

- Semana 1: Introducción al proyecto, pretest y exposición de los antecedentes eclesiológicos

| Actividad | Descripción |
|---|---|
| **Semana primera en la mañana** | |
| 1. Propósito de la Primera Sesión | El director presentará el propósito inicial del proyecto, orientado a familiarizar a los partícipes con el tema de investigación y el proceso formativo. |
| 2. Presentación de los Participantes | Aunque los participantes ya se conocen, el director del proyecto realizará una presentación formal de cada uno dentro del marco del proyecto. |
| 3. Momento de Oración | El director dirigirá un tiempo de oración, pidiendo la guía y bendición de Dios para el desarrollo del proyecto. |
| 4. Introducción al Proyecto de Investigación | Se ofrecerá una explicación general del proyecto de investigación, destacando cómo este proceso de capacitación se integra al trabajo investigativo y ministerial. |
| Semana 1- Semana de la tarde | |
| 5. Descripción General de Etapas y Semanas | El director presentará un resumen de las fases del proyecto y de las sesiones planificadas conforme a los objetivos establecidos. |

| | |
|---|---|
| 6. Acuerdo de Compromiso | Se revisará el acuerdo de compromiso previamente enviado a los participantes, aclarando expectativas y responsabilidades dentro del proceso. |
| 7. Pretest de Autoevaluación | Se analizará el pretest aplicado antes del inicio oficial del proyecto, con el propósito de obtener un diagnóstico inicial sobre el nivel de comprensión del proceso de integración de un ministerio eclesial saludable. El instrumento podrá haberse completado mediante Google Docs o enviado en formato PDF al correo electrónico del director del proyecto (ver Tabla 16). |
| Nota. tiene como finalidad presentar el proyecto, establecer los compromisos de participación y aplicar la evaluación diagnóstica inicial, definiendo así el punto de partida del proceso formativo. En lo que sigue, se describen de manera general las cinco fases que estructuran el desarrollo del proyecto. | |

## Etapa 2 – Urgencia de Implementar un Proceso de Integración en su Primera Fase de Transición en el Contexto Ministerial de la ILTH

- Semana 2 en la mañana: Fundamentos Bíblicos y Ministeriales para la Transformación de la Iglesia (Primera Parte)

| El director fomentará un compromiso decidido con la transformación integral del ministerio eclesial, enfocado en llevar el Evangelio a todos los ámbitos de la sociedad a través de un Proceso Integrador (PI) que influya tanto en la esfera eclesial como en la laica. | |
|---|---|
| Actividad Referencias | Contenido (Manual del Estudiante) |
| Metodología | Entrevista semiestructurada del Manual del estudiante, utilizado como guía de diálogo grupal. |
| 1. Estudio de Modelos Bíblicos | Esdras, Nehemías y Pablo: Inspiración para la transformación espiritual, liderazgo misional y renovación social del pueblo de Dios. |
| 2. Iglesia Centrada (Tim Keller) | Introducción al modelo de ministerio integral que conecta fe, cultura y mundo laboral según el enfoque de Iglesia Centrada. |
| 3. Manual para Plantadores de Iglesias (Keller y Thompson) | Estudio de principios para la formación de iglesias saludables y su relación con Proceso Integrador en contextos urbanos y poscristianos. |

- Semana 2 en la tarde: Fundamentos Bíblicos y Ministeriales para la Transformación de la Iglesia (Segunda Parte)

Propósito de la sesión

Profundizar en una cosmovisión cristiana integral que conecte vocación, Gracia, trabajo y misión, reafirmando la urgencia de una transformación ministerial contextual en la Iglesia Local Tradicional Hispana (ILTH).

| Actividad / Referencias | Contenido (Manual del Estudiante) |
|---|---|
| 4. Vocación y Llamado cristiano (Miller) + Verdad Total (Pearcey) | Enfocado en una cosmovisión cristiana integral que libera la fe de su cautiverio cultural. |
| **5.** Fe, trabajo y misión Análisis de Toda Buena Obra (Keller) + Gracias A Dios es lunes (Mark Greene) | Resaltando la conexión entre vocación, misión cristiana y entorno laboral. |
| **6.** El Evangelio de la Gracia Exégesis pastoral de *El Dios Pródigo* (Timothy Keller) | Comprender el Evangelio desde la Gracia y su impacto en la identidad y misión del creyente. |
| 7. Apologética (Cruz, C.L. Miller, Siemens, Delmer y Wiebe) | Herramientas apologéticas para responder Bíblicamente a los retos culturales y filosóficos contemporáneos. |
| El director explicará la siguiente etapa del proyecto y asignará la lectura del libro *Realidades Hispanas que Impactan a América* (Sánchez, Miranda, Sena y Barrera). | |

Nota: En las semanas segunda se promoverá una visión integral del ministerio, destacando la urgencia de transformar la iglesia local Tradicional Hispana (ILTH) para impactar la sociedad de manera relevante. Se reafirmará que la integración entre fe, cultura y trabajo no es opcional, sino esencial para cumplir con la misión en el contexto de la era poscristiana. Todas estas obras están registradas en el manual de estudiante.

En esta primera etapa se establecerán los fundamentos del proyecto en su primera fase para fortalecer el compromiso de los participantes y evaluar su preparación inicial. Con la guía de Dios, se busca iniciar un camino de crecimiento y renovación ministerial.

- Semana 3: Evaluación de un "proceso de integración en su primera fase" en la ILTH de Miami (Grupo Focal)

Propósito general

Evaluar la realidad ministerial de la Iglesia Local Tradicional Hispana (ILTH) en Miami a la luz del modelo Bíblico de la Iglesia de Éfeso, con el fin de identificar obstáculos, validar desafíos y definir estrategias prácticas para un proceso inicial de integración ministerial saludable.

| Elemento | Descripción |
|---|---|
| Tema central | La Iglesia de Éfeso como modelo de iglesia saludable y referente para la evaluación del estado actual de la ILTH. |
| Actividad principal | El director del proyecto presentará un resumen del libro *Realidades Hispanas que Impactan a América*, seguido de una síntesis de los principales hallazgos derivados del grupo focal. Además, se destacarán puntos clave afines con la realidad ministerial, cultural y estructural de la ILTH. |
| Participant es | Todos los miembros involucrados en el proyecto participarán activamente en el grupo focal, habiendo recibido con antelación la guía de preguntas y los temas a discutir. |
| Retos y Mejora del Ministerio | El grupo focal abordarán, de forma orgánica, los siguientes aspectos: (1) Factores que impiden un crecimiento eclesial saludable. (2) Desafíos ministeriales detectados en la práctica pastoral y congregacional. (3) Acciones específicas para mejorar el proceso. |
| Metodologí a | Grupo focal guiado por el director del proyecto, complementado con entrevistas semiestructuradas, orientadas a recoger percepciones, experiencias y propuestas desde los distintos roles ministeriales. |
| Resultado esperado | Alcanzar un consenso preliminar sobre las áreas prioritarias de ajuste ministerial que requieren intervención inmediata para avanzar hacia una iglesia más saludable, misional y contextualizada. |

Nota: Esta semana se centrará en evaluar críticamente la realidad ministerial de la Iglesia Local Tradicional Hispana (ILTH) en Miami, utilizando como marco de referencia el modelo de la Iglesia de Éfeso. El objetivo es generar un diagnóstico honesto y compartido que sirva de base para el diseño del proceso de integración ministerial en su Primera Fase.

## Etapa 3. Estudio de la Iglesia de Éfeso y la iglesia de Hoy como Modelo de Iglesia Saludable

- Semana 4. Proceso Integración de la Iglesia de Éfeso guiada por Pablo— Capítulo 14: Modelo de Cambio Espiritual

Capítulo 14: Modelo de Cambio Espiritual)

En el *Apéndice I* se desarrollará un proceso inductivo para identificar las características de una iglesia saludable a partir del ejemplo

Bíblico de Éfeso. Los participantes observarán directamente los textos Bíblicos, formularán preguntas, interpretarán el mensaje y aplicarán sus principios a la realidad actual de la Iglesia Local Tradicional Hispana (ILTH). El propósito no es imponer categorías previas, sino permitir que la Palabra revele los principios que guiaron al apóstol Pablo y que hoy pueden orientar la misión de la iglesia (ver tabla: *Resumen del Análisis Inductivo de las primeras once características de una iglesia saludable*). Pasajes clave: Esd. 7:10; Hch. 1:8; 14:21–28; 16:13,40; 17–19; 19:9–10; 20:17–38; Ef. 6:24; 1 Co. 3:6

Posteriormente, en el *Apéndice J*, se presentará un modelo práctico de análisis ministerial que permitirá a los participantes derivar implicaciones pastorales a partir de las características Bíblicas observadas en Éfeso (ver tabla 14). Este ejercicio se organizará en dos frentes de la Primera Fase: *Frente 1 (Adoración y Evangelización) y Frente 4 (Fe y Trabajo),* y será guiado por preguntas estratégicas orientadas a evaluar la situación actual, identificar causas, proponer un ideal Bíblico y diseñar acciones transformadoras. El objetivo es obtener un marco claro de ajustes eclesiales y pastorales para la ILTH (ver tabla 15).

Finalmente, en el *Apéndice K,* se introducirá el *Método Acción–Valor–Ministerio (AVM)* como una herramienta para sistematizar el proceso de integración Bíblica y ministerial. A partir del estudio inductivo de Esdras 7:10, Hechos y las epístolas, se organizarán *42 características agrupadas en 11 conjuntos de textos.*

En esta fase final, *los estudiantes definirán y formularán dichas 42 características utilizando el modelo AVM con el apoyo de la herramienta GPT-4,* empleándola como *asistente metodológico* para organizar observaciones, sintetizar valores Bíblicos y traducirlos en aplicaciones ministeriales concretas. El uso de esta herramienta no sustituye el análisis Bíblico ni el discernimiento teológico, sino que *facilita la sistematización, claridad conceptual y coherencia pastoral* del proceso inductivo desarrollado por los participantes.

Este método funcionará como un puente entre la exégesis Bíblica y la práctica pastoral, permitiendo que cada líder articule acciones, valores y aplicaciones ministeriales contextualizadas para su iglesia local (ver tabla resumen del modelo AVM).

Cada uno de estos ejercicios deberán completarse por escrito y enviarse en formato PDF al director del proyecto, quien realizará un seguimiento pastoral durante la semana.

- Semana 5: Estudio de Caso Aplicado a una iglesia saludable en la actualidad: Proceso Integración de la *(Primera Fase:*
- *Frente 4 y 1)*

En la mañana de la quinta semana, se guiará a los participantes a integrar *la fe cristiana con el trabajo y la adoración congregacional,* a partir del modelo de *Iglesia Centrada* de Timothy Keller. En la mañana, se enfocarán en el *Frente 4*, estudiando cómo el trabajo diario puede ser una plataforma misional. Se analizarán siete versículos clave que conectan vocación, ética y testimonio, y cada grupo presentará propuestas de aplicación contextual.

En la tarde de la quinta semana, se abordará el Frente 1, reflexionando sobre la adoración como espacio evangelizador. Se estudiarán nueve pasajes Bíblicos que muestran cómo el culto dominical puede ser comprensible y transformador tanto para creyentes como para no creyentes. Los grupos elaborarán propuestas litúrgicas que reflejen claridad Bíblica y sensibilidad cultural.

El director facilitará ambos espacios, explicará cada texto, conducirá los grupos y recogerá los mejores aportes en tablas de síntesis. Estas se enviarán por correo electrónico a todos los participantes como recursos devocionales y prácticos.

*Versículos temáticos del Frente 4 (Fe y Trabajo):* Col. 3:23; Gn. 2:15; Ef. 4:28; Ro. 12:2; Hch. 18:3; 1 P. 3:15; Mt. 5:16

*Versículos temáticos del Frente 1 (Adoración y Evangelización):* 2 Ti. 3:16–17; 1 Co. 9:22; Col. 3:16; Ef. 5:19; Sal. 105:1–2; Is. 2:2–4; 1 P. 2:9; 1 Co. 14:23–25; Hch. 2:41–42.

*Logros esperados de la sesión:*

- Redescubrir el valor misional del trabajo diario.
- Visualizar la adoración como canal evangelizador.
- Aplicar principios Bíblicos al contexto laboral y congregacional.
- Elaborar propuestas concretas para discipular y predicar con integridad en ambas esferas.

Al concluir la jornada, cada participante será invitado a reflexionar y escribir un compromiso personal aplicando uno o dos textos clave a su vocación o a su servicio en la ILTH.

## Etapa 4. Diseño de un Proceso de Integración — Primera Fase de transición de la Iglesia Tradicional Local —ILTH *(Frente 4 y 1)*

- Semana 6: Diseño de un proceso de integración de una iglesia saludable en la actualidad — *(Frentes 4: Fe y Trabajo)*

En la Semana sexta se llevará a cabo una clase clave para ayudar a los pastores y líderes de iglesias tradicionales a redescubrir la conexión entre la fe cristiana y la vida laboral cotidiana. La sesión se enfocará en enseñar cómo el trabajo no es un ámbito secular aislado, sino una dimensión central del llamado cristiano, parte integral de la misión de Dios en el mundo.

Durante la clase, se presentará una visión Bíblica y pastoral basada en *Iglesia Centrada* de Timothy Keller, que equipará a los participantes para discipular a sus miembros desde una perspectiva vocacional. Se explicará que todo trabajo honesto puede ser una expresión de adoración y testimonio, y que los creyentes deben reflejar a Cristo con excelencia, integridad y propósito en sus lugares de empleo.

Además, se estudiarán textos clave del Antiguo y Nuevo Testamento que revelan el valor espiritual del trabajo, y se analizarán principios prácticos para predicar sobre este tema desde el púlpito. Los participantes evaluarán su enseñanza actual y serán guiados a formular estrategias para formar cristianos que entiendan su trabajo como un espacio de misión.

Acciones finales esperadas:

- El Pastor Principal (PP) identificará pasos concretos para formar y acompañar a creyentes como testigos del Reino en su vocación.
- El Líder de Influencia (LI) diseñará una iniciativa de mentoría vocacional o acompañamiento dentro de la comunidad local.

- El Equipo Vocacional (EVC) se comprometerá con una acción específica de testimonio en su trabajo durante la semana.

Versículos temáticos: Colosenses 3:23; Génesis 2:15; Efesios 4:28; Romanos 12:2; Hechos 18:3; 1 Pedro 3:15; Mateo 5:16; Proverbios 22:29.

- Semana 7: Diseño de un proceso de integración de una iglesia saludable en la actualidad — *(Frente 1: Adoración y Evangelización)*

En la séptima semana se llevará a cabo una clase especialmente diseñada para pastores y líderes que predican o dirigen la vida litúrgica en iglesias tradicionales. Esta sesión los guiará a rediseñar sus cultos dominicales para que sean Bíblicamente fieles, culturalmente comprensibles y misionalmente efectivos, según el marco teológico-misional propuesto por Timothy Keller.

Durante la clase, se redefinirá la adoración como un espacio misional, mostrando que no se trata solo de edificar a los creyentes, sino también de proclamar el Evangelio a quienes aún no creen. Se explicará que el culto debe estar saturado del Evangelio, con un lenguaje hospitalario y accesible, sin perder profundidad teológica ni claridad Bíblica.

Se enseñarán tres principios fundamentales para predicar el Evangelio desde el púlpito: asumir la presencia de no creyentes, proclamar con claridad la Gracia de Cristo, y guiar a una respuesta concreta. A través de ejemplos Bíblicos, reflexiones teológicas y tareas prácticas, los participantes aprenderán a evaluar su liturgia actual, ajustar su lenguaje y estructura, y transformar el culto en una plataforma evangelizadora.

Acciones finales esperadas:

- El Pastor Principal (PP) identificará cambios específicos que puede aplicar esta semana en su sermón o en la estructura del culto para hacerlo más accesible y misional.
- El Líder de Influencia (LI) diseñará una estrategia para alinear los equipos ministeriales con esta visión evangelizadora del culto.

- El Equipo Vocacional (EVC) propondrá una forma concreta de aplicar el mensaje del domingo en su entorno laboral o familiar durante la semana.

Versículos temáticos: Salmo 105:1–2; Isaías 2:2–4; 1 Pedro 2:9; Hechos 2:42–47; 1 Corintios 14:23–25; Colosenses 3:16; Juan 4:24; Hechos 2:37.

■ Semana 8: Proceso de Integración Futura — Segunda Fase *(Frentes 2 y 3)* y Tercera Fase *(Frente 5)*

Introducción

En la octava semana se abordará la segunda fase (Frente 2): un proceso de integración ministerial, "*Conectando a las Personas entre sí.*" Esta sesión busca que los participantes reconozcan la comunidad como el espacio transformador de la fe y comprendan que el Evangelio genera una comunidad caracterizada por el amor, el servicio y la humildad.

Versículos Temáticos: Ef. 4:15–16; Col. 3:16; Hch. 2:42; Miqueas 6:8; Mt. 5:13–16; 1Co. 14:23–25; Ef. 5:19.

Conclusión: La comunidad cristiana no es opcional para el discipulado. Esta sesión resaltará que una iglesia saludable promueve relaciones profundas, acción social y un testimonio ético dentro de la ciudad, impactando la cultura desde adentro con el Evangelio.

En la tarde de la octava semana, se abordará la Tercera Fase (Frente 5): un proceso de integración ministerial, el *"establecimiento de un Movimiento de Iniciación de Iglesias* (MII)" centrado en el Evangelio. Los participantes reflexionarán sobre el hecho de que un MII no debe entenderse como un evento extraordinario, sino como una dinámica natural del crecimiento misional de la iglesia, siguiendo el modelo apostólico de Pablo.

Versículos Temáticos: Hch. 14:21-23; 1 Co. 3:6-7; Tit. 1:5; Hch. 13:1-3; Ef. 4:11-16; Hch. 2:5-11; 2 Co. 9:8-11; Jn. 13:34-35; Fil. 2:3-4.

Conclusión

Esta sesión impulsará a los participantes a considera básicos que el establecimiento de iglesias es una expresión esencial del Reino de Dios. Las nuevas iglesias no solo expandirán el Evangelio, sino que renovarán y fortalecerán la comunidad cristiana existente.

Se exhorta a cada iglesia a adoptar una visión misionera comprometida con la multiplicación y el testimonio en la ciudad.

Nota Final: Durante la Semana 8, las fases Segunda y Tercera se explicarán de forma general, con el propósito de ofrecer a los participantes una visión introductoria que les permita emitir una opinión informada sobre las dos próximas fases de preparación futura. Esta sesión servirá como puente conceptual para los siguientes pasos del proyecto.

- Semana 9. Puliendo el plan de un proceso integrador — Primera Fase *(Frente 4 y 1)*

En la novena semana, se ofrecerá acompañamiento personalizado a cada participante para revisar y afinar sus propuestas integradoras, elaboradas a partir de las clases de *"fe y trabajo"* (Semana 6) y de *"adoración evangelizadora"* (Semana 7). El director del proyecto guiará a los pastores, líderes de influencia y EVC a consolidar un plan coherente que articule el púlpito con la misión cultural diaria.

Cada participante enviará su versión final del plan de integración misional, y el equipo EVC entregará sus compromisos aplicados al entorno laboral o comunitario. La sesión concluirá con la aplicación del *Postest de evaluación (ver tabla 16) y el cuestionario sobre la salud de la iglesia* ((ver tabla 17), cuyos resultados se enviarán por correo electrónico en formato PDF al director del proyecto para su análisis y retroalimentación.

## Etapa 5: Contenido Final

- Semana 10: Evaluando el plan de un proceso integrador en la primera fase del contexto ministerial de una iglesia saludable en la actualidad, postest y conclusión.

En la décima semana, el director, *con la aprobación de los participantes,* seleccionará un plan de ejemplo para su revisión grupal.

Cada integrante recibirá el material con antelación, y al finalizar la sesión se les entregará un formulario para evaluar el contenido y aportar comentarios sobre las metodologías utilizadas. Como cierre, el director expresará su profundo agradecimiento a los participantes por su rol fundamental en la transición de este proyecto: desde su concepción en el papel hasta su aplicación en el contexto real, contribuyendo así a convertir una visión en una propuesta pastoral concreta.

## Logística de las Clases

Las lecciones se impartirán los miércoles a las 7:30 p.m. vía Zoom, desde el 19 de junio hasta el 21 de agosto de 2024. El entrenador distribuirá la clase virtual para cada semana suministrando la información con anterioridad a cada participante. El plan de estudio se llevará según *un cronograma de clase provisional.* La clase virtual se dividirá en dos turnos de 45 minutos con un receso de 15 minutos.

Etapa 1: Preparación

Semana 1– Introducción del proyecto, *Pretest* y exposición de los antecedentes *Eclesiológicos.* (1 hora y 45 min.), junio 19 (miércoles), 7:30 –9:15 p.m.

Etapa 2: Urgencia de Implementar la Primera Fase del Proceso de Integración en la Transición Ministerial de la *Iglesia Local Tradicional Hispana ILTH.*

Semana 2 en la mañana – Fundamentos Bíblicos y Ministeriales para la Transformación de la Iglesia, primera parte (45 min.), junio 26 (miércoles), 7:30 – 8:15 p.m.

Semana 2 en la tarde – Fundamentos Bíblicos y Ministeriales para la Transformación de la Iglesia, segunda parte. (45 min.), junio 26 (miércoles), 8:30 – 9:15 p.m.

Semana 3 – Evaluación de un *Proceso de integración* en su primera fase" en la ILTH de Miami en la Ciudad de Miami — (grupo focal) (1 hora y 45 min.), julio 3 (miércoles), 7:30 – 9:15 p.m.

Etapa 3: Estudio de la iglesia de Éfeso y la iglesia de *Hoy* como Modelo de Iglesia Saludable.

Semana 4 – *Proceso integración* de la iglesia de Éfeso guiada por Pablo — C*apítulo14:* Modelo de cambio espiritual. (1 hora y 45 min.), julio 10 (miércoles), 7:30 – 9:15p.m.

Semana 5 – Estudio de caso aplicado a la iglesia saludable en la actualidad: *Proceso integración* de la primera *fase — Frente 4 y Frente 1* (1 hora y 45 min), julio 17 (miércoles), 7:30– 9:15 p.m.

Etapa 4: Diseño de un *Proceso de Integración* — Primera Fase de Transición de la ILTH (*Frente 4 y Frente 1*)

Semana 6 – Diseño de un proceso de integración de una iglesia Saludable en la actualidad *(Frente 4: Fe y Trabajo)* (*1 hora* y 45 min.), Julio 24 (miércoles), 7:30 - 9:15 pm.

Semana 7– Diseño de un proceso de integración en la primera fase de una iglesia Saludable en la actualidad *(Frente 1: Adoración y Evangelización)* (1 hora y 45 min.), julio 31 (miércoles), 7:30 - 9:15 p.m.

Semana 8 – *Proceso Integración Futura* Segunda Fase *(Frentes 2 y Frente 3)* y Tercera Fase *(Frente 5)* (1 hora y 45 min.), agosto 7 (miércoles), 7:30 - 9:15 p.m.

Semana 9 – Puliendo el plan de un proceso integrador Primera Fase *(Frentes 4 y Frente 1*) (1 hora y 45 min.), agosto 14 (miércoles), 7:30 - 9:15 p.m.

Etapa 5: Contenido Final

Semana 10 – Evaluando el plan de un proceso integrador en la Primera Fase, del contexto ministerial de una iglesia saludable, *Postest* y Conclusión (1 hora y 45 min.), agosto 21 (miércoles), 7:30 - 9:15 p.m.

## Dispositivos de Medición

El director del proyecto será responsable de capacitar al equipo seleccionado. Como parte del proceso formativo, se aplicarán pruebas diagnósticas iniciales (pretest) y finales (postest), mediante una escala tipo Likert, para evaluar el conocimiento teórico-práctico sobre la implementación de la Primera Fase: conectar a las personas con Dios (adoración y evangelización) y con la cultura (fe y trabajo).

Además, se coordinará un grupo focal con preguntas guiadas y entrevistas breves, para identificar desafíos y estrategias clave. En la semana 10, se aplicará una evaluación intermedia, y cada participante presentará un plan ministerial integrador de la

Primera Fase, el cual será evaluado mediante una rúbrica que asegure la aplicación de los conceptos tratados.

## Los Recursos

Los costos del proyecto de investigación para las clases de preparación de los doce integrantes incluirán los elementos siguientes:

| | | |
|---|---|---|
| 1. | Manual impreso (entrenador y participantes) | $ 220.00 |
| 2. | Copia de resumen de cinco libros anillado | $ 680.00 |
| 3. | Cuenta de zoom para las clases | $120.00 |
| 4. | Carpetas para guardar los materiales | $ 105.00 |
| 5. | Agenda de notas y bolígrafos | $ 80.00 |
| | Gran Total | $1,125.00 |

El director del proyecto personalmente pagará estos gastos requeridos para la ejecución del proyecto práctico (no involucra gastos a otras personas). Sin embargo, se recomendarán libros que los participantes se comprometerán a solventar. Cualquier otra cosa que se tenga incorporar en el curso cada uno de los participantes serán responsables por adquirirlo.

## Las Presuposiciones

En todo proceso de entrenamiento el director del proyecto asume que:

- El director del proyecto cuenta con la preparación Bíblica y metodológica necesaria para guiar al equipo en el desarrollo inicial y la exploración del ministerio integrador, en colaboración con el Pastor Principal (PP) y el Líder de Influencia (LI).
- Se asume que el **EVC** seleccionado participará plenamente en las diez sesiones de capacitación.
- Se confía en que los instrumentos de evaluación son válidos y útiles para medir el avance del proyecto.
- Se espera que el EVC responda con honestidad y objetividad a todas las evaluaciones.
- Se presupone que el equipo de conexión (EVC) completará todas las clases del entrenamiento.
- Se considera que el programa de capacitación propuesto es adecuado para los participantes.

- Se espera que la capacitación inspire la formación inmediata de nuevos EVC que capacitarán a otros en sus entornos laborales.
- El director reconoce que los miembros del EVC poseen las habilidades técnicas para usar Zoom y ofrecerán apoyo en la formación de nuevos EVC durante la fase inicial.
- El director confía en que la "Primera Fase" mostrará cómo integrar fe y trabajo bajo la guía de la iglesia, proyectando también las siguientes etapas del proceso.
- El director liderará la implementación de la "Primera Fase" con el propósito de impactar la ciudad y asegurar la continuidad del proceso en sus etapas futuras, considerando que la plena participación del EVC, junto al Pastor Principal (PP) y al Líder de Influencia (LI), constituye la base para garantizar la continuidad, la multiplicación y el impacto integral del proyecto.

## Las Limitaciones

Este proyecto está dirigido a un grupo seleccionado de miembros hispanos de una iglesia local tradicional en Miami, Florida. Las sesiones se desarrollarán durante diez miércoles consecutivos, del 19 de junio al 21 de agosto de 2024, bajo la dirección del responsable del proyecto. Su objetivo principal es formar líderes viables del EVC, explorando la primera fase del proceso integrador en un contexto hispano, con proyección hacia las fases posteriores.

El grupo incluye jóvenes (22–24 años), adultos jóvenes (25-44) y una participante mayor (57), con formación académica avanzada y experiencia significativa en la vida eclesial. La investigación se enfocará en sus capacidades físicas, espirituales, intelectuales y ministeriales.

## Tabla de Definiciones de Términos Claves

| Término o Concepto | Definición o Descripción |
|---|---|
| Director del proyecto | También puede ser llamado entrenador, maestro o investigador. Es responsable del diseño, acompañamiento y evaluación del proceso. |

<table>
<tr><td>Participantes</td><td colspan="2">Miembros del Equipo Vocacional de Conexión (EVC), y en algunos casos denominados 'estudiantes'. Son los actores activos del proceso formativo.</td></tr>
<tr><td>Pretest y Postest</td><td colspan="2">Instrumentos de evaluación aplicados al inicio y al final del proyecto para medir el progreso y los conocimientos adquiridos.</td></tr>
<tr><td>Equipo Vocacional de Conexión (EVC)</td><td colspan="2">Grupo de creyentes llamados a equipar, conectar y movilizar a otros en sus contextos laborales y sociales, aplicando el Evangelio en sus profesiones.</td></tr>
<tr><td>Modelo Bíblico: Pablo y su equipo</td><td colspan="2">Pablo discípulo a Aquila y Priscila, quienes mientras trabajaban como fabricantes de tiendas, plantaban iglesias en Corinto, Éfeso y Roma. Representa una integración entre trabajo, discipulado y misión (Hch. 18:2-4; Mt. 25:14-29).</td></tr>
<tr><td>Rol de un líder del EVC</td><td colspan="2">Un líder del EVC debe: (1) cuidar espiritualmente a su equipo, (2) rendir cuentas a líderes zonales, (3) dirigir reuniones, (4) discipular, (5) identificar nuevos líderes, (6) organizar encuentros, (7) promover participación eclesial, (8) fomentar unidad y compromiso, y (9) motivar la integración en la vida congregacional. [242]</td></tr>
<tr><td colspan="3">Extensión: Participación del Pastor (PP) y Líderes de Influencia (LI)</td></tr>
<tr><td>Elemento</td><td>Descripción breve</td><td>Función en el proyecto</td></tr>
<tr><td>Motivar la integración en la vida eclesial</td><td>PP y LI como estudiantes activos y copartícipes estratégicos del proceso formativo.</td><td>Amplía el liderazgo hacia un modelo Bíblico misional que transforma toda la vida.</td></tr>
<tr><td colspan="3">Resumen de Innovaciones Metodológicas del Proyecto</td></tr>
<tr><td>Elemento</td><td>Descripción breve</td><td>Función en el proyecto</td></tr>
<tr><td>Enfoque en la Iglesia de Éfeso durante el ministerio de Pablo</td><td>Selección del período formativo y misional de Éfeso como modelo, evitando centrarse en su posterior declive (Ap. 2).</td><td>Provee un modelo de iglesia saludable, dinámico y reproducible que inspira a la ILTH en un proceso en tres fases.</td></tr>
<tr><td>Esquema de Clase Integrado</td><td>Articulación entre principios contemporáneos de iglesia misional y el modelo apostólico,</td><td>Estructura el enfoque teológico-pedagógico que guía las sesiones de formación.</td></tr>
</table>

| | | |
|---|---|---|
| | aplicados en un diseño formativo contextualizado. | |
| Apéndices I, J y K | Instrumentos diseñados para guiar el análisis Bíblico, el discernimiento ministerial y la evaluación pastoral desde una perspectiva inductiva. | Contextualizan principios teológicos y metodológicos dentro del proceso formativo local. |
| Modelo AVM (Acción-Valor-Ministerio) | Herramienta original de análisis Bíblico que permite clasificar acciones, valores y aplicaciones prácticas a partir del texto. | Facilita la identificación de múltiples características ministeriales para evaluación y formación. |
| Uso estratégico de herramientas digitales (IA) | Integración innovadora de tecnología para sistematizar hallazgos Bíblicos, organizar datos formativos y ampliar el análisis de características. | Contribuye a un aumento considerable en la precisión, visualización y aplicabilidad de los contenidos teológicos. |
| Visualización congregacional de características saludables | Propuesta pastoral que sugiere ubicar visiblemente en las iglesias las características Bíblicas de una iglesia saludable. | Promueve una cultura de evaluación abierta, reflexión comunitaria y corresponsabilidad espiritual en toda la ILTH. |
| PI*5frentes*ILTH (Proceso de Integración de los Cinco Frentes de la ILTH) | Marco metodológico que articula cinco frentes clave: fe y trabajo, adoración y evangelización, discipulado misional, liderazgo vocacional y plantación urbana | Sirve como columna vertebral del proyecto, guiando la transición de la ILTH hacia una iglesia contextualizada, misional y centrada en el Evangelio. |
| Formación conjunta de pastores (PP), lideres laicos eclesiales (LI) y lideres laicos en sus trabajos (EVC) | Proceso formativo integral que une, por primera vez en este tipo de diseño, a pastores, líderes congregacionales y creyentes activos en sus vocaciones laborales como co-estudiantes y a la vez | Rompe la división entre lo pastoral y lo laical, fortalece la corresponsabilidad ministerial y siembra una visión integrada de la misión en todas las áreas. |

| | como co-participantes (PP y LI). | |
|---|---|---|

Nota: Esta propuesta metodológica permite que todos los miembros se involucren activamente en la vida de la iglesia, vislumbrando sus funciones y responsabilidades ministeriales. Fomenta una actitud crítica y responsable ante el incumplimiento de dichos roles, conforme al orden establecido en el ministerio. Al mismo tiempo, libera al PP para ejercer un liderazgo pastoral dual y equilibrado, integrando su llamado con una vocación activa, en coherencia con una visión Bíblica de la misión que abarca lo cultural, lo comunitario y lo internacional. Este es precisamente el modelo que Pablo puso en práctica en su ministerio.

## Conclusión

En la parte 5, el director del proyecto estableció la tesis, los objetivos y las metas del proyecto, que servirán como guía para su realización. También detalló aspectos clave del proyecto, como la selección de los participantes del equipo de conexión, los temas y la agenda, así como la estrategia de trabajo. Además, se abordaron los costos, suposiciones y limitaciones de la implementación. Al concluir el proyecto práctico, en las partes 6 y 7, se presentarán las herramientas de medición utilizadas y se proporcionará un análisis exhaustivo de los resultados obtenidos.

A continuación, en la Parte 6 se ofrecerá un informe completo sobre la implementación del proyecto y los resultados logrados. Se describirá cuidadosamente las etapas del proceso, resaltando los hitos principales y los indicadores recopilados mediante los instrumentos de medición utilizados. También se incorporarán descubrimientos relevantes surgidos durante la ejecución que no estaban contemplados en el diseño original.

# PARTE 6: INFORME DE LA IMPLEMENTACIÓN DEL PROYECTO

Introducción

Entre las Partes 2 y 5 del proyecto se realizó un análisis exhaustivo del contexto ministerial, acompañado de una propuesta concreta y original basada en un riguroso estudio exegético de textos del Antiguo y del Nuevo Testamento. Además, para la Primera Fase, se consultó y exploró a fondo una amplia Bibliografía especializada sobre integración ministerial, con un esquema programático para las dos fases futuras. Esto se realizó dentro de una visión estructurada del proceso formativo, con el objetivo de establecer una base teológica y metodológica para su desarrollo continuo.

Este proceso tuvo como propósito preparar a los líderes del EVC como estudiantes, junto al Pastor Principal (PP) y al Líder de Influencia (LI), quienes asumieron un rol doble: como estudiantes en la formación y como copartícipes estratégicos en el diseño y ejecución del proceso, en coordinación con el director del proyecto.

En esta parte 6, se presenta un informe detallado de la ejecución del proyecto y sus resultados. Se describe minuciosamente cada una de las etapas, destacando los eventos clave y los datos obtenidos mediante las herramientas de medición aplicadas. Además, se incluyen hallazgos relevantes que surgieron durante la implementación, y que, inicialmente, no fueron considerados en el diseño original del proyecto, debido a dinámicas pastorales y formativas que emergieron únicamente en el proceso práctico.

## Tesis del Proyecto

El proyecto práctico fue diseñado como un proceso de diez semanas, realizado del 19 de junio al 21 de agosto de 2024, siguiendo el cronograma semanal delineado en la Tabla 13. Se estructuró en cinco etapas centrales: (1) Preparación; (2) Fundamentos teológicos para la transición ministerial; (3) Estudio de la iglesia de Éfeso como modelo de una iglesia saludable;

(4) Diseño contextual del Proceso de Integración de la Primera Fase (Frentes 1 y 4), incluyendo una visión general de las dos fases futuras; y, (5) Contenido final y síntesis.

La implementación se centró en un grupo de doce líderes: diez miembros del Equipo Vocacional de Conexión (EVC), junto al Pastor Principal (PP) y el Líder de Influencia (LI). El PP y el LI asumieron una doble función: como estudiantes activos en el proceso formativo y como copartícipes estratégicos en su desarrollo y contextualización pastoral.

El propósito fue capacitar a estos líderes para dirigir la Primera Fase del ministerio integrador, enfocada en conectar la fe con el trabajo y la adoración con la evangelización, estableciendo al mismo tiempo las bases para las dos fases posteriores. A través de un proceso pedagógico progresivo, los participantes fueron guiados en la comprensión teológica, el análisis Bíblico, la evaluación de la iglesia local y la elaboración de propuestas ministeriales contextualizadas.

Las tres metas principales fueron: a) Comprender la relevancia de la integración entre la "fe y el trabajo" y la "adoración y evangelización" en esta primera fase dentro de un contexto poscristiano; b) Aplicar las características Bíblicas de una iglesia saludable según el modelo de Éfeso; c) Proyectar con claridad las dos fases futuras del ministerio integrador en el marco del programa formativo de la iglesia hispana en Miami.

## Reporte de la Implementación del Entrenamiento

Una parte significativa del equipo (80 por ciento) fue seleccionada previamente por el autor en coordinación con la dirección de la iglesia, con el propósito de ser capacitada como líder de grupos pequeños en casas, utilizando el modelo "No Place Left" (NPL),[243] también conocido como "Ningún Lugar Sin Alcanzar" (NLSA)[244]. Durante un periodo de dos meses del año 2024, se mantuvo una interacción constante y productiva con el EVC a través de reuniones semanales por Zoom. En este proceso se trabajó de manera colaborativa en la reestructuración del manual del participante, originalmente diseñado en 2023 como parte del desarrollo de la tesis doctoral. Esta versión revisada fue ajustada específicamente al diseño pedagógico y metodológico del presente proyecto, permitiendo así una mayor coherencia entre el contenido formativo y los objetivos de la Primera Fase del proceso integrador.

Estas sesiones, formales e informales, se realizaron por Zoom con enlaces facilitados previamente, y se complementaron con un grupo de WhatsApp creado por uno de los miembros para una comunicación efectiva. Como preparación inicial, se aplicó un pretest mediante Google Docs, enviado antes del inicio oficial de las clases en la Semana Uno.

## Etapa 1– Preparación

- Semana 1: Introducción del Proyecto, Pretest y los antecedentes eclesiológicos

La semana primera se llevó a cabo el miércoles 19 de junio a las 7:30 p.m., vía Zoom, con la participación completa del grupo. Los participantes habían completado previamente el pretest a través de Google Docs, con el propósito de familiarizarse con el proyecto de investigación y el proceso formativo del ministerio integrador. El director del proyecto abrió la reunión explicando el propósito general del programa, enmarcándolo dentro de la urgente necesidad de integrar el ministerio eclesial en el contexto hispano poscristiano, particularmente en la ciudad de Miami.

Aunque los participantes ya se conocían previamente, se realizó una presentación formal de cada uno, subrayando sus funciones dentro del equipo y su posible contribución al proceso. Este momento inicial sirvió para establecer un ambiente de colaboración y mutua responsabilidad. A continuación, se dedicó un tiempo de oración, dirigido por el director, consagrando el proceso a la guía de Dios y pidiendo discernimiento para cada etapa del entrenamiento.

Después de este espacio espiritual, se ofreció una introducción general al proyecto de investigación, explicando su estructura metodológica, sus fundamentos Bíblicos y su aplicabilidad práctica en la Iglesia Local Tradicional Hispana (ILTH). Se presentaron los objetivos del ministerio integrador, sus tres fases, y cómo este proyecto se inserta dentro de un programa más

amplio de formación de líderes vocacionales. También se abrió un espacio para preguntas, observaciones y aclaraciones, lo que permitió a los asistentes compartir sus impresiones iniciales y expectativas.

Durante la tarde de esa misma jornada, el director presentó una visión general de las etapas y semanas del proceso de formación. Se explicó el cronograma, dividido en cinco etapas distribuidas en diez semanas, que incluía sesiones formativas, estudios de caso y momentos de evaluación. Esta presentación permitió a los participantes visualizar el trayecto completo y comprender el enfoque progresivo del proceso.

Previo al inicio de la segunda parte de la jornada, cada participante recibió por correo electrónico un acuerdo de compromiso, en el que se detallaban las expectativas de asistencia, participación activa y cumplimiento de las tareas asignadas. Este documento ayudó a formalizar el rol y la responsabilidad de cada miembro dentro del proyecto.

Finalmente, se analizó el pretest de autoevaluación (ver Tabla 16), lo cual permitió conocer el nivel inicial de comprensión Bíblica, teológica y metodológica de los participantes en relación con el proceso de integración de un ministerio eclesial saludable. Este instrumento fue aplicado mediante Google Docs o, en algunos casos, enviado en formato PDF por correo electrónico.

Esta primera etapa fue fundamental para establecer las bases espirituales, académicas y metodológicas del proyecto. La combinación de presentación, compromiso y diagnóstico inicial fortaleció el enfoque participativo —aunque discreto en esta fase inicial—, y abrió el camino hacia un proceso de crecimiento espiritual, formación teológica y transformación ministerial.

La sesión concluyó con una oración dirigida por el Pastor Principal (PP), quien exhortó a los participantes a perseverar con firmeza y compromiso en las próximas reuniones. Posteriormente, el director del proyecto envió a cada uno la presentación en PowerPoint correspondiente, como recurso visual de apoyo al contenido desarrollado.

## Etapa 2 – Urgencia de Implementar un Proceso de Integración en su Primera Fase del Contexto Ministerial de la ILTH

- Semana 2: Diagnóstico Ministerial y Fundamentos Bíblicos del Proceso de Integración

La reunión correspondiente a la Semana segunda se llevó a cabo el miércoles 26 de junio por Zoom, con asistencia completa. El director presentó la metodología utilizada para diagnosticar el estado actual de la iglesia, analizar su desarrollo reciente y exponer los fundamentos de la Primera Fase del ministerio integrador. Aunque la iglesia ha evidenciado crecimiento en los últimos años, dicho avance no ha respondido adecuadamente a los desafíos culturales de la era posmoderna. Por esta razón, y en consenso con el Pastor Principal (PP), el Líder de Influencia (LI) y el equipo del EVC, se decidió implementar gradualmente la Primera Fase del proceso de integración, evitando sobrecargar a la iglesia con un programa nuevo. Este enfoque *paso a paso* busca generar un impacto más profundo y sostenible, con el fin de fortalecer la vida congregacional y extender el testimonio del Evangelio hacia una ciudad más atendida y transformada.

Durante esta sesión se presentaron ejercicios de diagnóstico que incluyeron entrevistas, encuestas y análisis estadístico. Los instrumentos a aplicar (Apéndices C–G) y sus respectivos resultados se presentan en las tablas pertinentes del Apéndice B (ver Tablas **6A–17)**. Todos los ejercicios fueron adaptados metodológicamente utilizando como referencia la estructura del modelo presentado en la tesis doctoral del Dr. José Pacheco, centrado en el proceso de revitalización pastoral inspirado en la iglesia de Éfeso.

Si bien la estructura del Dr. Pacheco sirvió como guía, el presente proyecto introdujo una metodología única para la Primera Fase, diseñada por el director de este proyecto para acompañar a la Iglesia Local Tradicional Hispana (ILTH) a través de su transición hacia un modelo de iglesia contextualizado y saludable adecuado para la sociedad posmoderna.

Los hallazgos aportaron información valiosa sobre la membresía, los bautismos, los niveles de asistencia, los ministerios culturales y los programas dirigidos a jóvenes y profesionales. Estos resultados confirmaron la urgente necesidad de implementar la Primera Fase, que se centra en fomentar la sinergia ministerial integrando *la fe y el trabajo* en la vida cultural semanal de los miembros, y en renovar *la adoración y la evangelización* mediante una predicación comprensible, contextualizada y misional, especialmente para quienes buscan la fe y para los nuevos creyentes.

Fase de integración en el contexto hispano de Miami

El director subrayó la importancia de asimilar nuevos conceptos que permitan a los líderes comprender la realidad poscristiana en la que la iglesia desarrolla su misión, así como asumir un papel activo en la vida de la comunidad. Para ello se presentaron modelos Bíblicos esenciales —Esdras, Nehemías y el apóstol Pablo— que ejemplifican la transformación espiritual y social de la iglesia. Asimismo, se profundizó en la propuesta de Timothy Keller (*Iglesia Centrada*) y en el *Manual de Plantadores de Iglesias* (Keller y Thompson), los cuales ofrecen lineamientos para el desarrollo de iglesias saludables e integradas a su contexto. También se revisaron tres aportes en el área de la apologética cristiana: dos obras de Antonio Cruz —*Introducción a la Apologética Cristiana: La Evidencia de Dios* (capítulo 1) y el libro completo *Apologética en Diez Respuestas*— junto con *Mere Christianity* de C.S. Lewis. Todo este material incluyendo el resto de las obras están recogidas en el Manual del Estudiante.

Durante la segunda parte de la semana, se abordaron tres obras clave del manual del estudiante:

1. *Toda Buena Obra* de Timothy Keller, que rescata el valor de la vocación en el trabajo como servicio a Dios y al bien común.
2. *El Dios Pródigo*, también de Keller, basado en la parábola de Lucas 15:11–32, donde se contrasta la religiosidad formal y el escepticismo cultural como desafíos actuales para el evangelismo y la reintegración.
3. *Transforma Tu Trabajo* de Mark Greene, un recurso multimedia que aplica principios Bíblicos a la realidad laboral, ofreciendo una guía práctica para integrar la fe en entornos seculares.

La sesión concluyó con una breve encuesta entre los doce asistentes. Cinco consideraron que la iglesia gozaba de «buena salud"; otros tres señalaron que el crecimiento era por «adición»; aunque sostenido; y los cuatro restantes la calificaron de «estancada. El director explicó la siguiente etapa y asignó la lectura del libro *Realidades Hispanas que Impactan a América* (Sánchez, Miranda, Sena, Barrera), a discutir en la próxima reunión. El participante número once, Líder de Influencia (LI), dirigió la oración final, y el plan de clase fue enviado por correo electrónico.

- Semana 3. Evaluación de un "Proceso de Integración en su Primera Fase "de la ITLH de Miami (grupo focal)

En la tercera semana programada para el miércoles 3 de julio a las 7:30 p.m., se inició la reunión a través de Zoom bajo la dirección del director del proyecto. El 100 por ciento de los participantes estuvieron presentes en el horario acordado. No obstante, el participante número 10, recibió una llamada quince minutos después de que comenzó la clase y tuvo que retirarse debido a problemas personales.

El director contextualizó el proyecto destacando a Miami como una ciudad posmoderna y aclaró conceptos clave como "hispanoamericanos", "hispanos" y "latinos". Presentó un resumen del libro *Realidades Hispanas Que Impactan a América*, enfatizando cinco aspectos fundamentales: el crecimiento demográfico de los hispanos en EE. UU., su diversidad cultural, los desafíos económicos que enfrentan, su creciente participación política y el papel central de la fe y la religión en sus comunidades. Se subrayaron especialmente los capítulos 12 al 15, que destacan cómo la diversidad étnica puede fortalecer la comunicación y la unidad. Esta reflexión permitió al grupo reconocer los desafíos y oportunidades que enfrenta la iglesia hispana para avanzar en una iniciativa de integración compartida.

Como preparación para el diálogo grupal, los participantes revisaron las preguntas de reflexión inicial y un resumen general de las entrevistas pastorales que el director había compartido previamente (ver Apéndice H). Se expresó un sincero agradecimiento al liderazgo pastoral, y de manera especial al Pastor Principal, reconociendo su compromiso y ejemplo en la búsqueda de una iglesia saludable y centrada en Cristo.

Durante la sesión, el grupo evaluó las fortalezas y debilidades de la labor ministerial de la Iglesia BBC en su contexto actual. El análisis se centró en identificar tanto las capacidades ya presentes como aquellas áreas que requieren fortalecimiento, especialmente en lo relacionado con la implementación de la integración entre la fe y el trabajo en su Primera Fase. Esta reflexión permitió visibilizar los desafíos concretos y los obstáculos que podrían afectar un crecimiento verdaderamente sostenible.

Con sensibilidad pastoral, el PP promovió una interacción significativa entre los participantes durante la semana, facilitando un ambiente de diálogo esperanzador sobre el futuro de la iglesia. La clase concluyó a las 9:15 p.m. con una oración dirigida por el Participante Uno, seguida de palabras de gratitud del director, quien valoró profundamente la dedicación del grupo y los animó a mantener ese mismo espíritu de entrega en las próximas sesiones.

El plan de la lección para la siguiente clase se envió por correo electrónico inmediatamente después.

## Etapa 3 – Estudio de la Iglesia de Éfeso y la iglesia de Hoy como Modelo Saludable

Luego de haber diagnosticado la realidad ministerial de la Iglesia Local Tradicional Hispana (ILTH) y de haber establecido la urgencia de implementar un proceso de integración en su Primera Fase, esta tercera etapa se orienta a examinar un modelo Bíblico concreto de iglesia saludable. Para ello, se toma como referencia la iglesia de Éfeso durante el ministerio del apóstol Pablo, analizada a la luz del Capítulo 14 del *Manual para Plantadores* de Iglesias de Timothy Keller y J. Allen Thompson.

Esta etapa busca que los participantes pasen del análisis contextual al discernimiento Bíblico, identificando principios espirituales, estructurales y misionales que permitan evaluar la iglesia actual y orientar un proceso de transformación coherente con el Evangelio.

- Semana 4. Proceso de Integración de la Iglesia de Éfeso — Capítulo 14: Modelo de Cambio Espiritual.

La cuarta sesión se llevó a cabo el miércoles 10 de julio, a las 7:30 p.m., vía Zoom, bajo la dirección del director del proyecto. Todos los participantes estuvieron presentes y fueron puntuales. La sesión comenzó con una cálida bienvenida y una oración dirigida por el director, centrada en la unidad y la fortaleza espiritual del grupo.

- Explicación paso a paso del Método Inductivo, su aplicación y del Método AVM (Apéndices I, J y K)

I. Explicación paso a paso del Método Inductivo y Análisis Bíblico
(Ver Apéndice I)
Enfoque Inductivo Clásico

1. Selección de textos Bíblicos claves
- Se tomaron pasajes como Esdras 7:10; Hechos 1:8; 14:21–28; 16:13,40; 17–19; 19:9–10; 20:17–38; Efesios 6:24; y 1 Corintios 3:6.
- Estos textos muestran cómo Pablo fundó y desarrolló la iglesia de Éfeso, sirviendo de base para identificar patrones espirituales y pastorales.

2. Aplicación del método inductivo clásico
- Observación: leer atentamente el texto y registrar qué sucede, quiénes participan, qué se repite y cuál es el contexto histórico.
- Interpretación: comprender qué significa el texto en su contexto original y qué quiso enseñar el autor.
- Aplicación: traer esa enseñanza a la situación actual de la iglesia local.
- Síntesis: formular una característica práctica que defina a una iglesia saludable.

3. Ejemplo práctico
- Texto: Hechos 19:8–10.
- Observación: Pablo enseñaba diariamente en la escuela de Tirano.
- Interpretación: el discipulado sólido y constante produce impacto misional.
- Aplicación: la iglesia actual debe desarrollar un discipulado profundo y sostenido.
- Síntesis: discipulado intensivo como característica de una iglesia saludable.

4. Fundamentación literaria complementaria
- Timothy Keller *(Iglesia Centrada)*, Keller & Thompson *(Manual de Plantadores de Iglesias)*, y Howard & William Hendricks *(Interpretación Bíblica)* aportan el marco teológico, pastoral y metodológico que sostiene este análisis.

5. Resultado del proceso

- Se identificaron once características claves (ejemplo: predicación Bíblica fiel, discipulado intensivo, conversión pública, integración de fe y trabajo, cuidado pastoral, etc.). (Ver Apéndice I–6: Resumen del análisis inductivo de las primeras once características de una Iglesia Saludable).

## II. Explicación detallada del Proceso (paso a paso) del Enfoque de Teología Práctica, Eclesiología Misional y Principios Estratégicos de Keller (Apéndice K)

1. Presentación del método

- El enfoque se adapta de la Teología Práctica y Eclesiología Misional (Van Gelder & Zscheile, 2011) y de los principios estratégicos de Keller (Iglesia Centrada).
- El propósito es ofrecer una herramienta para analizar características de una iglesia saludable y transformarlas en implicaciones aplicables.

2. Estructura del análisis

Cada paso sigue el siguiente orden:

a) Observar la característica en el texto o en la iglesia.
b) Evaluar su trasfondo teológico y cultural.
c) Formular un ideal normativo según la Biblia.
d) Proponer acciones estratégicas que transformen la práctica.

3. Preguntas metodológicas claves

- ¿Qué está ocurriendo? → diagnóstico situacional.
- ¿Por qué está ocurriendo? → causas teológicas o culturales.
- ¿Qué debería ocurrir? → visión normativa.
- ¿Qué acciones deben tomarse? → estrategia transformadora.

4. Ejemplos aplicados

- Predicación Bíblica fiel (Hch. 19:8–10): se observa que Pablo predica con constancia y profundidad; se evalúa que su convicción es que el Evangelio transforma; se propone que las iglesias sostengan una predicación clara y fiel; y se recomienda formar predicadores misionales que conecten doctrina y cultura.
- Discipulado intensivo (Hch. 19:9–10): se reconoce el proceso riguroso de Pablo en la escuela de Tirano; se concluye que la iglesia debe diseñar procesos robustos e intencionales de discipulado.
- Conversión pública (Hch. 19:18–20): se observa la confesión

pública y el abandono de ídolos; se plantea que la iglesia fomente espacios de arrepentimiento y testimonio público.

5. Aplicación práctica

- Los participantes completarán las Tablas 14 y 15 (Apéndice J) para traducir estas observaciones en implicaciones eclesiales (cultura, misión, prácticas) y pastorales (formación, liderazgo, estrategias).
- Estas tablas funcionan como aplicación práctica del modelo, pues integran el descubrimiento Bíblico del Apéndice I y la sistematización metodológica del Apéndice K (Método AVM), aterrizándolos en la vida congregacional.
- Este ejercicio puede realizarse en talleres, reuniones de planificación o grupos de liderazgo.
- El objetivo es pasar de la reflexión al diseño de acciones concretas que respondan a la realidad de la iglesia en el contexto poscristiano.

## III. Explicación detallada (paso a paso) del desarrollo del Método Acción–Valor–Ministerio (AVM)

En este Apéndice K, el director del proyecto desarrolla el Método Acción–Valor–Ministerio (AVM) a partir del análisis inductivo de Esdras 7:10, pasajes de Hechos y de las epístolas. El proceso parte del fundamento inductivo clásico (observación, interpretación y aplicación) y se expande hacia un método pedagógico que organiza los hallazgos en pasos prácticos para la iglesia.

El método AVM consta de cuatro elementos principales:

- Parte del Texto: fragmento Bíblico que contiene un valor teológico o ministerial.
- Acción Central: verbo clave que guía el sentido del pasaje.
- Característica Derivada: principio espiritual que surge de la acción observada.
- Explicación: aplicación pastoral práctica para la iglesia.

Ejemplo (Esdras 7:10): se distinguen tres características:

1) Vida devocional disciplinada ("estudiar la Ley").

2) Coherencia entre enseñanza y práctica ("ponerla en práctica").

3) Prioridad en la enseñanza Bíblica ("enseñar en Israel").

A partir de este mismo proceso, se identifican 42 características en once conjuntos de pasajes (Esdras, Hechos y epístolas), que abarcan aspectos como la multiplicación intencional de comunidades, el impacto cultural del Evangelio, la formación de líderes, la integración de la fe con el trabajo y la defensa pública de la fe.

El AVM se presenta como un modelo práctico y contextual que:

- Facilita que los líderes vivan lo que enseñan.
- Permite a la iglesia conectar la Palabra con la misión cultural y laboral.
- Se convierte en una herramienta de transformación espiritual y estructural dentro del marco del PI5frentesILTH.

Esta última parte del método ha sido desarrollada de forma original por el director del proyecto con apoyo de herramientas de inteligencia artificial *(ChatGPT 4.0)*, dentro del contexto del plan PI5frentesILTH (Proceso de Integración de los 5 frentes para la Iglesia Local Tradicional Hispana) en la ciudad de Miami. Este modelo busca una transformación espiritual, estructural y ministerial, utilizando el estudio directo de la Escritura y el juicio contextual, sin depender solamente de literatura especializada.

La sesión concluyó a las 9:15 p.m., dejando al equipo con una sensación de satisfacción tanto por la inmersión en la literatura presentada como por la conexión y compañerismo que florecieron entre los participantes. Al cierre, el participante dos del grupo de conexión lideró una oración. El director expresó su agradecimiento a todos los asistentes por su participación respetuosa, reconociendo sus opiniones personales y su compromiso con la nueva perspectiva basada en la Biblia que se implementará en la Iglesia. La información sobre la clase de la próxima semana fue enviada por correo electrónico al grupo.

### ▪ Semana 5 – Análisis de Caso Práctico: Conectar a las Personas con la Cultura y la Predicación (Frente 4 y 1)

La Semana quinta está proyectada para el miércoles 17 de julio, con inicio a las 7:30 p.m., y contó con la participación de todos los miembros del equipo. El director del proyecto da la bienvenida y abre la sesión con una oración enfocada en consagrar el trabajo y la vocación como instrumentos al servicio de Dios.

Se repasan brevemente los objetivos de la sesión y se comienza con el Frente 4: cómo conectar a las personas con la cultura a través de la *integración entre la fe y el trabajo,* según el modelo presentado en *Iglesia Centrada* de Timothy Keller.

Acto seguido, se proyecta una tabla temática de siete versículos Bíblicos (Col. 3:23; Gn. 2:15; Ef. 4:28; Ro. 12:2; Hch. 18:3; 1 P. 3:15; Mt. 5:16) junto con su exposición Bíblica y aplicaciones prácticas. El director realiza una explicación pastoral de cada pasaje, subrayando el vínculo entre vocación, ética y misión en el mundo laboral. Posteriormente, se inicia el bloque de discusión grupal. Los estudiantes se dividen en tres grupos:

- Grupo 1 (Participantes 1–3 con el PP)
- Grupo 2 (Participantes 4–6 con el LI)
- Grupo 3 (Participantes 7–10, independiente)

Cada grupo presentó una propuesta vocacional basada en los versículos asignados y las reflexiones individuales presentadas previamente. El diálogo fue profundamente enriquecedor, y los participantes compartieron ejemplos reales de cómo pusieron en práctica estos principios en sus entornos laborales.

Tras un breve receso, el director invitó a cada grupo a exponer sus conclusiones. Durante las presentaciones, se identificaron temas recurrentes como la necesidad de coherencia cristiana en el trabajo, el valor del testimonio silencioso y la urgencia de vivir la fe de lunes a viernes.

Finalmente, el director construyó en tiempo real una tabla de síntesis que integró los mejores aportes de cada grupo, elaborando una propuesta colectiva que será compartida al finalizar la clase en formato PDF.

Además, la tabla con los versículos, sus exposiciones y aplicaciones prácticas será enviada por el director del proyecto durante la semana en formato PDF a todos los participantes como recurso complementario de estudio y aplicación personal.

Resumen de la Sesión

- Tema central: La vocación como plataforma misional en la cultura.
- Herramienta Bíblica: Estudio de siete versículos sobre trabajo, ética y testimonio.
- Metodología: Reflexión personal + trabajo grupal + exposición final.

- Logro clave: Los estudiantes reconocen que su lugar de trabajo es campo de misión y entienden que la fe se vive con integridad en la cotidianidad.
- Producto final: Tabla de síntesis presentada por el director y enviada en PDF.
- Complemento: La tabla expositiva de versículos será enviada vía email como recurso formativo adicional. A continuación, se presenta la tabla resumen.

| Vers. | Exposición Bíblica concisa | Aplicación práctica y formativa |
|---|---|---|
| Col. 3:23 | *"Y todo lo que hagáis, hacedlo de corazón, como para el Señor y no para los hombres."* | Enseña que el trabajo cotidiano debe ser hecho con excelencia y devoción, como acto de adoración. Los estudiantes aprenderán a ver su vocación como un servicio directo a Dios, no solo como una ocupación secular. |
| Gn. 2:15 | *"Tomó, pues, Jehová Dios al hombre, y lo puso en el huerto de Edén, para que lo labrara y lo guardase."* | Desde la creación, el trabajo forma parte del propósito humano. Es una responsabilidad espiritual, no una consecuencia del pecado. Se invitará a los participantes a redescubrir la dignidad espiritual del trabajo. |
| Ef. 4:28 | *"El que hurtaba, no hurte más, sino trabaje, haciendo con sus manos lo que es bueno, para que tenga qué compartir con el que padece necesidad."* | El trabajo redimido no es solo para el sustento personal, sino también para servir al prójimo. Se reflexionará sobre la dimensión ética y solidaria de toda vocación. |
| Ro. 12:2 | *"No os conforméis a este siglo, sino transformaos por medio de la renovación de vuestro entendimiento..."* | Llama a una mentalidad transformada que rompa con la separación entre lo "secular" y lo "espiritual". Los estudiantes serán guiados a aplicar principios del Evangelio en su forma de pensar y trabajar. |
| Hch. 18:3 | *"...y como era del mismo oficio, se quedó con ellos, y trabajaban juntos, pues el oficio de* | Pablo ejercía su oficio mientras evangelizaba. El trabajo no fue un obstáculo, sino un puente para la misión. Esto ayudará a |

| | | |
|---|---|---|
| | *ellos era hacer tiendas."* | los estudiantes a visualizar su trabajo como un lugar natural para el testimonio. |
| 1 P. 3:15 | *"...estad siempre preparados para presentar defensa con mansedumbre y reverencia..."* | El entorno laboral es un espacio clave para dar razón de la fe con humildad. Se enseñará cómo compartir la fe en el trabajo con sensibilidad y oportunidad. |
| Mt. 5:16 | *"Así alumbre vuestra luz delante de los hombres..."* | El testimonio ético y visible en el trabajo glorifica a Dios. Se animará a los participantes a ver su conducta como una forma de evangelismo práctico. |

Estas preguntas promovieron un diálogo profundo, revelando una gran disposición del grupo para redescubrir su llamado como testigos de Cristo en la vida cotidiana en cualquier lugar en el que se encuentran.

Además, se discutieron acciones concretas que la iglesia puede asumir para apoyar a sus miembros en este Frente 4. Se destacó la importancia de grupos de discipulado vocacional (Hch. 18:3), el fortalecimiento de la apologética aplicada al trabajo (1 P. 3:15), y la mentoría hacia una excelencia profesional que glorifique a Dios (Mt. 5:16).

Durante la tarde de la Semana quinta se abordó *el poder evangelizador de la adoración congregacional.* En contextos posmodernos, donde muchos desconocen el Evangelio, la adoración debe incluir un espacio accesible, claro en su mensaje y centrado en Cristo, de modo que los no creyentes sean confrontados con la verdad del Evangelio en un ambiente comprensible.
A la luz de los siguientes versículos temáticos: *2 Ti. 3:16–17; 1 Co. 9:22; Col. 3:16; Ef. 5:19; Sal. 105:1–2; Is. 2:2–4; 1 P. 2:9; 1 Co. 14:23–25; Hch. 2:41–42*.

A continuación, se presentó una tabla con estos versículos, acompañados de una breve exposición Bíblica y su aplicación práctica. Con base en estas herramientas, cada estudiante estudió e incluyó con antelación los siguientes ítems:

- La lectura detenida de los textos asignados.
- La selección de uno o dos versículos que conecten directamente con su realidad vocacional.

- La redacción de una breve reflexión respondiendo a las siguientes preguntas:
    - ¿Qué me dice este pasaje sobre cómo debo vivir mi vida de adoración y testimonio cristiano?
    - ¿Qué puedo hacer esta semana para que mi adoración y participación en la iglesia comuniquen mejor el Evangelio a los no creyentes?

El director explicó cada pasaje y destacó cómo contribuye al fortalecimiento de *una adoración evangelizadora.*

Posteriormente, los estudiantes se organizaron nuevamente en tres grupos funcionales, siguiendo la estructura ya implementada en la semana anterior:

- Grupo 1: Participantes 1–3 con el PP (12)
- Grupo 2: Participantes 4–6 con el LI (11)
- Grupo 3: Participantes 7–10 (independiente)

Cada grupo analizó los versículos asignados, identificó implicaciones prácticas para su contexto congregacional y redactaron una propuesta litúrgica que busca edificar a los creyentes y evangelizar a los visitantes. Al concluir el tiempo de trabajo, cada grupo presentó su propuesta, fomentando una discusión enriquecedora y constructiva.

Finalmente, el director sintetizó los mejores elementos presentados por cada grupo y los incorporará en una tabla de recomendaciones que será enviada posteriormente en formato PDF para su consulta y uso práctico en las iglesias representadas por los participantes, incluida al final de esta clase.

Resumen de la Sesión

- Tema central: La adoración como canal de evangelismo Bíblico y culturalmente accesible.
- Herramienta Bíblica: Estudio de 9 versículos sobre adoración, misión y predicación pública.
- Metodología: Estudio Bíblico guiado - discusión grupal - presentación de propuestas litúrgicas.
- Logro clave: Los estudiantes reconocen la necesidad de rediseñar la adoración dominical como espacio misional sin perder su esencia Bíblica.
- Producto final: Tabla de propuestas integradas enviada por el director como síntesis y guía pastoral.

| Vers. | Exposición Bíblica Concisa | Aplicación Pastoral y Práctica |
|---|---|---|
| 2 Ti. 3: 16–17 | La Palabra capacita completamente a los creyentes para toda buena obra, incluida la adoración que forma y transforma. | Se motivará a fundamentar toda liturgia y predicación en la Escritura para edificación y claridad evangelizadora. |
| 1 Co. 9:22 | Pablo adapta su método para ganar a todos, sin comprometer el mensaje. | Se animará a adaptar la forma de presentar el Evangelio en la adoración, haciéndolo accesible y comprensible. |
| Col. 3:16 | La enseñanza y los cánticos deben ser ricos en Palabra, como expresión espiritual entre los creyentes. | Se promoverá una adoración participativa donde el canto instruya y proclame la verdad. |
| Ef. 5:19 | Los salmos, himnos y cánticos son medios espirituales para hablar entre nosotros y alabar a Dios. | Se sugerirá usar música que sea Bíblica y relacional, que conecte con los corazones y la verdad. |
| Sal. 105: 1–2 | La adoración incluye proclamar lo que Dios ha hecho, como testimonio público de su gloria. | Se invitará a testificar dentro del culto para animar y atraer a los no creyentes. |
| Is. 2:2–4 | Las naciones se acercarán a la casa del Señor para recibir enseñanza y transformación. | Se visualizará la adoración como un espacio donde incluso los alejados puedan recibir dirección divina. |
| 1 P. 2:9 | El pueblo de Dios es llamado a anunciar las virtudes de Aquel que lo llamó de las tinieblas a la luz. | Se reforzará la identidad misional de la iglesia al adorar con pasión y propósito evangelizador. |
| 1 Co. 14:23–25 | La adoración comprensible puede llevar a un incrédulo a la conversión al ver la presencia de Dios. | Se enfatizará en la claridad del mensaje y la sensibilidad hacia los visitantes durante el culto. Además de ser entendible para los no creyentes. |
| Hechos 2:41–42 | La iglesia primitiva adoraba con devoción y | Se fomentará una adoración que forme discípulos y genere |

| | fruto: conversiones y comunidad transformada. | crecimiento real en la comunidad. |
|---|---|---|

El grupo participó activamente, discutiendo de la aplicación de estos versículos y de otros adicionales no incluidos. Además, esto ayudó evaluar la salud de la iglesia mediante una herramienta específica para la predicación y evangelización desde la acción pastoral. Se anticipó que estos temas continuarán en las próximas clases.

A las 9:15 p.m., al notar que se había superado el tiempo de entrenamiento debido a la intensa discusión y análisis de los versículos, el participante número 6 sugirió continuar hasta terminar la clase sin preocuparse por la duración. El líder de influencia (Participante once), se sumó a esta propuesta, al igual que el resto del equipo. La clase finalizó a las 9:45 p.m. con una disculpa del director por la prolongación del tiempo de clase y una oración del pastor principal agradeciendo el entusiasmo y la dedicación del grupo. Finalmente, se envió por correo electrónico a los participantes la clase de la próxima semana.

## Etapa 4 - Diseño de un Proceso de Integración — Primera Fase de transición de la Iglesia Tradicional Local ILTH — Frente 4

- Semana 6: Diseño de un proceso de integración en la primera fase de una iglesia saludable en la actualidad *(Frente 4)*

En la Semana sexta, se llevó a cabo la clase programada para el miércoles 24 de julio a las 7:30 p.m. La reunión se inició a través de Zoom bajo la dirección del director del proyecto. El grupo se presentó con el 100 por ciento de los participantes.

### Resumen de las semanas 1 a 5

Durante las primeras cinco semanas del proceso formativo, se establecieron de manera progresiva las bases espirituales, metodológicas y teológicas del proyecto. *En la Semana 1*, se realizó la introducción formal del proyecto, se administró el pretest diagnóstico y se presentó la estructura general del programa, con el propósito de fortalecer el compromiso inicial y la comprensión del proceso por parte del equipo participante. *En la Semana 2*, se profundizó en los fundamentos Bíblicos y teológicos del *Ministerio Integrador* en su Primera Fase, subrayando el papel de la iglesia en un contexto poscristiano y desarrollando una evaluación diagnóstica cualitativa mediante encuestas y entrevistas, orientada a discernir la realidad ministerial de la congregación. *La Semana 3* estuvo dedicada al trabajo de grupo focal, permitiendo analizar, desde la experiencia directa del equipo, los principales desafíos y oportunidades que enfrenta la Iglesia Local Tradicional en la ciudad de Miami. *En la Semana 4*, se examinó el modelo Bíblico de la Iglesia de Éfeso y su relevancia para la iglesia contemporánea, a partir del Capítulo 14 del *Manual para Plantadores de Iglesias* de J. Allen Thompson y Timothy Keller, junto con los principios desarrollados en *Iglesia Centrada* de Timothy Keller. Este estudio proporcionó un marco eclesiológico y misional para evaluar la salud y dirección de la iglesia local. Finalmente, *la Semana 5* abordó los dos frentes fundamentales de la Primera Fase: la integración de la fe y el trabajo (Frente 4) y la relación entre adoración y evangelización (Frente 1). A través de este enfoque, se reflexionó sobre el valor misional del trabajo cotidiano y del culto congregacional como espacios estratégicos para el testimonio del Evangelio, aplicando principios Bíblicos tanto al contexto laboral como al ámbito congregacional, en coherencia con el modelo propuesto en *Iglesia Centrada* de Timothy Keller.

El director introduce el objetivo de la clase: equipar a los pastores y líderes para integrar la fe con la vida laboral de sus miembros, reconociendo que el trabajo no es un ámbito secular separado, sino una dimensión esencial del llamado cristiano.

I. Fundamentos Bíblicos del trabajo como vocación misional

El grupo inicia con la lectura y análisis participativo de los siguientes textos. Cada pasaje es leído en voz alta y luego comentado por los participantes a través de preguntas guía que fomentan la reflexión contextual:

Tabla – Perspectiva Bíblica del Trabajo y su Aplicación Misional

| Vers. | Texto Bíblico (RVR1960) | Pregunta de reflexión | Aplicación práctica |
|---|---|---|---|
| Col. 3:23 | *"Y todo lo que hagáis, hacedlo de corazón, como para el Señor y no para los hombres."* | ¿Cómo cambia esta perspectiva la manera en que enfrentamos nuestro trabajo diario? | El trabajo debe realizarse con excelencia y devoción, como un acto de adoración. Los participantes aprenderán a ver su vocación como un servicio directo a Dios, no solo como una ocupación secular. |
| Gn. 2:15 | *"Tomó, pues, Jehová Dios al hombre, y lo puso en el* | ¿Qué nos enseña esto sobre el valor del trabajo en | El trabajo no es castigo, sino parte del propósito original: cultivar, cuidar y contribuir al bienestar |

| | | | |
|---|---|---|---|
| | *huerto de Edén, para que lo labrara y lo guardase."* | el diseño original de Dios? | de la creación. Es una responsabilidad espiritual, no una consecuencia del pecado. |
| Ef. 4:28 | *"El que hurtaba, no hurte más, sino trabaje, haciendo con sus manos lo que es bueno..."* | ¿Cómo refleja el trabajo digno la transformació n del Evangelio en la vida de una persona? | El *Trabajo Redimido* es honesto y se convierte en evidencia visible de un corazón renovado por Cristo, impactando al entorno social. |
| Ro. 12:2 | *"No os conforméis a este siglo, sino transformaos por medio de la renovación de vuestro entendimiento... "* | ¿Qué implica esto para la ética laboral cristiana en una cultura secularizada? | La mentalidad del Reino nos llama a actuar con justicia, transparencia y servicio en entornos dominados por egoísmo o corrupción. Rompe con la separación entre lo secular y lo espiritual. |
| Hch. 18:3 | *"Pablo... trabajaba, pues en su oficio era hacedor de tiendas."* | ¿Cómo podemos modelar esta integración entre vocación laboral y ministerio? | La vida profesional es plataforma para el testimonio y el servicio. La labor secular no compite con el ministerio, sino que lo acompaña. |
| 1 P. 3:15 | *"Estad siempre preparados para presentar defensa con mansedumbre y reverencia..."* | ¿Qué oportunidades hay en el trabajo para testificar con sabiduría y gracia? | El entorno laboral es campo fértil para compartir la fe mediante el carácter, la palabra o el acompañamiento respetuoso. |
| Mt. 5:16 | *"Así alumbre vuestra luz delante de los hombres..."* | ¿Qué formas concretas tenemos para reflejar a Cristo en nuestro entorno laboral? | Puntualidad, excelencia, empatía, respeto, perdón y testimonio son luces que señalan a Cristo en lo cotidiano. |
| Pr. 22:29 | *"¿Has visto hombre solícito en su trabajo?* | ¿Qué papel juega la excelencia en | La responsabilidad y la calidad abren puertas de influencia, y honran a |

| | *Delante de los reyes estará..."* | el trabajo como testimonio del Reino? | Dios como Señor del trabajo bien hecho. |
|---|---|---|---|

II. Estrategias pastorales prácticas

Después del estudio Bíblico, el director propuso cinco estrategias para que el pastor pueda aplicar en su iglesia. Los participantes se dividieron en grupos funcionales (PP, LI, EVC) y discutieron cómo implementar una de estas estrategias en su contexto:

1. Predicar regularmente sobre el trabajo desde una perspectiva Bíblica y misional; 2. Crear espacios de testimonio donde los miembros compartan cómo viven su fe en el trabajo; 3. Formar grupos de discipulado vocacional por profesión o entorno laboral. 4. Acompañar pastoralmente a miembros que enfrentan desafíos éticos o espirituales en sus empleos; Y, 5. Promover una visión cultural del Reino que transforme los lugares de trabajo desde adentro. Finalmente, cada grupo elaboró una propuesta práctica que fue compartida en plenaria.

III. Tareas prácticas para el Pastor Principal PP

El director presentó la siguiente tabla con tareas ministeriales aplicables. Los participantes seleccionan al menos una para implementar durante la semana:

| Tarea | Ejemplo | Texto Bíblico |
|---|---|---|
| Enseñar una teología del trabajo desde el púlpito | Sermón sobre la dignidad del trabajo basado en Col. 3:23 | Col. 3:23 |
| Fomentar la excelencia como testimonio cristiano | Predicar sobre trabajar con integridad y esmero | Mt. 5:16 |
| Promover espacios de mentoría vocacional | Organizar grupos entre obreros, técnicos, emprendedores | Ef. 4:28 |
| Discipular para la ética laboral | Estudios sobre justicia, verdad y responsabilidad | Ro. 12:2 |

IV. Aplicación personal para los participantes

El director invita a todos los participantes a responder personalmente y luego compartir de manera voluntaria:

- ¿Estoy formando a mi iglesia para servir a Dios también en su vocación profesional?
- ¿Qué ajustes necesito hacer en mi predicación o discipulado para integrar mejor la fe y el trabajo?
- ¿Qué recursos o espacios puede crear mi iglesia para acompañar a sus miembros en sus lugares de influencia?

¿Qué sucedió aquí en tiempo presente?

Los participantes reflexionan Bíblicamente sobre el valor del trabajo, identifican oportunidades concretas de formación vocacional, proponen estrategias misionales contextualizadas y asumen el compromiso de acompañar a sus congregaciones en la vivencia de una fe integral en el lugar de trabajo.

V. Conclusión pastoral

El director cierra con esta exhortación: "En la era poscristiana, donde el trabajo se ha convertido en una plataforma secularizada o idolatrada, la iglesia tiene el deber profético de recuperar su significado eterno. Formar a los creyentes para vivir su vocación como misión es esencial para la expansión del Reino en cada rincón de la sociedad."

El grupo participó activamente, discutiendo los desafíos de implementar estos aspectos.

Se anticipó que estos temas continuarán en la próxima clase. La sesión finalizó a las 9:15 p.m. con una oración del Participante Cinco, agradeciendo a todos por su compromiso futuro. Acto seguido, el director procedió a enviar por correo electrónico a los participantes la clase correspondiente a la próxima semana.

## ■ Semana 7: Diseño de un proceso de integración en la Primera fase de una iglesia saludable en la actualidad (Frente 1)

En la Semana séptima, se abordó el diseño inicial de una clase en un proceso de integración ministerial contextualizado para iglesias tradicionales locales en la ciudad de Miami. La sesión se realizó el miércoles 31 de julio a las 7:30 p.m., a través de Zoom y reunió a todos los participantes.

Beneficios ministeriales esperados

Se presentan a continuación los frutos clave de esta sesión, aplicables a iglesias hispanas tradicionales en transición hacia una visión centrada en la misión:

| Área | Beneficio esperado | Aplicación práctica |
|---|---|---|
| Predicación | Mayor claridad y enfoque en el Evangelio durante los cultos | Predicar con lenguaje accesible, incluir ilustraciones para no creyentes |
| Liturgia | Rediseño del orden del culto con explicaciones y sentido misional | Incluir frases que orienten al visitante ("Si es primera vez entre nosotros...") |
| Pastoral | Conciencia de que el púlpito forma parte de la misión de Dios | Ver el sermón dominical como oportunidad evangelizadora |
| Cultura congrega-cional | Mayor apertura hacia los visitantes y buscadores de fe | Enseñar a la iglesia a recibir con amor y paciencia a los nuevos |
| Testimonio público | Adoración que proclama a Cristo y crea comunidad | Que el visitante experimente una adoración que comunica "Gracia y Verdad de Cristo" |

Frutos Bíblicos esperados

Cada cambio propuesto en la clase está respaldado por principios Bíblicos que, al aplicarse, producen fruto visible:

| Texto Bíblico | Principio | Fruto esperado |
|---|---|---|
| 1 Co. 14: 23-25 | Adoración comprensible | El visitante entiende, se convence y glorifica a Dios |
| Sal. 105: 1-2 | Adoración como proclamación | La congregación se convierte en testigo de la obra de Dios |
| Hch. 2: 41-42 | Predicación clara y respuesta | Conversión, crecimiento y formación de comunidad |
| 1 P. 2:9 | Identidad misional de la iglesia | El culto expresa quiénes somos como pueblo de Dios |
| Isa. 2:2-4 | La adoración instruye a las naciones | El culto se convierte en espacio de enseñanza para creyentes y no creyentes |

Transformaciones prácticas esperadas

Los participantes comenzaron a planificar sus servicios asumiendo la presencia de no creyentes, guiados principalmente por el Pastor Principal (PS), quien ejemplifica cómo explicar las oraciones, los cantos y los sacramentos con un lenguaje claro y acogedor. Durante esta parte de la sesión, el PP enfatizó tres compromisos clave:

1. Promover una liturgia hospitalaria, sin sacrificar profundidad, que invite y oriente al visitante.
2. Incorporar espacios para testimonios breves, confesión comunitaria y seguimiento post-culto.
3. Fomentar desde la iglesia una cultura de evangelización centrada en el púlpito, no solo desde la calle.

## Aplicación contextual – Ejemplo ilustrativo

En una iglesia local hispana tradicional en Miami, el Pastor Principal decide explicar brevemente la Cena del Señor durante un culto:

*"Este pan y este vino nos recuerdan el sacrificio de Jesús. Si tú estás aquí hoy explorando la fe, te invitamos a observar y reflexionar. Esta es una proclamación visible del Evangelio."*

Un visitante que no entendía el simbolismo ahora comprende el mensaje de la cruz y pregunta al final del servicio cómo puede comenzar una vida con Cristo. Este tipo de aplicación concreta multiplica el impacto evangelizador de la adoración.

### Convicción final

Cuando el púlpito proclama con claridad, y la adoración se convierte en una experiencia comprensible y saturada de evangelio, la iglesia deja de ser un refugio cerrado y se transforma en una ciudad asentada en lo alto de un monte (Mt. 5:14).

Al finalizar esta clase, los participantes comprenden cómo rediseñar el culto dominical como un espacio misional. La adoración no solo debe edificar a los creyentes, sino también comunicar el Evangelio con claridad y profundidad a los no creyentes.

La sesión finalizó a las 9:15 p.m. con una oración del participante ocho, agradeciendo a todos por su compromiso futuro. La información del siguiente entrenamiento se envió en formato PDF por correo electrónico al grupo.

Nota: Es importante recordar que *"La adoración evangelizadora no diluye la verdad; la anuncia con poder, sabiduría y compasión. No es una estrategia moderna, es una fidelidad antigua con rostro actual."*

## Semana 8 Estudio de Caso Aplicado a la iglesia de Hoy: Proceso Integración Segunda Fase Futura (Frente 2 y 3) y Tercera Fase Futura (Frente 5)

La octava semana se celebró el miércoles 7 de agosto a las 7:30 p.m., según lo programado, con la presencia de los doce participantes. El director del proyecto inauguró la sesión explicando el objetivo de diseñar un plan de integración contextualizado y adaptado a las iglesias locales.

Segunda Fase – Conectar a las personas entre sí (Frente 2) y con la ciudad (Frente 3)

Durante la mañana de la Semana octava, el director presentó la Segunda Fase del proceso de integración, que aborda los Frentes 2 y 3. El objetivo fue ofrecer un marco Bíblico, teológico y práctico para la formación de comunidades eclesiales vivas, relacionales y culturalmente comprometidas.

El director explicó que el Evangelio no solo restaura la relación del ser humano con Dios (Frente 1), sino que transforma también la forma en que los creyentes se relacionan entre sí y con su entorno social. Se enfatizó que la vida cristiana no puede desarrollarse de manera individualista, sino que florece dentro de una comunidad que cultiva el amor mutuo, la rendición de cuentas, la vida ética compartida y el servicio sacrificial.

A partir de la exégesis de textos clave como Ef. 4:15-16, Hch. 2:42-47, y Col. 3:16, los participantes reflexionaron sobre la naturaleza comunitaria del discipulado, el equilibrio entre la piedad personal y la vida eclesial, y la relevancia del testimonio colectivo en un mundo posmoderno marcado por la fragmentación relacional. Además, se abordó el impacto del Evangelio en la ciudad, destacando cómo la iglesia debe actuar como sal y luz (Mt. 5:13-16), promoviendo la justicia, la misericordia (Mi. 6:8), y la reconciliación social mediante una presencia activa y profética en los espacios públicos.

A lo largo de la sesión, se trabajaron tablas de doble entrada que permitieron a cada participante evaluar el estado actual de su comunidad de fe respecto a los vínculos relacionales y su implicación con la ciudad. Se propusieron tareas prácticas como:

- Fomentar espacios de discipulado grupal con *enfoque relacional.*

- Diseñar iniciativas de servicio comunitario con *impacto cultural.*
- Equilibrar la formación espiritual con la *participación social transformadora.*

El director también afirmó, que una fe saludable no se vive en aislamiento, sino en comunidad. Esta comunidad, generada por el Evangelio, debe caracterizarse por amor, humildad, servicio mutuo y un testimonio ético. Además, se afirmó que *"una iglesia que predica bien pero no forma comunidad, solo edifica individuos. El Evangelio produce un pueblo, no solo creyentes aislados."*

Se presentan los versículos temáticos que ofrecen una visión Bíblica de una comunidad transformadora como *Mt. 5:13–16,* donde se establece que la comunidad debe impactar la cultura como sal y luz; *1 Co, 14:23–25,* que muestra cómo la vida congregacional influye en los visitantes y en *Ef. 5:19* – Se destaca que la adoración y el amor mutuo nutren la vida cristiana.

A continuación, el director planteó preguntas para reflexión abierta:

- ¿Qué imagen de comunidad reflejamos como iglesia?
- ¿En qué medida nuestras relaciones internas dan testimonio al mundo?

Se animó a los participantes a reconocer que esta fase futura buscará formar comunidades vivas y misionales, y que el trabajo comenzará con la conciencia de que el discipulado ocurre en comunidad, no solo desde el púlpito.

En la tarde de la Semana octava se presentó la Tercera Fase del proceso de integración (Frente 5), centrada en el establecimiento de un Movimiento de Iniciación de Iglesias (MII). Durante la segunda parte de la jornada, el director del proyecto profundizó en esta etapa, subrayando que no debe entenderse como un evento extraordinario o esporádico, sino como una consecuencia natural del crecimiento saludable de una iglesia centrada en el Evangelio.

El director recordó que una comunidad misional verdaderamente madura no solo se edifica a sí misma, sino que se multiplica. Plantar nuevas iglesias no es una moda, es parte integral de la misión Bíblica. En este contexto, se presenta una visión teológica y práctica que redefine la multiplicación como un acto de obediencia, fruto del amor y de la fidelidad al mandato del Reino.

Se realiza una lectura interactiva y aplicada de pasajes fundamentales, Por ejemplo: en Hch. 14:21–23, Pablo establece comunidades locales con liderazgo propio; 1 Co. 3:6–7, que afirma que el crecimiento lo da Dios, pero exige siembra y trabajo fiel; Tit.1:5, donde el diseño apostólico implica liderazgo local establecido; Hch. 13:1–3, que muestra a la iglesia enviando desde su propia madurez espiritual; Ef. 4:11–16 - La formación de líderes fortalece el cuerpo de Cristo; 2 Co. 9:8–11, acerca de la provisión abundantemente de Dios; Jn. 13:34–35, donde el amor visible entre discípulos es una señal misional; y, Fil. 2:3–4 - que destaca el espíritu de servicio y humildad que sustenta toda iniciativa de multiplicación.

A lo largo de la sesión, se fomentó el diálogo grupal mediante preguntas clave que invitaron a la reflexión contextualizada:

- ¿Qué necesita cambiar en nuestra cultura pastoral para abrazar con convicción el llamado a la multiplicación?
- ¿Estamos formando líderes con visión misional o reteniendo asistentes pasivos?
- ¿Cuál es la diferencia entre una estrategia de crecimiento y una visión de Reino?

Los participantes dialogan en tres grupos, liderados por el Pastor Principal (PP) con el Líder de Influencia (LI) y los miembros del equipo vocacional de conexión (EVC). Se compartieron inquietudes, testimonios locales y propuestas incipientes. El tono no es técnico, sino profundamente espiritual y esperanzador.

El director aclaró que esta sesión no buscó implementar una plantación inmediata, sino sembrar una visión Bíblica, inspirar y preparar el terreno para discernir, con oración y madurez, cómo Dios puede usar a cada iglesia como madre espiritual de nuevas expresiones del Reino en su ciudad o región.

## Cierre de la clase

La sesión concluyó con estas afirmaciones pastorales:

1. La comunidad no es opcional: es el lugar donde el Evangelio se vive y transforma.
2. Plantar iglesias no es una táctica moderna: es parte del *ADN misional* del Nuevo Testamento.

Esta semana marca el puente entre lo que ya hemos aprendido y lo que Dios quiere construir en nuestras iglesias locales tradicionales en los próximos meses.

Al finalizar, el participante número nueve dirigió una oración de gratitud. El director agradeció a todos por su disposición y entrega, recordándoles que lo compartido en esta sesión no representa una carga, sino una visión inspiradora. La implementación de esta visión será desarrollada en etapas posteriores. Hoy, el Espíritu ha plantado una semilla. La información correspondiente a la Semana Nueve ha sido enviada en formato PDF al correo electrónico de cada participante, e incluye la tarea final, la cual será revisada y discutida en el encuentro de cierre de esta primera fase.

### ■ Semana 9: Puliendo el plan de un proceso integrador — primera fase *(Frente 4 y 1)*

En la semana novena, el miércoles 14 de agosto a las 7:30 p.m., el director del proyecto inició la clase con una oración, reconociendo el compromiso sostenido de los participantes hasta este punto del proceso. Los 12 participantes estuvieron presentes y conectados desde el principio. El director explicó que esta clase se dedicaría completamente a la presentación, revisión y retroalimentación inicial de las propuestas de diseño pastoral centradas en la Primera Fase del proceso de integración, correspondientes a los Frentes 4 (Fe y Trabajo) y Frente 1 (Adoración y Evangelización).

Durante la semana previa, los participantes habían sido instruidos a redactar una propuesta breve, contextualizada, en la cual aplicaran los contenidos aprendidos en la formación. La propuesta debía incluir diagnóstico pastoral, objetivos de transformación, acciones prácticas y reflexión espiritual.

Para esta sesión, los doce participantes enviaron sus documentos a tiempo. El Pastor Principal (PP), el Líder de Influencia (LI) y los diez miembros del EVC presentaron propuestas que evidenciaron una comprensión de los principios del curso, así como una intención genuina de comenzar la implementación en la Iglesia Local Tradicional Hispana (ILTH). En este caso, todos los participantes desarrollaron la tarea de forma colaborativa a través de sesiones por Zoom, guiados por el Pastor Principal y el Líder de Influencia. Posteriormente, cada uno envió su propuesta final para revisión.

En la sesión se presentaron planes más breves o esquemáticos, pero todos demostraron, en distintos niveles, una comprensión individual aprobada del proceso. Se ofreció retroalimentación directa a cada participante, resaltando los puntos fuertes y sugiriendo mejoras de forma individual.

Los temas abordados con mayor frecuencia en las propuestas incluyeron: predicar sobre el trabajo como vocación cristiana durante el culto dominical; crear espacios de testimonio laboral dentro de la liturgia; formar grupos pequeños organizados por sectores laborales; rediseñar el lenguaje litúrgico para hacerlo comprensible y acogedor para los no creyentes; e iniciar procesos de mentoría entre profesionales cristianos de la comunidad.

Además, se destacó la necesidad de dar un lugar protagónico al EVC, mediante el uso de literatura sólida y argumentos Bíblicos y culturales que respalden su *rol misional.* Se propuso fortalecer su formación con ejemplos concretos y testimonios que dignifiquen su labor cotidiana como una extensión del Evangelio, promoviendo una relación inclusiva entre la fe y el entorno laboral.

Cada participante compartió de manera resumida los aspectos clave de su propuesta. El ambiente fue altamente participativo, con comentarios respetuosos, sugerencias prácticas y ánimo mutuo. El director guio una breve dinámica de evaluación grupal, animando a pensar cómo avanzar de forma realista desde el diseño a la acción.

La sesión concluyó con una oración guiada por el Pastor Principal, agradeciendo por el crecimiento alcanzado y pidiendo sabiduría para aplicar todo lo aprendido. El director recordó que estas propuestas serán la base para el trabajo evaluativo de la Semana Diez y que no se busca perfección, sino fidelidad al llamado misional. La clase cerró con palabras de aliento y el compromiso de continuar el acompañamiento pastoral en la implementación del plan.

## Etapa 5: Contenido Final

- Semana 10: Evaluando el plan de un proceso integrador en la Primera Fase, del contexto ministerial de una iglesia saludable en la actualidad

En la semana décima, el miércoles 21 de agosto a las 7:30 p.m., se desarrolló la sesión final del proceso formativo. El director del proyecto abrió con una oración y agradeció la constancia de los doce participantes, quienes estuvieron presentes desde el inicio. Con aprobación previa del EVC, se seleccionó un plan como ejemplo para su revisión grupal. Este fue enviado con antelación y analizado durante la clase, destacando su claridad pastoral, fundamento Bíblico, y viabilidad misional. Los participantes ofrecieron observaciones, sugerencias y reflexiones prácticas, fortaleciendo así los criterios de evaluación comunes.

Al cierre, se aplicó un formulario de postest para valorar el proceso y recibir retroalimentación sobre los contenidos y metodologías. El director concluyó agradeciendo el compromiso de todos, subrayando que lo trabajado marca el inicio de una implementación real y transformadora en la vida de la Iglesia Local Tradicional Hispana.

## Los resultados de las mediciones directas

El proyecto se desarrolló en diez semanas, durante las cuales se impartieron diez sesiones formativas centradas en la primera fase (frente 1 y 4) y dos fases futuras (frente 2 y 3) y (frente 5) del ministerio integrador eclesial-laico. Se impartieron nueve sesiones formativas centradas en la primera fase y una clase sobre las dos fases futuras del ministerio integrador. Se aplicó un Pretest antes de la primera clase y un Postest al final del programa.

### Encuesta de evaluación del estado actual de la Iglesia

Una encuesta específica permitió a los participantes clasificar el estado actual de su iglesia en una de cuatro categorías: *estancada, crecimiento por adición, en declive* o *saludable*. En la primera medición (19 de junio), cuatro participantes percibieron su iglesia como estancada, tres señalaron crecimiento por adición, y cinco la consideraron saludable (ver tabla 7B). Sin embargo, en la segunda medición de 21 de agosto, once de los doce participantes clasificaron su iglesia como estancada, y solo uno sostuvo la categoría de crecimiento por adición (ver tabla 17).

Este cambio evidencia una mayor conciencia crítica adquirida durante el proceso formativo. Aunque hubo un caso en que el participante mantuvo la percepción de "crecimiento por adición", reconoció entender la propuesta de integración. En conjunto, los resultados revelan que, para alcanzar un verdadero crecimiento saludable, no basta con implementar un ministerio laico: es necesario un rediseño eclesial integral, centrado en una visión teológica renovada que articule doctrina, estructura y misión pastoral.

## La prueba previa (Pretest) y la prueba final (Postest)

TABLA 16 – Resultados Globales del Pretest (PT1) y Postest (PT2): RESULTADOS GLOBALES

| Indicador general | PT1 | PT2 | Variación |
|---|---|---|---|
| Total de ítems evaluados | 75 | 75 | — |
| Total de participantes | 12 | 12 | — |
| Total de aciertos sumados | 288/900 (32.0 %) | 666/900 (74.0 %) | +42.0% |
| Nivel de conocimiento | Bajo-medio | Alto | ↑ mejora |
| Crecimiento relativo | — | — | +131% incremento real en aciertos |

ANÁLISIS POR BLOQUES TEMÁTICOS

| Frente o Categoría | Preguntas | PT1 Promedio | PT2 Promedio | Mejora |
|---|---|---|---|---|
| Frente 1: Adoración y Evangelización | 1–10 | 33 % | 71 % | +38 % |
| Frente 2: Evangelismo y Comunidad | 11–20 | 34 % | 78 % | +44 % |
| Frente 3: Discipulado y Cosmovisión | 21–32 | 31 % | 79 % | +48 % |
| Frente 4: Fe y Trabajo / Liderazgo | 33–52 | 29 % | 75 % | +46 % |
| Frente 5: Iglesia Misional y Justicia | 53–75 | 33 % | 76 % | +43 % |
| Promedio total general | 75 | 32 % | 74 % | +42 % |

Interpretación Global

1. Transformación significativa: El aprendizaje colectivo pasó de un nivel de comprensión inicial del 32 por ciento a un nivel consolidado del 74 por ciento, reflejando una asimilación de contenidos teológicos, bíblicos y prácticos.
2. Ámbitos de mayor avance: Integración Fe y Trabajo, Cosmovisión Cristiana y Apologética, Evangelización contextual y liderazgo *misional.*
3. Ámbitos con mejora pendiente: Profundizar en Adoración como misión y mayor práctica en discipulado relacional y justicia integral.

Conclusión Analítico

El proyecto alcanzó un impacto formativo sobresaliente, duplicando los aciertos iniciales. Los resultados evidencian que la enseñanza contextualizada y teológica basada en Timothy Keller y la visión de iglesia misional generó comprensión profunda, convicción práctica y liderazgo transformador.

*"El conocimiento se volvió convicción, y la convicción, misión."* —
Informe de Integración Ministerial 2024.

## Los Resultados de las Mediciones Indirectas

El director del proyecto, junto al pastor principal y al líder de influencia (LI), presentó una propuesta para integrar la fe y el trabajo en la vida semanal de los laicos. Tras la conformación del grupo piloto, compuesto por diez miembros del Equipo Vocacional de Conexión (EVC) junto al pastor y el líder de influencia, se expuso públicamente el propósito del proyecto: iniciar la primera fase de un ministerio integrador centrado en la adoración, la evangelización y la transformación cultural (fe y trabajo) en la ciudad de Miami.

Durante el entrenamiento, se aplicaron herramientas de evaluación para diagnosticar la etapa de vida de la iglesia (ver Tablas 7A, 7B y 17). En la evaluación inicial, los participantes presentaron percepciones variadas sobre su iglesia: algunos la consideraron estancada, otros en crecimiento por adición, y otros saludable. Sin embargo, en la evaluación final, once de los doce participantes coincidieron en clasificarla como estancada, lo que evidenció una mayor conciencia crítica sobre la ausencia de un ministerio integrador eficaz necesario para que la Iglesia Local Tradicional Hispana (ILTH), hacia adentro, pueda comprender su realidad y responder de manera efectiva al contexto posmoderno.

Este cambio en la percepción confirmó la necesidad de una transformación profunda. El grupo identificó el modelo de Iglesia Centrada de Keller como una herramienta estratégica para responder al contexto posmoderno. Concluyó que una iglesia saludable requiere reconciliar el liderazgo pastoral y laico, integrando el ministerio en la vida diaria y la misión cultural.

## Los Resultados Imprevistos

Un resultado imprevisto fue el surgimiento de un nivel inusualmente alto de autocrítica y apertura entre los participantes, incluyendo al pastor principal (PP) y al líder de influencia (LI). Aunque inicialmente se esperaba una recepción evaluativa moderada, el proceso generó un espacio de reflexión honesta en el que varios líderes reconocieron limitaciones personales, relacionales y estructurales que previamente no habían sido expresadas con claridad. Este ambiente de vulnerabilidad y humildad pastoral propició una disposición al cambio más profunda de lo anticipado, sentando las bases para una verdadera renovación espiritual y ministerial.

Finalmente, se concluyó que el camino más efectivo para el crecimiento eclesial no es exclusivamente la multiplicación de iglesias (MII), sino servir al bienestar integral (Shalom) de la ciudad, alineado con una cosmovisión cristiana robusta y comprometida con la transformación del entorno.

## Conclusión Final

El director del proyecto presentó una síntesis de las etapas del plan de entrenamiento y expuso los resultados obtenidos a través de las herramientas de medición aplicadas. La participación activa del Equipo Vocacional de Conexión (EVC), del Líder de Influencia (LI) y, de manera particular, del Pastor Principal (PP), resultó determinante para el desarrollo de la primera fase. Como líderes iniciales del EVC, quedaron capacitados para formar a otros y promover los principios de la fe en el contexto cultural de la ciudad.

Estos resultados confirman que la integración de la fe con el trabajo y de la adoración con la evangelización no solo es posible, sino necesaria para el fortalecimiento de la iglesia en la era poscristiana. La conciencia adquirida por los participantes representa un paso decisivo hacia una transformación ministerial más profunda.

Finalmente, la siguiente sección estará dedicada a la evaluación detallada de la investigación preliminar realizada, con el fin de proyectar aprendizajes y establecer directrices prácticas para las fases subsiguientes del proceso ministerial.

# PARTE 7: ANÁLISIS DE LA IMPLEMENTACIÓN DEL PROYECTO

En la Parte 6 previa, el director documenta la ejecución del proyecto práctico, describe las etapas del entrenamiento y presenta los resultados obtenidos mediante las herramientas de medición aplicadas. En esta Parte 7, el director interpreta esos hallazgos y evalúa el grado de cumplimiento de los objetivos y metas del proyecto, analizando su fundamento Bíblico, su pertinencia contextual y sus resultados directos e indirectos. Finalmente, se derivan conclusiones, lecciones aprendidas y recomendaciones para futuras investigaciones e implementaciones.

## I. Evaluación general

### ■ Visión General del Plan

El proyecto de formación, diseñado y dirigido por el director, se enfocó en el Equipo Vocacional de Conexión (EVC), el Pastor Principal (PP) y el Líder de Influencia (LI), con el propósito de capacitarlos para liderar reuniones presenciales o virtuales y formar nuevos líderes vocacionales conforme a sus profesiones. Este proceso representa el inicio de una estrategia ministerial orientada a integrar la fe y el trabajo, así como la adoración y la evangelización, dentro de la Primera Fase de un modelo contextualizado a la realidad cultural de la ciudad de Miami, Florida.

Fundamentado en un modelo Bíblico y contextual, el proyecto buscó que la iglesia transitara de una visión predominantemente introspectiva hacia una influencia pública real en un contexto urbano poscristiano. Preguntas clave dieron origen a la propuesta, entre ellas: ¿cómo impactar la cultura desde el Evangelio?, ¿cómo integrar la fe y el trabajo sin fragmentar lo sagrado y lo secular?, ¿cómo conectar a las personas con Dios mediante la adoración y la evangelización?, y ¿cómo revitalizar comunidades que han perdido su vocación misional? Inspirado en el modelo de la iglesia del primer siglo (Hch. 2:42–47), el diseño procuró recuperar una visión integral del Evangelio y formar comunidades activas, espiritualmente sanas y vocacionalmente comprometidas, capaces de confrontar el secularismo mediante una cosmovisión cristiana sólida y transformadora.

La Parte 7 desarrolla la evaluación integral del proyecto, considerando el contexto comunitario y congregacional de la iglesia hispana en la ciudad de Miami, y valorando el grado de cumplimiento de los objetivos formativos y misionales establecidos. En este marco, se analizan las contribuciones específicas del proyecto, así como los fundamentos Bíblicos y pedagógicos que justifican su continuidad. Asimismo, se subraya la necesidad de dar seguimiento al proceso de formación del Equipo Vocacional de Conexión (EVC), en conjunto con el Pastor Principal (PP) y el Líder de Influencia (LI), dentro de una visión articulada que proyecta etapas futuras del proceso, las cuales constituyen la base para el desarrollo del siguiente Tomo II.

Durante la primera etapa se trabajaron dos ejes fundamentales correspondientes a la Primera Fase del proceso de integración: el Frente 1 (adoración y evangelización) y el Frente 4 (integración de la fe y el trabajo), aplicados al contexto de la Iglesia Local Tradicional Hispana (ILTH). Posteriormente, el modelo contempló una segunda etapa futura —documentada de manera resumida, pero no desarrollada en el presente estudio— orientada a la Fase 2, que abarca los Frentes 2 y 3, enfocados en conectar a las personas con Dios, entre sí y con su contexto cultural (la ciudad), así como a una Fase 3, dirigida a la transformación cultural y a la proyección del Movimiento de Iniciación de Iglesias (MII). Esta segunda etapa se prevé para su implementación aproximadamente seis meses después de consolidada la primera.

En el primer eje del proceso se consolidaron once características de una iglesia fuerte, identificadas inductivamente a partir del *Manual para Plantadores de Iglesias* (véase Apéndice I y Tabla: Resumen – Análisis de las primeras once características). Posteriormente, los participantes aplicaron dichas observaciones mediante las Tablas 14 y 15 (Apéndice J), las cuales funcionaron como un puente práctico entre la observación Bíblica y la sistematización ministerial. No obstante, la evaluación reveló la necesidad de profundizar el análisis, lo que condujo al desarrollo de cuarenta y dos características finales organizadas bajo el método

Acción–Valor–Ministerio (AVM), descritas en el Apéndice K y derivadas de un proceso inductivo que siguió los pasos de observar, interpretar y aplicar.

Este modelo se apoya en fuentes clave que integran Escritura, misión y cultura, entre ellas los ejemplos Bíblicos de Esdras, Nehemías y el apóstol Pablo; *Iglesia Centrada* y *El Dios Pródigo* (Timothy Keller); *Manual para Plantadores de Iglesias* (Keller y Thompson); *Vocación y Llamado* (Darrow L. Miller); *Verdad Total* (Nancy Pearcey); *Toda Buena Obra* (Keller) y *Transforma tu Trabajo* (Greene), así como aportes de la apologética contemporánea. Estas obras brindaron respaldo teológico y práctico al proyecto, enriqueciendo el proceso formativo y fortaleciendo la capacidad de liderazgo misional en un contexto urbano y poscristiano.

## Importancia del Estudio

La importancia del proyecto radica en que no se limitó a ofrecer formación teórica, sino que desarrolló un proceso formativo reproducible, capaz de articular de manera coherente la observación Bíblica (Apéndice I), la aplicación práctica (Apéndice J) y la sistematización integral (Apéndice K). Este enfoque permitió a la iglesia enfrentar el secularismo contemporáneo mediante una cosmovisión cristiana sólida, traducida en acciones ministeriales concretas y contextualizadas. El aporte del proyecto puede sintetizarse en tres dimensiones complementarias: (1) Bíblica, recupera el modelo paulino al recuperar el modelo paulino como fundamento del ministerio integral; (2) Contextual, al responder de manera pertinente a los desafíos culturales y eclesiales de la ciudad de Miami; y (3) Transformadora, al equipar líderes e iglesias para ejercer una fe pública integral, capaz de influir tanto en la vida eclesial como en la cultura.

En conclusión, aunque los frutos visibles de este proceso se manifestarán plenamente a través de una ejecución sostenida en el tiempo, la evaluación confirma que la meta formativa fue cumplida. Los participantes quedaron equipados con una base Bíblica sólida, una visión contextualizada y una metodología reproducible, lo que asegura un liderazgo pastoral y laico orientado hacia una aplicación fiel, coherente y transformadora en la vida de la iglesia.

### La eficiencia en la ejecución

El proyecto se estructuró como un programa formativo de diez semanas, organizado en cinco etapas progresivas, lo cual permitió guiar de manera eficaz a los participantes en la construcción de la primera fase del proceso de integración. Con el fin de garantizar una implementación adecuada, el director del proyecto proporcionó un manual del estudiante con todos los recursos necesarios y empleó diversas plataformas de comunicación —WhatsApp, correos electrónicos, Google Docs y Zoom— para asegurar una interacción constante y fluida.

La ejecución resultó altamente satisfactoria, como se evidenció en el compromiso sostenido de los doce participantes, incluyendo al Pastor Principal (PP) y al Líder de Influencia (LI), quienes manifestaron un interés creciente a lo largo del proceso. Además del acompañamiento virtual, el director realizó un seguimiento cercano mediante llamadas telefónicas, reuniones en la iglesia y encuentros personales.

El cumplimiento riguroso del calendario previsto, junto con la distribución anticipada del contenido temático, favoreció una participación activa y una mejor preparación de los asistentes. En conjunto, la experiencia formativa evidenció una disposición firme del liderazgo para continuar avanzando en el desarrollo e implementación del proceso de integración ministerial.

## Variaciones que se produjeron en el entorno ministerial

En ambas encuestas se evidenciaron cambios significativos en la percepción de los participantes respecto a la salud de sus iglesias. En la evaluación inicial, cinco participantes consideraban que su iglesia era saludable, y tres identificaban un crecimiento por adición, lo que resultó en un total de ocho participantes que percibían un proceso de crecimiento (ver Tabla 7B). No obstante, en la encuesta final, solo un participante mantuvo la percepción de crecimiento por adición, mientras que los demás describieron la situación de sus iglesias como estancada (ver Tabla 17). La mayoría de ellos argumentó que esta nueva evaluación respondía a que sus iglesias no se alineaban plenamente con los rasgos de una iglesia saludable en un contexto posmoderno, **aunque** reconocieron que, en términos funcionales, muchas de ellas superaban a otras Iglesias Locales Tradicionales Hispanas en Miami.

En cuanto a la evolución de la comprensión personal, se observó un progreso significativo. Los participantes reconocieron la necesidad de implementar un proceso de integración de la primera fase en la Iglesia Local Tradicional Hispana (ILTH). Aunque al inicio del programa manifestaron incertidumbre y cierta aprehensión, a medida que avanzó la formación superaron ampliamente las expectativas del director en términos de aprendizaje, compromiso e interés. La revisión de literatura especializada —incluyendo trabajos de Darrow L. Miller, Marit Miller, Nancy Pearcey, J. Allen Thompson y Timothy Keller— resultó fundamental para comprender los desafíos de la era poscristiana y posmoderna en los Estados Unidos.

Tras el estudio del modelo de la Iglesia de Éfeso, los participantes experimentaron un cambio significativo de perspectiva al identificar once características fundamentales de una congregación saludable dentro de un ministerio integrador laico. Este descubrimiento condujo al grupo a adoptar una actitud renovada, reconociendo la importancia de liderar sus iglesias mediante un enfoque estratégico estructurado en tres fases. Tanto el director del proyecto como los participantes coincidieron en que el liderazgo desempeña un papel crucial en los procesos de evaluación, toma de decisiones y revitalización espiritual, facilitando así una transformación eclesial sostenible.

Los resultados Los resultados del Pretest y Postest (ver Tabla 16), correspondientes al instrumento presentado en el Apéndice G, fueron alentadores, ya que evidenciaron un progreso significativo en la comprensión del eje central del proyecto: el proceso de integración ministerial. Al inicio, los participantes demostraban un conocimiento limitado sobre conceptos clave relacionados con la vocación cristiana en el ámbito laboral y sobre el carácter evangelizador de la adoración en la predicación pastoral contemporánea. Sin embargo, al finalizar el proceso formativo, se observó un avance claro en su capacidad para articular estos conceptos desde un enfoque Bíblica, pastoral y contextualizada.

A pesar de haber tenido contacto previo con información relacionada, persistía confusión sobre lo que implica una iglesia saludable en la era posmoderna. Al concluir el programa, no obstante, los participantes demostraron una comprensión más profunda y lograron identificar con claridad los elementos distintivos de una iglesia que implementa un ministerio integrador laico en la primera fase del proceso de integración de la fe y el trabajo, junto con la adoración y la evangelización".

En relación con el uso de recursos tecnológicos como medios de aprendizaje, la mayoría del grupo mostró familiaridad con herramientas como Google Docs. Asimismo, el uso de Zoom para las sesiones representó un reto formativo exitoso, ya que el 100 % de los participantes logró emplearlo eficazmente para comunicación personal, preparación de grupos pequeños y contextos educativos. Desde el inicio, esta plataforma se consolidó como un aula virtual que facilitó la interacción y el aprendizaje colaborativo.

En relación con el uso de recursos tecnológicos como medios de aprendizaje, la mayoría del grupo mostró familiaridad con herramientas como Google Docs. Asimismo, el uso de Zoom para las sesiones representó un reto formativo exitoso, ya que el 100 % de los participantes logró emplearlo eficazmente para comunicación personal, preparación de grupos pequeños y contextos educativos. Desde el inicio, esta plataforma se consolidó como un aula virtual que facilitó la interacción y el aprendizaje colaborativo.

El proyecto, estructurado en cinco etapas y desarrollado durante diez semanas, tuvo como propósito establecer un período inicial del proceso de integración ministerial de la primera fase. A lo largo del programa, los participantes manifestaron un interés creciente por avanzar hacia la segunda y tercera fase, superando el compromiso inicial de formación. Este aumento en la motivación y en el deseo de continuidad representa un logro significativo del proyecto, ya que evidencia tanto su efectividad como la viabilidad de implementar un modelo de ministerio integrador laico en el futuro de la iglesia. Inspirado en el ejemplo de la Iglesia de Éfeso, dicho modelo apunta a una renovación profunda y sostenida de la vida congregacional.

En conclusión, el proyecto resultó exitoso, contando con participantes altamente comprometidos y agradecidos por la formación recibida, quienes expresaron su disposición a convertirse en agentes de transformación espiritual y cultural en la ciudad de Miami a través de sus iglesias locales.

## Valoración del contexto ministerial

En la Parte 2 del proyecto, el director llevó a cabo una serie de actividades orientadas al análisis del contexto ministerial de la iglesia. Estas incluyeron la aplicación de una encuesta diagnóstica, entrevistas con el Pastor Principal, el Líder de Influencia y el Equipo Vocacional de Conexión, además de un análisis estadístico comparativo del crecimiento numérico de la congregación entre los años 2013 y 2024. Los resultados revelaron que la mayoría de los miembros de la iglesia supera los 30 años de edad, con un aumento progresivo de nuevos creyentes, así como un crecimiento incipiente de jóvenes y niños, aunque la proporción de estos últimos continúa siendo considerablemente menor.

A pesar de estos indicadores, la influencia real de la iglesia en su comunidad inmediata resultó limitada. Aunque el liderazgo percibía a la congregación como saludable y en crecimiento, **su** impacto evangelístico efectivo, tanto en su propio municipio como en el condado Miami-Dade —compuesto por 34 municipios—, fue evaluado como insuficiente.

El director observó que el PP aportó la información más relevante para la investigación, mientras que otros participantes mostraron un conocimiento limitado del contenido y propósito del cuestionario aplicado. Este análisis tuvo como finalidad determinar el grado de involucramiento de los miembros en los asuntos internos de la iglesia. Aunque algunos resultados eran previsibles, el director enfocó la atención en datos específicos, subrayando la necesidad de que la comunidad de fieles asuma una participación más activa y consciente en la construcción de la identidad eclesial.

En esta investigación, las suposiciones de partida fueron determinantes para identificar dos problemáticas centrales: el estancamiento general de la iglesia **y** la ausencia de iniciativa sostenida entre los líderes para promover un proceso genuino de integración. Dichas suposiciones afirmaron que la integración ministerial no puede surgir de estrategias meramente humanas ni de modelos organizativos funcionalistas, sino que debe estar arraigada en principios Bíblicos, al tratarse de un proyecto que nace en Dios Padre y es dirigido por Jesucristo, cabeza de la Iglesia. **Esta convicción** resalta la necesidad de que los líderes se alineen con las demandas de Cristo para su Iglesia, relegando a un segundo plano metodologías que no estén debidamente sustentadas en la Palabra.

El proceso de integración de la iglesia en la cultura de la ciudad, centrado en el Evangelio de Cristo, posee un carácter profundamente espiritual y Bíblico. Para que dicho proceso sea eficaz, los líderes deben redefinir el concepto de iglesia saludable **y** alinearse con las expectativas de Cristo para su restauración. En este sentido, la sanidad de la iglesia comienza en su liderazgo, estableciendo una relación directa entre la salud espiritual de los líderes y la vitalidad espiritual y misional de la congregación.

Este proyecto se fundamenta en un estudio comparativo entre la Iglesia de Éfeso, según el modelo Bíblico guiado por el apóstol Pablo, y la iglesia contemporánea, a la luz del modelo de iglesia saludable propuesto por Timothy Keller. Ambas iglesias funcionan como referentes estratégicos y espirituales para delinear una visión integral de lo que significa ser una iglesia saludable en contextos culturalmente desafiantes.

Iglesia de Éfeso, tal como se presenta en el libro de los Hechos y en las epístolas paulinas, fue una comunidad plenamente insertada en la vida cultural, económica y espiritual de su ciudad, y, al mismo tiempo, profundamente arraigada en la enseñanza apostólica, la oración y la misión. Pablo estableció allí un modelo de iglesia misional, formativa y multiplicadora, que integraba liderazgo laico, evangelización regional, enseñanza doctrinal sólida **y** compromiso con la transformación social.

Por su parte, el modelo contemporáneo de iglesia saludable desarrollado por Timothy Keller retoma esta estructura paulina para aplicarla a contextos urbanos y posmodernos, donde la iglesia está llamada a impactar la cultura no desde la retirada, sino desde la redención de cada esfera de la vida (trabajo, arte, economía, política, entre otras). Keller propone una iglesia centrada en el Evangelio, que crece de manera equilibrada en tres dimensiones clave: profundidad espiritual, amplitud misional **y** relevancia cultural.

Este proyecto, por tanto, propone un marco dual: mirar hacia la Iglesia de Éfeso como modelo ineludible de la iglesia primitiva saludable, y hacia las propuestas de Keller como una aplicación contextualizada para la iglesia actual. A través de este puente entre el modelo Bíblico y el modelo contemporáneo, se plantea una estrategia de renovación eclesial práctica, enfocada en la integración de la "fe y el trabajo", la "adoración y la evangelización", y un "liderazgo saludable" (Primera Fase), todo ello enmarcado en un proceso de transformación integral para la Iglesia Local Tradicional (ILT) en Miami, Florida.

## Valoración del fundamento Bíblico

Este proyecto se fundamenta en un enfoque teológico-pastoral dual, que busca rescatar el modelo Bíblico de la Iglesia de Éfeso **y** contextualizarlo en la iglesia contemporánea, a través del marco teológico-práctico propuesto por Timothy Keller. La motivación del estudio nace de un diagnóstico pastoral claro: a pesar del entusiasmo del equipo ministerial, la iglesia evaluada conserva una estructura tradicional que ha limitado su capacidad de respuesta ante los desafíos de la era posmoderna y ha reducido su influencia cultural efectiva.

Frente a este desafío, se propone un modelo de integración espiritual y cultural, que articula dos referencias fundamentales:

- La Iglesia de Éfeso, guiada por el apóstol Pablo, como ejemplo Bíblico de una iglesia saludable en medio de una ciudad estratégica y culturalmente influyent**e**.
- La propuesta contemporánea de Redeemer Presbyterian Church, plantada por Timothy Keller en Manhattan en 1989, que ofrece herramientas teológicas y prácticas para el desarrollo de una iglesia centrada en el Evangelio, la cultura y la vocación.

1. La Iglesia de Éfeso como Modelo Bíblico de Integración

1.1 Fundamentos del Modelo

*(según el Manual de Plantadores, cap. 14.3)*

La Iglesia de Éfeso fue una comunidad profundamente doctrinal, espiritualmente viva, culturalmente situada **y** misionalmente activa. Pablo la fundó en el corazón de una ciudad influyente, no como un enclave religioso aislado, sino como una iglesia intencionalmente conectada con la vida social y económica de la región. Entre sus principales rasgos destacan:

- Formación continua y pública (Hechos 19:9–10)
- Impacto sobre la economía idolátrica de la ciudad (Hechos 19:23–27)
- Desarrollo deliberado de liderazgo laico (Hechos 20:17–38)
- Misión regional efectiva y multiplicadora (Hechos 19:10)

1.2 Aplicación al proyecto

Este modelo inspira el enfoque del proyecto actual, al mostrar

que una iglesia saludable:

- Se forma Bíblicamente con profundidad doctrinal.
- Se involucra culturalmente sin perder su identidad espiritual.
- Multiplica líderes y misión como fruto natural de su salud espiritual.

2. La Primera Fase del Modelo de Timothy Keller

2.1 Contexto y origen

*Redeemer Presbyterian Church (Manhattan, 1989)*

En un contexto urbano, plural y altamente secularizado como Manhattan, Keller implementó una iglesia centrada en el Evangelio, capaz de responder al escepticismo cultural con Gracia y Verdad, sin diluir el mensaje cristiano. Esta experiencia se convierte en un referente práctico clave para iglesias que, como las tradicionales en Miami, enfrentan la tensión entre fidelidad Bíblica y pertinencia cultural.

2.2 Frentes claves de la Primera Fase:

- Frente 4: "Integración de la Fe y el Trabajo

  Este frente busca derribar el dualismo artificial entre lo "sagrado" y lo "secular", formando creyentes que vivan su vocación laboral como parte integral de la misión de Dios. El trabajo se entiende no solo como un ámbito ético, sino como un espacio teológico de servicio, testimonio y transformación en Cristo, constituyéndose en una forma de evangelización encarnada.
- Frente 1: Adoración y Evangelización desde la Iglesia Local

La adoración es presentada como el punto de partida de la renovación espiritual, no limitada a lo litúrgico, sino extendida a toda la vida del creyente. La evangelización surge como fruto natural de una comunidad transformada, que anuncia a Cristo con fidelidad teológica y sensibilidad cultural.

2.3 Aporte a la iglesia hispana tradicional

Este modelo ofrece herramientas claras y transferibles para iniciar una transición saludable desde estructuras rígidas hacia una iglesia centrada en el Evangelio, donde los laicos recuperan su llamado como agentes del Reino en todas las esferas de la vida.

3. Justificación Literaria Complementaria

Esta sección sustenta teológica y metodológicamente el enfoque del proyecto, proporcionando fundamentos académicos y pastorales que validan la necesidad de integrar fe, trabajo, adoración y evangelización en el contexto contemporáneo. Se destaca cómo los modelos Bíblicos y misionales pueden adaptarse fielmente a los desafíos culturales que enfrentan las iglesias tradicionales, ofreciendo criterios prácticos y espirituales para formar líderes capaces de responder con relevancia y fidelidad en la era poscristiana.

Asimismo, fortalece el diseño formativo del proyecto al vincular la praxis pastoral con principios doctrinales sólidos, afirmando que la iglesia no está llamada a retirarse del mundo, sino a restaurar su voz profética en la cultura, con integridad, sabiduría y el poder del Espíritu Santo.

La combinación del modelo Bíblico de Éfeso y la propuesta contemporánea de Timothy Keller proporciona un marco sólido y contextualizado para iniciar la renovación de la Iglesia Local Tradicional Hispana (ILTH) en Miami. Ambos modelos coinciden en que una iglesia saludable no solo proclama la verdad, sino que la encarna activamente en la ciudad, nutriendo líderes, formando discípulos y proclamando el Evangelio con profundidad, Gracia y relevancia.

## Valoración de la investigación y descubrimiento

La presente investigación no solo cumplió con sus objetivos propuestos, sino que reveló hallazgos significativos que superaron el diseño inicial del proyecto. A lo largo de las etapas de formación, implementación y evaluación, emergieron nuevas comprensiones teológicas, culturales y pastorales sobre el estado real de la iglesia, la percepción de los líderes y las condiciones necesarias para iniciar un proceso integrador sostenible en la vida congregacional.

1. Redescubrimiento del Rol del Liderazgo

Uno de los principales descubrimientos fue la conciencia creciente entre los líderes —incluidos el Pastor Principal (PP) y el Líder de Influencia (LI)— de que el estado de salud de la iglesia está directamente relacionado con su propia formación espiritual y visión ministerial. Este reconocimiento desplazó la responsabilidad del cambio desde lo estructural hacia lo espiritual y formativo del liderazgo.

A medida que avanzaba el proceso, los participantes reconocieron que una iglesia no puede ser transformada si su liderazgo permanece estático o desorientado. Esta toma de conciencia produjo un cambio de actitud, dando paso a una disposición más humilde y receptiva, lo que permitió abrir camino a nuevas prácticas de discipulado, colaboración interministerial y evaluación honesta desde la iglesia local.

2. Diagnóstico Realista y Transformador

La comparación entre la evaluación inicial y la evaluación final del estado de la congregación reveló un cambio notorio en la percepción de los participantes. Mientras al inicio del proceso varios consideraban su iglesia como saludable o en crecimiento, hacia el final, la mayoría la clasificó como estancada, no como un retroceso institucional, sino como un acto de honestidad espiritual y madurez evaluativa. Este desplazamiento en la percepción evidenció una redefinición de los criterios de "salud eclesial", ahora fundamentados en principios Bíblicos y misionales más que en indicadores numéricos. Esta disposición crítica y realista fue una de las conquistas más valiosas del proyecto, ya que permitió trazar un camino con propósito hacia la transformación.

3. Confirmación del Modelo de Fases como Guía Estratégica

El desarrollo de la primera fase, centrada en la adoración, *la evangelización y la integración de la fe y el trabajo,* validó el diseño metodológico propuesto, tanto en contenido como en enfoque pedagógico. La experiencia formativa confirmó que esta fase actúa como cimiento espiritual y conceptual del proceso integrador. Los descubrimientos realizados durante las sesiones confirmaron que la primera fase del proceso integrador tiene un impacto directo en la cosmovisión de los líderes y en la forma en que la iglesia se proyecta hacia la cultura. Además, el marco propuesto por Timothy Keller, combinado con el modelo Bíblico de la Iglesia de Éfeso, fue confirmado como una herramienta contextualizada y transferible para la iglesia hispana tradicional.

4. Generación de Nuevas Iniciativas

Uno de los resultados imprevistos más significativos fue el surgimiento de propuestas espontáneas, como el diseño de un programa juvenil enfocado en cosmovisión cristiana, apologética Bíblica y misión cultural. Este resultado evidenció que el proceso formativo despertó liderazgo emergente y pensamiento estratégico. Esta iniciativa, liderada por miembros del EVC, demuestra que el proyecto generó un efecto multiplicador, despertando creatividad, visión generacional y nuevas líneas de acción pastoral no previstas originalmente, pero coherentes con la visión del proyecto.

5. Validación de los Tres Métodos

*Reflexión Final sobre los Apéndices I, J y K: Del Texto a la Transformación*

Esta sección final del proyecto de un proceso de integración de los 5 frentes en la Iglesia Local Tradicional Hispana—PI5frentesILTH, busca integrar los tres apéndices que documentan el proceso de discernimiento Bíblico, diagnóstico ministerial y diseño formativo con base en la Palabra de Dios. Estos apéndices no funcionan como material complementario, sino como el eje metodológico del proyecto. Los Apéndices I, J y K forman un eje estructurador para comprender cómo una iglesia local tradicional puede avanzar hacia una transformación integral, guiada por principios espirituales, misionales y pastorales. La articulación de estos tres niveles, observación Bíblica, aplicación práctica y sistematización ministerial, constituye uno de los aportes originales del estudio. Esta propuesta es el resultado de un diseño original, respaldado en herramientas académicas y tecnológicas (como la inteligencia artificial), empleadas de manera ética y crítica, orientado a desarrollar marcos formativos inéditos y aplicables en entornos hispanos contemporáneos.

- Apéndice I – De la Observación al Diseño

  Este apéndice recoge el análisis inductivo realizado por los participantes sobre el modelo misionero de Pablo en Éfeso. Mediante preguntas estratégicas, se ayudó a los líderes a observar, interpretar y aplicar los principios paulinos de evangelismo urbano, formación de líderes y cuidado pastoral. Este proceso fortaleció la lectura Bíblica como una práctica comunitaria y formativa, no meramente académica. Este enfoque promueve un modelo de liderazgo participativo, basado en la Escritura y abierto a los desafíos contemporáneos. Lo novedoso radica en que, a diferencia de otros modelos de análisis Bíblico, se aplicó una ruta inductiva guiada por los participantes mismos, desplazando el rol del líder como único intérprete y fortaleciendo su rol como intérpretes activos del texto. Además, se propiciaron espacios de liberación ministerial, donde se desafía la dependencia de un liderazgo centralizado, permitiendo que la comunidad discierna colectivamente, abriendo paso a comunidades donde el Espíritu guía el proceso pastoral y no simplemente una jerarquía establecida.

- Apéndice J – Análisis de Implicaciones Ministeriales

  Aquí se presenta una metodología clara para traducir observaciones Bíblicas en acciones pastorales concretas. Mediante preguntas teológico-prácticas, se identifican implicaciones eclesiales y de liderazgo necesarias para una transición saludable. Este paso funciona como un puente intencional entre exégesis Bíblica y praxis ministerial. Este modelo es una contribución original del director del proyecto, inspirado en la teología práctica misional, y tiene como fin acompañar procesos de reforma congregacional con una guía pedagógica local. Se destaca especialmente la lectura crítica del contexto pastoral latino, evitando la importación acrítica de modelos externos, proponiendo que el liderazgo no sea autorreferencial, sino al servicio de la misión, en comunidad y con corresponsabilidad. Este análisis invita a una renovación pastoral sensible al contexto y al Espíritu, superando modelos jerárquicos rígidos que frenan el protagonismo del laicado.

- Apéndice K – Diseño Sistematizado: Método AVM

`El método Acción–Valor–Ministerio (AVM), desarrollado a partir del estudio de Esdras y Hechos, ofrece una herramienta pedagógica para sistematizar el diagnóstico y la transformación espiritual de la iglesia. El método AVM articula coherentemente espiritualidad, misión y liderazgo evitando reduccionismos funcionales. Esta metodología es totalmente original del director del proyecto y surge como respuesta a la necesidad de una herramienta Bíblica,

inductiva y contextualizada, que conecte acción pastoral, principios espirituales y misión local. Se identificaron 42 características derivadas de 11 núcleos Bíblicos, agrupadas en torno a acciones clave y valores ministeriales. El modelo AVM no solo facilita el análisis, sino que da estructura al proceso de renovación desde dentro de la comunidad, **f**avoreciendo procesos sostenibles y reproducibles**,** sin depender exclusivamente de recursos importados. Además, es el primer modelo diseñado con apoyo técnico de inteligencia artificial en diálogo formativo, utilizada como herramienta auxiliar y no como autoridad interpretativa, lo que lo convierte en una propuesta pionera en formación ministerial asistida.

- Conclusión de los tres apéndices

Los tres apéndices reflejan un recorrido desde la observación Bíblica hasta el diseño estratégico. El proceso inductivo, complementado con herramientas diagnósticas y modelos de acción, capacita a líderes para renovar la iglesia desde su fundamento Bíblico, pasando de la reflexión a la acción, rompiendo modelos autoritarios, activando la vocación de todos los creyentes y reafirmando que el Evangelio es suficiente para guiar la transformación del pueblo de Dios. Lo verdaderamente innovador del "Proceso de Integración de los Cinco Frentes de la Iglesia Local Tradicional Hispana" (PI*5frentes*ILTH), no solo integra enseñanzas de Keller, Hendricks y otros, sino que desarrolla una arquitectura ministerial propia, contextualizada, reproducible, Bíblica y vivencial.

Este proyecto no es solo una metodología: es un llamado a liderar con fidelidad, a vivir en libertad ministerial y a formar iglesias donde la Palabra viva, el discernimiento comunitario y la misión del Reino se entrelacen de manera integral y encarnada, con claridad, profundidad y esperanza.

## Conclusión de la investigación y descubrimiento

En conjunto, la investigación no solo produjo los resultados esperados, sino que despertó una reconfiguración profunda de la visión del liderazgo, del discipulado y del llamado misional de la iglesia local. Más que un diagnóstico, el proceso generó una transformación en la mentalidad de los participantes, afectando sus criterios de evaluación, su lenguaje pastoral y su comprensión de la misión, validando así la propuesta metodológica, Bíblica y contextual del proyecto. Estos descubrimientos fortalecen el llamado a seguir desarrollando la segunda y tercera fase, no como una expansión mecánica del programa, sino con la certeza de que una iglesia saludable no nace del esfuerzo humano, sino de una visión renovada del Evangelio y del Reino de Dios en medio de la ciudad.

## Valoración de la ejecución

La evaluación de la ejecución del proyecto se realiza considerando los objetivos y metas establecidos en la "Parte 5". Esta revisión se basa en resultados medidos tanto de forma directa como a través de indicadores indirectos. Además, incluye un proceso de "autoanálisis y autorreflexión crítica", en el cual se valoran críticamente los logros alcanzados, los desafíos encontrados y el cumplimiento de los indicadores del proyecto.

Meta 1 del Proyecto

La primera meta fue concientizar al Equipo Vocacional de Conexión (EVC), al Líder de Influencia (LI) y al Pastor Principal (PP) sobre la necesidad urgente de iniciar la primera fase del proceso de integración de la fe y el trabajo, conectando intencionalmente el contexto laboral de los miembros con la vida misional, formativa y evangelizadora de la iglesia local, incluyendo una reconfiguración consciente del rol del púlpito, una renovación en la predicación desde el púlpito.

Para ello, se establecieron tres objetivos específicos:

1. Evaluar el estado actual del crecimiento de la Iglesia Local Tradicional Hispana en Miami (ILTH).
2. Identificar los factores que favorecen o limitan dicho crecimiento.
3. Analizar los pasos necesarios para fomentar una transformación saludable y sostenible.

El director del proyecto realizó un análisis estadístico del crecimiento congregacional entre 2020 y 2024, e implementó entrevistas con los diez miembros del EVC, el LI y el PP. Además, durante las tres primeras semanas de entrenamiento, se aplicaron herramientas diagnósticas (Pretest, entrevistas, grupos focales y cuestionarios), lo que permitió triangular la información desde perspectivas cuantitativas y cualitativas, descubriendo obstáculos clave para el crecimiento saludable de la iglesia. Entre los desafíos más relevantes surgieron:

- Débil conexión entre la fe cristiana y el entorno laboral.
- Falta de preparación para ejercer influencia cristiana en la sociedad y desde el púlpito.
- Baja participación de jóvenes en espacios laborales desde una cosmovisión Bíblica.
- Escasa formación para reconocer el trabajo como vocación al servicio de Dios.
- Necesidad de reformular el liderazgo pastoral como agente integrador y catalizador del cambio.

Estos hallazgos revelaron un estancamiento eclesial, confirmado tanto en el Pretest como en el Postest (ver Apéndice G, Tabla 16), donde la mayoría de los participantes coincidieron en que la iglesia mostraba señales de desconexión cultural, pérdida de influencia comunitaria y una limitada eficacia evangelizadora en el culto dominical.

A través de este proceso, los líderes no solo comprendieron la urgencia de integrar la fe y el trabajo, sino también de redescubrir el púlpito como un espacio formativo, misional y apologético, clave para la evangelización en contextos poscristianos. Esta nueva visión pastoral y laica afirma que la restauración espiritual y misional de la iglesia comienza con un liderazgo transformado que discípula para toda la vida y no solo para los domingos.

Este cambio de mentalidad permitió al equipo:

- Evaluar sus fortalezas y debilidades como líderes de conexión.
- Comprender los desafíos que implica el proceso en sus tres etapas.
- Visualizar formas concretas de empoderar a los miembros para ejercer influencia transformadora en sus entornos laborales.
- Reconocer que el ministerio del lunes a sábado es tan sagrado como el del domingo, y que la predicación debe ser evangelizadora, clara y culturalmente relevante.

Meta 2 del Proyecto

La segunda meta buscó orientar al EVC en la comprensión de los principios Bíblicos que definen una iglesia saludable, tomando como referencia el modelo de la Iglesia de Éfeso, y proyectando su aplicación hacia un proceso de integración ministerial contextualizado a la realidad contemporánea de la Iglesia Local Tradicional Hispana (ILTH).

Objetivos específicos:

1. Examinar el caso de la Iglesia de Éfeso como modelo saludable de integración laica y pastoral.
2. Evaluar las características de una iglesia saludable hoy en relación con liderazgo, misión, cultura y vocación.
3. Seleccionar las características necesarias para avanzar hacia una transformación saludable y misional en tres fases.

Descubrimientos clave del proceso:

Durante la formación (especialmente en la semana 3), el grupo focal (ver Apéndice H) reveló que, aunque los participantes tenían nociones básicas del limitado crecimiento de la **ILTH** en Miami, desconocían la profundidad del estancamiento y sus causas estructurales y culturales. Las herramientas aplicadas (Apéndices C–F) revelaron desafíos cruciales:

- Poca participación de los creyentes en sus entornos laborales como agentes de transformación.
- Dificultad de los jóvenes cristianos para sostener sus valores en el trabajo.
- Desconexión entre iglesia, cultura, trabajo y adoración pública.
- Predicación poco relevante para la cultura contemporánea.

- Urgencia de líderes con visión Bíblica y comprensión del mundo posmoderno.

Se destacó además el rol esencial del Pastor Principal (PP) como catalizador de renovación, y la necesidad de un liderazgo que promueva colaboración real entre púlpito y vocación como eje del proceso integrador.

Fundamentos Bíblicos y Exegéticos (Apéndices I, J y K)

El director del proyecto guio al equipo en el estudio de las once características de la Iglesia de Éfeso, tal como se presentan en el *Manual de Plantadores de Iglesias* de Timothy Keller y J. Allen Thompson (Capítulo 14). Este estudio se desarrolló mediante un enfoque analítico-inductivo, lo cual permitió observar, interpretar y aplicar principios clave del modelo paulino de iglesia saludable. Estas características fueron recogidas y desarrolladas en el Apéndice I, sirviendo como base Bíblica para iniciar un proceso de integración ministerial relevante y contextualizado.

Posteriormente, en el Apéndice J, estas once características se profundizaron mediante un modelo de análisis diseñado para descubrir sus implicaciones eclesiales y pastorales. Este modelo fue construido a partir del enfoque de Teología Práctica y Eclesiología Misional desarrollado por Craig Van Gelder y Dwight J. Zscheile en *The Missional Church in Perspective* (2011), y fue complementado por los principios estratégicos de liderazgo misional formulados por Timothy Keller en *Iglesia Centrada* (2011), permitiendo un diálogo entre exégesis Bíblica y praxis ministerial.

Dicho modelo se estructura en tres niveles:

1. Características observadas en el texto Bíblico y en el ministerio de Pablo en Éfeso.
2. Evaluación teológica y contextual, orientada al discernimiento cultural y congregacional.
3. Derivación de implicaciones ministeriales, clasificadas en:
    - Eclesiales: aquellas que afectan la cultura congregacional, la estructura organizacional y la misión local.
    - Pastorales: aquellas que implican transformaciones en el liderazgo y en la vocación del servicio cristiano.

Finalmente, el proceso culminó en el Apéndice K, donde se desarrolló un modelo más amplio y sistematizado denominado

Acción–Valor–Ministerio (AVM). Este modelo fue diseñado con base en la metodología inductiva propuesta por Howard Hendricks en su obra *Interpretación Bíblica* (2011), la cual organiza el estudio en tres fases: observación, interpretación y aplicación como ruta formativa para líderes y comunidades.

Aplicando este enfoque al análisis de la Iglesia de Éfeso, se identificaron 42 características adicionales que enriquecieron el perfil de una iglesia saludable, permitiendo al equipo establecer vínculos entre el texto Bíblico, la realidad cultural y la acción ministerial concreta. El modelo AVM, por tanto, sirvió como instrumento formativo que integró la dimensión Bíblica, vocacional y misional en un solo proceso pedagógico y pastoralmente reproducible.

Gracias a la secuencia progresiva desarrollada en los Apéndices I, J y K, el equipo ministerial pudo transitar de la observación Bíblica a la evaluación contextual, y finalmente al diseño estratégico, consolidando una herramienta integral para guiar la renovación de la iglesia local tradicional en entornos urbanos y poscristianos. Esto permitió:

- Reconocer las marcas esenciales de una iglesia saludable.
- Enfrentar los desafíos culturales con una visión Bíblica.
- Integrar el liderazgo pastoral, el laicado, la vocación y la misión.

Áreas temáticas integradas:

1. Cosmovisión cristiana y Bíblica.
2. Discipulado en la era posmoderna.
3. Iglesia misional y culturalmente comprometida.
4. Integración de la fe y el trabajo.
5. Evangelización y adoración desde el púlpito.
6. Movimiento de Iniciación de Iglesias (MII).
7. Liderazgo servicial y espiritualidad transformadora.
8. Ética, justicia social y resiliencia.
9. Cultura organizacional saludable e innovación ministerial.

Resultados del Pretest y Postest

Las evaluaciones evidenciaron cambios significativos:

- Al inicio, los participantes evidenciaban tensión entre fe y razón, desconexión con el mundo laboral y una visión reducida del púlpito como espacio evangelizador.

- Al finalizar, mostraron mayor conciencia vocacional, comprensión del trabajo como llamado y una renovada visión de la predicación como instrumento evangelizador.

Conclusión Meta 2

La meta fue alcanzada, permitiendo a los participantes:

- Comprender el modelo saludable de Éfeso.
- Aplicar sus principios en contextos laborales, congregacionales y litúrgicos.
- Superar el dualismo entre lo secular y lo eclesial.
- Iniciar una visión transformadora que une doctrina, vocación y misión evangelizadora integral.

Meta 3 del Proyecto

La tercera meta del proyecto buscó que los participantes del Equipo Vocacional de Conexión (EVC) diseñaran un plan de integración de la fe y el trabajo en sus propios contextos laborales y congregacionales, comprendiendo también el rol estratégico de la *adoración y la predicación desde el púlpito* como medios fundamentales para una iglesia misional en la era poscristiana y como expresiones públicas de una fe integral.

Esta meta permitió proyectar el inicio de las siguientes fases del proceso integrador ministerial, orientado a unir la teología, la vida cotidiana y la misión de la iglesia tanto dentro como fuera del templo de manera intencional y sostenible.

Objetivos específicos:

1. Analizar los principios clave de la integración de la fe y el trabajo como parte esencial de la primera fase del proceso, vinculando a las personas con Dios y con la cultura.
2. Comprender el papel del púlpito como espacio de formación y evangelización pública, mediante una predicación centrada en Cristo, culturalmente relevante y misionalmente orientada.
3. Diseñar un plan estratégico personal, aplicando los principios aprendidos en las sesiones previas, que articulara la implementación inicial del modelo y proyectara un ministerio integral y sostenible en sus respectivos ámbitos de influencia.

Para cumplir con estos objetivos, el director del proyecto facilitó sesiones de síntesis teológica y práctica, promoviendo un diálogo dinámico y contextualizado que permitió a los participantes adaptar los conceptos a sus realidades laborales, eclesiales y comunitarias. Además, se utilizó una matriz de doble entrada para reflexionar sobre obstáculos, oportunidades y aplicaciones del modelo de integración en sus propios entornos de influencia como herramienta pedagógica de discernimiento.

Aunque todos los miembros participaron activamente en este proceso de reflexión, solo tres presentaron verbalmente sus planes durante la última sesión para recibir retroalimentación grupal. Sin embargo, cinco participantes —incluyendo al Pastor Principal, el Líder de Influencia y tres miembros del EVC— entregaron propuestas estratégicas escritas y bien estructuradas. Estas reflejaron un esfuerzo auténtico por contextualizar el modelo integrador en términos vocacionales, pastorales y litúrgicos desde una perspectiva Bíblica y misional.

Durante esta etapa, los participantes:

- Aplicaron las once características de la Iglesia de Éfeso para diagnosticar la salud de sus congregaciones.
- Identificaron fortalezas y debilidades en relación con la misión laboral, la formación Bíblica, y la predicación evangelizadora.
- Redescubrieron el culto dominical como un espacio clave no solo para la edificación de creyentes, sino también para la proclamación del Evangelio a los no creyentes, reforzando así su dimensión pública y transformadora.
- Comprendieron que tanto el púlpito como el entorno laboral son plataformas ministeriales desde las cuales se vive y se proclama la fe cristiana.

Evaluación de resultados

El director del proyecto concluyó que esta tercera meta fue alcanzada de manera satisfactoria, dado que se logró:

- Iniciar el diseño de un plan estratégico viable, adaptado a los contextos laborales, eclesiales y culturales de los participantes.
- Establecer bases sólidas para las fases futuras del proceso integrador.
- Motivar a los participantes a pensar en el ministerio más allá del domingo, considerando el lunes como terreno misional y el púlpito como herramienta formadora e impactante en la cultura con una visión de envío.

Aunque solo el 41.67 por ciento de los doce participantes entregó planes por escrito, el resto fue aprobado mediante evaluación verbal, en la que se validó su comprensión y compromiso con el modelo. A pesar de esta parcialidad en la formalización escrita, la calidad de los planes presentados fue altamente alentadora, especialmente al ser la primera experiencia estructurada en este tipo de diseño estratégico dentro de la congregación.

En la última semana, se realizó una evaluación participativa dirigida por el director, en la que todos los participantes respondieron preguntas clave sobre los conceptos aprendidos. También se revisaron de manera integral los cinco planes entregados.

El director reconoce que esta meta fue posible únicamente por la Gracia de Dios, quien preparó tanto a él como al equipo para caminar juntos en este proceso de renovación. El resultado fue una contribución significativa a la vida pastoral y laical del grupo, y un paso concreto hacia una iglesia que integra la fe con el trabajo, y transforma la cultura desde el púlpito hasta la plaza con fidelidad al Evangelio.

## Conclusión General de la Valoración de Ejecución del Proyecto

La ejecución del proyecto alcanzó con éxito los objetivos establecidos en las tres metas propuestas, generando un proceso transformador tanto a nivel teológico como práctico en la vida del liderazgo y de la congregación. A través de una formación sistemática, contextualizada y espiritualmente centrada, los participantes del Equipo Vocacional de Conexión (EVC), junto con el Pastor Principal (PP) y el Líder de Influencia (LI), experimentaron un cambio profundo en su comprensión del ministerio integral.

Desde la primera meta, se logró despertar una conciencia crítica y pastoral sobre la urgente necesidad de integrar la fe con el trabajo, superando el dualismo entre lo secular y lo espiritual. Esta integración no solo se comprendió como una verdad doctrinal, sino como una estrategia pastoral y cultural que sitúa al creyente como agente de transformación en todos los ámbitos de la vida.

La segunda meta cimentó esta conciencia sobre fundamentos Bíblicos y exegéticos sólidos, tomando como referencia el modelo de la Iglesia de Éfeso. En este proceso, se desarrolló una visión misional compartida entre pastores y laicos, que reconoce la importancia de predicar un evangelio contextualizado, claro y centrado en Cristo desde el púlpito, y de formar discípulos que vivan esa fe de manera coherente en sus vocaciones.

La tercera meta marcó un avance decisivo al llevar a los participantes a diseñar planes personales y estratégicos de integración vocacional. Este ejercicio, además de fomentar la creatividad y el liderazgo contextual, conectó el domingo con el lunes, el púlpito con la plaza, la adoración con la acción, y la doctrina con la cultura de manera orgánica y misional.

En conjunto, el proyecto trazó una nueva ruta misional para la iglesia local tradicional en contextos urbanos poscristianos como el de Miami. La iglesia ya no es vista solo como un espacio de reunión, sino como una comunidad de discípulos enviados, capacitados para vivir y predicar el Evangelio con fidelidad y relevancia, tanto en el culto como en la vida diaria.

Este camino que ahora se inicia demanda continuidad, acompañamiento y profundidad. Sin embargo, lo avanzado hasta aquí deja claro que cuando se *une la teología con la práctica, la adoración con la evangelización, y la fe con el trabajo,* la iglesia puede redescubrir su llamado original: ser luz en medio de las tinieblas, proclamando el Reino de Dios con palabra, testimonio y vocación.

## II. Análisis recapitulativo

El director del proyecto, al reflexionar sobre el retiro progresivo de la Iglesia de su compromiso con la sociedad, ha identificado una serie de efectos significativos que han debilitado su misión. Este retraimiento ha provocado una pérdida de influencia cultural, un impacto reducido en la vida diaria de los ciudadanos, y un declive en la membresía, al percibirse una desconexión entre el mensaje cristiano y los desafíos actuales. Muchas personas se han alejado de la fe o han quedado alienadas por una Iglesia que luce enfocada en sí misma y alejada del mundo que debe servir.

A esto se suman la falta de compromiso social, las divisiones internas causadas por la ausencia de un propósito compartido, y los crecientes desafíos éticos y morales que plantea una sociedad en constante transformación, lo cual ha erosionado la credibilidad pública del testimonio cristiano.

En este contexto, la pérdida de una cosmovisión Bíblica, cristiana y apologética ha tenido efectos devastadores. La separación entre la fe y la vida diaria ha generado en muchos cristianos una vida incoherente, incluso hipócrita, y ha hecho más difícil su testimonio público. La sociedad posmoderna, con su exaltación del individualismo y el relativismo moral, ha socavado profundamente la ética cristiana, debilitando la capacidad de la Iglesia para influir en la cultura. Uno de los ámbitos donde esta desconexión se hace más evidente es el matrimonio cristiano, hoy fuertemente cuestionado a nivel cultural, legal y antropológico.

La Iglesia debe enseñar a defender Bíblica y filosóficamente la visión cristiana del matrimonio, no solo como doctrina, sino como testimonio apologético y base antropológica del diseño de Dios para la humanidad. Esto es esencial para formar a las nuevas generaciones, capacitándolas para dialogar con coherencia, verdad y respeto, sin temor a ser ridiculizadas por su fe. En este sentido, el matrimonio adquiere una relevancia estratégica de vital importancia como espacio de testimonio público del Evangelio.[245]

Frente a este diagnóstico, la respuesta no puede ser el aislamiento ni la adaptación sin discernimiento, sino un compromiso renovado con la formación Bíblica profunda y una integración real entre la fe y todas las esferas de la vida: trabajo, cultura, relaciones, arte, política y comunidad. La Iglesia está llamada a formar discípulos con una mentalidad misionera y cultural, capaces de encarnar los valores del Reino de Dios en medio de una sociedad secularizada.

Para ello, se necesita una Iglesia inclusiva que se integre con sabiduría en la ciudad, que ejerza un ministerio integral, y que cuente con líderes educados tanto en las Escrituras como en la cultura contemporánea. Esto implica encontrar un equilibrio entre fidelidad doctrinal e interacción cultural, superando extremos de aislamiento religioso o asimilación cultural acrítica. El apóstol Pablo, en su ministerio en Éfeso, Asia Menor y parte de Europa, sirve de ejemplo para este enfoque: predicó el Evangelio sin temor, formando comunidades profundamente comprometidas con Cristo y contextualizadas a su entorno.

En este marco, el director del proyecto reconoce que esta tarea se vuelve especialmente urgente en contextos como el de Miami, donde muchos pastores provienen de Cuba y de otros países latinoamericanos, marcados por culturas de escasez, sistemas autoritarios y estructuras eclesiásticas tradicionales. Estas realidades, aunque históricas, a menudo se trasladan sin crítica a las denominaciones locales, generando formas ministeriales poco adaptadas al contexto poscristiano y plural de los Estados Unidos.

Por esta razón, estos líderes necesitan ser reeducados y reentrenados para guiar a sus iglesias hacia un proceso integrador Bíblico, misional y culturalmente pertinente, que supere modelos heredados sin contextualización y recupere una visión formativa y misional integral, incluyendo enseñar las ideas sobre el matrimonio desde el punto de vista filosófico y apologético.[246]

La pérdida de una cosmovisión Bíblica, cristiana y apologética —que en tiempos pasados integraba la fe y los valores cristianos en todas las áreas de la vida— ha provocado efectos profundamente negativos en la iglesia actual. La separación entre la fe y la vida cotidiana ha llevado a muchos creyentes a vivir con incoherencia, generando formas sutiles de hipocresía. En este contexto, la sociedad posmoderna, con su énfasis en el individualismo, el relativismo moral y el pluralismo, ha erosionado la ética cristiana, debilitando así la influencia transformadora de la Iglesia en la cultura.

Ante esta crisis, la Iglesia debe reafirmar su compromiso con la formación integral de sus miembros, de modo que puedan integrar su fe en todas las dimensiones de la vida. Esto exige una mentalidad de servicio, misión y coherencia práctica. Solo una cosmovisión cristiana restaurada puede sostener una fe robusta y activa en medio de una sociedad cada vez más secularizada.

Para lograrlo, se requiere una Iglesia que se inserte en la ciudad y en la cultura, con un cuerpo pastoral y laico que lleve a cabo un ministerio integral, liderado por personas educadas en las Escrituras y con discernimiento cultural. Siguiendo el ejemplo del apóstol Pablo en Éfeso, Asia Menor y Europa, es necesario superar extremos y recuperar el equilibrio Bíblico que permita interactuar con sabiduría en una sociedad multicultural y multilingüe.

El director del proyecto, al considerar la situación de la iglesia en EE.UU., y particularmente en Miami, donde la mayoría de los pastores provienen de Cuba y otros contextos latinoamericanos con profundas influencias de pobreza estructural y autoritarismo religioso, concluye que es urgente reeducar y capacitar a estos líderes para que guíen a sus congregaciones hacia un proceso de integración teológica, cultural y vocacional, capaz de restaurar la misión pública de la Iglesia en la ciudad.

## III.Estructura del Proyecto

Introducción – Deudores Incumplidos: El Adeudo de la Iglesia Frente al Evangelio

Esta sección presenta el fundamento espiritual y misional del proyecto. Inspirado en la actitud del apóstol Pablo como deudor del Evangelio (Romanos 1:14), se plantea que la Iglesia actual también tiene una deuda moral y espiritual con el mundo: transmitir la *Gracia* que ha recibido. Esta introducción llama a la Iglesia a responder con urgencia a los desafíos modernos mediante un *enfoque híbrido e integrador*, combinando las riquezas de su tradición con las oportunidades del presente, incluyendo de manera discernida el uso estratégico de herramientas digitales.

Parte 1 – Liderazgo Eclesiástico en la Sociedad Moderna: Transformación

Esta parte ofrece un análisis profundo del contexto ministerial contemporáneo. Se describe la necesidad de que la Iglesia participe activamente en lo que puede considerarse un Quinto Despertar espiritual en los EE.UU. Ante la polarización política y la fragmentación cultural, se insta a la Iglesia a actuar como mediadora de reconciliación, enfocada en su misión espiritual más que en alineamientos ideológicos, mostrando que la verdadera renovación solo viene por la Gracia de Dios.

Parte 2 – Entorno Ministerial

Aquí se presenta un caso práctico de implementación local, centrado en la ciudad de Miami. Se describe el desarrollo de u *integración de la fe y el trabajo,* mediante la formación intencional del Pastor Principal (PP), el Líder de Influencia (LI) y el Equipo Vocacional de Conexión (EVC). Al mismo tiempo, se reconoce que la dimensión **e**clesial de la iglesia debe ser igualmente transformada, lo cual implica redefinir *la adoración y la evangelización,* particularmente a través de una predicación pastoral renovada que conecte con el mundo real de los creyentes.

Estos líderes eclesiales y laicos son capacitados para acompañar a otros miembros de la iglesia en la vivencia de su fe en el ámbito laboral, sirviendo como puentes intencionales entre el *culto dominical y la vida diaria.* Se destaca la necesidad de entrenamientos teóricos prácticos que permitan a la iglesia adaptarse cultural, espiritual, y vocacionalmente al contexto urbano y poscristiano en el que está llamada a ministrar.

Parte 3 – Fundamentación Bíblica del Trabajo

Esta parte ofrece la base teológica del proyecto. A través de una *narrativa Bíblica* que abarca desde la *creación* hasta la *nueva creación,* se muestra cómo el trabajo humano forma parte del diseño de Dios como vocación dada por el Creador y no solo como medio de subsistencia. Se destaca la *adoración* y la *evangelización* desde el púlpito como expresiones centrales de una fe integral que forma y envía a los creyentes. Asimismo, se incluye el modelo del Equipo Vocacional de Conexión (EVC), el Pastor Principal (PP) y el Líder de Influencia (LI) como medio práctico para articular bíblica y pastoralmente la implementación de este enfoque en la iglesia local.

Parte 4 – Investigación y Bibliografía

En esta parte se realiza una revisión *histórica y teológica* sobre la *integración de la primera fase,* abordando el impacto del *dualismo cultural* en la iglesia evangélica y la necesidad de recuperar una cosmovisión cristiana y Bíblica integral. Se incorporan las contribuciones de autores como Timothy Keller, Nancy Pearcey, Darrow Miller, como referentes teológicos y misionales contemporáneos, quienes ofrecen modelos prácticos para superar la dicotomía entre lo sagrado y lo secular. La formación de líderes vocacionales aparece como clave para extender de manera intencional y sostenida el testimonio cristiano en la cultura.

Parte 5 – Estrategia de Implementación

Aquí se presenta la planificación completa del proyecto. Se define la tesis central del estudio, los objetivos generales y específicos, y *las cinco etapas de capacitación* desarrolladas durante diez semanas. Se describe el uso de *modelos Bíblicos* contemporáneos—como la Iglesia de Éfeso— y *modelos contemporáneos*—como Redeemer Church— para estructurar el contenido y la metodología, garantizando coherencia entre fundamento teológico, formación pastoral y praxis ministerial. Esta parte también cubre la logística operativa del proyecto, la asignación de recursos y los mecanismos formales de evaluación utilizados durante el proceso.

Parte 6 – Informe de Implementación

Esta sección detalla el proceso de implementación en la iglesia piloto. Se relatan las actividades desde la aplicación del Pretest, los *estudios exegéticos,* los *diagnósticos congregacionales,* hasta el diseño de planes estratégicos de integración ministerial por parte de los participantes. Se observa una evolución significativa entre el Pretest y el Postest, así como una mayor conciencia sobre la necesidad de reformular la estructura ministerial existente para responder a los desafíos culturales actuales.

Parte 7 – Análisis de la Implementación del Proyecto

Finalmente, se presenta un *análisis evaluativo integral,* destacando los logros, los desafíos y los resultados imprevistos del proceso. Se confirma que el proyecto fue exitoso en capacitar líderes para conducir la *primera fase del ministerio integrador,* con base en un *modelo Bíblico y contextualizado.* Asimismo, se identifican oportunidades para mejorar en fases futuras, especialmente en el fortalecimiento de la comprensión Bíblica de la vocación, la *cosmovisión cristiana* y el *liderazgo misional.*

El capítulo concluye con una *proyección futura,* recomendando la expansión del modelo en otras iglesias urbanas multiculturales de Estados Unidos, y afirmando que una iglesia *integrada y formativa,* que *conecta la fe con la vida laboral,* puede ejercer una influencia transformadora y redentora sostenía en la cultura de su ciudad.

## IV. Modificaciones recomendadas

El director del proyecto, al reflexionar sobre la experiencia desarrollada en esta fase inicial, reconoce ciertos desajustes operativos y oportunidades concretas de mejora que ofrecen importantes lecciones para futuros procesos de implementación en otras congregaciones. Este análisis se realiza desde una perspectiva *evaluativa y formativa,* con el propósito de fortalecer la efectividad del proceso de integración ministerial.

En este sentido, se proponen dos etapas adicionales de fortalecimiento al proceso de entrenamiento:

1. Primera etapa adicional: Asesoría personalizada extendida

Se recomienda implementar un espacio de asesoría personalizada extendida, centrada en garantizar que cada participante complete con mayor profundidad las *evaluaciones diagnósticas* necesarias para el diseño del proceso de integración. Durante esta etapa, se enfatiza la lectura, reflexión y aplicación de los contenidos trabajados en las primeras dos semanas del entrenamiento original, profundizando en los siguientes ejes:

- El concepto *Bíblico y teológico de la vocación.*
- La *cosmovisión cristiana* como marco de interpretación y acción.
- *Las raíces históricas del aislamiento eclesia*l de la sociedad, y su impacto actual.

Este tiempo adicional permitiría ofrecer respuestas más sólidas, reflexivas y contextualizadas frente a los desafíos del mundo posmoderno, especialmente en una ciudad como Miami, caracterizada por su diversidad cultural y su creciente secularización.

2. Segunda etapa adicional: Acompañamiento en la proyección ministerial

La segunda propuesta consiste en una fase de seguimiento ministerial individualizado, orientada a acompañar a cada participante durante tres semanas adicionales, con el fin de ampliar y afinar el diseño del proceso de integración. Esta etapa se enfoca especialmente en las *once características de la iglesia de Éfes*o (Apéndice I) y el análisis presentado en el Apéndice K, del cual se derivó posteriormente la identificación de un total de cuarenta y dos características.

Estos elementos conforman un marco *Bíblico integral y progresivo* para la proyección futura de un ministerio laico saludable y contextualizado. Este acompañamiento no solo permitiría consolidar el contenido aprendido, sino también recoger datos cualitativos más precisos facilitando la evaluación de la efectividad real del entrenamiento y avanzando hacia una implementación práctica más profunda, estructurada y sostenible en el tiempo.

3. Reestructuración sugerida

Con estas modificaciones, se estima que el proyecto completo podría extenderse dieciséis sesiones, distribuidas en cinco etapas progresivas, sin perder su carácter intensivo, pero ganando en profundidad, asesoría y personalización.
Asimismo, se recomienda que futuras implementaciones contemplen la colaboración con asesores especializados en el desarrollo de ministerios laicos, lo que permitiría consolidar una iglesia con *estructura integral*, donde haya una colaboración saludable entre clérigos y laicos, conforme al *modelo del cuerpo de Cristo* en Efesios 4:11–16.

De este modo, se espera que el proyecto siga fortaleciendo su capacidad de impacto en la ciudad y en la cultura, ayudando a expandir el testimonio de la iglesia local desde una práctica renovada, contextual y Bíblicamente fundamentada.

## V. Recomendaciones para una investigación futura

1. Diversificación del Entrenamiento Cultural: La Iglesia Local Tradicional Hispana (ILTH) en los Estados Unidos, particularmente en contextos urbanos, continúan operando con modelos de liderazgo y marcos de formación que no responden adecuadamente a la complejidad cultural actual. Por ello, resulta necesario fortalecer el entrenamiento cultural en todas las etapas de la formación ministerial, reconociendo explícitamente que la ILTH siguen moldeada por modelos heredados que nunca fueron diseñados para contextos plurales y poscristianos. Se recomienda realizar estudios comparativos entre hispanos que asisten a la ILTH y aquellos que participan en la iglesia americana (THLC), con el fin de clarificar cómo los supuestos culturales influyen directamente en el discipulado, las expectativas de liderazgo y la participación congregacional.
2. Estudio Contextualizado de Procesos de Integración: Las investigaciones futuras deben priorizar estudios detallados y contextualizados sobre los *procesos de integración* utilizados en el desarrollo de ministerios laicos dentro de la ILTH. Muchas ILTH afirman la integración en el plano teórico, pero carecen de claridad operativa en la práctica, lo que produce estructuras ministeriales fragmentadas. La generación de

datos específicos permitirá identificar dónde falla la integración, por qué falla y bajo qué condiciones puede volverse sostenible.

3. Incorporación de Asesoría Cultural Especializada: Se recomienda que la ILTH incorpore especialistas en *integración cultural y ministerial*. El liderazgo pastoral, por sí solo, a menudo resulta insuficiente para navegar transiciones culturales complejas, especialmente en congregaciones marcadas por migración, trauma o estructuras autoritarias heredadas. Los asesores culturales pueden ofrecer evaluaciones objetivas y estrategias personalizadas que prevengan el estancamiento y la desalineación misional.
4. Desarrollo de Herramientas de Evaluación Culturalmente Sensibles: Existe una necesidad crítica de desarrollar instrumentos de evaluación capaces de captar *matices culturales* dentro de la ILTH. La mayoría de las herramientas actuales miden asistencia y actividad, pero no evalúan cosmovisión, vocación ni compromiso misional, lo que limita el diagnóstico real de la salud congregacional.
5. Formación Continua y Adaptativa: La Iglesia Local Tradicional Hispana (ILTH) debe superar los modelos de capacitación puntual e implementar procesos de *formación continua y adaptativa*. Los rápidos cambios culturales que afectan a las iglesias urbanas exigen líderes en constante formación, especialmente en áreas relacionadas con vocación, fe pública y discernimiento cultural.
6. Investigación Longitudinal: Se requieren estudios de seguimiento a largo plazo para evaluar cómo los *procesos integradores* transforman realmente la vida de la ILTH con el tiempo. El éxito a corto plazo suele ocultar debilidades estructurales más profundas, por lo que la investigación longitudinal resulta esencial para identificar progresos duraderos.
7. Enfoque en la Innovación Metodológica: Las investigaciones futuras deben explorar *innovación metodológica* aplicada a la ILTH, incluyendo enfoques interdisciplinarios y tecnologías emergentes. Los métodos tradicionales por sí solos resultan insuficientes para abordar los desafíos complejos que

enfrenta la iglesia contemporánea, especialmente en contextos de transición generacional y cultural.

8. Disposición Pastoral hacia una Iglesia Contextual: Debe prestarse especial atención al estudio de la *disposición pastoral* dentro de la ILTH frente al cambio contextual. La resistencia no siempre tiene raíces teológicas, sino que frecuentemente surge del temor, la pérdida de control o paradigmas de liderazgo heredados. Comprender estas dinámicas es clave para desarrollar caminos más saludables hacia una fidelidad Bíblica contextual.
9. Administración Económica Responsable y Sostenible: Es necesario investigar modelos de *gestión financiera responsable* dentro de la ILTH que liberen recursos para la misión. En muchas ILTH, las estructuras económicas terminan protegiendo el mantenimiento institucional más que la misión, limitando la innovación y la participación del laicado.
10. Fortalecimiento del Principio Congregacional en la ILTH: En el contexto de la Iglesia Local Tradicional Hispana (ILTH), se recomienda profundizar en prácticas que fortalezcan la *participación congregacional* y el *discernimiento comunitario.* Cuando la toma de decisiones se concentra únicamente en el liderazgo, la capacidad misional de la ILTH se ve disminuida, contradiciendo la visión neotestamentaria del cuerpo de Cristo y debilitando su testimonio público.

Estas recomendaciones no buscan únicamente mejorar la efectividad del entrenamiento, sino abordar los desafíos estructurales y culturales más profundos que actualmente debilitan el testimonio público de la ILTH, permitiendo que las congregaciones recuperen su vocación como *agentes de transformación* en sus ciudades.

## VII. Conclusión

La Parte 7 del proyecto ha sido fundamental para evaluar la efectividad de la implementación del *proceso integrador* y su impacto en la formación de un liderazgo vocacional capaz de enfrentar los desafíos contemporáneos de la iglesia. A través de un análisis detallado de los logros, desafíos y ajustes necesarios, se concluye que el proyecto ha alcanzado con éxito los objetivos planteados, aunque también ha revelado áreas clave para su fortalecimiento futuro.

En términos generales, el proyecto no solo capacitó a los participantes en la integración de la primera fase del proceso, sino que estableció bases sólidas para un ministerio eclesial capaz de adaptarse y perseverar en un entorno posmoderno y poscristiano. El modelo Bíblico inspirado en la Iglesia de Éfeso proporcionó un marco teológico consistente que, correctamente contextualizado, se confirma como una herramienta eficaz para la renovación espiritual, misional y estructural de la ILTH, en diálogo con los principios desarrollados por Timothy Keller en *Iglesia Centrada*

Sin embargo, el proyecto también ha revelado la necesidad de un enfoque más amplio y continuo. Las recomendaciones para futuras investigaciones sugieren la importancia de un entrenamiento *culturalmente sensible* y adaptado, así como la necesidad de un *seguimiento longitudinal* para evaluar el impacto a largo plazo del *proceso integrador.* La incorporación de asesoría especializada y el desarrollo de herramientas de evaluación más sofisticadas también se destacan como pasos esenciales para garantizar que el modelo de integración sea eficaz en diversas realidades culturales y contextuales.

Finalmente, este proyecto ha provisto a la iglesia de recursos estratégicos que fortalecen la integración de la *fe y el trabajo* junto con la *adoración y la evangelización,* estableciendo fundamentos duraderos para un ministerio que promueve tanto el crecimiento espiritual como una influencia cultural y social transformadora.

Asimismo, el estudio confirma que la renovación eclesial no se produce mediante ajustes estructurales aislados, sino a través de un proceso formativo intencional que integra teología, vocación y misión en la vida cotidiana de la Iglesia Local Tradicional Hispana (ILTH).

La transformación observada en el liderazgo pastoral y laico evidencia que cuando el Evangelio es aplicado de manera integral, la iglesia recupera su capacidad de discernimiento, su claridad misional y su presencia pública en la ciudad.

En este sentido, el proyecto no debe entenderse únicamente como una intervención puntual, sino como un modelo formativo reproducible, abierto a ser adaptado en otras ILTH que enfrentan desafíos similares en contextos urbanos multiculturales. La investigación deja establecido que la integración entre doctrina, práctica ministerial y vocación cotidiana constituye un eje indispensable para la sostenibilidad espiritual y misional de la iglesia en el siglo XXI.

# APÉNDICE A: GRÁFICAS

## DATOS ESTADÍSTICOS

*Nota: En este apéndice, el término "diagrama" se utiliza en un sentido amplio para incluir tanto los diagramas conceptuales como los gráficos estadísticos (de pastel, barras y líneas) presentados a lo largo del estudio.*

## GRÁFICA 1

DISTRIBUCIÓN DE LA POBLACIÓN LATINA RESIDENTE EN EE. UU. 2020 POR PAÍS DE ORIGEN (12.1 Millones)

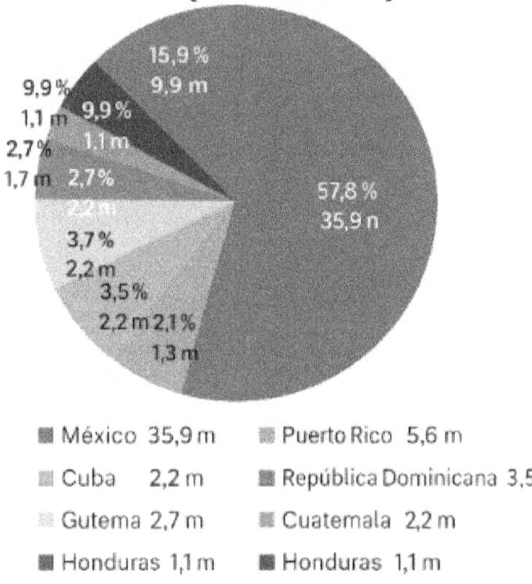


Gráfico realizado por el director del proyecto con los datos recopilados de las estadísticas del Buro de Censo anunciada el 12 de agosto del 2021.

### Nota sobre la terminología:

- *Mexicano* incluye también *mexicoamericano* y *chicano*.
- *Otros hispanos* se refieren *a otros de origen hispano, latino o español.*

Disponible en:
https://www.census.gov/newsroom/press-releases/2021/population-changes-nations-hispanic-population.html
Conjunto de datos complementario:
*2020 Census Detailed DHC-A: Hispanic or Latino Origin by Specific Origin (released September 2023).*
https://www.census.gov/library/stories/2023/ 09/2020-census-dhc-a-hispanic-population.html.
Nota: Estas dos referencias respaldan los valores mostrados en la Figura 1, con el total de 62,1 millones de hispanos en los Estados Unidos y su distribución porcentual por país de origen.

# GRÁFICA 2

LA MATRÍCULA DE HISPANOS EN UNIVERSIDADES Y COLEGIOS DE U.S. SE HA MÁS QUE TRIPLICADO EN LAS ÚLTIMAS DOS DÉCADAS
*Caída de hispanos matriculados en instituciones postsecundarias de EE. UU., en millones.*

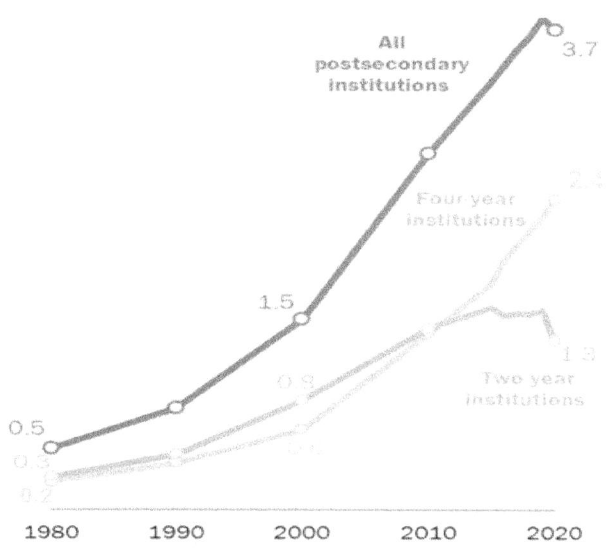


Nota: La inscripción incluye estudiantes de todas las edades. Los asiáticos incluyen a los isleños del Pacífico. Otras razas (no mostradas) incluyen a los indios americanos/nativos de Alaska y estudiantes de dos o más razas. Los estudiantes blancos, negros y asiáticos son de una sola raza y no hispanos. Los hispanos pueden pertenecer a cualquier raza.

Fuente: Centro Nacional de Estadísticas Educativas (NCES), Departamento de Educación de los Estados Unidos; Pew Research Center; PEW RESEARCH CENTER

Gráfico producido por Lauren Mora, asistente de investigación especializada en estudios de raza y etnicidad en el Pew Research Center. *https://www.pewre-search.org/short-reads/2022/10/07/hispanic-enrollment-reaches-new-high-at-four-year-colleges-in-the-u-s-but-affordability-remains-an-obstacle/.*

## GRÁFICA 3

## LOS HISPANOS AHORA CONSTITUYEN UNO DE CADA CINCO ESTUDIANTES MATRICULADOS EN INSTITUCIONES POSTSECUNDARIA EN LOS E.U.A.

*% de alumnos matriculados en la U.S. instituciones de educación superior que son...*

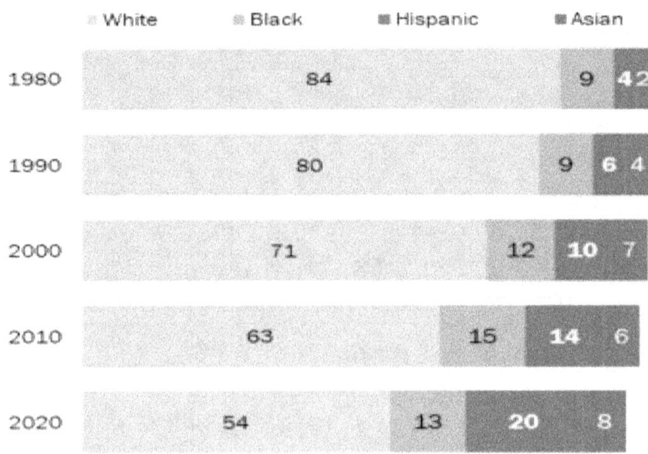


Nota: La inscripción incluye estudiantes de todas las edades. Los asiáticos incluyen a los isleños del Pacífico. Otras razas (no mostradas) incluyen indio americano/nativo de Alaska y estudiantes con dos o más razas. Los estudiantes blancos, negros y asiáticos son de una sola raza y no hispanos. Los hispanos son de cualquier raza.

Fuente: Centro Nacional de Estadísticas Educativas (NCES), Departamento de Educación de los Estados Unidos; Pew Research Center; PEW RESEARCH CENTER.

Gráfico realizado por Lauren Mora, asistente de investigación especializada en estudios de raza y etnicidad en el Pew Research Center. *https://www.pewre-search.org/short-reads/2022/10/07/hispanic-enrollment-reaches-new-high-at-four-year-colleges-in-the-u-s-but-affordability-remains-an-obstacle/.*

## GRÁFICA 4

HISPANOS Y AFROMERICANOS ENTRE LOS MENOS PROPENSOS A MATRICULARSE EN LA UNIVERSIDAD O TENER UNA LICENCIATURA

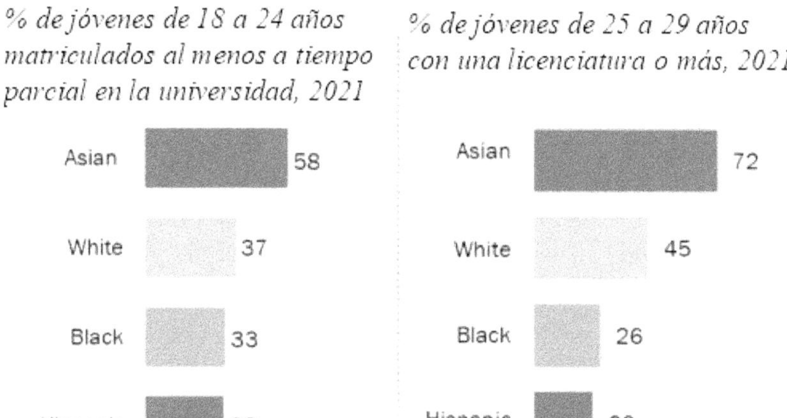


Nota: Los adultos blancos, negros y asiáticos son de una sola raza; los hispanos pueden pertenecer a cualquier raza.

Fuente: Análisis del Pew Research Center del Suplemento Social y Económico Anual de la Encuesta de Población Actual, March 201 (IPUMS); PEW RESEARCH CENTER.

Gráfico realizado por Lauren Mora, asistente de investigación especializada en estudios de raza y etnicidad en el Pew Research Center. *https://www.pewre-search.org/short-reads/2022/10/07/hispanic-enrollment-reaches-new-high-at-four-year-colleges-in-the-u-s-but-affordability-remains-an-obstacle/.*

# GRÁFICA 5

ALREDEDOR DE SIETE DE CADA DIEZ LATINO SIN TÍTULO UNIVERSITARIO MENCIONAN LA NECESIDAD DE MANTENER A SU FAMILIA Y EL COSTO COMO LAS PRINCPALES RAZONES POR LAS QUE NO CONTINUAN SUS ESTUDIOS

Entre los adultos que no tienen una licenciatura y no están matriculados en la escuela, el porcentaje que afirma que cada una de las siguientes es una razón mayor o menor por la que no obtuvieron un título de cuatro años: • *Necesitaba trabajar para ayudar a mantener a la familia* • *No podía costear una licenciatura de cuatro años* • *Simplemente no lo consideraron* • *No pensaron que serían aceptados en una universidad de cuatro años* • *No necesitaban más educación para el empleo/carrera que deseaban.*

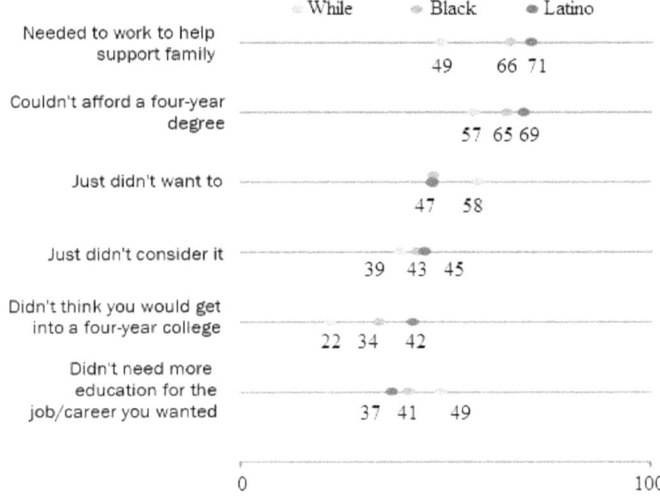


Nota: Los adultos blancos y negros son de una sola raza y no hispanos. Los hispanos pueden ser de cualquier raza. Los datos de adultos asiáticos no se muestran debido pequeño tamaño de la muestra.

Fuente: Encuesta del Pew Research Center a adultos n EE. UU. realizada del 18 al 24 de octubre de 2021; PEW RESEARCH CENTER

Gráfico realizado por Lauren Mora, asistente de investigación que se enfoca en estudios de raza y etnicidad en el Pew Research Center. *https://www.pew-research.org/short-reads/2022/10/07/hispanic-enrollment-reaches-new-high-at-four-year-colleges-in-the-u-s-but-affordability-remains-an-obstacle/.*

# GRÁFICA 6

## PROYECCIÓN DE LOS CRISTIANOS EN EE. UU. CAERÁ POR DEBAJO DEL 50 POR CIENTO SI CONTINÚAN LAS TENDENCIAS RECIENTES

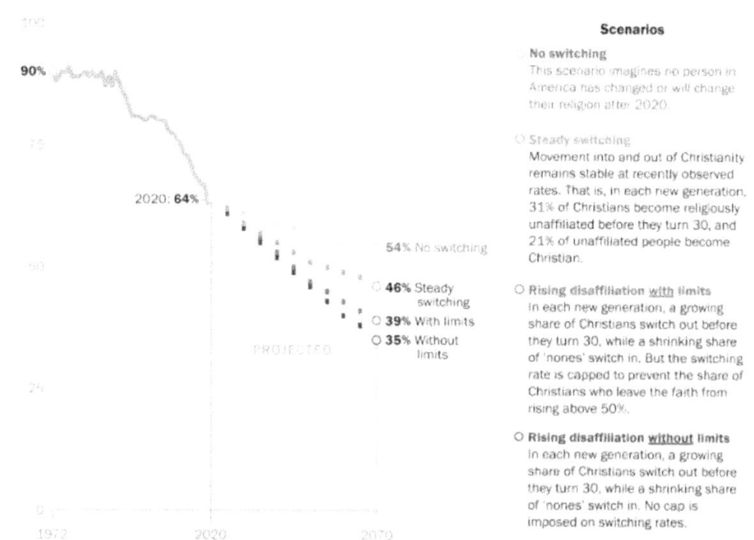


Nota: Gráfico realizado por el CENTRO DE INVESTIGACIÓN PEW, MODELANDO EL FUTURO DE LA RELIGIÓN EN AMÉRICA, 8 de septiembre, 2022. Señala los datos históricos que describen las tendencias entre los adultos, según las encuestas de adultos. La estimación de 2020 y las proyecciones posteriores muestran estadounidenses de todas las edades. En 2020, se estimó que la composición religiosa de las personas de todas las edades coincide aproximadamente con la composición de los adultos. Fuentes: Encuesta Social General (1972-2001); Encuesta del Centro de Investigación Pew (2007-2021); Proyecciones del Pew Research Center (2020-2070). "Modelando el futuro de la religión en Estados Unidos".
PEW RESEARCH CENTER

Gráfico realizado por el Centro de Investigación Pew, *Modelando el futuro de la en América*, 8 de septiembre, 2022. *https://www.pewresearch-org/religion/2022/09/13/modeling-the-future-of-religion-in-america/.*

# GRÁFICA 7

## LOS 'NINGUNOS' O 'NONES' ESTADOUNIDENSES SE ACERCARÁN A LA MAYORÍA PARA 2070 SI CONTINÚAN LAS TENDENCIAS DE LOS CAMBIOS RECIENTES

% Of Americans who are religiously unaffiliated

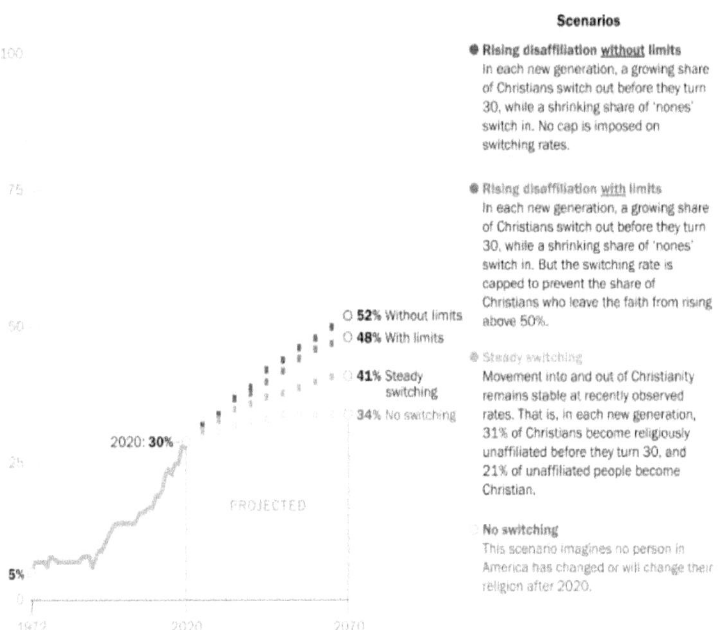


Nota: Señala los datos históricos que describen las tendencias entre los adultos, según las encuestas de adultos. La estimación de 2020 y las proyecciones posteriores muestran estadounidenses de todas las edades. En 2020, se estimó que la composición religiosa de las personas de todas las edades coincide aproximadamente con la composición de los adultos. Fuentes: Encuesta Social General (1972-2001); Encuesta del Centro de Investigación Pew (2007-2021); Proyecciones del Pew Research Center (2020-2070). "Modelando el futuro de la religión en Estados Unidos".
PEW RESEARCH CENTER

Gráfico realizado por el Centro de Investigación Pew, *Modelando el futuro de la religión en América*, 8 de septiembre de 2022. *https://www.pewresear-ch.org/religion/2022/09/13/modeling-the-future-of-religion-in-america/.*

# GRÁFICA 8

LA OPINIÓN DE LOS ESTADOUNIDENSES SOBRE EL ESTADO DE LOS VALORES MORALES EN LOS ESTADOS UNIDOS

¿Cómo calificaría el estado general de los valores morales en este país hoy en día, como excelente, bueno, regular o pobre?
- % Excellent/Good - % Only fair -- % Poor

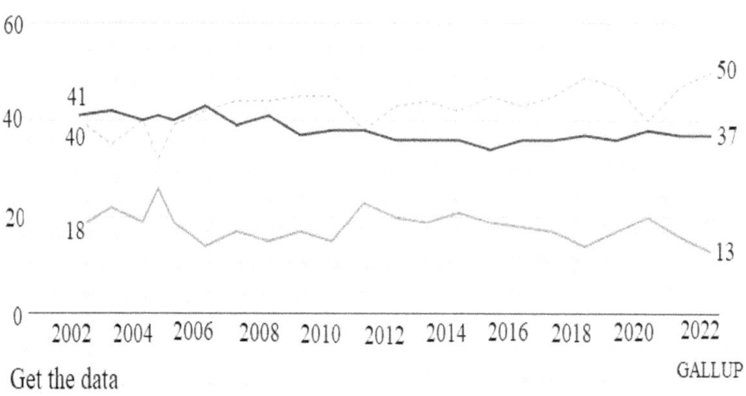


Nota: En el hallazgo, de la encuesta de valores y creencias de Gallup del 2 al 22 de mayo. Se destaca que el 50 por ciento de los americanos calificó el estado general de los valores morales en los EE. UU. como "pobre" y otro 37 por ciento dice que es "justo". Sólo el 1 por ciento lo consideró "excelente" y el 12% "bueno". Aunque las opiniones negativas sobre los valores morales de la nación han sido la norma a lo largo de la tendencia de 20 años de Gallup, la mala calificación actual es la más alta registrada por un punto porcentual.

Gráfico realizado por Megan Brenan & Nicole Willcoxon de la compañía Gallup, Inc. En el hallazgo, de la encuesta de valores y creencias de Gallup del 2 al 22 de mayo.

Nota: *El gráfico original fue publicado únicamente en inglés por Gallup, Inc. La versión en español aquí presentada corresponde a una traducción editorial realizada para fines de este libro.* https://news.gall-up.com-/poll/393659/record-high-americans-rate-moral-values-poor.aspx.

# GRÁFICA 9

OPINIONES DE LOS PARTIDISTAS SOBRE EL ESTADO DE LOS VALORES MORALES EN LOS ESTADOS UNIDOS
¿Cómo calificaría el estado general de los valores morales en este país hoy en día, como excelente, bueno, regular o pobre? (% Pobre)

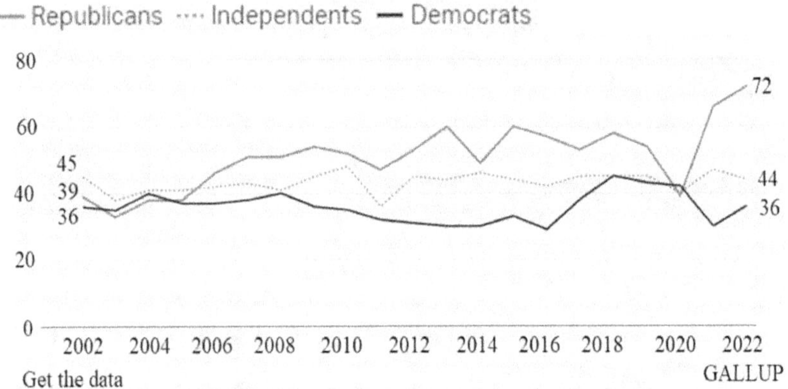


Nota: Se destaca que el 72 por ciento de los republicanos califica los valores morales de malo es su punto más alto desde el inicio de la tendencia y ha aumentado considerablemente desde que Trump dejó el cargo. El 31 por ciento de los demócratas es malo, un 48% regular y el 15% excelente o bueno. La opinión de los independientes es cercana a la de los demócratas, con un 44 por ciento que es mala, un 40 por ciento regular y un 11 por ciento excelente o buena.

Gráfico realizado por Megan Brenan & Nicole Willcoxon de la compañía Gallup, Inc. En el hallazgo, de la encuesta de valores y creencias de Gallup del 2 al 22 de mayo.

**Nota**: *El gráfico original fue publicado únicamente en inglés por Gallup, Inc. La versión en español aquí presentada corresponde a una traducción editorial realizada para fines de este libro.* https://news.gallup.com/poll/393659/record-high-americans-rate-moral-values-poor.aspx

# GRÁFICA 10

## OPINIÓN DE LOS ESTADOUNIDENSES SOBRE EL PRINCIPAL PROBLEMA CON EL ESTADO DE LOS VALORES MORALES, 2012 VS. 2022

En su opinión, ¿cuál es el problema más importante con el estado de los valores morales en el país hoy?

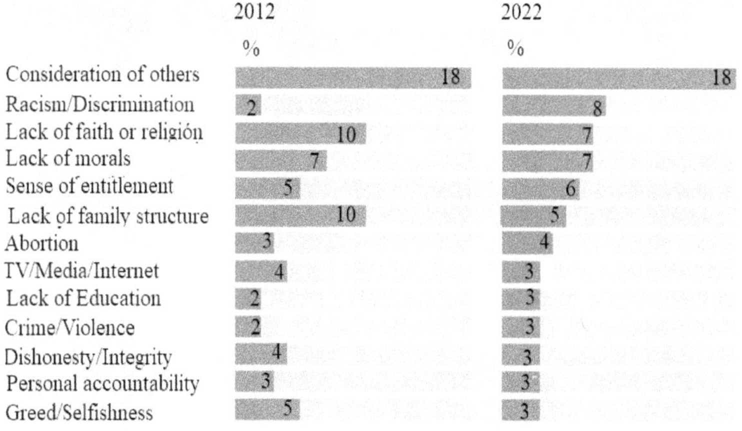


Issues with less than 3% of mentions in 2020 are not shown.
Get the data GALLUP

Nota: La respuesta más común no es a ningún tema que haya sido objeto de debate público o política social de la legislación en los últimos años, sino más bien en un aspecto más fundamental de la forma en que las personas se tratan entre sí. Más estadunidenses citan la consideración de los demás (18 por ciento) que cualquier otro, pero el racismo se ha convertido en un problema (8 por ciento).

Gráfico realizado por Megan Brenan & Nicole Willcoxon de la compañía Gallup, Inc. En el hallazgo, de la encuesta de valores y creencias de Gallup del 2 al 22 de mayo. *https://latino.ucla.e-du/wpcontent/uploads/2022/06/15-facts-about-Latino-Well-Being-FLORIDA-R1.pdf.*

# GRÁFICA 11

POBLACIÓN LATINA DE FLORIDA POR ASCENDENCIA, 2019

Porcentaje de la población latina total de Florida

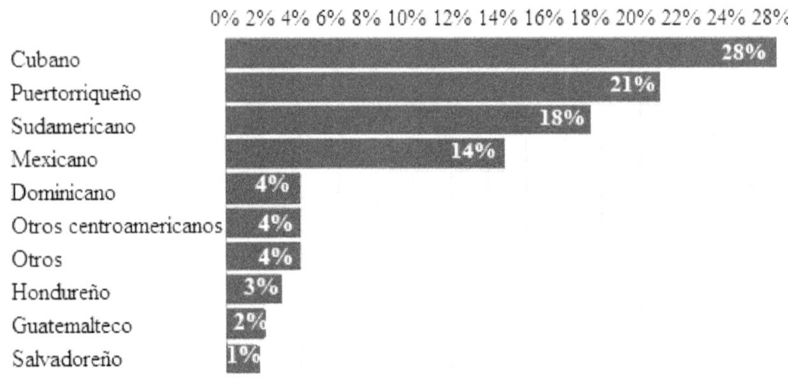


Nota: Los latinos son el segundo grupo racial y étnico más grande en Florida con el 21% de la población. Los latinos en Florida son jóvenes para el estado (29 años promedio). Los latinos de Florida son diversos, especialmente cuando se comparan con los latinos de EE. UU.

Creado con Datawrapper.
Fuente: análisis de LPPI de microdatos de uso público de la Encuesta sobre la Comunidad Estadounidense de 5 años de 2015-2019.

Gráfico producido por el equipo de investigación del instituto de Políticas Latinas de UCLA con la información recopilada de 15 datos sobre el bienestar de los latinos en Florida utilizando los datos de la Encuesta de la Comunidad Estadounidense de 2015-19.
*https://latino.ucla.edu/wpcontent-/uploads/2022/06/15-facts-about-Latino-Well-Being-FLORIDA-R1.pdf*

# GRÁFICA 12

POBLACIÓN DE LA FLORIDA CON UNA LICENCIATURA O MÁS POR RAZA Y ETNIA, 2019

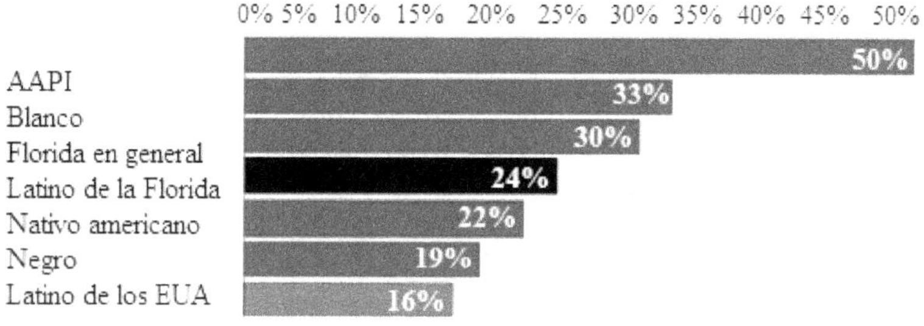


Nota: En Florida, los latinos nacidos en el estado (24%) tienen un nivel educativo superior al de los latinos a nivel nacional (16%), aunque aún se encuentran por debajo del promedio estatal (30%). Dentro de la población latina, el 21% de las latinas posee una licenciatura o un título superior, en comparación con el 23% de los hombres latinos. A nivel nacional, la brecha persiste, con el 18% de las latinas completando una licenciatura o un título superior, en comparación con el 15% de los hombres latinos. La participación en la fuerza laboral también es mayor entre los latinos: el 75% de los hombres latinos están en la fuerza laboral, 12 puntos porcentuales más que otros hombres en el estado, mientras que las latinas (58.9%) participan a tasas más altas que las mujeres en general. Los umbrales de pobreza son determinados por el gobierno de EE. UU. y varían según el tamaño de la familia y la edad de sus miembros.

Creado con Datawrapper
Fuente: análisis de LPPI de microdatos de uso público de la Encuesta sobre la Comunidad Estadounidense de 5 años de 2015-2019.

Gráfico producido por el equipo de investigación del instituto de Políticas Latinas de UCLA con la información recopilada de 15 datos sobre el bienestar de los latinos en Florida utilizando los datos de la Encuesta de la Comunidad Estadounidense de 2015-19. *https://latino.ucla.edu/wpcontent/up-loads/2022/06/15-facts-about-Latino-Well-Being-FLORIDA-R1.pdf.*

GRÁFICA 13

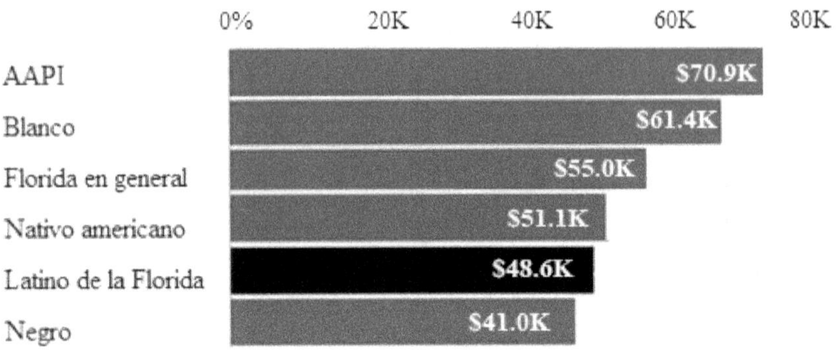


Nota: Los latinos de Florida tienen el segundo ingreso familiar promedio más bajo entre los principales grupos raciales y étnicos del estado ($48,600), situándose más de $7,000 por debajo del promedio estatal ($55,000). Solo la población negra presenta un ingreso promedio inferior.

Creado con Datawrapper
Fuente: análisis de LPPI de microdatos de uso público de la Encuesta sobre la Comunidad Estadounidense de 5 años de 2015-2019.

Gráfico producido por el equipo de investigación del instituto de Políticas Latinas de UCLA con la información recopilada de 15 datos sobre el bienestar de los latinos en Florida utilizando los datos de la Encuesta de la Comunidad Estadounidense de 2015-19.
*https://latino.ucla.edu/wpcontent/up-loads/2022/06/15-facts-about-Latino-Well-Being-FLORIDA-R1.pdf*

# GRÁFICA 14

POBLACION SIN SEGURO DE FLORIDA POR RAZA Y ETNIA, 2019

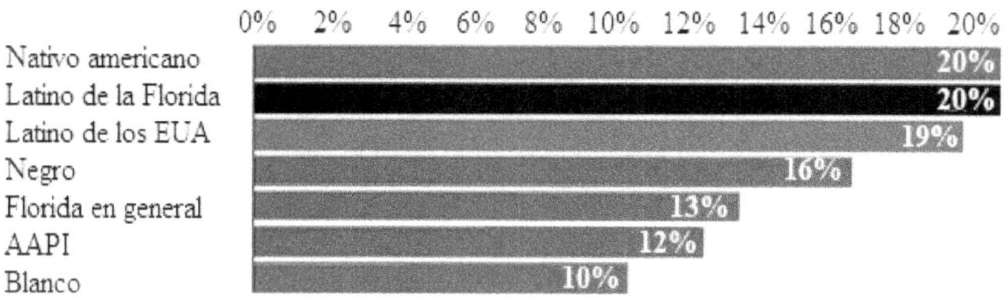


Nota: Los latinos tienen más probabilidades de no tener seguro en relación con otros grupos incluidos los nativos americanos (20 por ciento) que el resto. Entre los grupos de origen latino, aproximadamente la mitad de los guatemaltecos no tienen seguro, la mayor parte de cualquier grupo. Por el contrario, es más probable que los niños latinos tengan cobertura de Medicaid.

Creado con Datawrapper
Fuente: análisis de LPPI de microdatos de uso público de la Encuesta sobre la Comunidad Estadounidense de 5 años de 2015-2019.

Gráfico producido por el equipo de investigación del instituto de Políticas Latinas de UCLA con la información recopilada de 15 datos sobre el bienestar de los latinos en Florida utilizando los datos de la Encuesta de la Comunidad Estadounidense de 2015-19.
*https://latino.ucla.edu/wpcontent/up-loads/2022/06/15-facts-about-Latino-Well-Being-FLORIDA-R1.pdf*

# GRÁFICA 15

TASAS DE PROPIEDAD DE VIVIENDA EN FLORIDA
POR RAZA Y ETNIA, 2019

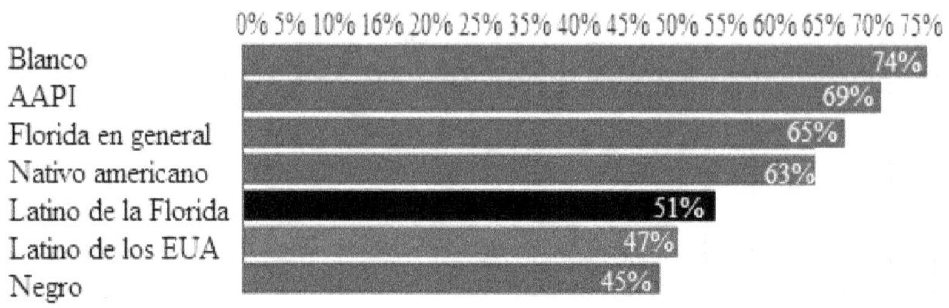


Nota: Los latinos tienen 14 puntos porcentuales menos de probabilidad de ser propietarios de una vivienda en relación con el estado (51% frente a 65% en todo el estado). A pesar de esta brecha, los latinos de Florida tienen más probabilidades de ser propietarios de una casa en comparación con los latinos de U.S. (51% frente a 47%).

Creado con Datawrapper.
Fuente: análisis de LPPI de microdatos de uso público de la Encuesta sobre la Comunidad Estadounidense de 5 años de 2015-2019.

Gráfico producido por el equipo de investigación del instituto de Políticas Latinas de UCLA con la información recopilada de 15 datos sobre el bienestar de los latinos en Florida utilizando los datos de la Encuesta de la Comunidad Estadounidense de 2015-19.
*https://latino.ucla.edu/wpcontent/up-loads/2022/06/15-facts-about-Latino-Well-Being-FLORIDA-R1.pdf*

# GRÁFICA 16

## LUGAR DE NACIMIENTO MÁS COMUNES EN EL EXTRANJERO DE HISPANOAMERICANOS RESIDENTES EN KENDALLE LAKES 2019

### POBLACIÓN TOTAL (32, 591 HISPANOS)

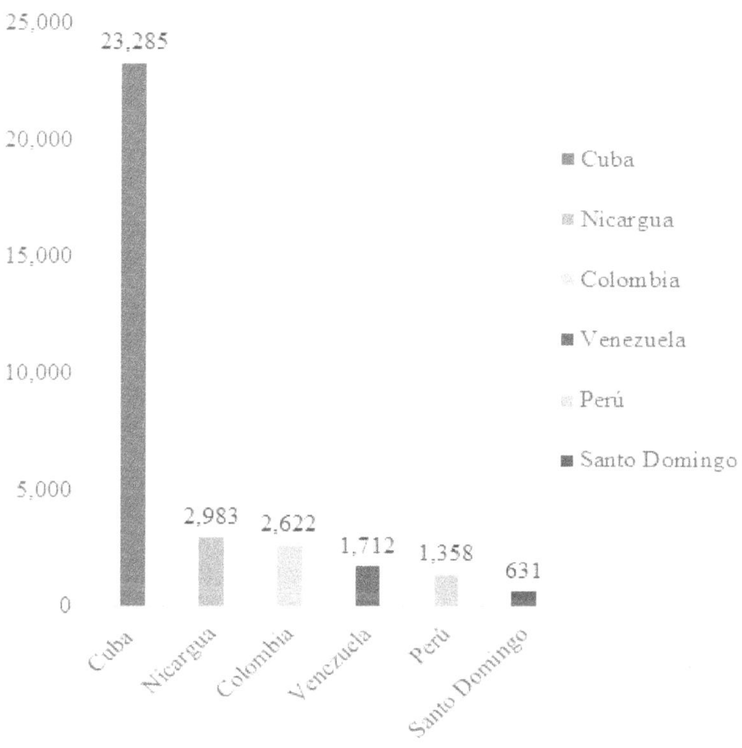


Gráfico realizado por el director del proyecto con los datos recopilados de la Tabla B05006 (Lugar de nacimiento de la población nacida en el extranjero en Kendale Lakes CDP, Miami-Dade County, FL), American Community Survey 2019, U.S. Census Bureau.

**Fuente:** Disponible en: *https://data.census.gov* — acceso mediante filtro geográfico (Place → Florida → Kendale Lakes CDP).

**Link:**
https://data.census.gov/table/ACSDT5Y2019.B05006?q=B05006+Kendale+Lakes+CDP+Florida

# GRÁFICA 17

## RELIGIOSIDAD DE LOS HISPANOS DE KENDALE LAKES EN 2019

### POBLACIÓN TOTAL (34, 300 HISPANOS)

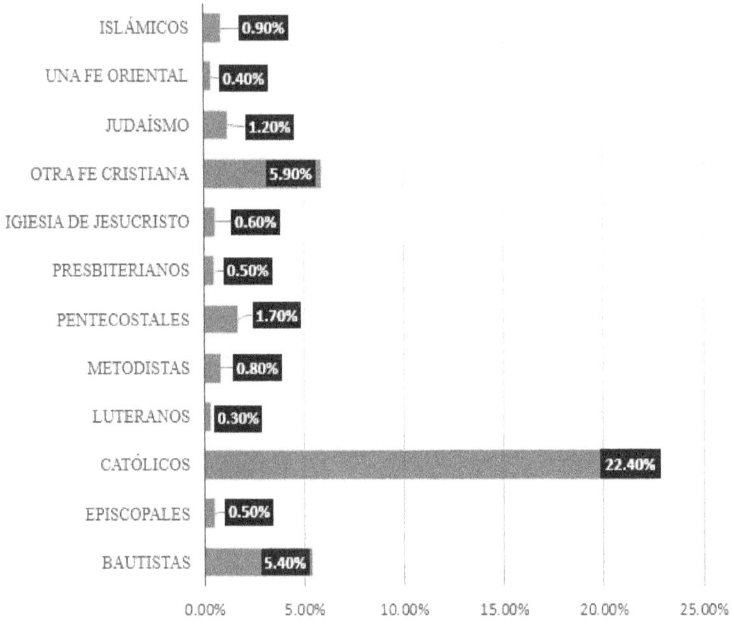


Gráfico realizado por el director del proyecto con los datos recopilados de las estadísticas de La ciudad Kendale Lakes, FL Houses, and Residents, febrero 1, 2020.

**Fuente complementaria:**
U.S. Religion Census 2020 (Religious Congregations & Membership Study - RCMS). *Miami-Dade County, Florida: congregations & adherents by body.* https://www.thearda.com/us-religion/census/congregational-membership?c=12086&t=0&y=2020&utm.

## GRÁFICA 18

DUALISMO EVANGÉLICO

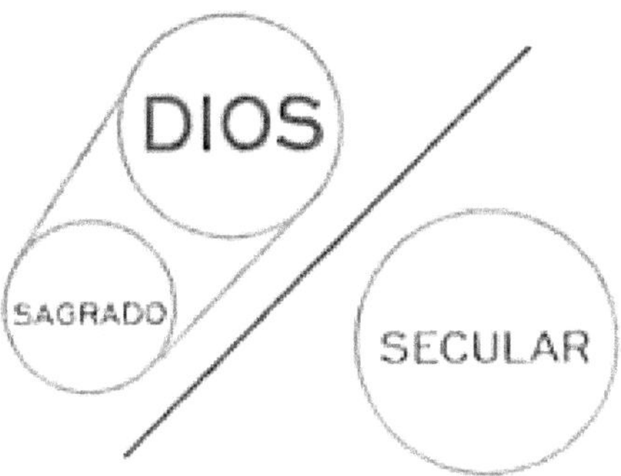


Gráfico realizado por el autor Darrow L. Miller, ed., *Vida, trabajo y vocación: Una Teología Bíblica del Quehacer Cotidiano,* 2a ed. trad. A. Pérez (Seattle, WA: Editorial JUCUM, 2017), 13.

Dualismo no Bíblico: Lugar de cruzada Espiritual

La iglesia evangélica moderna, en vez de proporcionar una cosmovisión que desafié el trágico empobrecimiento de los paradigmas animista y materialista, se ha retirado en gran medida de la vida pública y ha abandonado la cultura y la calle. En reacción al avance de la concepción secular en la sociedad moderna, buena parte del liderazgo de la iglesia a principios del siglo XX abandonó la cosmovisión Bíblica y adoptó la versión cristiana de la antigua cosmovisión dualista que divide el universo en la esfera spiritual, buena y santa, y la estera física, mala y profana. Las consecuencias son bien conocidas para muchos de nosotros. El cisma percibido entre el cielo y la tierra, el mundo espiritual y el físico, ha adoptado dos formas en el pensamiento cristiano sobre el trabajo: una "vocación superior" y un "campo para la actividad espiritual".

## GRÁFICA 19

UNA VOCACIÓN SUPERIOR

Gráfico realizado por el autor Darrow L. Miller, ed., *Vida, trabajo y vocación: Una Teología Bíblica del Quehacer Cotidiano*, 2a ed. trad. A. Pérez (Seattle, WA: Editorial JUCUM, 2017), 14.

Sostiene que el puesto de trabajo secular es una plataforma para la actividad spiritual. La idea es que, si no podemos ser obreros cristianos a tiempo completo, deberíamos hacer actividad espiritual en el lugar de trabajo. Según esta mentalidad, el celebrar estudios Bíblicos y reuniones de oración en el lugar de trabajo justifica nuestra existencia como cristianos no inmersos en la misión. Nos permite funcionar en el ámbito inferior porque estaremos llevando el ámbito superior al inferior. Pero este razonamiento sigue estando enmarcado por la dicotomía Bíblica, la percepción que uno tiene de estar viviendo en dos mundos.

# GRÁFICA 20

CAMPO DE ACTIVIDAD ESPIRITUAL

Gráfico realizado por el autor Darrow L. Miller, ed., *Vida, trabajo y vocación: Una Teología Bíblica del Quehacer Cotidiano*, 2a ed. trad. A. Pérez (Seattle, WA: Editorial JUCUM, 2017), 15.

No sólo pugnan con los cristianos en el campo profesional viviendo en dos mundos, también lo hacen en el despliegue. Cuando se percibe una división entre el llamado mundo espiritual y el secular, el trabajar en el extranjero pasa a ser el despliegue superior. Trabajar en su tierra sería el despliegue inferior. Muchos cristianos se sienten culpables de no trabajar en el extranjero porque ese es el llamamiento superior. Quedarse en casa significa ser un cristiano de segundo rango. Pero no bastaría con eso. Si se acepta este pensamiento no Bíblico, no bastaría con salir al extranjero. Según algunos, el trabajar en la Ventana 10/40, o entre grupos étnicos no evangelizados, es lo más spiritual, mientras que las misiones en otras culturas son sólo de segundo orden.

# GRÁFICA 21

LA IGLESIA DIVIDIDA POR EL SECULARISMO

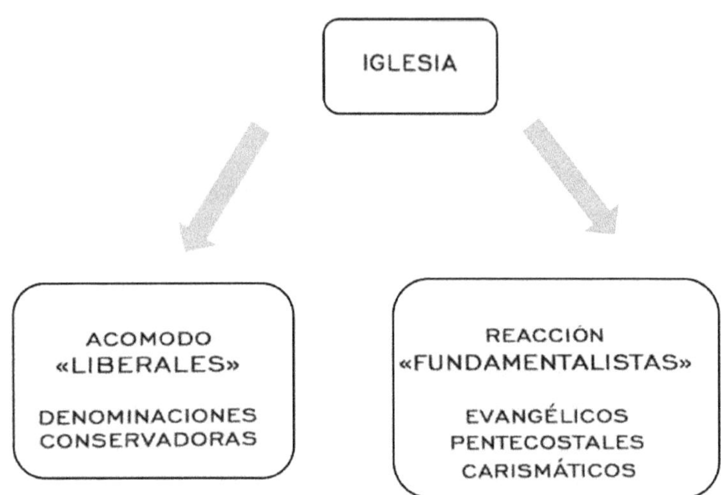


Gráfico realizado por Darrow L. Miller, ed., *Vida, trabajo y vocación: Una Teología Bíblica del Quehacer Cotidiano*, 2a ed. trad. A. Pérez (Seattle, WA: Editorial JUCUM, 2017), 33.

Para hacer frente al secularismo, la iglesia contaba básicamente con dos respuestas problemáticas. La primera era acomodarse al nuevo paradigma secular, y la segunda, rechazarlo y adoptar el antiguo paradigma griego. La iglesia estaba dividida.

# GRÁFICA 22

DICOTOMÍA GRIEGA

| | | | | |
|---|---|---|---|---|
| DOMINGO | SUPERIOR<br>MÁS<br>IMPORTANTE | GRACIA | ESPIRITUAL<br>(SAGRADO) | FE<br>TEOLOGÍA<br>ÉTICA<br>MISIONES<br>DEVOCIONES<br>EVANGELIO |
| DÍAS | INFERIOR<br>MENOS<br>IMPORTANTE | NATURALEZA | FÍSICA<br>(SECULAR) | RAZÓN<br>CIENCIA<br>COMERCIO/ECONOMÍA<br>POLÍTICA<br>ARTE/MÚSICA<br>SERVICIO FÍSICO<br>PAN |

Gráfico realizado por Darrow L. Miller, ed., *Vida, trabajo y vocación: Una Teología Bíblica del Quehacer Cotidiano*, 2a ed. trad. A. Pérez (Seattle, WA: Editorial JUCUM, 2017), 34.

Los fundamentalistas, en vez de defender la cosmovisión Bíblica, adoptaron la concepción griega. Los griegos separaban la esfera espiritual de la esfera física. Separaban gracia y naturaleza. Los cristianos adoptaron este paradigma gnóstico-dualista, separaron lo sagrado de lo secular, el domingo del lunes. Muchos se convirtieron en "cristianos dominicales" y abandonaron el concepto de ser también iglesia el lunes y llevar el reino de Dios a su vida laboral cada día de la semana, negando en la práctica que Cristo es soberano sobre la vida entera. Los fundamentalistas - precursores de los movimientos evangélicos, pentecostales y carismáticos- estimaban que la esfera spiritual era sagrada, y la secular, profana.

# GRÁFICA 23

## GNOSTICISMO EVANGÉLICO

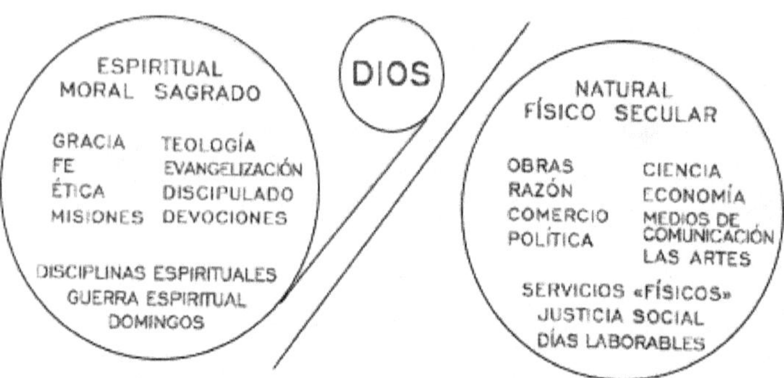


Gráfico realizado por Darrow L. Miller, ed., *Vida, trabajo y vocación: Una Teología Bíblica del Quehacer Cotidiano*, 2a ed. trad. A. Pérez (Seattle, WA: Editorial JUCUM, 2017), 35.

Como muchos pietistas antes que ellos, los fundamentalistas reemplazaron un cristianismo vigoroso e influyente en la cultura por una fe personal y privada, al priorizar lo espiritual sobre lo físico. Esto los llevó a convertirse en lo que el autor califica como gnósticos evangélicos.

Al restar importancia al ámbito secular, los evangélicos de la Segunda Herencia se enfocaron en las cosas espirituales, especialmente en la escatología del rapto y el inminente retorno de Jesucristo. Dwight L. Moody (1837-1899), evangelista y fundador del Instituto Bíblico Moody, percibió el avance del secularismo y concluyó que la venida de Cristo era inminente. Otro líder clave fue John Nelson Darby (1800-1882), anglo-irlandés y padre del moderno dispensacionalismo, que enfatizaba el arrebatamiento de la iglesia y el reino milenario de Cristo.

El impacto de las guerras mundiales debilitó el optimismo de la Ilustración y fomentó un anhelo de escape entre los cristianos, quienes veían el mundo en deterioro como señal del regreso de Cristo. Moody, Darby y sus seguidores promovieron una escatología dispensacional, argumentando que la condición del mundo confirmaba la cercanía del fin. En lugar de buscar la reforma social, este movimiento reforzó la idea de que la pecaminosidad humana evidenciaba la inminente venida de Jesús.

# GRÁFICA 24

LA VIDA EN DOS MUNDOS

PROFESIÓN

Gráfico realizado por Darrow L. Miller, ed., *Vida, trabajo y vocación: Una Teología Bíblica del Quehacer Cotidiano*, 2a ed. trad. A. Pérez (Seattle, WA: Editorial JUCUM, 2017), 36.

Se perdió la dinámica del Gran Avivamiento para transformar la sociedad. El movimiento evangélico de la Segunda Herencia se ocupó de la salvación personal y la fe privada. Se caracterizó por su anti-intelectualismo ("No preguntes; ¡cree no más!"), su abandono de la cultura y su retirada del mundo.

Los gnósticos evangélicos retornaron al paradigma dualista anterior a la Reforma. La obra religiosa, la del pastor, evangelista, misionero y fundador de iglesia, era considerada una vocación superior a la del empleo secular, como lo había sido en la Edad Media. La gente que querían ser piadosa se ofrecía al servicio cristiano "a tiempo completo". El trabajo "secular" era a menudo estigmatizado por los que realizaban una labor "espiritual". Se actuó una vez más en dos mundos distintos.

## GRÁFICA 25

Las sociedades modernas están profundamente divididas:

ESFERA PRIVADA
Preferencias personales

---

ESFERA PÚBLICA
Conocimiento científico

En suma, la esfera privada flota en el relativismo moral. Note el término clave que usa Berger "preferencia religiosa". La religión no es considerada como una verdad objetiva a la cual uno se somete, sino una cuestión de gusto personal que escoge. Debido a esto, la dicotomía se denomina a veces división hecho/valor.

Los valores han quedado reducidos a decisiones arbitrarias existenciales:

VALORES
Elección individual

---

HECHOS
Obligan a todos

Nota: Como explica Schaeffer, el concepto de verdad se ha escindido -proceso que él ilustra con la figura de un edificio de dos plantas: la planta baja está ocupada por la ciencia y la razón, consideradas verdad pública, que es vinculante para todos. Sobre ella hay una planta superior de experiencia no cognitiva, lugar donde se asienta el sentido personal. Es la esfera de la verdad privada, donde se oye a la gente decir: "eso será verdad para ti, pero no para mí" *(Pearcey, 19)*

Como dice Phillip Johnson, la separación (hecho/valor) "permite a los naturalistas metafísicos apaciguar a los creyentes potencialmente fastidiosos asegurándoles que la ciencia no elimina la "creencia religiosa" (en tanto en cuanto pretenda ser conocimiento)". *Leslie Newbigin,* advirtió que la idea de división de la verdad es el factor principal que actúa en "la cautividad cultural del Evangelio". Atrapa al cristianismo en el piso superior de los valores privados e impide que cause efecto en la cultura pública. *(Pearcey, 20)*

Gráfico realizado por Nancy Pearcey, Verdad total: Libera el cristianismo de su cautiverio cultural (Editorial JUCUM, 2014), 19-20.

# GRÁFICA 26

La teoría de la verdad de las dos esferas:

PLANTA SUPERIOR
No racional, no cognitiva

---

PLANTA BAJA
Racional, verificable

Cuando Schaeffer escribió esto, el término moderno posmodernismo no había sido aún acuñado, pero es obvio que se refería a él. Hoy podríamos decir, según Pearcey, que en la planta baja se halla el modernismo, que aún reclama tener verdad universal, objetiva, mientras que en la planta superior se sitúa el posmodernismo.

Los dos niveles actuales de la verdad:

POSMODERNISMO
Subjetiva, relativa a grupos particulares

---

MODERNISMO
Objetiva, universalmente válida

Nota: Como explica Schaeffer, el concepto de verdad se ha escindido en un proceso que él ilustra con la figura de un edificio de dos plantas: la planta baja está ocupada por la ciencia y la razón, consideradas verdad pública, que es vinculante para todos. Sobre ella hay una planta superior de experiencia no cognitiva, lugar donde se asienta el sentido personal. Es la esfera de la verdad privada, donde se oye a la gente decir: "eso será verdad para ti, pero no para mí". Es muy importante aprender a reconocer esta división, ya que es el arma más potente para deslegitimizar hoy la perspectiva Bíblica en el ámbito público.

Gráfico realizado por Nancy Pearcey, *Verdad total: Libera el cristianismo de su cautiverio cultural* (Editorial JUCUM, 2014), 20.

# GRÁFICA 27

## CAJA DE HERRAMIENTAS BÍBLICA

### CREACIÓN

El mensaje cristiano comienza con "En el principio creó Dios los cielos y la tierra". La Biblia enseña que Dios es la única fuente del orden creado, estableciendo las leyes que rigen tanto la naturaleza física como la humana. Su palabra es el fundamento de la moralidad, la justicia, la economía, las artes y el pensamiento lógico. Por eso el Salmo 119:91 declara: "todas las cosas te sirven". No existe un ámbito filosófico o espiritual que sea neutral.

### CAÍDA

Así como la Creación es universal, también lo es la Caída. La Biblia enseña que toda la creación, incluida la mente humana, participa en la rebelión contra Dios. Este efecto, conocido como "noético", distorsiona la comprensión del mundo sin la Gracia de Dios (2 Co. 4:4; Ef. 4:18). Aunque los incrédulos operan dentro de la creación divina y descubren conocimientos verdaderos, su cosmovisión está deformada. El pensamiento cristiano debe ser crítico y constructivo, pues la erudición secular actúa como si la Caída nunca hubiese ocurrido.

### REDENCIÓN

Por último, la Redención es tan comprehensiva como la Creación y la Caída. Dios salva nuestra alma y mente. Redime la persona total. La conversión es dar nuevo sentido a nuestros pensamientos, emociones, voluntad y hábitos. Pablo nos insta a dar todo nuestro ser a Dios en "sacrificio vivo" para que no nos "conformemos a este mundo" sino (Ro 12:1-2) "seamos transformados por medio de la renovación del entendimiento". En la redención, todas las cosas son hechas nuevas (2 Co 5:17). Dios promete darnos "un corazón y un espíritu nuevos" (Ez 31:21), y anima todo nuestro ser con vida nueva. Esto es por qué la Biblia trata el pecado separado de Dios para servir a otros dioses. El primer mandamiento (Mt. 22:37) es, al fin y al cabo, el primer mandamiento. La redención es echar fuera los ídolos mentales y volver al Dios real. Y esto, hace que se note un poder que transforma y renueva cada aspecto de la vida. La cosmovisión cristiana es que toda su vida se centra en Dios y redifica sobre su verdad revelada.

Nancy Pearcey, *Verdad total: Libera el cristianismo de su cautiverio cultural* (Editorial JUCUM, 2014), 41-49.

# GRÁFICA 28

Dos enfoques del dualismo platónico que se representar como sigue:

FORMA
Razón eterna

---

MATERIA
Flujo eterno sin forma

(1) Desde una perspectiva Bíblica, el problema del dualismo platónico es que identifica la fuente del mal con la materia, dividiendo la creación en dos: lo espiritual (bueno) y lo material (malo). Esto contradice la cosmovisión Bíblica, que enseña que nada es eterno fuera de Dios y que la materia no tiene propiedades independientes que resistan su poder. Dios creó todo y tiene absoluto control sobre su obra, según la doctrina de la creación ex nihilo.

La Escritura presenta el dilema humano como moral: hemos violado los mandatos de Dios. En cambio, los griegos lo plantearon como metafísico, al considerar que el problema radica en nuestra naturaleza material. Desde esta perspectiva, la vida religiosa buscaba eliminar lo material y huir de él. Esto llevó a concebir la vocación cristiana separada de la vida común y la comunidad. Agustín adaptó la idea de la creación dual, enseñando que Dios creó primero las Formas platónicas ininteligibles y luego el mundo material como su reflejo.

Nancy Pearcey, *Verdad total: Libera el cristianismo de su cautiverio cultural* (Editorial JUCUM, 2014), 80-83.

(2) Agustín encontró en Platón un marco conceptual para expresar su fe cristiana. La teoría de las Formas resonaba con su visión de Dios como Verdad Suprema. Para él, alcanzar la verdad significaba entrar en la interioridad del alma, donde el conocimiento de lo Absoluto permitía juzgar lo relativo. Según su pensamiento, el ser humano era un dualismo de cuerpo y alma, y la mente, iluminada por Dios, podía comprender las realidades eternas.[247]

# GRÁFICA 29

Dos enfoques sobre Aristóteles y Tomás de Aquino. La reelaboración de los dos niveles de Aquino se puede esquematizar así:

GRACIA
Aditamento sobrenatural

---

NATURALEZA
Ideal o meta incorporada

Tomás de Aquino definió la naturaleza de las cosas como inmanente, lo que implicaba que el mundo podía alcanzar su propósito por sí mismo, sin depender de Dios. Esto planteaba una cuestión crucial para los seres humanos: ¿es el propósito de la vida meramente terrenal, o necesitamos una relación con Dios para realizarnos plenamente?

La respuesta Bíblica es que toda la creación está ordenada hacia Dios, como reconocía Aquino. Para conciliar esta verdad con la filosofía aristotélica, mantuvo el concepto de naturaleza en un nivel inferior y añadió en un nivel superior la Gracia sobrenatural. Así, además de sus facultades naturales, el ser humano recibió de Dios un don sobrenatural que le permite mantenerse en relación con Él. La "pura naturaleza" debía ser complementada por la Gracia.

Nancy Pearcey, *Verdad total: Libera el cristianismo de su cautiverio cultural* (Editorial JUCUM, 2014), 83-84

Aquino adoptó la noción aristotélica de que el conocimiento puede adquirirse mediante la observación y la razón, considerándolos compatibles con la revelación divina. En *Summa Theologiae*, mostró que fe y razón no solo se complementan, sino que juntas conducen a la verdad. Su uso del aristotelismo no fue retrógrado, sino una innovación clave para la filosofía escolástica y su evolución futura.[248]

## GRÁFICA 30

Versión kantiana del doble ámbito de la teoría de la verdad:

LIBERTAD
El Yo autónomo

---

NATURALEZA
La máquina universal newtoniana

Para Kant, la naturaleza dejó de ser la visión aristotélica de Tomás de Aquino y pasó a ser la máquina determinista de la física newtoniana. Como afirmó: "Todo lo que ocurre debe estar infaliblemente determinado por las leyes de la naturaleza". Sin embargo, también percibió la reacción romántica contra este determinismo, por lo que situó la libertad en un nivel superior. Comprendió que la visión mecanicista del universo resultaba insoportable para artistas, escritores y pensadores religiosos. Si todo era una máquina, no habría espacio para la creatividad, la moralidad o el espíritu. La ciencia de la Ilustración, con su universo mecánico, comenzaba a oponerse a los valores humanos.

Nancy Pearcey, *Verdad total: Libera el cristianismo de su cautiverio cultural* (Editorial JUCUM, 2014), 111-112.

El costo de la *síntesis kantiana* fue la imposibilidad de conocer la realidad en sí misma. Si todo conocimiento está estructurado por categorías a priori, solo se conocen los fenómenos, no los noúmenos. La realidad última, incluido Dios, queda fuera de nuestro alcance, reduciendo el conocimiento a meras apariencias. Así, el sistema de Kant desemboca en el agnosticismo filosófico. Aunque creía en Dios, sostenía que su existencia no podía probarse, ya que consideraba inválidos los argumentos cosmológico, teleológico y ontológico. [249]

### Dimensión teológica o espiritual

Algunos filósofos cristianos como C. S. Lewis en *Mere Christianity*, IV.5, pp. 153–157) adaptan esta idea para decir que: El noúmeno apunta a la realidad trascendente —Dios, el alma, lo eterno— que existe más allá del mundo fenoménico, pero que solo puede conocerse por revelación, no por observación.

En ese sentido, el noúmeno se asocia con la dimensión invisible de la realidad, algo que la ciencia no puede medir, pero que la fe puede afirmar.

# GRÁFICA 31

La terminología que predomina hoy es: hecho frente a valor:

VALOR
Sentido socialmente construido

---

HECHO
Verdad públicamente verificable

La separación entre hecho y valor se consolidó en el siglo XIX con el darwinismo. Aunque Kant y otros habían especulado sobre un origen naturalista del universo, Darwin proporcionó el mecanismo que completó esta visión, otorgando al naturalismo una filosofía integral. Por ello, Richard Dawkins afirma que "Darwin logró que fuera posible ser ateo intelectualmente realizado", ya que antes no existía una cosmovisión completa. Si la evolución produjo la mente humana, entonces la religión y la moralidad dejarían de ser verdades trascendentes, quedando separadas de la historia, la ciencia y la razón.

Nancy Pearcey, *Verdad total: Libera el cristianismo de su cautiverio cultural* (Editorial JUCUM, 2014), 115.

Muchos científicos y expertos en biología evolutiva actuales, como Richard Dawkins, Francisco Ayala y Neil Shubin, han hablado sobre las áreas de indecisión y las preguntas sin respuesta en relación con la evolución y la aparición de la vida.

Para Francisco Ayala, el mayor logro de Darwin fue explicar la complejidad biológica sin necesidad de una inteligencia diseñadora. En contraste, el Diseño Inteligente busca patrones en los sistemas biológicos que sugieran diseño, desafiando así al darwinismo y otros enfoques materialistas sobre el origen de la vida.

Richard Dawkins, en *The Blind Watchmaker*, sostiene que "la biología estudia cosas complicadas que parecen diseñadas con un propósito". Francis Crick, en *What Mad Pursuit*, advierte a los biólogos que recuerden que lo que observan "no ha sido diseñado, sino que ha evolucionado."[250]

# GRÁFICA 32

## LA COSMOVISIÓN DEL VECINO

La apologética no sólo incluye la defensa de la fe cristiana, sino también la crítica de otras creencias o cosmovisiones. Parte de la tarea de la evangelización consiste en liberar a la gente de cosmovisiones falsas diagnosticando los puntos en los que no se corresponden con la realidad. Al igual que Isaías tuvo que argüir contra los ídolos de madera en los tiempos del Antiguo Testamento, mostrando cuán estúpido era inclinarse ante la obra de las propias manos (Is 44: 6ss), así hoy tenemos que derribar los ídolos conceptuales que retienen cautivos a muchas personas.

Una manera maravillosamente simple y eficaz de comparar cosmovisiones es aplicar el mismo esquema de Creación, Caída y Redención. En resumidas cuentas, toda cosmovisión o ideología debe responder a tres series de preguntas:

1. CREACIÓN: Por lo que toca a la cosmovisión, la Creación hace referencia a los orígenes últimos. Toda cosmovisión o filosofía tiene que empezar con una teoría de los orígenes: ¿De dónde vino todo? ¿Quiénes somos y cómo llegamos aquí?
2. CAÍDA: Toda cosmovisión ofrece también una réplica a la Caída, una explicación de la fuente del mal y del sufrimiento. ¿Qué se torció en el mundo? ¿Por qué hay guerras y conflictos?
3. REDENCIÓN: Finalmente, para instalarse en el corazón de la gente, toda cosmovisión tiene que infundir esperanza ofreciendo una visión de la Redención -un plan para revertir la "Caída" y poner el mundo del derecho.

Apliquemos el esquema tripartito a diversas cosmovisiones. A continuación, se presentarán descripciones y extractos representativos. Mientras lee, reflexione sobre cómo dividir estas ideas en *Creación, Caída y Redención.*

Nota: La concepción de la naturaleza humana es un aspecto clave de la Creación, ya que siempre se define en relación con Dios o con la realidad última. A continuación, se muestran dos ejemplos de este esquema (ver *gráfica 33 y 34*), aplicable a cualquier cosmovisión.

Nancy Pearcey, *Verdad total: Libera el cristianismo de su cautiverio cultural* (Editorial JUCUM, 2014), 145.

# GRÁFICA 33

El marxismo acopla las tres categorías de Creación, Caída y Redención

El marxismo ha sido calificado como una herejía religiosa y sigue siendo una filosofía influyente. Aunque el Telón de Acero cayó, su impacto persiste en muchas partes del mundo.

¿Cómo analizaría usted el pensamiento de Marx acerca de la Creación, la Caída y la Redención?

| CREACIÓN<br>P: ¿Cuál es la contraparte del marxismo a la Creación, el origen primario de todas las cosas?<br>R: *Materia auto-creada, autogenerada*<br>CAÍDA<br>P: ¿Cuál es la versión marxista de la Caída, el origen del sufrimiento y la opresión?<br>R: *El surgimiento de la propiedad privada*<br>REDENCIÓN<br>P: ¿Cómo propone el marxismo volver a poner el mundo al derecho?<br>R: *¡Revolución! Derrocar a los opresores y recrear el paraíso original del comunismo primitivo* |
|---|

Robert G. Wesson (*¿Why Marxism?*, 25) describe la revolución marxista como un "Día del Juicio" donde la burguesía es condenada, usando incluso la expresión *Dies Irae*. Klaus Bockmuehl (*The Challenge of Marxism*, 17) lo define como un plan para crear "una nueva humanidad y un nuevo mundo", una visión secularizada del reino de Dios. Leslie Stevenson y David L. Haberman (*Ten Theories of Human Nature*, 147) afirman que ha sido, para muchos, "una fe secular y una concepción de salvación social".

Nancy Pearcey, *Verdad total: Libera el cristianismo de su cautiverio cultural* (Editorial JUCUM, 2014), 147-148.

# GRÁFICA 34

La Nueva Era

Cuando el pensamiento oriental llegó a EE.UU. en los años 60, se fusionó con elementos occidentales, dando origen a la Nueva Era, aunque su núcleo panteísta se mantiene. Apliquemos el esquema tripartito a esta cosmovisión

¿Cómo analizaría usted el pensamiento de la Nueva Era acerca de la Creación, la Caída y la Redención?

| CREACIÓN<br>P: ¿Cuál es la realidad última, el origen de todas las cosas, en el panteísmo de la nueva era?<br>R: *El Absoluto, el Uno, la Esencia del Espíritu Universal*<br>CAÍDA<br>P: En el panteísmo, ¿cuál es la causa del mal y del sufrimiento?<br>R: *El sentido de individualidad*<br>REDENCIÓN<br>P: ¿Cómo resuelve el panteísmo el problema del mal y el sufrimiento?<br>R: *Reuniéndose con la Esencia Espiritual Universal de la que todos procedemos* |
|---|

Las prácticas religiosas orientales buscan la unión con el dios interior, promoviendo la idea de que todos somos dios. Esto explica la variedad de técnicas en la Nueva Era: yoga, meditación, tarot, cristales y visualización, todas con el mismo propósito: disolver el yo y recuperar la percepción de la unidad universal.

Analizar cosmovisiones es clave para protegernos y guiar a nuestros hijos ante filosofías engañosas.

Nancy Pearcey, *Verdad total: Libera el cristianismo de su cautiverio cultural* (Editorial JUCUM, 2014), 158-159.

GRÁFICA 35

GOTHAM FELLOWSHIP

Gotham
Fellowship

Capacitación de líderes
Iniciativa del espíritu
emprendedor

Grupos vocacionales
Retiros y clases
Publicaciones literarias
Representaciones y exhibiciones artísticas

COMPROMISO

Clases
Actividades de clubes culturales
Conferencia sobre la cultura y el evangelio

NÚMERO DE PERSONAS

Gráfico realizado por Timothy Keller, *Toda buena obra. Conectando tu trabajo con la obra de Dios*, eds., (Nashville: B&H Publishing Group, 2020), 244-245.

Gotham Fellowship (llamado así por el sobrenombre Gotham que Washington Irving usó para referirse a la ciudad de Nueva York) es un programa de desarrollo de liderazgo y teológico que dura nueve meses, diseñado para jóvenes profesionales en todas las vocaciones. Al estudiar las fuentes originales como Agustín, Calvino, Owen y Lutero, los colegas adquieren habilidades para aplicar el Evangelio a sus corazones, sus relaciones y al entendimiento de su vocación. El programa desarrolla los marcos teológicos y las prácticas espirituales que pueden emplearse en las situaciones de la vida real de sus trabajos. En su quinto año, Gotham Fellowship tiene más de cien exalumnos que sirven en la iglesia y en sus perfiles de trabajo, y que continúan reuniéndose de manera periódica "... a fin de estimular[se] al amor y a las buenas obras" (He. 10:24).

# APÉNDICE B

## LISTA DE TABLAS

## TABLA 1

### POBLACIÓN Y CRECIMIENTO DE LOS CONDADO MAS Y MENOS POBLADOS EN FLORIDA, ASÍ COMO SOBRE LOS CONDADOS CON CRECIMIENTO RAPIDO Y DECRECIMIENTO.

Población y Crecimiento de los Condados en Florida (2024)

| Condado | Población 2024 | Crecimiento Poblacional | Notas Adicionales |
|---|---|---|---|
| Miami-Dade | 2,751,791 | 10.2% | El condado más poblado de Florida |
| Broward | 1,935,878 | - | Segundo condado más poblado |
| Palm Beach | 1,471,150 | - | |
| Hillsborough | 1,381,127 | - | |
| Orange | 1,323,598 | 17.7% | Mayor crecimiento entre los más poblados |
| Sumter | 125,115 | 34% | Mayor crecimiento en FL |
| Osceola | - | 31.1% | |
| St. Johns | - | 28.3% | |
| Bradford | 21,728 | -5.2% | Mayor reducción en números |
| Liberty | 8,242 | -1.5% | Menos poblado de FL |
| Lafayette | 8,451 | -4.7% | |
| Franklin | 11,727 | 1.5% | Aumento de población |
| Glades | 13,754 | 1.8% | Aumento de población |

Tabla que resume las estadísticas clave de población y tasas de crecimiento para los condados mencionados, proporcionando una visión clara de las dinámicas demográficas dentro del estado de Florida.

# TABLA 2

## POBLACIÓN DEL CONDADO DE MIAMI- DADE, ABARCANDO EDUCACIÓN, INGRESOS, POBREZA, EMPLEO, MATRIMONIO Y DATOS SOBRE VETERANOS.

### Educación por Raza en el Condado de Miami-Dade

| Raza | Total | Graduados de Secundaria | Licenciaturas |
|---|---|---|---|
| Hispanos | 1,314,512 | 1,094,411 | 412,381 |
| Dos o más razas | 584,772 | 483,591 | 182,998 |
| Negros o afroamericanos | 280,995 | 228,595 | 55,131 |
| Blancos | 230,810 | 220,717 | 127,317 |
| Otra raza | 122,841 | 95,722 | 32,338 |
| Asiáticos | 31,888 | 29,089 | 19,429 |
| Nativos Americanos | 4,157 | 3,128 | 820 |
| Isleños | 421 | 344 | 101 |

### Ingresos por Nivel Educativo y Género en el Condado de Miami-Dade

| Nivel Educativo | Ingresos Promedio Total | Hombres | Mujeres |
|---|---|---|---|
| Total | \$39,374 | \$43,774 | \$34,119 |
| Menos del 9º grado | \$25,932 | \$30,290 | \$21,112 |
| Graduado de Secundaria | \$31,125 | \$35,111 | \$21,079 |
| Algo de Universidad | \$38,952 | \$44,281 | \$34,098 |
| Licenciatura | \$51,211 | \$58,881 | \$45,949 |
| Título de Postgrado | \$71,942 | \$87,270 | \$12,931 |

### Tasas de Pobreza y Empleo en el Condado de Miami-Dade

| Categoría | General | Hombres | Mujeres |
|---|---|---|---|
| Pobreza Total | 15.21% | 13.19% | 11.71% |
| Pobreza Isleños | 21.44% | - | - |
| Pobreza Blancos | 10.27% | - | - |

| Categoría | General | Hombres | Mujeres |
|---|---|---|---|
| Desempleo | - | 25.55% | 27.18% |
| Empleo | - | 5.34% | 1.91% |

Datos de Matrimonio y Veteranos en el Condado de Miami-Dade

| Categoría | General | Hombres | Mujeres |
|---|---|---|---|
| Tasa de Matrimonio | 42.9% | 41.3% | 39.1% |
| Veteranos Total | 41,102 | 41,127 | 4,975 |
| Fuerza Laboral Veteranos | - | 13.8% | - |
| Empleo Veteranos | - | 10.8% | - |
| Desempleo Veteranos | - | 4.1% | - |

Tabla realizada para ofrecer un resumen visual claro y accesible de los principales ítems señalados arriba sobre el condado de Miami-Dade.

# TABLA 3

## INFORMACIÓN DETALLADA DE DATOS ECONÓMICOS Y DEMOGRÁFICOS DEL CONDADO MIAMI-DADE EN COMPARACIÓN CON LOS PROMEDIOS DE EE. UU.

| Categoría | Miami-Dade, Florida | Estados Unidos |
|---|---|---|
| Tasa de Desempleo | 8.2% | 1% |
| Crecimiento de Empleo Reciente | -11.1% | -1.2% |
| Crecimiento de Empleo Futuro | 38.0% | 33.5% |
| Impuestos sobre Ventas | 7.0% | 1.2% |
| Impuesto sobre la Renta | 0.0% | 4.1% |
| Ingreso per Cápita | $31,813 | $37,138 |
| Ingreso Medio del Hogar | $57,815 | $19,021 |
| Ingreso Medio Familiar | $14,190 | $85,028 |
| Población por Ocupación | | |
| Agricultura, silvicultura, pesca, caza | 0.1% | 1.2% |
| Minería, extracción de canteras, petróleo y gas | 0.0% | 0.5% |
| Construcción | 8.5% | 1.8% |
| Manufactura | 4.4% | 10.0% |
| Comercio al por mayor | 3.4% | 2.5% |
| Comercio al por menor | 11.0% | 11.0% |
| Transporte y almacenamiento | 7.9% | 4.8% |
| Utilidades | 0.5% | 0.8% |
| Información | 1.8% | 1.9% |
| Finanzas y seguros | 4.1% | 4.7% |
| Bienes raíces, alquiler, leasing | 3.3% | 1.9% |
| Servicios profesionales, científicos, técnicos | 7.1% | 7.1% |
| Gestión de empresas | 0.1% | 0.1% |
| Servicios administrativos, soporte, gestión de residuos | 5.9% | 4.2% |
| Servicios educativos | 7.2% | 9.3% |
| Asistencia sanitaria y social | 13.3% | 14.0% |

| Categoría | Miami-Dade, Florida | Estados Unidos |
|---|---|---|
| Artes, entretenimiento, recreación | 2.0% | 2.1% |
| Alojamiento y servicios de comida | 8.4% | 7.0% |
| Otros servicios | 5.9% | 4.8% |
| Administración pública | 3.5% | 4.7% |

Tabla de estadísticas clave sobre economía y ocupación en Miami-Dade comparadas con el promedio nacional, ofreciendo una perspectiva detallada de los impuestos, ingresos y distribución laboral de la población.

TABLA 4

## DÓNDE ESTAS Y A DÓNDE VAS

| Dónde estás | Dónde vas |
|---|---|
| Cambiar de (iglesia tradicional) | Cambiar a (Movimiento de plantación de iglesias) |
| 1. La salvación individual | El Evangelio lo cambia todo (Los corazones, la comunidad y el mundo) |
| 2. Ser bueno | Ser salvo |
| 3. La gracia barata | La Gracia cara (conciencia de nuestro pecado) |
| 4. El cielo está allá arriba | Cristo vendrá otra vez, a esta tierra |
| 5. Dios es valor añadido para nosotros | En la providencia de Dios, podríamos contribuir a Su trabajo en la tierra |
| 6. Los ídolos de este mundo | Vivir para Dios |
| 7. El desprecio de este mundo | Participar en este mundo |
| 8. La reducción en todas las formas de intercambio social | Aceptar la comunidad |
| 9. Las personas importa | Las instituciones importan |
| 10. La superioridad cristiana | Dios puede trabajar a través de quien Él quiera (la gracia común) |

Gráfico realizado por la Iglesia "Redeemer Presbyterian Church". Timothy Keller, Toda buena obra. Conectando tu trabajo con la obra de Dios", eds., (Nashville: B&H Publishing Group, 2020), 239.

# TABLA 5

## DESARROLLO COMPARATIVO ECLESIAL Y ANÁLISIS COMPLEMENTARIO DEL MODELO URBANO

### TABLA 5.A
### DESARROLLO COMPARATIVO DE LOS MODELOS ECLESIALES Y ANALISIS COMPLEMENTARIO DE

Introducción

La Tabla 5 presenta un resumen comparativo entre la iglesia de Éfeso en el siglo I, la iglesia tradicional y la iglesia en un contexto urbano contemporáneo, a la luz del enfoque de Timothy Keller. Tanto Éfeso en el siglo I como Miami en el siglo XXI comparten características estratégicas clave: son ciudades portuarias, económicamente dinámicas, marcadas por una diversidad étnica y cultural, y profundamente influenciadas por sistemas de creencias que desafían el Evangelio. Éfeso fue un centro religioso y comercial pagano, con un culto idolátrico que distorsionaba la espiritualidad y promovía la corrupción moral.[251] De manera similar, Miami, con su mezcla de religiosidad popular, secularismo, espiritualidades sincréticas y una economía guiada por el consumo, se convierte en un espacio donde la iglesia debe aprender a integrar la fe y el trabajo para ofrecer un testimonio transformador en medio del caos cultural y eliminar el lastre de una iglesia tradicional que habita en una utopía de prosperidad

### 5.1 Cómo era La Iglesia de Éfeso según Pablo[252] [253]

| Categoría | Concepto | Características |
|---|---|---|
| Fundación | Pablo como fundador | Establecida en su tercer viaje misionero– Hch. 19:1-10. |
| Liderazgo | Ancianos y supervisores | Pablo nombró líderes para guiar la iglesia –Hch. 20:17-28. |
| Enseñanza | Doctrina sólida | Pablo instruyó por tres años con énfasis en la verdad Bíblica-Hch. 20:31; 19:9-10. Ef. 4:14-15 (aplicación de la enseñanza). |
| Unidad | Reconciliación entre judíos y gentiles | Llamado a ser un solo cuerpo en Cristo - Ef. 2:14; 4:3-4. |
| Ética cristiana | Vida santa y amor fraternal | Exhortación a la pureza y al amor-Ef. 4:1-3. |

| | | |
|---|---|---|
| Evangelización | Centro misional (Escuela de *Tyrannos*) | Impacto en toda Asia Menor desde Éfeso - Hch. 19:10 |
| Defensa de la fe | Advertencia contra falsos maestros | Pablo alertó sobre doctrinas erróneas - Hch. 20:29-30 |
| Oración | Fundamento espiritual | Pablo oró por el crecimiento espiritual de los creyentes– Ef. 1:16-18 |
| Trabajo y fe | Vocación como testimonio | Énfasis en la ética laboral y en el servicio a Dios–Ef. 6:5-9 |
| Compromiso social | Influencia en la ciudad | Éfeso era un centro comercial y religioso clave. |
| Desafíos | Persecución y conflictos internos | Oposición por parte de los adoradores de Artemisa–Hch. 19:23-41 |
| Integración fe-trabajo | Vida cristiana en la esfera laboral | Los creyentes debían reflejar su fe en el trabajo. |
| Trabajo dual | Ministerio y profesión | Pablo mismo trabajó como fabricante de tiendas mientras predicaba–Hch. 18:3). |
| Atención a los pobres | Servicio a los necesitados | Pablo enseñó la importancia de ayudar a los débiles - Hch. 20:35 |
| Justicia social | Compromiso con los marginados | Promovió el amor y la equidad entre todos los creyentes - Ef. 4:32 |
| Adoración | Cristo-céntrica | Cristo es la cabeza de la iglesia–Ef. 1:22-23 |
| Familia | Principios para el hogar | Normas para esposos, esposas e hijos - Ef. 5:22-6:4 |
| Discipulado | Enseñanza continua | Instrucción y formación de nuevos creyentes - Ef. 4:11-13 (Stott 148-158); 4:14-15; 5:1-2) |
| Relación con otras iglesias | Parte de una red apostólica | Vinculada con otras comunidades cristianas en Asia Menor. |
| Advertencia final | Corrección en Apocalipsis | Jesús les reprochó haber perdido su primer amor - Apo. 2:4-5 [254] |

| 5.2 Cómo es la Iglesia Tradicional | | |
|---|---|---|
| Categoría | Concepto | Características |

| Estructura organizativa | Jerárquica y centralizada | Liderazgo con autoridad definida y toma de decisiones desde la cúspide. |
|---|---|---|
| Liturgia | Formal y ritualista | Uso de ceremonias establecidas, himnos tradicionales y orden litúrgico rígido. |
| Doctrina | Enfoque en la ortodoxia | Énfasis en la teología sistemática y la adherencia a doctrinas históricas. |
| Rol del laico | Participación limitada | Los miembros tienen funciones específicas, pero el liderazgo es exclusivo del clero. |
| Evangelización | Métodos convencionales | Predicación, misiones y programas de discipulado dentro de la iglesia. |
| Conexión con la sociedad | Distancia del mundo secular | Enfoque en la vida interna de la iglesia más que en la integración con la cultura. |
| Educación teológica | Formal y académica | Formación en seminarios o institutos Bíblicos antes de asumir liderazgo. |
| Adoración | Musicalmente tradicional | Uso de himnos clásicos y estilos conservadores de alabanza. |
| Autoridad eclesial | Basada en la tradición | Respaldo en la historia de la iglesia y en documentos doctrinales establecidos. |
| Ética y moral | Normas bien definidas | Enseñanza clara sobre comportamientos correctos según la doctrina. |
| Comunidad | Fuerte sentido de identidad | Énfasis en la pertenencia y continuidad generacional dentro de la iglesia. |
| Ministerio social | Caridad estructurada | Acciones sociales organizadas dentro de la iglesia, sin fusión con el activismo moderno. |
| Crecimiento | Basado en la tradición familiar | Expansión por nacimiento y crianza dentro de la |

| | | iglesia, más que por conversión. |
|---|---|---|
| Uso de tecnología | Limitado | Poca integración de herramientas digitales o redes sociales en la misión eclesial. |
| Discipulado | Método clásico | Clases Bíblicas estructuradas, catequesis y programas de enseñanza convencionales. |
| Enseñanza Bíblica | Predicación expositiva | Análisis profundo de las Escrituras con una interpretación tradicionalista. |
| Gobierno eclesial | Basado en estatutos | Regido por documentos y normas establecidas históricamente. |
| Participación juvenil | Poca flexibilidad | Actividades diseñadas para jóvenes dentro del marco tradicional de la iglesia. |
| Relación con otras iglesias | Denominacionalista | Enfoque en la unidad dentro de la misma denominación, con menor apertura a otras expresiones cristianas. |
| Adaptabilidad cultural | Resistencia al cambio | Tendencia a preservar las prácticas tradicionales en lugar de adaptarse a la modernidad. |
| Preparación del laicado | Formación Bíblica limitada en la congregación | La mayoría de los miembros no reciben formación teológica suficiente ni entrenamiento práctico para ejercer sus dones o evangelizar en su contexto. |
| Liderazgo pastoral frente al mundo secular | Aislamiento cultural y falta de preparación contextual | Muchos pastores no están equipados para dialogar con sectores no creyentes ni presentar una cosmovisión cristiana relevante en entornos seculares. |

| Integración fe-vida | Dualismo entre vida espiritual y vida secular | La iglesia no integra la fe en todas las áreas de la vida; no conecta el "domingo" con el resto de la semana, descuidando el discipulado en lo cotidiano. |
|---|---|---|
| Discipulado | Enfoque en programas más que en transformación personal | El discipulado se reduce a clases Bíblicas o estudios sin acompañamiento pastoral real ni seguimiento del crecimiento espiritual personal. |
| Participación juvenil | Brecha Generacional significativa | Las nuevas generaciones no se sienten escuchadas ni integradas. Los jóvenes son vistos como receptores, no como agentes activos en la vida de la iglesia. |
| Formación teológica contemporánea | Ausencia de apologética y cosmovisión cristiana | La iglesia tradicional no ofrece formación en apologética ni enseña a tener una visión cristiana del mundo, limitando así la capacidad de respuesta cultural. |
| Gobierno y Administración interna | Concentración del control en el pastor | El control administrativo y financiero de la iglesia recae en el pastor; los trabajadores y la secretaria responde directamente a él, no a la congregación. |
| Misión y evangelismo | Percepción limitada de la misión | Se autodefinen como iglesia misional por hacer viajes misioneros esporádicos (2 o 3 veces al año), sin establecer un compromiso misional continuo. |
| Finanzas y visión ministerial | Enfoque limitado en el uso del presupuesto | Debido a la falta de crecimiento, los ingresos se destinan principalmente a reparaciones básicas, |

| | | salarios y actividades internas de bajo impacto. |
|---|---|---|
| Actitud espiritual frente a la sociedad | Postura farisaica o moralista como el hermano mayor (Lucas 15) | Adoptan la actitud del hermano mayor: juzgan desde una supuesta superioridad moral, olvidando su necesidad de gracia y su llamado a la reconciliación. |

| 5.3 Cómo es la Iglesia en un contexto Urbano (Según el Modelo de Timothy Keller) [255] | | |
|---|---|---|
| Categoría | Concepto | Características |
| Estructura organizativa | Descentralizada y colaborativa | Liderazgo compartido y participativo, con enfoque en equipos de liderazgo |
| Liturgia | Equilibrada y contextual | Uso de elementos litúrgicos tradicionales combinados con expresiones contemporáneas. |
| Doctrina | Enfoque en el Evangelio | Centralidad del Evangelio con interpretación contextualizada para la cultura moderna. |
| Rol de los laicos | Rol de los laicos | Los miembros tienen roles significativos en la misión y liderazgo. |
| Evangelización | Misionera y Culturalmente Relevante | Estrategias innovadoras que responden a los desafíos culturales actuales. |
| Conexión con la sociedad | Integración con el mundo secular | Llamado a transformar la cultura en lugar de aislarse de ella. |
| Educación teológica | Académica y accesible | Fomenta una formación Bíblica profunda y práctica, que equipe a cada creyente —sin importar su trasfondo— para servir con madurez en todos los ámbitos de la vida. |

| | | |
|---|---|---|
| Adoración | Variada y contextualizada | Estilos musicales diversos, adaptados a distintos contextos urbanos. |
| Autoridad eclesial | Basada en la Escritura y la comunidad | Gobierno eclesial basado en el consenso Bíblico y la participación. |
| Ética y moral | Gracia y Verdad | Enfoque en la aplicación de la gracia y la verdad en la vida diaria. |
| Comunidad | Enfoque en la comunidad y el discipulado | Desarrollo de relaciones profundas y significativas. |
| Ministerio social | Compromiso con la justicia y la misericordia | Programas activos para impactar a los más vulnerables. |
| Crecimiento | Enfoque en la plantación de iglesias | Expansión por nuevas comunidades misioneras. |
| Uso de Tecnología | Avanzado | Integración de tecnología digital para la enseñanza y la evangelización. |
| Discipulado | Enfocado en la vida diaria | Enseñanza aplicada a la vida cotidiana y la cultura. |
| Enseñanza Bíblica | Cristo-céntrica y expositiva | Presentación clara del Evangelio en todas las Escrituras. |
| Gobierno eclesial | Pluralidad de liderazgo | Modelo de liderazgo compartido y basado en dones. |
| Participación de los jóvenes | Alta y Relevante | Diseño de programas específicos para la participación juvenil. |
| Relación con otras iglesias | Colaboración Interdenominacional | Cooperación con diferentes expresiones cristianas. |
| Adaptabilidad cultural | Alta Flexibilidad | Capacidad de adaptarse a distintos entornos culturales sin comprometer la verdad Bíblica. |

| TABLA 5.B<br>ANÁLISIS COMPLEMENTARIO DEL MODELO URBANO |
|---|
| 5.B.1 Situaciones de la Iglesia en un contexto urbano y poscristiano |
| *Fortalezas*<br>1.Enfoque en la integración de la fe y la vida diaria. |

| 2. Estrategia de evangelización enfocada en profesionales y académicos. |
|---|
| 3. Alta participación de la congregación en ministerios urbanos. |
| 4. Influencia en la cultura de Nueva York y más allá. |
| 5. Teología reformada aplicada a la vida cotidiana. |
| 6. Uso de la apologética y cosmovisión cristiana en la enseñanza. |
| 7. Promoción de la justicia social desde una perspectiva Bíblica. |
| 8. Predicación expositiva con una perspectiva intelectual y accesible. |
| 9. Énfasis en la vocación como un llamado divino. |
| 10. Modelo de plantación de iglesias en ciudades globales. |
| *Debilidades* |
| 1. Dificultad para retener a los jóvenes en un contexto urbano y secularizado. |
| 2. Modelo de predicación profunda puede ser difícil para nuevos creyentes. |
| 3. Riesgo de elitismo al atraer mayormente a profesionales. |
| 4. Adaptación del modelo en otros contextos puede ser difícil. |
| 5. Dependencia inicial del liderazgo de Keller. |
| 6. Retos en la diversidad étnica dentro de la congregación. |
| 7. Equilibrio entre el crecimiento numérico y la profundidad teológica. |
| 8. Críticas por no enfocarse en un modelo tradicional de iglesia. |
| 9. Algunos cristianos pueden sentir que el enfoque en la ciudad deja fuera a otros contextos. |
| 10. Adaptación de su enfoque en iglesias más pequeñas o rurales puede ser compleja. |

| 5.B.2 Acciones clave para fortalecer el liderazgo y la mediación en la sociedad |
|---|
| *Fortalezas* |
| 1. Formación de líderes laicos para influir en sus profesiones. |
| 2. Creación del "Center for Faith & Work" para capacitar creyentes en sus vocaciones. |
| 3. Promoción de la cosmovisión cristiana en el ámbito cultural y político. |
| 4. Red de iglesias plantadas en centros urbanos estratégicos. |
| 5. Diálogo abierto con la sociedad secular sin perder principios Bíblicos. |
| 6. Formación de pastores con enfoque en **misión en la ciudad**. |
| 7. Estrategia de involucramiento en justicia social y restauración urbana. |
| 8. Programas de mentoría para profesionales y empresarios cristianos. |
| 9. Fomento de una comunidad que debate y aprende activamente. |
| 10. Creación de modelos de iglesia relevantes para las nuevas generaciones. |
| ***Debilidades*** |

| 1. Desafíos en la descentralización del liderazgo tras Keller. |
|---|
| 2. Puede percibirse como demasiado intelectual para algunos creyentes. |
| 3. Riesgo de enfocarse más en la cultura que en el discipulado tradicional. |
| 4. No todas las ciudades tienen la misma apertura al modelo de Redeemer. |
| 5. Dificultad en implementar modelos de discipulado personalizados. |
| 6. Puede ser difícil replicar la influencia de Keller en nuevas generaciones. |
| 7. Críticas de algunos sectores evangélicos por su postura sobre la cultura. |
| 8. No todos los cristianos entienden la relación entre fe y trabajo |
| 9. Desafío en mantener un balance entre teología reformada y misión urbana. |
| 10. Adaptación del modelo de Nueva York en otras culturas urbanas. |

| 5.B.3 Desarrollo del Center for Faith & Work (CFW) |
|---|
| *Fortalezas* |
| 1. Uso de sermones con aplicaciones directas a la vida laboral. |
| 2. Formación de redes profesionales basadas en principios cristianos. |
| 3. Creación de programas de ética laboral basados en el Evangelio. |
| 4. Apoyo a empresarios cristianos para liderar con integridad. |
| 5. Conexión con universidades y espacios académicos. |
| 6. Uso de testimonios de miembros sobre su fe en el trabajo. |
| 7. Inclusión de principios de trabajo en la formación de líderes. |
| 8. Grupos de discusión sobre la cosmovisión cristiana en el trabajo. |
| 9. Publicación de recursos sobre la fe y el trabajo. |
| *Debilidades* |
| 1. Implementación de este modelo en otras iglesias no siempre es sencilla. |
| 2. Algunas iglesias pueden no compartir su énfasis en la vocación. |
| 3. Puede parecer más enfocado en la élite urbana que en todas las clases sociales. |
| 4. Integrar este modelo en iglesias tradicionales es un reto. |
| 5. Posibilidad de que algunos enfoquen la fe solo en el éxito profesional. |
| 6. Reto en conectar con creyentes de trabajos más manuales o rurales. |
| 7. No todas las iglesias pueden sostener este tipo de ministerios. |
| 8. Algunas congregaciones pueden no ver la relevancia inmediata. |
| 9. Dificultades en adaptar estos conceptos en iglesias con menos recursos. |
| 10. No todos los cristianos están dispuestos a aplicar estos principios en su contexto. |

| 5.B.4 Impacto global y replicabilidad del modelo urbano |
|---|
| ***Fortalezas*** |
| 1. Influencia global a través de sus recursos y formación pastoral. |
| 2. Modelo de plantación de iglesias en ciudades estratégicas. |
| 3. Predicación que responde a preguntas contemporáneas. |
| 4. Adaptabilidad a los cambios culturales sin comprometer el Evangelio. |
| 5. Influencia en el ámbito empresarial y cultural. |
| 6. Modelo de discipulado aplicado a la vida urbana. |
| 7. Recursos teológicos accesibles para creyentes y pastores. |
| 8. Red de apoyo para pastores en contextos urbanos. |
| 9. Impacto en la educación cristiana y apologética. |
| 10. Desarrollo de iglesias con una visión de servicio y transformación social. |
| *Debilidades* |
| 1. Algunas iglesias pueden rechazar la teología reformada. |
| 2. No todas las ciudades tienen la misma dinámica urbana de Nueva York. |
| 3. El modelo de enseñanza profunda puede no conectar con todos los públicos. |
| 4. No todas las iglesias tienen el mismo acceso a formación teológica avanzada. |
| 5. Puede parecer más dirigido a profesionales que a obreros o clases trabajadoras. |
| 6. Riesgo de enfocarse más en cultura que en evangelización personal. |
| 7. Falta de una estructura denominacional fuerte para replicar el modelo. |
| 8. Diferencias culturales pueden hacer difícil la implementación fuera de EE.UU. |
| 9. No todas las iglesias están dispuestas a cambiar su estructura. |
| 10. Implementación del modelo en contextos rurales puede ser difícil. |

# TABLA 6A

## MODELO ILUSTRATIVO DE CARACTERIZACIÓN DEL EQUIPO VOCACIONAL DE CONEXIÓN (EVC) DEL LÍDER DE INFLUENCIA (LI) Y DEL PASTOR PRINCIPAL (PP)

| Equipo Vocacional de Conexión (EVC) | Edad | Sexo | Estado Civil | Tiempo en la iglesia | Ha sido líder o está hoy en un algún Ministerio | Nivel de Instrucción | Lugar de Procedencia |
|---|---|---|---|---|---|---|---|
| Part. 1 | 57 | F | Casada | 2015 | Yes | Superior | Cuba |
| Part. 2 | 33 | M | Casado | 2015 | Yes | Superior | Cuba |
| Part. 3 | 24 | M | Casado | 2015 | Yes | Superior | Cuba |
| Part. 4 | 23 | M | Casado | 2017 | Yes | Superior | Cuba |
| Part. 5 | 24 | F | Casada | 2017 | Yes | Superior | Cuba |
| Part. 6 | 23 | M | Soltero | 2016 | Yes | Superior | Cuba |
| Part. 7 | 23 | F | Casada | 2018 | Yes | Superior | Colom-bia |
| Part. 8 | 28 | F | Casada | 2016 | Yes | Superior | Cuba |
| Part. 9 | 24 | M | Soltero | 2017 | Yes | Superior | Cuba |
| Part. 10 | 32 | M | Casado | 2017 | Yes | Superior | Cuba |
| Part. 11 (LI) | 28 | M | Casado | 2016 | Yes | Superior | Cuba |
| Part. 12 (PP) | 40 | M | Casado | 2013 | Yes | Superior | Cuba |

Notas:
1. Promedio de edad del EVC — 29 años
2. Las tablas comprendidas desde la 7A hasta la 11, y desde la 14 hasta la 17, han sido elaboradas conforme a la estructura y contenido de los Apéndices C al H.

# TABLA 6B

## MODELO ILUSTRATIVO DE CARACTERIZACIÓN DEL EQUIPO VOCACIONAL DE CONEXIÓN (EVC) LÍDER DE INFLUENCIA (LI) Y DEL PASTOR PRINCIPAL (PP)

| Equipo de Conexión (EVC) | Ministerio Actual | Ocupación | Empleado o Dueño | Estudios Bíblicos | Participa en el Grupo pequeño en casa (gpc) |
|---|---|---|---|---|---|
| Part. 1 | Dirige un Grupo de Oración Mujeres en las Casas | Estimadora de Obras de Construcción | Empleada | Oratoria Laica; Juan 3/16; EE; y, NLSA. | Participó |
| Part. 2 | Misiones | Diseñador de programació n | Empleado | Juan 3/16; EE; y, NLSA. | Líder de un grupo |
| Par. 3 | Ministerio de Deporte | Vice-president Avante Quality Corp. | Dueño | Evangelis-mo. Explosivo. NLSA | Participó |
| Part. 4 | Ministerio de Deporte | Asistente de Educación Física | Empleado | Evangalis-mo. y Misiones | Participa |
| Part. 5 | Ministerio de Música | RBT | Empleada | | Participa |
| Part. 6 | Ministerio de Música y Danza | Inspector de Obra | Empleado | Educación Cristiana | Participa |
| Part. 7 | | Office manager de la compañía | Empleada | Evangelis-mo y Misiones | Participa |
| Part. 8 | Ministerio de Música | RBT | Empleada | Ministerio de Música | Líder de un grupo |
| Part. 9 | | Control de Datos | Empleado | Ministerio de Música | Participa |
| Part. 10 | Ministerio de Jóvenes | Smart Solution | Dueño | Estudios de teología | Participa |
| Part. 11 **(LI)** | Ministerio de Jóvenes | Técnico de Maquinas de A/C | Empleado | Cursos de Teología | Participa |
| Part. 12 **(PP)** | Ministerio Pastoral | Pastor | Empleado de la iglesia | Master en Teología (2017) | Participa |

# TABLA 7A

## MODELO ILUSTRATIVO DE CARACTERIZACIÓN: RESUMEN DEL CUESTIONARIO SOBRE LA SALUD DE LA IGLESIA POR EL PASTOR PRINCIPAL (PP) Y FUNDADOR (19 JUNIO, 2023)

| Contexto de la iglesia | Urbano |
|---|---|
| Nombre del pastor principal | |
| Existencia de la iglesia | 12 años |
| Membresía | 251-400 |
| Asistencia Escuela Dominical | 51-75 |
| Asistencia a Servicio de Adoración | 151-250 |
| Bautismos (últimos 3 años) | 71-100 |
| Aumento del presupuesto anual en los 3 últimos años | 48% |
| Nuevos creyentes (últimos 3 años) | 71-100 |
| Tipo de gente que se congrega (Edad) | 30-50 |
| Niños (últimos 3 años)<br>Adolescentes (últimos 3 años) | 41-10 (42)<br>41-10 (45) |
| Actividades en Ingles | Sí (Reuniones grupales de jóvenes) |
| Nuevas Obras (3 últimos años) | 1-5 (1) |
| Cantidad de Pastores y sostenido por la iglesia | 2 |
| Nuevos ministerios iniciados en los últimos 3 años | **9** |
| Ministerios de alcance en la comunidad | 2<br>Miércoles, entrega de alimentos. Viernes, actividad con los homeless |
| Pequeñas empresas actualmente | 19 |
| Programa para jóvenes de desarrollo y capacitación en la cosmovisión cristiana, apologética Bíblica y una visión Bíblica contextualizada | No |
| Cantidad de Programas de jóvenes y adultos profesionales en todas sus vocaciones | No |
| Salud de la iglesia | Saludable |

Nota aclaratoria: Además del histórico dualismo "sagrado vs. secular" en las iglesias de EE.UU., en Miami se refuerza aún más la "no implementación del ministerio laico", convirtiéndose en un segundo pilar de esta realidad eclesial. Esta tendencia tiene sus raíces en la influencia proveniente de la cultura de las llamadas iglesias de los *iglecubanólogos* (icl) o *igleCastronólogos* (iCl).[256] Estas iglesias de la segunda generación de evangélicos de la era totalitaria emergieron en el contexto de un régimen totalitario en Cuba que, con el tiempo, alcanzaron una posición de relativa estabilidad dentro de clase media cubana, aprovechando principalmente las ventajas brindadas por las instituciones religiosas estadounidenses. No fue una transformación del régimen, sino una adaptación eclesial que, en nombre de la supervivencia, debilitó su compromiso evangelizador y se distanció del testimonio valiente de la iglesia primitiva frente a contextos de opresión.

En el entorno del sistema totalitario cubano, dirigido por los TotalCastros (TC y $TC_1$), los hermanos Fidel y Raúl Castro, surgieron cuatro categorías principales: los 'totalcastros' con minúsculas (tc), compuestos en su mayoría por personas blancas y que representaban al régimen; los 'miamicastros' (mc), también mayoritariamente blancos, quienes favorecían a sus familiares en Cuba; los 'eurocastros' (ec), predominantemente de origen de origen negro, que buscaron independencia de clase en Europa mediante matrimonios con ciudadanos europeos, alcanzando un estatus hasta entonces inédito en la historia de Cuba; y los *igleCastronólogos* (iCl), en su mayoría blancos, que eran invitados desde Cuba a visitar iglesias en Miami, lo que a menudo les facilitaba una vía expedita para establecerse posteriormente en la ciudad junto con sus familias. Esta dinámica eclesial se acentúa aún más en Miami, donde, debido al alto costo de vida, muchos optan por asegurar ingresos a través de la iglesia como medio para mantener el estatus socioeconómico previamente alcanzado en Cuba, lo que conduce a desestimar la posibilidad de un ministerio dual.

Actualmente, pocas iglesias hispanas están comprometidas activamente con la evangelización de la creciente población de jóvenes profesionales posmodernos. De igual manera, los esfuerzos por establecer vínculos significativos con inmigrantes recién llegados y sus hijos —quienes aún no dominan el idioma inglés y enfrentan una compleja dualidad cultural—, así como con personas en situación de vulnerabilidad, músicos callejeros con expresiones culturales propias y comunidades necesitadas, resultan insuficientes. Frente a este desafío de alcanzar a una masa social clave, se hace indispensable la formación de una nueva generación de iglesias orientadas a jóvenes con sólida preparación académica, mentalidad progresista y aspiraciones emergentes. Sin embargo, muchos pastores latinos —particularmente de origen cubano— enfrentan serias dificultades para comprender y responder a la cultura poscristiana. La influencia del pasado totalitario, junto con un miedo arraigado, ha contribuido a mantener estructuras jerárquicas rígidas que marginan a los laicos, limitando así la capacidad de la iglesia para adoptar un enfoque del Evangelio guiado por el Espíritu Santo, necesario para una verdadera integración misional en el contexto cultural de Miami.

# TABLA 7B

## MODELO FUNCIONAL DE LOS PARTICIPANTES DEL EQUIPO DE CONEXIÓN VOCACIONAL (EVC) DEL LÍDER DE INFLUENCIA (LI) Y DEL PASTOR PRINCIPAL (PP) DE LA ILTH

| Participante | Condición de la iglesia |
|---|---|
| Participante 1 | Estancada |
| Participante 2 | Estancada |
| Participante 3 | Estancada |
| Participante 4 | Saludable |
| Participante 5 | Saludable |
| Participante 6 | Estancada |
| Participante 7 | Crecimiento por adición |
| Participante 8 | Saludable |
| Participante 9 | Saludable<br>Crecimiento por adición |
| Participante 10 | Crecimiento por adición |
| Participante 11 (Líder de Influencia) | Saludable |
| Participante 12 (Pastor Principal) | Saludable |
| Resumen de Evaluación de la Condición de la Iglesia[257] | |
| Estancada | 4 |
| Crecimiento por Adición | 3 |
| Declive: | 0 |
| Saludable | 5 |

# TABLA 8

## GUÍA DE ENTREVISTA SEMI ESTRUCTURADA AL PASTOR PRINCIPAL (PP) EN EL PROCESO DE INTEGRACIÓN DE LA PRIMERA FASE "EN EL MINISTERIO DE LA ILTH

## Nota general introductoria

### Nota metodológica:

En las siguientes tablas (8, 9, 10 y 11) se presenta un análisis del proceso de integración de la Primera Fase en el ministerio de la Iglesia Local Tradicional Hispana (ILTH), con énfasis en los frentes de Fe y Trabajo y Adoración y Evangelización.

Es importante aclarar que las Fortalezas no representan necesariamente prácticas dominantes de la iglesia actual, sino potencialidades o recursos que podrían desarrollarse. Por su parte, las Debilidades reflejan con mayor fidelidad el diagnóstico actual de la ILTH en su contexto poscristiano.

El propósito de estas tablas es identificar tanto los obstáculos como las oportunidades de transición hacia una cultura misional, donde la fe se viva integralmente en la vida laboral, comunitaria y en la adoración pública.

| 1 ¿En qué condiciones (fortalezas y desafíos) está actualmente la Iglesia Local Tradicional? | |
|---|---|
| *Fortaleza* | *Desafíos* |
| 1. Fidelidad Bíblica en su doctrina.<br>2. Estructura organizativa establecida.<br>3. Alto compromiso de un núcleo pequeño de miembros.<br>4. Espiritualidad personal fuerte en algunos líderes.<br>5. Cultura de reverencia y respeto en la adoración.<br>6. Experiencia acumulada en servicio pastoral.<br>7. Trayectoria histórica en la comunidad.<br>8. Programas de enseñanza Bíblica.<br>9. Sentido de pertenencia y unidad en ciertos grupos. | 1. Evitar confrontar el pecado por temor a incomodar, lo que debilita la presentación del Evangelio de la Gracia.<br>2. Baja visibilidad e impacto en la comunidad local.<br>3. Resistencia a los cambios culturales necesarios para comunicar el Evangelio con relevancia.<br>4. Poca innovación en métodos de evangelismo, lo que limita su eficacia en contextos urbanos.<br>5. Programas tradicionales poco atractivos para nuevos creyentes y buscadores.<br>6. Estructuras organizativas rígidas que dificultan la adaptación misionera.<br>7. Desconexión entre la iglesia y la cultura contemporánea, dificultando el diálogo evangelístico. |

<table>
<tr><td>10. Apoyo pastoral personalizado en crisis personales.</td><td>7. Pérdida progresiva de membresía joven, especialmente entre profesionales urbanos.<br>8. Dependencia excesiva de métodos antiguos, sin evaluación contextual.<br>9. Poca flexibilidad litúrgica para acoger varias expresiones culturales y espirituales.<br>10. Escasa participación en proyectos sociales urbanos, lo que debilita el testimonio público.</td></tr>
<tr><td colspan="2">2. ¿Cómo está contribuyendo la estructura actual del liderazgo a la participación activa o pasiva de los creyentes?</td></tr>
<tr><td colspan="2">1. Centralización excesiva en el pastorado.<br>2. Falta de delegación efectiva hacia líderes laicos.<br>3. Ministerios que operan de manera aislada entre sí.<br>4. Oportunidades limitadas para la participación de nuevos miembros.<br>5. Modelos de liderazgo orientados más al control que al empoderamiento.<br>6. Carencia de planes estratégicos para el desarrollo de dones espirituales.<br>7. Enfoque prioritario en actividades internas, descuidando la misión externa.<br>8. Falta de formación continua para líderes en ejercicio.<br>9. Escasa mentoría para el desarrollo de líderes emergentes.<br>10. Necesidad de visión participativa de toda la congregación.<br>11. Comunicación ineficiente entre los equipos ministeriales.<br>12. Ausencia de mecanismos de evaluación ministerial.<br>13. Dependencia operativa de un pequeño grupo de voluntarios activos.<br>14. Carencia de procesos claros para la sucesión de liderazgo.<br>15. Poca apertura a la creatividad y a nuevas formas de ministerio.</td></tr>
<tr><td colspan="2">3. ¿De qué manera la iglesia está integrando el discipulado con la vida laboral y comunitaria de sus miembros entre semana?</td></tr>
<tr><td colspan="2">1. Escasa conexión entre predicación y vida diaria.<br>2. Predominancia de temas espirituales desvinculados del trabajo.<br>3. Poca orientación sobre la fe en el ámbito laboral.<br>4. Falta de testimonios sobre vocación cristiana en el trabajo.<br>5. Programas de discipulado centrados solo en la vida de iglesia.<br>6. Inexistencia de foros o grupos sobre fe y trabajo.<br>7. Débil preparación para enfrentar desafíos éticos laborales.<br>8. Oportunidades limitadas para aplicar dones en la sociedad.<br>9. Separación marcada entre lo secular y lo espiritual.<br>10. Interés emergente en algunos sectores por conectar fe y vida.<br>11. Exclusivo lenguaje teológico inefectivo para el no creyente.<br>12. Débil acompañamiento pastoral de profesionales.</td></tr>
</table>

| 13. Ausencia de talleres o seminarios sobre fe y cultura.<br>14. Insuficiente valoración del rol misionero en el trabajo diario. |
|---|
| 4. ¿Qué mecanismos existen para identificar, formar y enviar líderes vocacionales en su entorno de trabajo y misión cotidiana? |
| 1. Escasa visión misional del trabajo cotidiano como campo de misión.<br>2. Ausencia de programas estructurados para el envío de líderes vocacionales.<br>3. Dependencia de modelos tradicionales centrados solo en el liderazgo eclesial.<br>4. Formación de líderes limitada a funciones dentro de la iglesia local.<br>5. Poca capacitación contextual para el trabajo y la cultura actual.<br>6. Poca predicación que estimule la adoración y la evangelización.<br>8. Ausencia de redes de apoyo espiritual y profesional para trabajadores cristianos.<br>9. Desconocimiento de la importancia de la vocación laboral.<br>10. Necesidad de desarrollar estrategias de formación integral.<br>11. Llama a los oyentes a integrarse en la misión de Dios, mostrando que la fe cristiana tiene implicaciones públicas.<br>12. Falta de conexión entre la iglesia y los sectores profesionales.<br>13. Carencia de programas de discipulado específico para el trabajo.<br>14. Falta de celebración de las vocaciones laicas en cultos públicos.<br>15. Poca conciencia sobre el impacto misional que puede tener el trabajo secular en la sociedad. |
| 5. ¿La iglesia ha evaluado si su modelo actual responde a los desafíos de una sociedad poscristiana, diversa y digitalizada? |
| 1. Modelo eclesial orientado al mantenimiento interno.<br>2. Desconexión con la cultura digital y redes sociales.<br>3. Incapacidad de atraer a nuevas generaciones.<br>4. Lenguaje teológico poco accesible para el entorno actual.<br>5. Falta de estrategias de alcance a la diversidad cultural.<br>6. Baja participación de profesionales digitales en la misión.<br>7. Limitada apertura para replantear métodos evangelísticos.<br>8. Ausencia de evaluación sistemática del impacto misional.<br>9. Interés creciente, pero sin acciones concretas.<br>10. Falta de creatividad en la programación litúrgica.<br>11. Lleva a los oyentes a una respuesta de asombro y adoración por la Gracia de Dios, no solo a la reflexión moral.<br>12. Poca interacción con comunidades multiculturales.<br>13. Carencia de estrategias evangelísticas para el entorno digital.<br>14. Débil enfoque en el discipulado multigeneracional. |

# TABLA 9

## MATRIZ DE DOBLE ENTRADA: ENTREVISTA AL PASTOR PRINCIPAL (PP) Y LIDER DE INFLUENCIA (LI) EN EL PROCESO INTEGRACION DE LA PRIMERA FASE EN EL MINISTERIO DE LA ILTH

| Pastor Principal (PP) y Fundador | | Líder de Influencia (LI) | |
|---|---|---|---|
| Criterio 1. Las condiciones de la iglesia | | | |
| Fortaleza | Debilidades | Fortaleza | Debilidades |
| 1. Mayor cooperación de los laicos en la vida y ministerio de la iglesia.<br>2. Capacidad para responder a la diversidad de talentos y destrezas dentro de la iglesia.<br>3. Posibilidad de incrementar el liderazgo en jóvenes.<br>4. Oportunidad de cumplir el deseo de ver más jóvenes integrándose activamente.<br>5. La iglesia podría volverse más relevante en la vida diaria de sus miembros, ofreciendo alternativas de cambio en esta era.<br>6. - Presencia de una adoración tradicional, pero con poca conexión emocional o espiritual para | 1. Obstáculos para el cambio debido a la adaptación a tradiciones rígidas.<br>2. Necesidad de más recursos y líderes capacitados para equipar a los miembros.<br>3. La alabanza debe ser entendible para los no creyentes, mostrando que agradar a Dios incluye considerar a los presentes.<br>4. Dificultad para balancear la vida laboral y el ministerio.<br>5. Desconexión entre fe y trabajo que puede generar sensación de alejamiento en algunos miembros. | 1. Capacidad de tener un gran impacto en el contexto iglesia-trabajo.<br>2. Influencia en áreas de justicia social y servicio a los pobres.<br>3. Desarrollo de líderes laicos para liderar ministerios y proyectos.<br>4. Obediencia del deseo de ver un crecimiento espiritual real en los miembros.<br>5. Mejora en la interacción con cristianos de otras iglesias que comparten un mismo centro.<br>6. Fortalecer relaciones basadas en la confianza y el testimonio intencional. | 1. Falta de base teológica sólida en los miembros.<br>2. Dificultad para medir el éxito espiritual y práctico del ministerio.<br>3. Desafíos para evaluar el impacto en la vida laboral de los creyentes.<br>4. Riesgo de sobre-enfocar lo secular y perder la misión espiritual de la iglesia.<br>5. Cristianos no preparados podrían sentirse incapaces de ejercer su fe en el trabajo diario. |

| nuevas generaciones. | | | |
|---|---|---|---|
| Criterio 2. Desafíos potenciales en la obra de la iglesia local | | | |
| Pastor Principal (PP) y Fundador | | Líder de Influencia (LI) | |
| 1. En ambientes laborales diversos, es necesario respetar otras creencias mientras se mantiene la propia fe.<br>2. Integrar la fe en el trabajo requiere establecer límites claros entre vida laboral y personal.<br>3. El teletrabajo y las reuniones virtuales dificultan expresar la fe en un entorno menos presencial.<br>4. La globalización laboral plantea retos de diversidad religiosa y adaptación a distintas culturas.<br>5. Dios puede obrar convicción y salvación durante la adoración clara y dirigida también a los no creyentes.<br>6. Predicación sin redención (muchas veces consejo morales). | | 1. Las normas de igualdad y discriminación afectan cómo expresar la fe sin violar políticas laborales.<br>2. La falta de recursos y comunidades de fe puede aislar a los creyentes en su acción social.<br>3. La predicación no dialoga con las objeciones del mundo posmoderno.<br>4. Es necesario educar y capacitar sobre diversidad religiosa e inclusión en la comunidad.<br>5. Iniciar conversaciones sobre fe puede ser difícil por temor al rechazo o la incomprensión.<br>6. El cambio en la naturaleza del trabajo (gig economy y trabajo remoto) debilita el sentido de pertenencia física. | |
| Criterio 3. Esfuerzos de un proceso de integración *"Fe y Trabajo"* y *"Adoración y evangelización"* | | | |
| 1. Asegurar que los líderes (pastores, ancianos y líderes laicos) estén comprometidos con la importancia de integrar fe en los trabajos y en la comunidad.<br>2. Incluir regularmente en la enseñanza y predicación temas sobre cómo aplicar la fe en el entorno laboral y vivirla de manera práctica. 3. Establecer programas educativos sobre la relación entre la fe y el trabajo, como estudios Bíblicos, cursos y talleres prácticos referentes a la evangelización y discipulado local.<br>4. Promover la predicación contextual y Bíblica relevante como herramienta clave de integración | | 1. Crear grupos pequeños enfocados en la relación entre fe y trabajo, para compartir experiencias y desafíos laborales.<br>2. Establecer programas de mentoría donde miembros experimentados acompañen a quienes buscan integrar su fe en el ámbito laboral.<br>3. Organizar eventos y conferencias sobre fe y trabajo, invitando a profesionales cristianos a compartir sus experiencias y enseñanzas. | |

| Criterio 4. Factores que impiden el crecimiento de la obra | |
|---|---|
| Pastor Principal (PP) y Fundador | Líder de Influencia (LI) |
| 1. Resistencia al cambio por tradición, comodidad o falta de comprensión sobre la integración de fe y trabajo.<br>2. Falta de capacitación adecuada en líderes y miembros para implementar programas relevantes de integración.<br>3. Percepción errónea de una separación total entre fe y trabajo, dificultando su conexión práctica.<br>4. Temas como la ética laboral pueden ser controvertidos y generar divisiones dentro de la congregación. | 1. Falta de compromiso de los líderes puede debilitar la dirección y el apoyo a la iniciativa.<br>2. En algunas culturas, la separación entre religión y trabajo dificulta la integración.<br>3. Foco excesivo en el crecimiento numérico puede descuidar el desarrollo espiritual y la formación en fe y trabajo.<br>4. Falta de conexiones sólidas con la comunidad laboral limita el apoyo y los recursos para los miembros. |
| Criterio 5. Acciones claves para desatar el crecimiento saludable | |
| Pastor Principal (PP) y Fundador | Líder de Influencia (LI) |
| 1. Ofrecer enseñanza Bíblica y discipulados enfocados en la relación entre fe y trabajo, usando estudios, grupos pequeños y recursos aplicados. 2. Fomentar que los miembros compartan testimonios personales sobre cómo viven su fe en el lugar de trabajo.<br>3. Establecer programas de mentoría donde creyentes experimentados acompañen a los más jóvenes en los desafíos laborales.<br>4. Organizar eventos y talleres sobre fe y trabajo, como conferencias, paneles, seminarios y retiros. | 1. Proporcionar recursos prácticos que ayuden a aplicar la fe en el trabajo diario (ética, manejo de conflictos, propósito en la vocación).<br>2. Equipar a los miembros para ser "ministros" en su lugar de trabajo, con capacitación para compartir su fe de manera respetuosa y efectiva.<br>3. Involucrar a la iglesia en proyectos de servicio comunitario que demuestren el amor de Cristo en acción.<br>4. Fomentar redes profesionales entre miembros que trabajen en áreas similares, para compartir recursos y experiencias. |

Nota: En la tabla 9 las fortalezas se conciben como potencialidades y las debilidades como diagnóstico actual, en el marco de la Primera Fase de integración (Fe y Trabajo + Adoración y Evangelización).

## TABLA 10

MATRIZ DE DOBLE ENTRADA: ENTREVISTA AL EVC EN EL PROCESO DE INTEGRACION DE LA PRIMERA FASE EN EL MINISTERIO DE LA ILTH

(F) Fortaleza (D) Debilidades (SUC) Sacerdocio Universal del Creyente

| Criterios | Equipo Vocacional de Conexión - EVC | |
|---|---|---|
| | *(F)* | *(D)* |
| 1. Las condiciones de la iglesia | 1. Entusiasmo por la misión a otros países.<br>2. Capacidad de conectar con nuevas generaciones<br>3. Espíritu de servicio desinteresado.<br>4. Flexibilidad dentro de la iglesia para adaptarse.<br>5. Alta sensibilidad social en la iglesia.<br>6. Entendimiento del sacerdocio universal.<br>7. Disposición a aprender y formarse.<br>8. Creatividad en las actividades de la iglesia.<br>9. Sentido de comunidad interna y colaboración.<br>10. Sensibilidad litúrgica hacia la adoración tradicional. | 1. Falta de experiencia ministerial estructurada.<br>2. Inmadurez en el manejo de conflictos.<br>3. Poca motivación externa.<br>4. Escasa visión estratégica.<br>5. Predicación e invitación controlada.<br>6. Poca constancia en el seguimiento de proyectos.<br>7. Falta de claridad sobre la visión integral de la iglesia.<br>8. Riesgo de dispersión en múltiples actividades.<br>9. Debilidad en la planeación a largo plazo.<br>10. Necesidad de fortalecer habilidades de liderazgo de esta era. |
| 2. Desafíos potenciales en la obra de la iglesia local | 1. Habilidad de adaptación cultural.<br>2. Capacidad de lenguaje inclusivo generacional.<br>3. Creatividad en nuevas plataformas digitales.<br>4. Disposición para evangelizar en ambientes diversos.<br>5. Enlace natural con realidades urbanas. | 1. Riesgo de superficialidad en temas teológicos conflictivos.<br>2. Influencia cultural que puede diluir principios Bíblicos.<br>3. Vulnerabilidad a la presión social o secularización.<br>4. Dificultad para sostenerse ante la oposición o crítica.<br>5. Débil conexión emocional y espiritual |

| | | |
|---|---|---|
| | | en momentos de adoración colectiva. |
| 3. Esfuerzos de un "proceso de integración de la *"Fe y trabajo" y "Adoración y evangelización.* | 1. Alta disposición para integrar fe y vida diaria.<br>2. Apertura a ser discipulados en teología del trabajo.<br>3. Interés genuino en conectar vocación con misión.<br>4. Iniciativa para innovar en espacios laborales.<br>5. Uso efectivo de redes y relaciones laborales.<br>6. Compromiso con predicación contextual y adoración evangelística. | 1. Falta de modelos concretos a seguir.<br>2. Dificultad para articular bien fe y ética laboral.<br>3. Necesidad de formación Bíblica aplicada al trabajo.<br>4. Riesgo de fragmentar la fe entre domingo y semana.<br>5. Poca práctica en mentoría vocacional. |
| 4. Factores que impiden el crecimiento de la obra | 1. Deseo de transformación social desde la fe.<br>2. Motivación para emprender nuevos proyectos.<br>3. Apertura para corregir errores rápidamente.<br>4. Alta conciencia de la importancia de la autenticidad. | 1. Desconocimiento de la historia eclesial.<br>2. Impaciencia por ver resultados inmediatos.<br>3. Vulnerabilidad al desánimo ante fracasos.<br>4. Tendencia a priorizar el activismo sobre la formación.<br>5. Riesgo de desvincularse si no encuentran sentido práctico. |
| 5. Acciones claves para desatar el crecimiento saludable de la obra | 1. Potenciar mentorías específicas por vocación.<br>2. Capacitación en Biblia, cultura y trabajo.<br>3. Promoción de espacios de discipulado relacional.<br>4. Lanzamiento de proyectos misionales laborales.<br>5. Integración de testimonios de fe en ambientes seculares. | 1. Falta de modelos de éxito local conocidos.<br>2. Dificultad para coordinar esfuerzos en equipo.<br>3. Escasa exposición a estrategias misionales avanzadas.<br>4. Carencia de continuidad de acompañamiento.<br>5. Necesidad de cultivar visión de largo plazo en el ministerio. |

Nota: En esta tabla 10 las fortalezas se entienden como potencialidades y las debilidades como diagnóstico actual, en el marco de la Primera Fase de integración (Fe y Trabajo + Adoración y Evangelización).

TABLA 11

RESUMEN DE ENTREVISTAS AL PASTOR PRINCIPAL (PP) AL LIDER DE INFLUENCIA (LI) Y AL EQUIPO VOCACIONAL DE CONEXIÓN (EVC)

| Categoría | Conceptual | Características de una ILTH en un proceso de integración |
|---|---|---|
| Definición de un proceso de integra-ción en su primera fase<br><br>*(Frente 4 y 1)* | 1. Es un enfoque pastoral y comunitario para unir la fe con la vida diaria.<br>2. Implica vincular la adoración y la evangelización con la misión cotidiana.<br>3. Busca activar el sacerdocio universal del creyente en todos los contextos.<br>4. Requiere cambios en la cultura eclesial para ser más misional.<br>5. Se inicia con una etapa de transición que forma y equipa a los miembros.<br>6. Es un modelo de transición que conecta la vida de fe con el trabajo y el testimonio público.<br>7. Busca incorporar la adoración y evangelización desde el púlpito hacia toda la vida cotidiana. | 1. La iglesia conecta la enseñanza Bíblica con la realidad laboral y cultural.<br>2. La predicación es comprensible y relevante para creyentes y no creyentes.<br>3. Se promueve una adoración participativa e incluyente.<br>4. La iglesia desarrolla líderes laicos con visión de impacto social.<br>5. La iglesia es vista como un agente de transformación en su comunidad.<br>6. La iglesia se vuelve más receptiva al visitante y sensible a las realidades culturales actuales.<br>7. Se fomenta una predicación clara, accesible y misional, orientada tanto a creyentes como a no creyentes. |
| | *Acciones emprendidas para un proceso de integración en su primera fase* | *Factores que impiden un proceso de revitalización en su primera fase* |
| Líder de un proceso de integra-ción en su primera fase | 1. Ha comenzado a predicar sobre la fe en el trabajo desde una perspectiva Bíblica.<br>2. Identifica líderes potenciales en áreas laborales para comenzar mentoría vocacional.<br>3. Ha promovido reuniones con profesionales para | 1. Temor a confrontar estructuras tradicionales muy arraigadas.<br>2. Falta de formación teológica contextualizada en temas contemporáneos.<br>3. Escasa visión pastoral sobre la misión fuera del templo. |

| *(Frente 4 y 1)* | escuchar sus necesidades espirituales.<br>4. Inició conversaciones con líderes sobre el discipulado aplicado al entorno laboral.<br>5. Ha comenzado a conectar la predicación dominical con los desafíos del mundo laboral.<br>6. Predica intencionalmente sobre la fe en el trabajo y la misión en la ciudad.<br>7. Forma equipos de liderazgo con visión contextualizada para iniciar el proceso de integración. | 4. Resistencia de algunos líderes laicos a adoptar nuevos enfoques misionales.<br>5. Sobrecarga de funciones pastorales sin equipos preparados que acompañen el proceso.<br>6. Temor a perder control al delegar responsabilidades ministeriales.<br>7. Falta de formación teológica práctica para conectar el Evangelio con la vida cotidiana. |
|---|---|---|
| | *Del pasado al presente* | *Errores que se pueden cometer* |
| Evaluación de la iglesia en su primera fase<br><br>*(Frente 4 y 1)* | 1. En el pasado, la iglesia tenía un fuerte enfoque en la enseñanza Bíblica.<br>2. La comunidad mostraba mayor unidad y participación constante.<br>3. La adoración era solemne, pero con poca accesibilidad para los no creyentes.<br>4. Hoy hay una conciencia creciente sobre la necesidad de integrar fe y trabajo.<br>5. La iglesia empieza a reconocer su falta de conexión con la cultura urbana actual.<br>6. La iglesia ha tenido una fuerte tradición Bíblica, con énfasis en la enseñanza.<br>7. Su impacto comunitario fue significativo en décadas anteriores, especialmente en eventos evangelísticos. | 1. Idealizar el pasado e impedir los cambios necesarios para el presente.<br>2. Descuidar la formación continua de nuevos líderes vocacionales.<br>3. Enfocar la revitalización solo en lo espiritual, sin conexión con la vida práctica.<br>4. Imponer nuevos métodos sin preparar adecuadamente a la congregación.<br>5. Mantener estructuras ministeriales que no responden a los desafíos actuales.<br>6. Idealizar el pasado sin reconocer la necesidad de adaptación al presente.<br>7. Ignorar los cambios culturales y generacionales que exigen nuevas estrategias misionales. |
| | *Acciones para un proceso de integración de una **ILTH*** | *Ajustes ministeriales* |
| El futuro | 1. Incluir la fe y el trabajo en la enseñanza y | 1. Cambiar el enfoque del púlpito para hablar |

| de la Iglesia Local Tradicional Hispana (ILTH)<br><br>*(Frente 4 y 1)* | predicación dominical.<br>2. Formar líderes laicos comprometidos con la misión fuera del templo.<br>3. Establecer grupos pequeños centrados en vocación, cultura y misión urbana.<br>4. Promover testimonios de creyentes que vivan su fe en el trabajo.<br>5. Diseñar una visión misional contextualizada al entorno hispano de Miami.<br>6. Promover la formación de líderes vocacionales que conecten fe y vida laboral.<br>7. Implementar enseñanza Bíblica contextualizada que integre adoración y evangelización. | claramente a creyentes y no creyentes.<br>2. Reformular la liturgia para que sea Bíblica y a la vez comprensible al visitante.<br>3. Estimular el uso de lenguaje relevante que conecte con la cultura poscristiana.<br>4. Ampliar el liderazgo más allá del personal pastoral, integrando diversas vocaciones.<br>5. Crear puentes entre la iglesia y la comunidad a través del servicio y la hospitalidad.<br>6. Transicional de un enfoque pastoral centralizado a uno colaborativo y participativo.<br>7. Incluir espacios litúrgicos flexibles que respondan a las realidades culturales locales. |
|---|---|---|

Nota: En esta tabla 11 las fortalezas se entienden como potencialidades y las debilidades como diagnóstico actual, en el marco de la Primera Fase de integración (Fe y Trabajo + Adoración y Evangelización).

Nota Final: La Iglesia Local Tradicional Hispana está en un tiempo de transición. El primer paso es aprender a integrar la fe y el trabajo, y a renovar la adoración y la evangelización. Sin esto, la iglesia se queda encerrada en sus muros.

El segundo paso es crecer en comunión interna y abrirse a la ciudad, mostrando con hechos y palabras que el Evangelio toca todas las áreas de la vida.

Estas dos etapas nos enseñan que la iglesia no es solo un lugar al que vamos, sino una comunidad enviada. El Señor nos llama a vivir nuestra fe en el trabajo, en la familia, en la sociedad, y a adorarle de un modo que otros también puedan verle y glorificarle.

Así, la iglesia no solo sobrevive, sino que se convierte en luz en medio de una cultura que necesita urgentemente la esperanza de Cristo.

## TABLA 12
PROPUESTAS DE LAS FUENTES EN LAS TRES FASES

| Libro | Síntesis | Análisis del método | Aplicación al contexto hispano |
|---|---|---|---|
| Darrow L. Miller y Marit Miller: *Vida, trabajo y vocación: Una teología bíblica del quehacer cotidiano* | Explora la relación entre la fe cristiana y la vida diaria, enfatizando el impacto del trabajo y la vocación. | Basado en una interpretación Bíblica sólida, con ejemplos prácticos y testimonios de creyentes. | Enseñanzas aplicables al contexto hispano, ayudando a integrar la fe en la vida laboral y comunitaria. |
| Nancy Pearcey: *Verdad total: Liberando al cristianismo de su cautiverio cultural* | Defiende la integración de la fe en todas las áreas de la vida, enfrentando la fragmentación cultural. | Análisis filosófico y teológico de la cultura contemporánea con ejemplos históricos y prácticos. | Fomenta la participación en la esfera pública, ética cristiana y transformación cultural en comunidades hispanas. |
| Timothy Keller: *Cada buena obra: Conectando tu trabajo con el corazón de Dios* | Explora cómo el trabajo puede ser una alianza con Dios, dándole propósito y significado. | Teología aplicada con ejemplos de personas que viven su fe en el trabajo. | Ayuda a ver el trabajo como vocación, promoviendo la integridad y el servicio en el ámbito laboral hispano. |
| Timothy Keller: *El Dios pródigo* | Profundiza en la parábola del hijo pródigo para ilustrar la Gracia divina y el arrepentimiento. | Análisis exegético y hermenéutico con aplicaciones contemporáneas | Relevante para la comunidad hispana en la enseñanza del perdón, la Gracia y la Restauración. |
| Timothy Keller y J. Allen Thompson: *Manual de plantadores de iglesias* | Guía práctica y teológica para el establecimiento y crecimiento de iglesias saludables. | Principios Bíblicos aplicados a la predicación, formación de líderes y cultura de iglesia. | Adaptable a la realidad hispana con énfasis en liderazgo contextualizado y ministerios efectivos. |

| Timothy Keller: *Iglesia Centrada: El ministerio balanceado del evangelio en tu ciudad* | Explica cómo la iglesia debe impactar la cultura y la sociedad con una adoración centrada en Cristo. | Análisis teológico y cultural con ejemplos de iglesias contemporáneas. | Promueve la relevancia cultural, justicia social y comunidad en las iglesias hispanas. |
|---|---|---|---|
| Mark Greene: *(TTT) Transforma tu trabajo* | Recurso multimedia para integrar la fe en el trabajo a través de sesiones interactivas. | Uso de videos, estudios Bíblicos y testimonios en un programa práctico. | Aplicable al contexto hispano para equipar cristianos en la misión laboral con ejemplos reales. |
| Antonio Cruz: *Apologética en Diez Respuestas* | Responde a preguntas comunes sobre la fe cristiana con claridad y lógica. | Enfoque pragmático y accesible para facilitar el aprendizaje. | Ideal para formar líderes y laicos en apologética en el contexto hispano. |
| Antonio Cruz: *Introducción a la Apologética Cristiana: La Evidencia de Dios* | Expone fundamentos racionales de la fe (existencia de Dios, Biblia, Cristo), uniendo ciencia, filosofía y teología. | Evidencialista: argumentos clásicos + datos científicos, con estilo académico y divulgativo. | Responde al secularismo y al cientificismo, dando recursos intelectuales a jóvenes y líderes en contextos universitarios y urbanos. |
| Rainer Siemens y Delmer Wiebe: *Apologética. Preguntas y respuestas* | Manual práctico en formato Q&A para objeciones comunes (mal, resurrección, exclusividad de Cristo). | Pragmático-pastoral: respuestas breves, bíblicas y claras, sin tecnicismos. | Útil en iglesias, discipulado y evangelismo; fácil de aplicar en grupos pequeños y predicación. |
| C. S. Lewis: *Mere Christianity* | Defiende las creencias cristianas de manera racional y accesible. | Argumentación lógica y clara, dirigida a creyentes y escépticos. | Adecuado para la enseñanza de fundamentos cristianos en comunidades hispanas. |
| Howard G. Hendricks y | Guía práctica y accesible para | Método basado en tres pasos: | Útil para iglesias |

| | | | |
|---|---|---|---|
| William D. Hendricks: *Viviendo por la Palabra: Principios prácticos para la interpretación bíblica* | estudiar la Biblia usando el método inductivo. Enseña a observar, interpretar y aplicar el texto Bíblico. | observar con atención, interpretar con contexto y aplicar con propósito. Usa preguntas clave y fomenta el estudio personal. | hispanas, especialmente en formación de líderes laicos. Facilita el discipulado y fortalece el estudio Bíblico en grupos pequeños. |
| Craig Van Gelder & Dwight J. Zscheile: *The Missional Church in Perspective: Mapping Trends and Shaping the Conversation* | Proporciona una visión renovada de la iglesia misional en el contexto contemporáneo. | Análisis teológico, histórico y cultural de la iglesia, enfocando su misión como participación en la obra de Dios en el mundo. | Fundamental para líderes hispanos que buscan entender la misión desde una perspectiva comunitaria, contextualizada y transformadora. |

Nota:

1. Los títulos de los libros se presentan en el idioma en que fueron consultados por el autor. Esto se hace para mantener la fidelidad a las ediciones utilizadas, ya que las numeraciones de página y referencias específicas pueden variar entre las versiones en inglés y en español.

2. Propuestas de fuentes en tres fases, reagrupadas en tres ejes temáticos: Cosmovisión Cristiana, Cosmovisión Bíblica Cristiana y Apologética Cristiana." [258]

A continuación, se presenta el cronograma del proceso de capacitación y evaluación, detallado en la Tabla 13.

# TABLA 13
HORARIO DE ENTRENAMIENTO

| Fecha y hora | Semana | Tema | Actividades |
|---|---|---|---|
| Etapa 1: Preparación | | | |
| junio 19 miércoles , 7:30 – 9:15 p.m. | 1 | Introducción al proyecto, pretest y exposición de los antecedentes Eclesiológicos. Explicación general del estudio de investigación: Resumen de las tres fases de un proceso de integración y las etapas que se abordarán, de acuerdo con los objetivos propuestos para llegar a ser una iglesia saludable. | - Presentaciones personales<br>- Pretest<br>- Exposición del director del proyecto. |
| Etapa 2: Urgencia de Implementar la Primera Fase del Proceso de Integración en la Transición Ministerial de la de la Iglesia Local Tradicional Hispana | | | |
| junio 26 miércoles , 7:30 – 9:15 p.m. | 2 | Fundamentos Bíblicos y Ministeriales para la Transformación de la ITLH de Miami en su primera fase (*primera y segunda parte*). Se promueve una visión exhaustiva del ministerio para impactar la sociedad en la era poscristiana y posmoderna. | - Presentación del director del proyecto.<br>- Orientaciones iniciales para el grupo focal correspondiente a la clase.<br>– Revisión de las fuentes propuestas y presentadas para el desarrollo del proyecto. |
| julio 3 miércoles , | 3 | Evaluación de un proceso de integración en su | - Grupo focal: Preguntas semiestructuradas |

| 7:30 – 9:15 p.m. | | primera fase de una ILTH en la Ciudad de Miami. | guiadas por director del proyecto |
|---|---|---|---|
| Etapa 3: Estudio de la Iglesia de Éfeso y la Iglesia de Hoy como Modelo de Iglesia Saludable | | | |
| julio 10 miércoles , 7:30 – 9:15 p.m. | 4 | Proceso integración de la iglesia de Éfeso guiada por Pablo - Capítulo14: Modelo de cambio espiritual. Este estudio combina — Capítulo 14: Modelo de cambio Espiritual **del** *Manual de Plantadores de Iglesias* de Timothy Keller y J. Allen Thompson en la primera parte. En la segunda parte, se apoya en *Iglesia Centrada* de Timothy Keller. | – Explicación dirigida por el director del proyecto<br>– Evaluación diagnóstica sobre la Iglesia Local Tradicional Local Hispana – ILTH. |
| julio 17 miércoles , 7:30 – 9:15 p.m. | 5 | Estudio de caso aplicado a una iglesia saludable en la actualidad: Proceso integración de la primera Fase - Frente 4 y Frente 1.<br>Cómo conectar a las personas con la cultura integrando la fe y el trabajo. | – Sesión formativa dirigida por el director del proyecto<br>– Activación del Frente 4 y Frente 1 del proceso de integración de una iglesia saludable hoy. |
| Etapa 4: Diseño de un Proceso de Integración – Primera Fase de Transición de la Iglesia Tradicional Local ILTH – (Frente 4 y 1) | | | |
| julio 24 miércoles , 7:30 – 9:15 p.m. | 6 | Diseño de un proceso de integración de una iglesia saludable en la actualidad (Frentes 4). | Elementos clave del proceso de integración en la primera fase de una iglesia saludable en el contexto actual. |
| julio 31 miércoles , 7:30 – 9:15 p.m. | 7 | Diseño de un proceso de integración en la primera fase de una iglesia saludable en | Elementos clave del proceso de integración en la primera fase de una |

| | | la actualidad (Frentes 1). | iglesia saludable en el contexto actual. |
|---|---|---|---|
| agosto 7 miércoles , 7:30 - 9:15 p.m. | 8 | Proceso de integración futura Segunda Fase (Frente 2 y Frente 3) y Tercera Fase (Frente 5). | - Análisis guiado de casos ministeriales futuros<br>- Discusión grupal sobre retos en la implementación. |
| agosto 14 miércoles , 7:30 - 9:15 p.m. | 9 | Puliendo el plan de un proceso integrador —Primera Fase (Frente 4 y Frente 1). | - Revisión de los planes desarrollados<br>- Asesoría directa por el director del proyecto. |
| Etapa 5: Contenido Final | | | |
| agosto 21 miércoles , 7:30 - 9:15 p.m. | 10 | Evaluación del proceso integrador en la Primera Fase del contexto ministerial de una iglesia saludable, Postest y Conclusión. | - Postest final<br>- Evaluación grupal<br>- Entrega del plan ministerial final. |

# TABLA 14

## EVALUACIÓN DE LAS CARACTERÍSTICAS DEL MINISTERIO DE PABLO EN ÉFESO

| Características | Evaluaciones | Implicaciones |
|---|---|---|
| | | |
| | | |
| | | |
| | | |
| | | |
| | | |
| | | |
| | | |

## TABLA 15
IDENTIFICACIÓN DE LAS IMPLICACIONES POTENCIALES DE UN PROCESO DE INTEGRACIÓN EN LA PRIMERA FASE

| Elemento de un proceso de integración (Primera Fase) | Implicaciones Eclesiales | Implicaciones para el Liderazgo Pastoral |
|---|---|---|
| | | |
| | | |
| | | |
| | | |
| | | |
| | | |
| | | |
| | | |
| | | |

# TABLA 16

RESULTADOS DEL PRETEST (PT1) Y POSTEST (PT2)

| Preguntas | Opciones | Resultados PT1 (32.00 %) | Resultados PT2 (74.0%) |
|---|---|---|---|
| Diagnóstico Formativo – Frente 1: Adoración y Evangelización | | | |
| 1. ¿Cuál es uno de los propósitos fundamentales de la adoración, según Efesios 1:11–13? | a) Glorificar a Dios como expresión de haber creído en el Evangelio y haber sido sellados por el Espíritu | 5 | 9 |
| | b) Reunirse para compartir necesidades prácticas | 4 | 2 |
| | c) Crear una atmósfera emocional positiva. | 3 | 1 |
| 2. ¿Qué actitud evangelística refleja la predicación de Pablo en Éfeso (Hechos 18:19)? | a) Hablar solamente de temas morales para no ofender | 5 | 2 |
| | b) Proclamar el Evangelio directamente a personas religiosas, confrontando con la verdad | 5 | 8 |
| | Evitar el diálogo en espacios públicos como las sinagogas | 2 | 2 |
| 3. ¿Cómo debe ser la adoración para impactar a creyentes y no creyentes según el modelo de Hechos 17:22–31? | a) Centrada en Dios, con un mensaje claro sobre el arrepentimiento, la salvación y la resurrección | 5 | 8 |
| | b) Cambios en la demografía y la cultura. | 4 | 3 |
| | c) Aumento en la fe y devoción de la comunidad. | 3 | 1 |
| 4. ¿Qué modelo Bíblico refuerza que la adoración es también un acto misionero? | a) La adoración en silencio sin predicación ni proclamación | 5 | 2 |
| | b) Los sacrificios del Antiguo Testamento como acto exclusivo del pueblo de Israel | 4 | 1 |
| | c) El Areópago, donde Pablo adoró a Dios | 3 | 9 |

| | | | |
|---|---|---|---|
| | anunciando su verdad a los no creyentes | | |
| 5. ¿Qué expresa Efesios 6:10–17 respecto a la adoración basada en una cosmovisión bíblica? | a) Falta de compromiso de los miembros. | 4 | 8 |
| | b) Cambios en la demografía y la cultura. | 5 | 1 |
| | c) Aumento en la fe y devoción de la comunidad. | 3 | 3 |
| 6. ¿Qué significa integrar la fe en el trabajo? | a) Asistir a eventos religiosos en el Trabajo. | 2 | |
| | b) Separar completamente la fe de las responsabilidades laborales. | 5 | |
| | c) Aplicar los valores y principios cristianos en el entorno laboral. | 5 | 12 |
| 7. ¿Por qué es importante integrar la fe en el trabajo? | a) Para ganar méritos y promociones. | 0 | 0 |
| | b) Para mantener la vida laboral y la espiritual separadas. | 4 | 1 |
| | c) Para vivir una vida coherente y reflejar el carácter de Cristo en todas las áreas. | 8 | 11 |
| 8. ¿Qué papel juegan los valores Bíblicos en la toma de decisiones laborales? | a) Tienen cierta relevancia en el entorno laboral. | 5 | 5 |
| | b) Pueden ser ignorados en favor de beneficios a personas que no creen. | 3 | 0 |
| | c) Guían la toma de decisiones éticas y responsables en el trabajo. | 4 | 7 |
| 9. ¿Cuál es el propósito principal de integrar la fe en el trabajo? | a) Obtener ganancias financieras. | 4 | |
| | b) Mostrar mejoría espiritual sobre los demás. | 5 | 2 |
| | c) Honrar a Dios en todas las áreas de la vida, incluido el trabajo. | 3 | 10 |
| 10. ¿Cuál es el papel del servicio y la generosidad | a) Buscar el beneficio personal y tener una relación buena. | 4 | 2 |

| | | | |
|---|---|---|---|
| en el lugar de trabajo desde una perspectiva cristiana? | b) Competir y mostrarle que se puede ganar dinero. | 2 | 1 |
| | c) Servir a los demás y demostrar amor a través de acciones y actitudes. | 6 | 9 |
| **Evangelismo y comunidad en el contexto actual** | | | |
| 11. Una de las características de una iglesia que influye en su comunidad es que: | a) Se interesa por sus cristianos. | 4 | 2 |
| | b) Conoce la problemática y desafíos de su comunidad. | 4 | 9 |
| | c) Regala despensas. | 4 | 1 |
| 12. En el contexto posmodernos de Miami, la iglesia bautista hispana promedio debe caracterizarse por: | a) Su propia lengua hispana. | 6 | 1 |
| | b) Ser multilingüe y multicultural. | 2 | 10 |
| | c) Tiene máximo dos idiomas. | 4 | 1 |
| 13. El evangelismo practicado Miami se debería caracterizarse por: | a) Ser estratégico. | 5 | 12 |
| | b) Ser espiritual. | 4 | |
| | c) Ser teórico. | 5 | |
| 14. Ser un cristiano misional en la Ciudad de Miami significa: | a) Demostrar de forma visible la vivencia de la fe en Cristo dondequiera que se encuentra. | 3 | 12 |
| | b) Ir a predicar el Evangelio a otras naciones en las zonas de confort. | 3 | |
| | c) Ser un misionero o pastor de tiempo completo, con énfasis en los cristianos dentro de la iglesia. | 6 | |

| Antecedentes eclesiológicos | | | |
|---|---|---|---|
| 15. Movimiento que, utilizando las | a) Movimiento de iglesia misional. | 2 | 1 |

| | | | |
|---|---|---|---|
| ciencias sociales, buscó determinar las causas del crecimiento de las iglesias: | b) Movimientos de iglesia saludable. | 3 | 1 |
| | c) Movimiento de revitalización eclesial. | 5 | |
| | d) Movimiento de iglecrecimiento (IC). | 2 | 10 |
| | e) Movimiento de iniciación de nuevas iglesias. | | |
| 16. Movimiento que enfatiza que la iglesia está llamada a ser misionera en el contexto posmoderno cambiante en el que ministra es un: | a) Movimiento de iglesia misional. | 5 | 10 |
| | b) Movimientos de iglesia saludable. | 3 | 1 |
| | c) Movimiento de revitalización eclesial | 1 | |
| | d) Movimiento de iglecrecimiento (IC). | 1 | |
| | e) Movimiento de plantación de iglesias o iniciación de nuevas iglesias (MII). | 2 | 1 |
| 17. Movimiento que enfatiza en el valor de una congregación sana más que en crecimiento numérico es un: | a) Movimiento de iglesia misional. | 3 | 1 |
| | b) Movimientos de iglesia saludable. | 4 | 9 |
| | c) Movimiento de revitalización eclesial. | 2 | |
| | d)Movimiento de iglecrecimiento (IC). | 1 | 1 |
| | e) Movimiento de iniciación de iglesias (MII) | 2 | 1 |

| Liderazgo de la iglesia en la era poscristiana | | | |
|---|---|---|---|
| 18. La "Adaptabilidad a la Cultura Poscristiana" se reflejaría en: | a) Mantenerse firme en las tradiciones religiosas. | 4 | |
| | b) Mostrar flexibilidad para comprender y abordar las preocupaciones actuales. | 5 | 12 |
| | c) Enfocarse exclusivamente en la enseñanza Bíblica. | 3 | |
| 19. ¿Cuál sería la "Habilidad en la Comunicación Multicultural" promedio debe | a) Predicar solo en español. | | |
| | b) Dominio de múltiples idiomas para alcanzar a diversas comunidades. | 5 | 12 |
| | c)Funcionar con un público homogéneo. | 7 | |

| caracterizarse desarrollar por? | | | |
|---|---|---|---|
| 20. El "Énfasis en la Acción Social y Justicia" se manifestaría como: | a) Abogar por ella solo en discursos sin acciones concretas. | 3 | 2 |
| | b) Compromiso con proyectos de justicia social en la comunidad. | 4 | 9 |
| | c) Las necesidades sociales y políticas son parte del gobierno. | 5 | 1 |
| 21. ¿Qué enfoque se daría a la iglesia al "Utilizar Medios Digitales"? | a) Poner la predicación del pastor en los medios digitales para evangelizar. | 4 | 1 |
| | b) Uso estratégico de plataformas digitales para la evangelización. | 4 | 10 |
| | c) Uso de medios digitales para evangelizar. | 4 | 1 |

| Discipulado actual de la iglesia poscristiana | | | |
|---|---|---|---|
| 22. ¿Cómo podría la "Flexibilidad Cultural" beneficiar el proceso de discipulado en una iglesia de Miami en la era poscristiana? | a) Manteniendo las tradiciones religiosas sin cambios. | 8 | |
| | b) Adaptándose a las diversas culturas y contextos de Miami para alcanzar a más personas. | 2 | 12 |
| | c) Mantener una cultural homogénea única en el discipulado. | 2 | |
| 23. En el contexto de Miami, ¿cómo podría el "Uso de Medios y Tecnología" mejorar el discipulado en la iglesia? | a) Cuidado con el uso de la tecnología moderna para mantener la autenticidad. | 4 | |
| | b) Utilizando estratégicamente medios digitales y redes sociales para conectarse con la comunidad. | 8 | 12 |
| | c) Ignorando completamente las herramientas tecnológicas en el proceso de discipulado. | | |
| 24. ¿Cuál es el valor de un "Enfoque en Relaciones Personales" en el discipulado en una | a) Priorizando el estudio individual de la Biblia sobre las relaciones personales. | 4 | |
| | b) Estableciendo conexiones significativas con personas de diferentes orígenes culturales y étnicos. | 4 | 11 |

| | | | |
|---|---|---|---|
| ciudad diversa como Miami? | c) Limitando el discipulado a grupos cristianos para fortalecerlos en sus vidas. | 4 | 1 |

| Cosmovisión Cristina | | | |
|---|---|---|---|
| 25. Consideras que la cosmovisión cristiana puede superar la dicotomía entre lo ¿Sagrado-Espiritual y lo secular- menos espiritual? | a) No veo cómo la fe puede influir en aspectos fuera de la iglesia. | 4 | |
| | b) Tal vez en ciertos casos, pero no en todos. | 3 | |
| | c) Sí, creo que la cosmovisión cristiana puede integrar lo sagrado y lo secular en una perspectiva coherente. | 5 | 12 |
| 26. ¿Crees que la fe y la razón son dos áreas completamente separadas en tu perspectiva? | a) La fe y la razón pueden coexistir con cuidado. | 5 | |
| | b) A veces, se siente que la fe y la razón están en conflicto. | 3 | |
| | c) No, la fe y la razón pueden complementarse en la cosmovisión cristiana. | 4 | 12 |
| 27. ¿Crees que la razón puede cuestionar la fe cristiana y sus creencias fundamentales? | a) No, la razón no debería cuestionar la fe en ningún caso. | 3 | 1 |
| | b) A veces, puede haber tensiones entre la razón y la fe. | 4 | 1 |
| | c) Sí, la razón puede cuestionar y enriquecer la comprensión de la fe. | 5 | 10 |
| 28. La dicotomía valores y hechos en el posmodernismo expone: | a) La preferencia de Valores es "elección individual" y la de los Hechos es "elección obligada a todos". | 4 | 8 |
| | b) En el posmodernismo, la preferencia de valores es una elección obligada para todos, mientras que los Hechos son una elección individual. | 4 | 2 |
| | c) Posmodernismo, valores universalmente compartidos y los Hechos, subjetivos. | 4 | 2 |
| 29. Los fundamentalistas asumen la Dicotomía Griega | a) Manteniendo una visión equilibrada entre su fe y sus actividades laborales, integrando sus creencias en todos los aspectos de su vida. | 4 | 2 |

| | | | |
|---|---|---|---|
| | b) Mantuvieron una visión de su fe incluyéndola en actividades seculares con amigos con algunos amigos y familiares. | 5 | 2 |
| | c) Muchos se convirtieron en "cristianos dominicales" y abandonaron el concepto de ser también iglesia el lunes y llevar el reino de Dios a su vida laboral. | 3 | 8 |

| Compartir la fe | | | |
|---|---|---|---|
| 30. ¿Cuál podría ser un enfoque efectivo para compartir la fe en un entorno de trabajo en la era poscristiana? | a) Mantener la fe completamente privada y no hablar de ella en el trabajo. | 4 | 1 |
| | b) Buscar oportunidades naturales para compartir su fe en conversaciones amigables y respetuosas cuando sea apropiado. | 3 | 8 |
| | c) Imponer las creencias religiosas en los diálogos laborales sin tener en cuenta el contexto. | 5 | 3 |
| 31. ¿Te gustaría explorar cómo la fe en Cristo podría brindarte un mayor sentido de propósito en tu trabajo y en la vida en general? | a) No, estoy satisfecho con cómo van las cosas en este momento. | 5 | 2 |
| | b) Sí, estoy abierto a explorar cómo la fe podría hacer una diferencia en mi vida. | 2 | 7 |
| | c) El libertinaje es el culpable, y más aún, cuando se ve que el mundo está perdido. | 5 | 3 |
| 32. ¿Qué recursos o apoyo podría buscar un creyente en su iglesia o comunidad para aprender cómo compartir la fe de manera práctica en un medio laboral actual? | a) No buscar ningún recurso; es una cuestión personal. | 1 | |
| | b) Participar en grupos de estudio o talleres sobre evangelismo en el lugar de trabajo y recibir mentoría de creyentes con experiencia. | 7 | 4 |
| | c) Esperar a que las oportunidades surjan de forma natural sin preparación. | 4 | 8 |

| El Dios Pródigo de Timothy Keller, aborda la aceptación, restauración y propósito de los dos hermanos para encontrar esperanza y significado en la relación con el 'Padre' | | | |
|---|---|---|---|
| 33. ¿Cómo se relaciona la historia del hijo pródigo (Lucas 15) con la visión de la iglesia? | a) No tiene ninguna relevancia para la iglesia. | 1 | |
| | b) Ilustra la importancia de la obediencia ciega en la iglesia. | 5 | 3 |
| | c) Resalta la necesidad de abordar las diferentes perspectivas y necesidades en la comunidad de fe en relación con la iglesia (hermano mayor) y el perdido (hermano menor). | 1 | 9 |
| 34. ¿Qué lección puede extraer la iglesia poscristiana de la historia del hijo pródigo en relación con el hermano mayor y el hermano menor? | a) Debe favorecer siempre al hermano menor y su arrepentimiento | 1 | |
| | b) Debe enfocarse exclusivamente en la justicia del hermano mayor | 4 | |
| | c) Debe buscar la reconciliación la Gracia para ambos hermanos. | 7 | 12 |
| 35. ¿Cómo influye la historia del "hermano mayor" en la enseñanza y el enfoque de la iglesia en el posmodernismo? | a) No tiene influencia en absoluto en la enseñanza de la iglesia. | 4 | 1 |
| | b) Enseña que solo los pecadores necesitan arrepentimiento. | 4 | 1 |
| | c) Enseña la mentalidad individualista, la autosuficiencia, justicia propia y la falta de Gracia. | 4 | 10 |
| 36. ¿Qué tipo de acercamiento tiene la iglesia hacia la historia del hijo prodigo en la Biblia con las enseñanzas posmodernas? | a) El hermano menor dilapido los recursos de su padre. | 1 | 3 |
| | b) Aborda la historia con una perspectiva legalista. | 3 | 1 |
| | c) Enseña la mentalidad individualista del hermano menor al buscar su propia satisfacción y libertad sin preocuparse por la consecuencia de sus acciones. | 7 | 8 |
| 37. ¿Cómo puede la historia del hijo pródigo ser relevante para el enfoque de la | a) No tiene mucha relevancia para la iglesia. | 2 | |
| | b) Ilustra la importancia de establecer estructuras jerárquicas sólidas. | 4 | 4 |

| | | | |
|---|---|---|---|
| iglesia en la era posmoderna? | c) Enfatiza la necesidad de recibir y abrazar a aquellos que regresan y reconciliarse con los que permanece. | 6 | 8 |
| 38. ¿Cómo aborda la iglesia según el concepto de Gracia en relación con la historia del hijo pródigo? | a) Enseña que la Gracia solo es para aquellos que nunca se han alejado. | 2 | |
| | b) Enseña que la Gracia es para todos, aparte de su pasado. | 5 | 12 |
| | c) Enseña que la Gracia es solo para el hermano menor y no para el hermano mayor. | 5 | |
| 39. ¿Qué lección sobre liderazgo y pastoreo puede extraer la iglesia de la historia del hijo pródigo y el papel del padre? | a) Debe enfocarse únicamente en corregir a los que se alejan. | 3 | 1 |
| | b) Debe ser rígida y firme con los que han fallado. | 5 | 2 |
| | c) Ofrecer amor, piedad, restauración y se alegra de los que vuelven. | 4 | 9 |

| Apologética | | | |
|---|---|---|---|
| 40. ¿Cuál es el propósito principal de la apologética cristiana? | a) Convertir a personas de otras religiones al cristianismo. | 3 | |
| | b) Resolver dudas internas de los creyentes. | 4 | 1 |
| | c) Defender y explicar la fe cristiana ante preguntas y críticas. | 5 | 11 |
| 41. ¿Qué tipo de apologética se enfoca en el testimonio personal como herramienta para la evangelización? | a) Apologética clásica. | 3 | |
| | b) Apologética presuposicional. | 4 | |
| | c) Apologética experiencial. | 5 | 12 |
| 42. ¿Cuál es una característica esencial de la apologética presuposicional? | a) Acepta que hay verdades obvias que no necesitan ser defendidas. | 3 | 2 |
| | b) Parte de la premisa de que la existencia de Dios es la base para todo conocimiento. | 6 | 9 |
| | c) Utiliza principalmente argumentos basados en milagros. | 3 | 1 |
| | a) Filosófica. | 3 | 4 |

| | | | |
|---|---|---|---|
| 43. ¿Qué tipo de evidencia NO es comúnmente utilizada en apologética? | b) Anecdótica personal. | 3 | 5 |
| | c) Histórico. | 6 | 2 |
| 44. ¿Qué apóstol es conocido por su uso de la apologética en el Nuevo Testamento? | a) Pablo. | 3 | 11 |
| | b) Mateo. | 2 | 1 |
| | c) Pablo. siendo intolerante con el que no la acepte. trabajo para evitar conflictos. | 7 | |
| 45. En la apologética, ¿qué argumento se utiliza para demostrar la existencia de Dios a partir de la existencia del mal? | a) Argumento cosmológico. | 4 | 1 |
| | b) Argumento moral. | 6 | 8 |
| | c) Argumento ontológico. | 2 | 3 |
| 46. ¿Cuál de los siguientes no es un tipo común de apologética? | a) Evidencialista. | 4 | 1 |
| | b) Presuposicional. | 4 | 1 |
| | c) Doctrinal absoluta. | 4 | 10 |
| 47. ¿Cuál es un enfoque común en la apologética evidencial? | a) Demostrar que otras religiones son falsas. | 5 | 1 |
| | b) Usar parábolas y cuentos para ilustrar puntos teológicos. | 2 | 3 |
| | c) Presentar evidencia histórica y arqueológica que apoya la Biblia. | 5 | 8 |
| 48. ¿Cuál es un resultado esperado de la apologética efectiva? | a) Crear confusión sobre doctrinas contrarias. | 2 | 1 |
| | b) Desmotivar el diálogo interreligioso. | 5 | 3 |
| | c) Fortalecer la fe de los creyentes y proporcionar respuestas a los escépticos. | 5 | 8 |

| Liderazgo en la era poscristiana al integrar la fe en el trabajo | | | |
|---|---|---|---|
| 49. ¿Cómo conseguiría un líder ayudar a los empleados a | a) La responsabilidad del líder es ayudar a los empleados a encontrar propósito en el trabajo según el considere. | 4 | 1 |

| | | | |
|---|---|---|---|
| encontrar un propósito y significado en su trabajo al integrar la fe en sus roles? | b) Proporcionando orientación y apoyo, conectando la fe con la contribución positiva que cada empleado puede hacer en su entorno laboral. | 4 | 10 |
| | c) Logrando que los empleados sigan un conjunto concreto de creencias religiosas. | 4 | 1 |
| 50. ¿Cuál sería el enfoque efectivo para liderar equipos diversos en la era poscristiana, donde los valores y creencias pueden variar ampliamente? | a) Excluir a las personas con creencias diferentes del equipo | 4 | 2 |
| | b) Fomentar la colaboración, el respeto y la apertura al diálogo para comprender y valorar las diferencias. | 4 | 8 |
| | c) Imponer las propias creencias políticas del equipo para que los miembros del equipo no se separen. | 4 | 2 |
| 51. ¿Cuál podría ser el papel de la formación y el desarrollo del liderazgo en ayudar a los líderes a abordar eficazmente la integración de la fe en los trabajos en la era poscristiana? | a) La formación en el liderazgo tiene un impacto bueno en algunos contextos. | 2 | 1 |
| | b) La formación y el desarrollo del liderazgo pueden equipar a los líderes con habilidades para promover un entorno inclusivo y ético en el trabajo. | 5 | 8 |
| | c) La formación solo debería centrarse en dueños empresas que son cristianos y pueden realizarlo en su negocio. | 5 | 3 |
| 52. ¿Por qué es importante que los líderes muestren un equilibrio adecuado entre su fe personal y su liderazgo en el trabajo en la era poscristiana? | a) Es importante que los líderes deben mantengan su fe con precaución en el trabajo. | 4 | 3 |
| | b) Porque un equilibrio adecuado puede fomentar un ambiente de respeto y apertura hacia la diversidad de creencias en el lugar de trabajo. | 5 | 7 |
| | c) Porque los líderes deben imponer sus creencias personales a sus empleados. | 3 | 2 |

| Iglesia Misional | | | |
|---|---|---|---|
| 53. ¿Qué caracteriza principalmente a una iglesia misional? | a) Centrarse en el crecimiento numérico de sus miembros. | 4 | 1 |
| | b) Enfocarse en llevar el mensaje del Evangelio más allá de sus paredes. | 3 | 9 |
| | c) Limitarse a actividades dentro del edificio de la iglesia. | 5 | 2 |
| 54. ¿Cuál es un objetivo clave de la iglesia misional? | a) Mantener las tradiciones eclesiásticas. | 4 | 2 |
| | b) Ofrecer servicios exclusivamente para sus miembros. | 1 | |
| | c) Integrar el Evangelio en la cultura local de manera relevante. | 7 | 10 |
| 55. ¿Cómo contribuyen los miembros de una iglesia misional a su comunidad? | a) Actuando como agentes de cambio en sus entornos locales. | 4 | 11 |
| | b) Ignorando las necesidades sociales y enfocándose solo en las espirituales. | 4 | 1 |
| | c) Limitándose a asistir a servicios dominicales. | 2 | |
| 56. ¿Qué práctica es común en las iglesias misionales? | a) Evitar cualquier tipo de actividad secular. | 3 | 2 |
| | b) Establecer grupos pequeños que se reúnen en casas o lugares comunitarios. | 6 | 9 |
| | c) Excluir a no creyentes de sus actividades. | 3 | 1 |

| Discipulado, Justicia y Misericordia | | | |
|---|---|---|---|
| 57. ¿Cuál es el objetivo primordial del discipulado en el contexto cristiano? | a) Incrementar la asistencia a la iglesia mediante actividades sociales. | 4 | 2 |
| | b) Guiar a los creyentes en el crecimiento espiritual y en la imitación de la vida y enseñanzas de Jesucristo. | 4 | 8 |
| | c) Asegurarse de que los miembros de la iglesia sigan estrictamente las reglas eclesiásticas. | 4 | 2 |

| 58. ¿Qué elemento es esencial para un discipulado efectivo? | a) Enfocarse principalmente en la memorización de versículos Bíblicos. | 3 | 1 |
|---|---|---|---|
| | b) Tener reuniones semanales en la iglesia. | 4 | 2 |
| | c) Fomentar una relación mentor-aprendiz que apoye, enseñe y motive al creyente en su caminar espiritual. | 5 | 7 |
| 59. ¿Qué implica la promoción de la justicia en el contexto cristiano? | a) Buscar la equidad y la rectitud conforme a los principios Bíblicos. | 5 | 12 |
| | b) Aplicar juicios y castigos severos. | 4 | |
| | c) Ignorar las injusticias sociales para enfocarse en la evangelización. | 3 | |
| 60. ¿Cómo se manifiesta la justicia en las acciones de una iglesia? | a) Solo mediante la oración. | 4 | 3 |
| | b) Ofreciendo servicios exclusivos a miembros de la iglesia. | | |
| | c) Abogando por los oprimidos y luchando contra la injusticia en la sociedad. | 6 | 9 |
| 61. ¿Cómo demuestra una iglesia la misericordia según la enseñanza cristiana? | a) Proveyendo ayuda y cuidado a los necesitados sin esperar nada a cambio. | 6 | 7 |
| | b) Focalizándose exclusivamente en el crecimiento espiritual. | 4 | 3 |
| | c) Juzgando a los demás por sus acciones. | 2 | 2 |
| 62. ¿Cuál es un ejemplo Bíblico que ilustra la misericordia? | a) La conquista de Canaán. | 2 | |
| | b) El buen samaritano. | 7 | 11 |
| | c) Las guerras del Antiguo Testamento. | 3 | 1 |

| **Movimiento de iniciación de iglesias (MII)** | | | |
|---|---|---|---|
| 63. ¿Qué característica define la estrategia de plantación de iglesias (MII) de acuerdo con Timothy Keller? | a) Se basa en la expansión geográfica de la iglesia sin considerar la cultura. | 3 | 2 |
| | b) Participación en la comunidad local. | 6 | 10 |
| | c) La estrategia de plantación de iglesias se centra en la evangelización en línea. | 3 | |
| 64. ¿Qué papel desempeña la | a) Debe ser comprendida y abordada de manera relevante. | 5 | 7 |

| | | | |
|---|---|---|---|
| cultura de la ciudad en el enfoque de plantación de iglesias? | b) Debe ser desafiada y cambiada por completo. | 4 | 3 |
| | c) No tiene relevancia en la estrategia. | 3 | 2 |
| 65. ¿Cuál es una señal de que una iglesia plantada está madurando adecuadamente dentro del MII? | a) Cuando el líder de la iglesia adquiere popularidad. | 2 | |
| | b) Cuando la iglesia comienza a plantar nuevas iglesias por sí misma. | 6 | 11 |
| | c) Cuando alcanza una cantidad específica de miembros. | 4 | 1 |
| 66. ¿Cómo ha influenciado la iglesia en el movimiento de plantación de iglesias? | a) Fomentando la competencia y el individualismo. | 3 | 1 |
| | b) La competencia en el movimiento de plantación de iglesia lleva a la división. | 2 | |
| | c) Impulsando la colaboración y el aprendizaje mutuo. | 7 | 11 |
| 67. ¿Qué desafíos enfrenta la iglesia en su enfoque de plantación de iglesias? | a) Falta de recursos financieros. | 4 | 3 |
| | b) Resistencia de la comunidad local. | 3 | 1 |
| | c) Adaptación a las cambiantes necesidades culturales. | 5 | 8 |
| 68. ¿Cuál es uno de los principios clave en el enfoque de plantación de iglesias? | a) Abordar tanto las necesidades espirituales como culturales. | 2 | 9 |
| | b) Centrarse exclusivamente en el crecimiento numérico. | 5 | 2 |
| | c) Mantener una estructura jerárquica tradicional. | 5 | 1 |
| 69. ¿Qué tipo de recursos ha proporcionado la iglesia para apoyar su movimiento de plantación de iglesias? | a) Materiales de entretenimiento sin contenido religioso. | 2 | |
| | b) Literatura y formación teológica sólida. | 6 | 8 |
| | c) Herramientas exclusivamente para líderes pastorales. | 8 | 4 |
| 70. ¿Qué enfoque tiene la iglesia en | a) Predicación teológica y académica es lo más apropiado. | 1 | 3 |

| | | | |
|---|---|---|---|
| relación con la predicación y enseñanza en sus plantaciones de iglesias? | b) Predicación centrada en la autoayuda y motivación. | 3 | 2 |
| | c) Predicación expositiva y relevante para la cultura contemporánea. | 3 | 7 |
| 71. ¿Cómo ha impactado el enfoque de plantación de iglesias en otras congregaciones y movimientos? | a) Ha generado rivalidades y conflictos entre iglesias y laicos, ya que toman una autoridad que no corresponde. | 3 | |
| | b) Ha inspirado a otras iglesias a adoptar un enfoque similar. | 5 | 12 |
| | c) Ha enfatizado la exclusividad doctrinal y teológica para mayor conocimiento. | 4 | |

| Los grandes balances de la Iglesia Centrada de Timothy Keller con relación a las diferentes áreas controversiales para los creyentes de diversos trasfondos | | | |
|---|---|---|---|
| 72. ¿Deben ser las actividades de la iglesia centrada pensadas principalmente para los creyentes o para los incrédulos? | a. Exclusivamente para los creyentes, ya que los incrédulos no tienen interés en la iglesia. | 2 | |
| | b) Principalmente para los incrédulos, para atraerlos y compartirles el Evangelio. | 1 | 10 |
| | c) No importa, ya que las actividades de la iglesia no tienen impacto en nadie. | 4 | 2 |
| 73. ¿Cuál es el objetivo principal de la iglesia dominical al diseñar actividades de la iglesia centrada para creyentes e incrédulos? | a) Satisfacer las preferencias personales de los líderes de la iglesia. | 4 | 2 |
| | b) Proporcionar un ambiente exclusivo para los creyentes donde puedan crecer espiritualmente. | 4 | 1 |
| | c) Crear oportunidades para que los creyentes crezcan en su fe y los incrédulos sean alcanzados por el Evangelio. | 4 | 9 |
| 74. ¿Cómo debe ser vista la iglesia según la perspectiva de Timothy Keller en "La | a) Como una organización estática con roles y estructuras flexibles. | 4 | 3 |
| | b) Como un movimiento dinámico que se adapta a las necesidades cambiantes. | 4 | 8 |

| | | | |
|---|---|---|---|
| iglesia centrada"? | c) Como un lugar de tradiciones rígidas sin necesidad de cambios. | 4 | 1 |
| 75. ¿Cuál es la visión de Timothy Keller en "La iglesia centrada" respecto a la naturaleza de la iglesia? | a) Los miembros buscan su propio beneficio y se solo preocupan por su iglesia. | 3 | |
| | b) La iglesia debe ser una comunidad misionera que busca influenciar y transformar la cultura circundante mediante la proclamación del Evangelio y la demostración de la compasión de Cristo en la vida diaria. | 6 | 11 |
| | c) Un cuerpo activo y comprometido en transformar la cultura sin compromisos importantes. | 3 | 1 |

Apéndice G, se realizó una adaptación a esta era poscristiana basándose en el "Apéndice 7, Pretest y Postest" de la tesis doctoral del Dr. José Pacheco, actualmente en posesión de dicho título, "Entrenando a Pastores Bautistas Hispanos de El Paso, Texas, en su Proceso de Revitalización siguiendo el Modelo de la Iglesia de Éfeso", (DMin diss., Midwesterns Baptist Theological Seminary, 2021), 211-217.

Nota interpretativa sobre las mediciones

El cambio observado entre la medición inicial y la medición final no indica un deterioro de la iglesia, sino un aumento significativo en la conciencia crítica y teológica de los participantes.

En la medición inicial, las percepciones estuvieron influenciadas por criterios comunes como asistencia, actividades y estabilidad institucional. Sin embargo, tras el proceso formativo, los participantes evaluaron la iglesia a la luz de un marco Bíblico más riguroso, centrado en la integración de la fe con la vida, la misión y la cultura.

Este desplazamiento en la evaluación evidencia que el proyecto no solo transmitió conocimiento, sino que reformuló los criterios con los cuales los líderes interpretan la salud eclesial, lo cual constituye uno de los logros más significativos del proceso.

TABLA 17

RESUMEN DEL CUESTIONARIO SOBRE LA SALUD DE LA IGLESIA POR EL PASTOR PRINCIPAL (PP), LÍDER DE INFLUENCIA (LI) Y GRUPO DE CONEXION (EVC)

| Características | Evaluaciones |
|---|---|
| 1. Contexto de la iglesia | Urbano |
| 2. Nombre del pastor principal | Participante 12 |
| 3. Existencia de la iglesia | 13 años |
| 4. Membresía | 251-400 |
| 5. Asistencia Escuela Dominical | 21-50 |
| 6. Bautismos (últimos 3 años) | 71-100 |
| 7. Aumento del presupuesto anual en los últimos 3 años | 48% |
| 8. Nuevos creyentes (últimos 3 años) | 71-100 |
| 9. Tipo de gente que se congrega (Edad) | 30-50 |
| 10. Niños (últimos 3 años)<br>Niños (últimos 3 años) | 41-10 (42)<br>41-10 (45) |
| 11. Actividades en inglés | Reuniones grupales de jóvenes |
| 12. Nuevas Obras (3 últimos años) | 1-5 (1) |
| 13. Cantidad de Pastores y sostenido por la iglesia | 2 |
| 14. Nuevos ministerios iniciados en los últimos 3 años | 9 |
| 15. Ministerios de alcance en la comunidad | (miércoles, día de alimentos y viernes, actividad con los homeless) |
| 16. Pequeñas empresas actualmente | 19 |
| 17. Programa para jóvenes de desarrollo y capacitación en la cosmovisión cristiana | No |
| 18. Programas de jóvenes y adultos en sus vocaciones y otros | No |
| 19. Salud de la Iglesia | Estancada: 11<br>Crecimiento por Adición: 1<br>Declive: 0<br>Saludable: 0 |

# APÉNDICE C

## GUÍA DE ENCUESTA DEL ESTADO ACTUAL DE LA IGLESIA, PASTOR PRINCIPAL (PP), EQUIPO VOCACIONAL DE CONEXIÓN (EVC) Y LÍDER DE INFLUENCIA (LI)

Introducción

En los apéndices desde C a la K, el director del proyecto aclara que se incluyen introducciones, comentarios, conclusiones y adaptaciones con el propósito de contextualizar la era posmoderna en contraste con la era contemporánea anterior. En la era contemporánea, la iglesia tradicional prevalecía, caracterizada por el incumplimiento del sacerdocio universal y una marcada división entre lo "secular vs. sagrado". A pesar de estos aspectos, Estados Unidos aún conservaba su influencia cristiana. Sin embargo, en la actual era posmoderna, nos enfrentamos a la secularización como un desafío global para el cristianismo y otras religiones. Estamos viviendo en una época poscristiana de un mundo posmodernista con una influencia significativa incluso dentro de las iglesias. A medida que avanzamos más allá de la perspectiva eurocéntrica en un contexto de globalización, obtenemos una comprensión más universal de la complejidad y diversidad de las prácticas religiosas. En respuesta a estos cambios, surgen llamados para reformar la estructura de la Iglesia y adoptar una nueva vida tridimensional, esencial para involucrar a los laicos en el ministerio en todas las áreas de su acción social.

Asimismo, es fundamental comprender que, en la era posmoderna, la adoración y la evangelización no son prácticas separadas, sino que se entrelazan profundamente a través de la predicación Bíblica. La predicación desde el púlpito debe ser entendida como una forma central de adoración que, al mismo tiempo, evangeliza. Una predicación efectiva no solo edifica a los creyentes, sino que también debe ser clara, comprensible y transformadora para los no creyentes presentes. En este contexto, el mensaje de la cruz debe comunicarse con verdad y compasión, evitando tecnicismos innecesarios o un lenguaje exclusivamente interno que excluya a quienes recién se acercan a la fe. Este cambio hacia una predicación contextualizada permite que la iglesia se convierta en un espacio accesible y relevante, en el cual los visitantes y nuevos convertidos puedan escuchar, comprender y responder al llamado de Dios.

Luego, se destaca la necesidad de la congregación orientada hacia el exterior, que acoja a personas no creyentes y apoye a los laicos en su ministerio en el mundo laboral, que combine la Palabra en acciones para satisfacer las necesidades espirituales y físicas de los menos privilegiados, así como de aquellos que trabajan activamente en contacto directo con miles de personas asentando la fe en sus trabajos seculares. Esto se realiza con una actitud de disposición para colaborar con otros creyentes, promoviendo una visión unificadora para toda la ciudad. La contextualización del Evangelio se convierte en un enfoque importante, siendo sensibles a la cultura y adoptando formas amables de ministrar en los trabajos en lugar de enfoques hostiles o indiferentes. Se busca el compromiso cultural y la cooperación en lugar de pasar por alto las diferencias culturales entre grupos.

Finalmente, para una segunda etapa —no desarrollada plenamente en este proyecto de transición, pero claramente anticipada en este escrito— se resalta que toda iglesia tradicional debe considerar con urgencia un proceso de integración del ministerio laico. Esta integración es fundamental para conectar a las personas con Dios, con otros individuos y con la ciudad, con un quinto frente esencial: el Movimiento de Iniciación de Iglesias (MII).

El establecimiento del MII debe entenderse como una extensión natural y continua del ministerio integral de la iglesia, al igual que la adoración, la evangelización, la comunión, la enseñanza y el servicio. En esta nueva etapa, la iglesia está llamada a superar modelos eclesiásticos reduccionistas que se limitan a un funcionamiento interno o elitista. Una comunidad que no equipa, envía y moviliza a sus laicos para la obra del ministerio no puede considerarse verdaderamente una iglesia, sino corre el riesgo de convertirse en un club religioso. Para ser fiel a su llamado, la iglesia debe restaurar su vocación misional integral, formando creyentes capacitados para servir tanto dentro como fuera de sus muros.

El equipo Vocacional de conexión (EVC) y el líder de influencia (LI) participarán en el resto de los apéndices junto con el pastor principal (PP). Gracias por contestar este cuestionario. La información que nos brinde será usada para preparar una estrategia de cómo iniciar un proceso de integración de la iglesia hispana participante en el estudio para expandir el Reino de Dios en su primera etapa al integrar la fe y el trabajo del ministerio laico de la iglesia.

Nombre del participante_______________________________
Fecha ___________

1. ¿Qué contexto describe mejor a su iglesia?
___ Rural
___ Suburbano
___ Urbano

2. Su posición en la iglesia es:
_____ Pastor Principal
_____ Líder
_____ Otro

3. Su iglesia tiene de existir:
___ Menos de 3 años
___ Entre 3 y 7 años
___ Entre 7 y 10 años
___ Más de 10 años

4. Su iglesia se reúne en
___ el local de una iglesia americana sin pagar renta.
___ el local de una iglesia americana pagando renta.
___ en templo propio
___ en otro lugar rentado

5. Cantidad de miembros en la iglesia:
___ Menos de 25
___ 21-50
___ 51-75
___ 71-150
___ 151-250
___ 251-400

6. Cantidad de personas que asisten a la escuela dominical cada semana.
___ Menos de 25
___ 21-50
___ 51-75
___ 71-150

___ 151-250
___ 251-400

7. Cantidad de personas que asisten a los servicios de adoración cada semana.
___ Menos de 25
___ 21-50
___ 51-75
___ 71-150
___ 151-250
___ 251-400

8. ¿Qué caracteriza mejor a quienes asisten a la iglesia?
____ En su mayoría personas menores de 30 años.
____ En su mayoría adultos entre 30 y 50 años.
____En su mayoría adultos de 50 años o más
____Distribuido uniformemente en todos los grupos de edad.
____Ninguna de las anteriores son categorías precisas

9. Numero de bautismos en los últimos 3 años
___ Menos de 10
___11-30
___31-50
___51-75
___71-100

10. Cantidad de nuevos creyentes en los últimos 3 años
___ Menos de 10
___ 11-30
___ 31-50
___ 51-75
___ 71-100

11. Misiones y/o iglesias nuevas iniciadas en los últimos 3 años ____

12. Cantidad de líderes y/pastores sostenidos por la iglesia _____

13. Nuevos ministerios iniciados en los últimos 3 años ______

14. Ministerios de alcance a la comunidad en los últimos 3 años ______

15. Ministerios que han cerrado en los últimos 3 años _____

16. Porcentaje que ha aumentado el presupuesto anual en los últimos 3 años

__ Menos del 10%
__ 11-20%
__ 21-40%
__ 41-10%
__ 11-80%
__ 81-100%
__ 101-%

17. Cantidad promedio de niños en los últimos tres años.

__ Menos de 20
__ 21-40
__ 41-10
__ 11-80
__ 81-100
__ 101-120

18. Cantidad promedio de adolescentes en los últimos tres años.

__ Menos de 20
__ 21-40
__ 41-10
__ 11-80
__ 81-100
__ 101-120

19. Cantidad promedio de jóvenes en los últimos tres años.

__ Menos de 20
__ 21-40
__ 41-10
__ 11-80
__ 81-100
__ 101-120

20. Cultos o actividades en inglés:

Si ____
No ____
Ocasionalmente _____

Nunca _____

→Si la respuesta fue si u ocasionalmente seleccione cuales actividades:
__ Escuela Dominical __ Cultos
__ Reuniones grupales (jóvenes, mujeres, niños, etc.).
__ Otros (especifique)
21. Cantidad promedio de pequeñas empresas actualmente.
__ Menos de 20
__ 21-40
__ 41-10
__ 11-80
__ 81-100
__ 101-120

22. Cantidad de Programas de jóvenes y adultos profesionales en todas sus vocaciones
__ Menos de 20
__ 21-40
__ 41-10
__ 11-80
__ 81-100
__ 101-120

23. Programa para jóvenes de desarrollo y capacitación en la cosmovisión cristiana
*(Apologética y Defensa de la Fe; Ética Cristiana; Explorar cómo vivir una vida; Liderazgo y Servicio; Estudio Bíblico contextualizando el Evangelio en la ciudad; Relaciones y Sexualidad; Justicia Social; Compromiso Comunitario, etc.).*
Si ____
No ____
Ocasionalmente _____
Nunca _____
Cantidad_____

24. Según la información proporcionada, su iglesia está:
__ *Estancada.* La iglesia está en transición. No es lo que una vez fue y aún no es lo que será. Un punto de equilibrio indefinido. Ni para adelante ni para atrás.
__ *En declive.* La iglesia ha perdido miembros, soporte financiero, relevancia con la comunidad y el cumplimiento de su misión.

___ *Muriendo.* Los mejores días de la iglesia están en el pasado. Si las tendencias actuales continúan es probable que la iglesia tenga que cerrar en los próximos cinco años.

___ *Saludable.* La iglesia está libre de las tres características antes mencionadas.

___ *Ninguna* de las anteriores son categorías precisas

25. ¿Estaría usted interesado en ser parte de un entrenamiento para gestionar el proceso de integración de la fe y el trabajo en la iglesia en su contexto hispano?

Si ____ No_____

Nombre: ____________

Email: ______________

Teléfono: ___________

Apéndice C, se realizó una adaptación en la pregunta (21, 22 y 23) basándose en el "Apéndice 3, Guía de Encuestas del Estado de Salud de las Iglesia Hispanas en la Asociación Bautista de El Paso" de la tesis doctoral del Dr. José Pacheco, actualmente en posesión de dicho título, "Entrenando a Pastores Bautistas Hispanos de El Paso, Texas, en su Proceso de Revitalización siguiendo el Modelo de la Iglesia de Éfeso"., (DMin diss., Midwesterns Baptist Theological Seminary, 2021), 203-206.

# APÉNDICE D

GUÍA DE ENTREVISTA SEMI ESTRUCTURADA PARA EL PASTOR PRINCIPAL (PP), EN UN PROCESO DE INTEGRACIÓN DE LA PRIMERA FASE EN EL MINISTERIO DE LA IGLESIA LOCAL TRADICIONAL HISPANA (ILTH)

Nombre del entrevistado______________________________

Fecha_______

Tema: El crecimiento y el "proceso de integración de la "fe y trabajo" y "adoración y evangelización" en el ministerio de la ILT en la ciudad de Miami, FL, en el contexto de la era poscristiana y posmoderna.

1. ¿En qué condiciones (fortalezas y desafíos) está actualmente la Iglesia Local Tradicional (ILT)?
→ *(Evalúa el estado general de la iglesia, incluyendo su impacto real en la comunidad).*
2. ¿Cómo está contribuyendo la estructura actual del liderazgo de la ILT a la participación activa o pasiva de los creyentes?
→ *(Indaga si hay centralización del poder o si los miembros están siendo equipados para ministrar).*
3. ¿De qué manera la ILT integra la vida laboral y comunitaria de sus miembros entre semana?
→ *(Evalúa la desconexión entre lo que se enseña en el templo y lo que se vive en el entorno secular).*
4. ¿Qué mecanismos existen para identificar, formar y enviar líderes vocacionales en su entorno de trabajo y en la comunidad?
→ *(Revela si la iglesia está formando líderes para multiplicación o solo manteniendo estructuras internas).*
5. ¿La ILT ha evaluado si su modelo actual responde a los desafíos de una sociedad poscristiana, diversa y digitalizada?
→ *(Cuestiona la relevancia contextual y la capacidad de adaptación frente a los nuevos tiempos).*

Apéndice D, se realizó una adaptación a esta era poscristiana basándose en el "Apéndice 4, Guía de preguntas Semiestructurada para directores de la Asociación y del Compañerismo" de la tesis doctoral del Dr. José Pacheco, actualmente en posesión de dicho título, "Entrenando a Pastores Bautistas Hispanos de El Paso, Texas, en su Proceso de Revitalización siguiendo el Modelo de la Iglesia de Éfeso"., (DMin diss., Midwesterns Baptist Theological Seminary, 2021), 2021. 207

# APÉNDICE E

## MATRIZ DE DOBLE ENTRADA: ENTREVISTA AL PASTOR PRINCIPAL (PP) Y LIDER DE INFLUENCIA (LI) EN UN PROCESO INTEGRACION EN LA PRIMERA FASE DEL MINISTERIO DE LA IGLESIA LOCAL TRADICIONAL HISPANA (ILTH)

Nombre del entrevistado______________________________

Fecha_______

Tema: El crecimiento y proceso de integración de la "fe y trabajo" y "adoración y evangelización" al ministerio de la iglesia local tradicional hispana en Miami, FL.

1. ¿Cuáles son las posibles condiciones (fortalezas y debilidades) que la iglesia local tradicional (ILT) podría enfrentar al llevar a cabo un proceso de integración de la "fe y trabajo y la "adoración y evangelización?
2. ¿Cuáles son los principales desafíos que la ILT podría enfrentar al implementar un proceso de integración de la "fe y trabajo y la "adoración y evangelización"?
3. ¿Qué esfuerzos o estrategias podrían adoptarse para promover el crecimiento y desarrollo de la ILT a través de un proceso de integración de la "fe y trabajo" y la "adoración y evangelización"?
4. ¿En el contexto del proceso de integración de la "fe y el trabajo" y la "adoración y evangelización" en el ministerio de la ILT, ¿cuáles consideran que podrían ser los factores principales que podrían obstaculizar un crecimiento saludable?
5. ¿En su experiencia de este ministerio en la era actual, ¿cuáles serían las acciones claves que podrían emprenderse para estimular un crecimiento saludable de la comunidad de la ILH en Miami mediante un "proceso de integración"?

Apéndice E, se realizó una adaptación a esta era poscristiana basándose en la "Apéndice 5, Guía de Entrevista Semiestructurada para Pastores de Influencias en el contexto" de la tesis doctoral del Dr. José Pacheco, actualmente en posesión de dicho título, "Entrenando a Pastores Bautistas Hispanos de El Paso, Texas, en su Proceso de Revitalización siguiendo el Modelo de la Iglesia de Éfeso"., (DMin diss., Midwesterns Baptist Theological Seminary, 2021), 2021. 207.

# APÉNDICE F

## GUÍA DE ENTREVISTA SEMI ESTRUCTURADA DE UN PROCESO DE INTEGRACION EN LA PRIMERA FASE AL PP, LI Y EVC

Tema central de investigación: Diseño de un proceso de integración de la "fe y el trabajo" y la "adoración y evangelización" en su etapa primera de transición en una iglesia Local Tradicional (ILT) en Miami, Florida, en la era posmoderna.

Sección I. Descripción de un "proceso de integración de la "fe y el trabajo" y la "adoración y evangelización" en el ministerio de la iglesia.

Nombre: __________
Edad: __________
Lugar de nacimiento: __________
Tiempo en el ministerio: __________
Grados de estudio ministerial y secular: __________

A. Preguntas conceptuales acerca de un proceso de integración de la "fe y el trabajo" y "adoración y evangelización":

1. ¿Ha escuchado usted previamente acerca del concepto de un proceso de integración de la "fe y el trabajo" y "adoración y evangelización"?

___Si
___No

2. En sus propias palabras, explique el significado del concepto "Proceso de integración de la "fe y el trabajo" y "adoración y evangelización" desde la iglesia en su primera etapa de transición.

3. En su opinión, ¿qué características debería tener un "proceso de integración de la "fe y el trabajo", así como de la "adoración y evangelización", incorporada a la vida laboral y comunitaria desde la iglesia? Enlístelas.

B. Preguntas acerca del líder como agente 'integrador'.

1. En su opinión, ¿qué acciones del proceso de integración de la "fe y el trabajo" y "adoración y evangelización" quisiera emprender para ayudar a su iglesia/ministerio a crecer?

2. En su criterio, ¿cuáles serían los principales factores que impedirían el proceso de integración de la "fe y el trabajo" y "adoración y evangelización "en su iglesia?

3. ¿Cuáles o qué tipo de herramientas o aprendizajes necesitaría tener como líder para guiar a su iglesia/ministerio en este inicio de proceso de integración de la "fe y el trabajo" y "adoración y evangelización"?

4. ¿Tiene usted el ánimo y el deseo de ser un líder en el proceso de la "fe y el trabajo" y "adoración y evangelización" en la iglesia/ ministerio en su primera etapa de transición?
Si _______
No _______
¿Por qué? _______

Sección II. Descripción de la iglesia.

La iglesia en este momento está en:

Crecimiento ________
Consolidación ___
Estancada ___
Declive________
Muriendo___
Otra_________

A. Evaluación de la iglesia.

1. Pensando en el pasado histórico de su iglesia: ¿qué aspectos o características buenas o sobresalientes ha tenido la iglesia/ministerio en el pasado? Favor de enlistarlas.

2. En un intento de evaluar a su iglesia/ministerio tomando como punto de partida el pasado histórico: ¿cuál es la condición presente de la iglesia? ¿Es hoy mejor su iglesia que en el pasado? Piense en lo espiritual, económico, cantidad de miembros, nuevos creyentes, cantidad de niños, jóvenes, influencia en la comunidad, etc.

B. La Condición espiritual de la iglesia.

1. ¿De qué cosas, decisiones, errores o pecados, deben su iglesia y/o usted como líder arrepentirse que han estado evitando u siendo obstáculo para un proceso de integración de la "fe y el trabajo" y "adoración y evangelización"? Enlístelas.

2. ¿Cuándo fue la última vez que como iglesia experimentaron un crecimiento espiritual? Explique los detalles.

3. ¿Cuándo fue la última vez que sintieron la unidad en el Espíritu Santo como iglesia? Explique los detalles.

C. Las acciones para el "proceso de integración de la "fe y el trabajo" y la "adoración y evangelización."
1. ¿Qué acciones se deberían tomar o emprender para llevar a la iglesia hacia un proceso de integración de la "fe y el trabajo" y "adoración y evangelización"?

2. ¿Qué ajustes o estrategias usted como líder de un grupo de conexión debe hacer para conducir a la iglesia/ministerio en ese proceso integración de la "fe y el trabajo" y "adoración y evangelización"?

3. Usted como líder, tiene usted el ánimo y deseo de "pagar el precio" para iniciar un proceso de integración de la "fe y el trabajo" y "adoración y evangelización" en su iglesia /ministerio?
Si _______
No _______
¿Por qué? _______

Pregunta final: ¿está usted disponible para participar en un entrenamiento para liderar un "proceso de integración de la "fe y el trabajo" y "adoración y evangelización" en su iglesia/ministerio?
Si _______
No _______
Apéndice F, se realizó una adaptación a esta era poscristiana basándose en la "Apéndice 6, Guía de entrevistas semiestructurada a pastores participantes" de la tesis doctoral del Dr. José Pacheco, actualmente en posesión de dicho título, "Entrenando a Pastores Bautistas Hispanos de El Paso, Texas, en su Proceso de Revitalización siguiendo el Modelo de la Iglesia de Éfeso"., (DMin diss., Midwesterns Baptist Theological Seminary, 2021), 209-210.

# APÉNDICE G

## PRETEST Y POSTEST EN LA ETAPA DEL PROCESO DE INTEGRACIÓN DE LA FE Y EL TRABAJO EN LA ERA POSCRISTIANA PARA EL EQUIPO DE CONEXIÓN (EVC)

Objetivo.
Probar los conocimientos previos de los participantes con relación a un "proceso de integración de la fe y el trabajo" de la iglesia en el contexto hispano.

Duración: el pretest puede ser hecho entre 25 a 35 minutos
Instrucciones: marque una de las respuestas que usted considere correctas.

Diagnóstico Formativo – Frente 1: Adoración y Evangelización
1. ¿Cuál es uno de los propósitos fundamentales de la adoración, según Efesios 1:11–13?
   a) Glorificar a Dios como expresión de haber creído en el Evangelio y haber sido sellados por el Espíritu
   b) Reunirse para compartir necesidades prácticas
   c) Crear una atmósfera emocional positiva

2. ¿Qué actitud evangelística refleja la predicación de Pablo en Éfeso (Hechos 18:19)?
   a) Hablar solamente de temas morales para no ofender
   b) Proclamar el Evangelio directamente a personas religiosas, confrontando con la verdad
   c) Evitar el diálogo en espacios públicos como las sinagogas

3. ¿Cómo debe ser la adoración para impactar a creyentes y no creyentes según el modelo de Hechos 17:22–31?
   a) Centrada en Dios, con un mensaje claro sobre el arrepentimiento, la salvación y la resurrección
   b) Basada en tradiciones locales para mantener la identidad cultural
   c) Dirigida solo a miembros comprometidos de la iglesia

4. ¿Qué modelo Bíblico refuerza que la adoración es también un acto misionero?
   a) La adoración en silencio sin predicación ni proclamación

b) Los sacrificios del Antiguo Testamento como acto exclusivo del pueblo de Israel
c) El Areópago, donde Pablo adoró a Dios anunciando su verdad a los no creyentes

5. ¿Qué expresa Efesios 6:10–17 respecto a la adoración basada en una cosmovisión Bíblica?
a) Que la adoración incluye lucha espiritual y proclamación del Evangelio como parte de la vida cristiana
b) Que la adoración es una experiencia emocional sin implicaciones espirituales activos
c) Que la adoración debe centrarse en rituales sin interpretación contextual

Diagnóstico Formativo – Frente 4: Integración de la Fe y el Trabajo
6. ¿Qué significa integrar la fe en el trabajo?
a) Asistir a eventos religiosos en el Trabajo
b) Separar completamente la fe de las responsabilidades laborales
c) Aplicar los valores y principios cristianos en el entorno laboral

7. ¿Por qué es importante integrar la fe en el trabajo?
a) Para ganar méritos y promociones
b) Para mantener la vida laboral y la espiritual separadas
c) Para vivir una vida coherente y reflejar el carácter de Cristo en todas las áreas

8. ¿Qué papel juegan los valores Bíblicos en la toma de decisiones laborales?
a) Tienen cierta relevancia en el entorno laboral
b) Pueden ser ignorados en favor de beneficios a personas que no creen
c) Guían la toma de decisiones éticas y responsables en el trabajo.

9. ¿Cuál es el propósito principal de integrar la fe en el trabajo?
a) Obtener ganancias financieras
b) Mostrar mejoría espiritual sobre los demás
c) Honrar a Dios en todas las áreas de la vida, incluido el trabajo

10. ¿Cuál es el papel del servicio y la generosidad en el lugar de trabajo desde una perspectiva cristiana?
a) Buscar el beneficio personal y tener una relación buena.
b) Competir y mostrarle que se puede ganar dinero.

c) Servir a los demás y demostrar amor a través de acciones y actitudes

Evangelismo y comunidad en el contexto actual

11. Una de las características de una iglesia de influencia en la comunidad de Miami es que:
   a) Se interesa por sus cristianos.
   b) Conoce la problemática y desafíos de su comunidad
   c) Regala despensas

12. En el contexto posmodernos de Miami, la iglesia bautista hispana promedio debe caracterizarse por:
   a) Su propia lengua hispana
   b) Ser multilingüe y multicultural
   c) Tener máximo dos idiomas.

13. El evangelismo practicado en Miami se debería caracterizar por:
   a) Ser estratégico
   b) Ser espiritual
   c) Ser teórico

14. Ser un cristiano misional en la ciudad de Miami significa:
   a) Demostrar de forma visible la vivencia de la fe en Cristo donde quiera que se encuentre.
   b) Ir a predicar el Evangelio a otras naciones en las zonas de confort
   c) Ser un misionero o pastor de tiempo completo, con énfasis en los cristianos entro de la iglesia.

Antecedentes eclesiológicos

15. Movimiento que utilizando las ciencias sociales buscó determinar las causas del crecimiento de las iglesias:
   a) Movimiento de iglesia misional
   b) Movimientos de iglesia saludable
   c) Movimiento de revitalización eclesial
   d) Movimiento de iglecrecimiento (IC)
   e) Movimiento de iniciación de nuevas iglesias

16. Movimiento que enfatiza que la iglesia está llamada a ser misionera en el contexto posmoderno cambiante en el que ministra:
   a) Movimiento de iglesia misional
   b) Movimientos de iglesia saludable
   c) Movimiento de revitalización eclesial

d) Movimiento de iglecrecimiento (IC)
e) Movimiento de plantación de iglesias o iniciación de nuevas iglesias (MII)

17. Movimiento que enfatiza en el valor de una congregación sana más que en crecimiento numérico:
a) Movimiento de iglesia misional
b) Movimientos de iglesia saludable
c) Movimiento de revitalización eclesial
d) Movimiento de iglecrecimiento (IC)
e) Movimiento de iniciación de iglesias (MII)

Liderazgo de la iglesia en la era poscristiana

18. La "Adaptabilidad a la Cultura Poscristiana" se reflejaría en:
a) Mantenerse firme en las tradiciones religiosas.
b) Mostrar flexibilidad para comprender y abordar las preocupaciones actuales.
c) Enfocarse exclusivamente en la enseñanza Bíblica.

19. ¿Cuál sería la "Habilidad en la Comunicación Multicultural" necesaria para desarrollar?
a) Predicar solo en español.
b) Dominio de múltiples idiomas para alcanzar a diversas comunidades.
c) Limitarse a un público homogéneo.

20. El "Énfasis en la Acción Social y Justicia" se manifestaría como:
a) Abogar por ella solo en discursos sin acciones concretas.
b) Compromiso con proyectos de justicia social en la comunidad.
c) Las necesidades sociales y políticas son parte del gobierno.

21. ¿Qué enfoque se daría a la iglesia al "Utilizar Medios Digitales"?
a) Resistencia a las redes sociales y tecnología.
b) Uso estratégico de plataformas digitales para la evangelización.
c) Uso casual de medios digitales para evangelizar.

Discipulado actual de la iglesia poscristiana

22. ¿Cómo podría la "Flexibilidad Cultural" beneficiar el proceso de discipulado en una iglesia de Miami en la era poscristiana?
a) Manteniendo las tradiciones religiosas sin cambios.
b) Adaptándose a las diversas culturas y contextos de Miami para alcanzar a más personas.
c) Mantener una cultural homogénea única en el discipulado

23. En el contexto de Miami, ¿cómo podría el "Uso de Medios y Tecnología" mejorar el discipulado en la iglesia?

a) Evitando el uso de la tecnología moderna para mantener la autenticidad.
b) Utilizando estratégicamente medios digitales y redes sociales para conectarse con la comunidad.
c) Ignorando completamente las herramientas tecnológicas en el proceso de discipulado.

24. ¿Cuál es el valor de un "Enfoque en Relaciones Personales" en el discipulado en una ciudad diversa como Miami?

a) Priorizando el estudio individual de la Biblia sobre las relaciones personales.
b) Estableciendo conexiones significativas con personas de diferentes orígenes culturales y étnicos.
c) Limitando el discipulado a grupos cristianos para fortalecerlos en sus vidas.

Cosmovisión (ver gráfica 18-25)

25. ¿Consideras que la cosmovisión cristiana puede superar la dicotomía entre lo ¿Sagrado- Espiritual y lo secular- menos espiritual? (ver gráfica 18, 19, 20)

a) No veo cómo la fe puede influir en aspectos fuera de la iglesia.
b) Tal vez en ciertos casos, pero no en todos.
c) Sí, creo que la cosmovisión cristiana puede integrar lo sagrado y lo secular en una perspectiva coherente.

26. ¿Crees que la fe y la razón son dos áreas completamente separadas en tu perspectiva?

a) Sí, la fe y la razón no pueden coexistir.
b) A veces, se siente que la fe y la razón están en conflicto.
c) No, la fe y la razón pueden complementarse en la cosmovisión cristiano.

27. ¿Crees que la razón puede cuestionar la fe cristiana y sus creencias fundamentales?

a) No, la razón no debería cuestionar la fe en ningún caso.
b) A veces, puede haber tensiones entre la razón y la fe.
c) Sí, la razón puede cuestionar y enriquecer la comprensión de la fe.

28. La dicotomía valores y hechos en el posmodernismo expone:

a) La preferencia de Valores es "elección individual" y la de los Hechos es "elección obligada a todos".
b) En el posmodernismo, la preferencia de valores es una elección obligada para todos, mientras que los hechos son una elección individual.
c) Posmodernismo, valores universalmente compartidos y los hechos, subjetivos.

29. Los fundamentalistas asumen la Dicotomía Griega (ver gráfica 22)

a) Mantuvieron una visión equilibrada entre su fe y sus actividades laborales, integrando sus creencias en todos los aspectos de su vida.
b) Mantuvieron una visión de su fe incluyéndola en actividades seculares con amigos con algunos amigos y familiares.
c) Muchos se convirtieron en "cristianos dominicales" y abandonaron el concepto de ser también iglesia el lunes y llevar el reino de Dios a su vida laboral.

Compartir la fe

30. ¿Cuál podría ser un enfoque efectivo para compartir la fe en un entorno de trabajo en la era poscristiana?

a) Mantener la fe completamente privada y no hablar de ella en el trabajo.
b) Buscar oportunidades naturales para compartir su fe en conversaciones amigables y respetuosas cuando sea apropiado.
c) Imponer a las creencias religiosas en las conversaciones laborales sin importar el contexto.

31. ¿Te gustaría explorar cómo la fe en Cristo podría brindarte un mayor sentido de propósito en tu trabajo y en la vida en general?

a) No, estoy satisfecho con cómo van las cosas en este momento.
b) Sí, estoy abierto a explorar cómo la fe podría hacer una diferencia en mi vida.
c) El libertinaje es el culpable, y más aún, cuando se ve que el mundo está perdido

32. ¿Qué recursos o apoyo podría buscar un creyente en su iglesia o comunidad para aprender cómo compartir la fe de manera práctica en un medio laboral actual?

a) No buscar ningún recurso; es una cuestión personal.

b) Participar en grupos de estudio o talleres sobre evangelismo en el lugar de trabajo y recibir mentoría de creyentes con experiencia.
c) Esperar a que las oportunidades surjan de forma natural y sin preparación.

"La historia del hijo pródigo, por Timothy Keller, aborda la aceptación, restauración y propósito de los dos hermanos para encontrar esperanza y significado en la relación con el 'Padre' en esta era poscristiana."

33. ¿Cómo se relaciona la historia del hijo pródigo (Lucas 15) con la visión de la iglesia?
a) No tiene ninguna relevancia para la iglesia
b) Ilustra la importancia de la obediencia ciega en la iglesia
c) Resalta la necesidad de abordar las diferentes perspectivas y necesidades en la comunidad de fe en relación con la iglesia y el perdido.

34 ¿Qué lección puede extraer la iglesia poscristiana de la historia del hijo pródigo en relación con el hermano mayor y el hermano menor?
a) Debe favorecer siempre al hermano menor y su arrepentimiento
b) Debe enfocarse exclusivamente en la justicia del hermano mayor
c) Debe buscar la reconciliación y la Gracia para ambos hermanos

35. ¿Cómo influye la historia del "hermano mayor" en la enseñanza y el enfoque de la iglesia en el posmodernismo?
a) No tiene influencia en absoluto en la enseñanza de la iglesia.
b) Enseña que solo los pecadores necesitan arrepentimiento
c) Enseña la mentalidad individualista, la autosuficiencia, justicia propia y desprecio hacia los demás. Se ve reflejada en el resentimiento y la falta de Gracia.

36. ¿Qué tipo de acercamiento tiene la iglesia hacia la historia del hijo menor en sus enseñanzas sobre la posmodernidad?
a) Ignora por completo la historia y sus implicaciones
b) Aborda la historia con una perspectiva legalista
c) Enseña la mentalidad individualista del hermano menor al buscar su propia satisfacción y libertad sin preocuparse por la consecuencia de sus acciones

37. ¿Cómo puede la historia del hijo pródigo ser relevante para el enfoque de la iglesia en la era posmoderna?

a) No tiene mucha relevancia para la iglesia.
b) Ilustra la importancia de establecer estructuras jerárquicas sólidas
c) Enfatiza la necesidad de recibir y abrazar a aquellos que regresan y reconciliarse con los que permanecen.

38. ¿Cómo aborda la iglesia según el concepto de Gracia en relación con la historia del hijo pródigo?
a) Enseña que la Gracia solo es para aquellos que nunca se han alejado
b) Enseña que la Gracia es para todos, independientemente de su pasado
c) Enseña que la Gracia es solo para el hermano menor y no para el hermano mayor

39. ¿Qué lección sobre liderazgo y pastoreo puede extraer la iglesia de la historia el hijo pródigo y el papel del padre?
a) Debe enfocarse únicamente en corregir a los que se alejan
b) Debe ser rígida y firme con los que han fallado
c) Ofrecer amor, compasión, restauración y se alegra de aquellos que vuelven.

Apologética
40. ¿Cuál es el propósito principal de la apologética cristiana?
a) Convertir a personas de otras religiones al cristianismo.
b) Resolver dudas internas de los creyentes.
c) Defender y explicar la fe cristiana ante preguntas y críticas.

41. ¿Qué tipo de apologética se enfoca en el testimonio personal como herramienta para la evangelización?
a) Apologética clásica.
b) Apologética presuposicional.
c) Apologética experiencial.

42. ¿Cuál es una característica esencial de la apologética presuposicional?
a) Acepta que hay verdades obvias que no necesitan ser defendidas.
b) Parte de la premisa de que la existencia de Dios es la base para todo conocimiento.
c) Utiliza principalmente argumentos basados en milagros.

43. ¿Qué tipo de evidencia NO es comúnmente utilizada en apologética?
a) Filosófica.
b) Anecdótica personal.
c) Histórico.

44. ¿Qué apóstol es conocido por su uso de la apologética en el Nuevo Testamento?

a) Juan.
b) Mateo.
c) Pablo.

45. En la apologética, ¿qué argumento se utiliza para demostrar la existencia de Dios a partir de la existencia del mal?

a) Argumento cosmológico.
b) Argumento moral.
c) Argumento ontológico.

46. ¿Cuál de los siguientes no es un tipo común de apologética?

a) Evidencialista.
b) Presuposicional.
c) Doctrinal absoluta.

47. ¿Cuál es un enfoque común en la apologética evidencial?

a) Demostrar que otras religiones son falsas.
b) Usar parábolas y cuentos para ilustrar puntos teológicos.
c) Presentar evidencia histórica y arqueológica que apoya la Biblia.

48. ¿Cuál es un resultado esperado de la apologética efectiva?

a) Crear confusión sobre doctrinas contrarias.
b) Desmotivar el diálogo interreligioso.
c) Fortalecer la fe de los creyentes y proporcionar respuestas a los escépticos.

Liderazgo en la era poscristiana al integrar la fe en el trabajo

49. ¿Cómo podría un líder ayudar a los empleados a encontrar un propósito y significado en su trabajo al integrar la fe en sus roles?

a) No es responsabilidad del líder ayudar a los empleados a encontrar propósito en el trabajo.
b) Proporcionando orientación y apoyo, conectando la fe con la contribución positiva que cada empleado puede hacer en su entorno laboral.
c) Obligando a los empleados a seguir un conjunto específico de creencias religiosas.

50. ¿Cuál sería el enfoque efectivo para liderar equipos diversos en la era poscristiana, donde los valores y creencias pueden variar ampliamente?

a) Excluir a las personas con creencias diferentes del equipo.
b) Fomentar la colaboración, el respeto y la apertura al diálogo para comprender y valorar las diferencias.
c) Imponer las propias creencias religiosas a todos los miembros del equipo.

51. ¿Cuál podría ser el papel de la formación y el desarrollo del liderazgo en ayudar a los líderes a abordar eficazmente la integración de la fe en los trabajos en la era poscristiana?

a) La formación en el liderazgo tiene un impacto reservado en este contexto
b) La formación y el desarrollo del liderazgo pueden equipar a los líderes con habilidades para promover un entorno inclusivo y ético en el trabajo.
c) La formación solo debería centrarse en dueños de empresa que son cristianos

52. ¿Por qué es importante que los líderes muestren un equilibrio adecuado entre su fe personal y su liderazgo en el trabajo en la era poscristiana?

a) No es importante; los líderes deben mantener su fe privada en el trabajo.
b) Porque un equilibrio adecuado puede fomentar un ambiente de respeto y apertura hacia la diversidad de creencias en el lugar de trabajo.
c) Porque los líderes deben imponer sus creencias personales a sus empleados.

EJEMPLO DE PRETEST Y POSTEST EN LA SEGUNDA FASE (ETAPA FINAL) DE LA IGLESIA COMO UNA CONGREGACION INTEGRADA A LA ERA POSCRISTIANA.[259]

Iglesia Misional

53. ¿Qué caracteriza principalmente a una iglesia misional?

a) Centrarse en el crecimiento numérico de sus miembros.
b) Enfocarse en llevar el mensaje del Evangelio más allá de sus paredes.
c) Limitarse a actividades dentro del edificio de la iglesia.

54. ¿Cuál es un objetivo clave de la iglesia misional?

a) Mantener las tradiciones eclesiásticas.

b) Ofrecer servicios exclusivamente para sus miembros.
c) Integrar el Evangelio en la cultura local de manera relevante.

55. ¿Cómo contribuyen los miembros de una iglesia misional a su comunidad?
a) Actuando como agentes de cambio en sus entornos locales.
b) Ignorando las necesidades sociales y enfocándose solo en las espirituales.
c) Limitándose a asistir a servicios dominicales.

56. ¿Qué práctica es común en las iglesias misionales?
a) Evitar cualquier tipo de actividad secular.
b) Establecer grupos pequeños que se reúnen en casas o lugares comunitarios.
c) Excluir a no creyentes de sus actividades.

Discipulado, Justicia y Misericordia
57. ¿Cuál es el objetivo primordial del discipulado en el contexto cristiano?
a) Incrementar la asistencia a la iglesia mediante actividades sociales.
b) Guiar a los creyentes en el crecimiento espiritual y en la imitación de la vida y enseñanzas de Jesucristo.
c) Asegurarse de que los miembros de la iglesia sigan estrictamente las reglas eclesiásticas.
58 ¿Qué elemento es esencial para un discipulado efectivo?
a) Enfocarse principalmente en la memorización de versículos Bíblicos.
b) Tener reuniones semanales en la iglesia.
c) Fomentar una relación mentor-aprendiz que apoye, enseñe y motive al creyente en su caminar espiritual.

59. ¿Qué implica la promoción de la justicia en el contexto cristiano?
a) Buscar la equidad y la rectitud conforme a los principios Bíblicos.
b) Aplicar juicios y castigos severos.
c) Ignorar las injusticias sociales para enfocarse en la evangelización.

60. ¿Cómo se manifiesta la justicia en las acciones de una iglesia?
a) Solo mediante la 91. oración.
b) Ofreciendo servicios exclusivos a miembros de la iglesia.
c) Abogando por los oprimidos y luchando contra la injusticia en la sociedad.

61. ¿Cómo demuestra una iglesia la misericordia según la enseñanza cristiana?

a) Proveyendo ayuda y cuidado a los necesitados sin esperar nada a cambio.
b) Focalizándose exclusivamente en el crecimiento espiritual.
c) Juzgando a los demás por sus acciones.

62. ¿Cuál es un ejemplo Bíblico que ilustra la misericordia?

a) La conquista de Canaán.
b) El buen samaritano.
c) Las guerras del Antiguo Testamento.

EJEMPLO DE PRETEST Y POSTEST EN LA TERCERA FASE (ETAPA FINAL) DE LA IGLESIA COMO UNA CONGREGACION INTEGRADA A LA ERA POSCRISTIANA. [260]

Movimiento de iniciación de iglesias (MII)

63 ¿Qué característica define la estrategia de plantación de iglesias (MII) de acuerdo con Timothy Keller?

a) Se basa en la expansión geográfica de la iglesia sin considerar la cultura.
b) Participación en la comunidad local
c) La estrategia de plantación de iglesias se centra en la evangelización en línea.

64. ¿Qué papel desempeña la cultura de la ciudad en el enfoque de plantación de iglesias?

a) Debe ser comprendida y abordada de manera relevante
b) Debe ser desafiada y cambiada por completo
c) No tiene relevancia en la estrategia

65. ¿Cuál es una señal de que una iglesia plantada está madurando adecuadamente dentro del MII?

a) Cuando el líder de la iglesia adquiere popularidad.
b) Cuando la iglesia comienza a plantar nuevas iglesias por sí misma.
c) Cuando alcanza una cantidad específica de miembros.

66. ¿Cómo ha influenciado la iglesia en el movimiento de plantación de iglesias?

a) Fomentando la competencia y el individualismo

b) La competencia en el movimiento de plantación de iglesia lleva a la división.
c) Impulsando la colaboración y el aprendizaje mutuo

67 ¿Qué desafíos enfrenta la iglesia en su enfoque de plantación de iglesias?
a) Falta de recursos financieros
b) Resistencia de la comunidad local
c) Adaptación a las cambiantes necesidades culturales

68. ¿Cuál es uno de los principios clave en el enfoque de plantación de iglesias?
a) Abordar tanto las necesidades espirituales como culturales
b) Centrarse exclusivamente en el crecimiento numérico
c) Mantener una estructura jerárquica tradicional

69. ¿Qué tipo de recursos ha proporcionado la iglesia para apoyar su movimiento de plantación de iglesias?
a) Materiales de entretenimiento sin contenido religioso
b) Literatura y formación teológica sólida
c) Herramientas exclusivamente para líderes pastorales

70. ¿Qué enfoque tiene la iglesia en relación con la predicación y enseñanza en sus plantaciones de iglesias?
a) Predicación teológica y académica es lo más apropiado.
b) Predicación centrada en la autoayuda y motivación
c) Predicación expositiva y relevante para la cultura contemporánea

71. ¿Cómo ha impactado el enfoque de plantación de iglesias en otras congregaciones y movimientos?
a) Ha generado rivalidades y conflictos entre iglesias y laicos, ya que toman una autoridad que no corresponde.
b) Ha inspirado a otras iglesias a adoptar un enfoque similar
c) Ha enfatizado la exclusividad doctrinal y teológica para mayor conocimiento

Los grandes balances de la Iglesia Centrada de Timothy Keller con relación a las diferentes áreas controversiales para los creyentes de diversos trasfondos

72. ¿Deben ser las actividades de la iglesia centrada pensadas principalmente para los creyentes o para los incrédulos?

a) Exclusivamente para los creyentes, ya que los incrédulos no tienen interés en la iglesia
b) Principalmente para los incrédulos, para atraerlos y compartirles el Evangelio
c) No importa, ya que las actividades de la iglesia no tienen impacto en nadie

73. ¿Cuál es el objetivo principal de la iglesia dominical al diseñar actividades de la iglesia centrada para creyentes e incrédulos?
a) Satisfacer las preferencias personales de los líderes de la iglesia
b) Proporcionar un ambiente exclusivo para los creyentes donde puedan crecer espiritualmente.
c) Crear oportunidades para que los creyentes crezcan en su fe y los incrédulos sean alcanzados por el Evangelio

74. ¿Cómo debe ser vista la iglesia según la perspectiva de Timothy Keller en "La iglesia centrada"?
a) Como una organización estática con roles y estructuras flexibles.
b) Como un movimiento dinámico que se adapta a las necesidades cambiantes
c) Como un lugar de tradiciones rígidas sin necesidad de cambios

75. ¿Cuál es la visión de Timothy Keller en "La iglesia centrada" respecto a la naturaleza de la iglesia?
a) Los miembros buscan su propio beneficio y solo se preocupan por su iglesia.
b) La iglesia debe ser una comunidad misionera que busca influenciar y transformar la cultura circundante mediante la proclamación del Evangelio y la demostración de la compasión de Cristo en la vida diaria.
c) Un cuerpo activo y comprometido en transformar la cultura sin compromisos importantes.

Apéndice G, se realizó una adaptación a esta era poscristiana basándose en el "Apéndice 7, Pretest y Postest" de la tesis doctoral del Dr. José Pacheco, actualmente en posesión de dicho título, "Entrenando a Pastores Bautistas Hispanos de El Paso, Texas, en su Proceso de Revitalización siguiendo el Modelo de la Iglesia de Éfeso". (DMin diss., Midwesterns Baptist Theological Seminary, 2021), 211-217.

# APÉNDICE H

## GUÍA DE PREGUNTAS PARA EL GRUPO FOCAL AL EQUIPO VOCACIONAL DE CONEXIÓN (EVC)

Tema: El crecimiento y la integración de la "fe y el trabajo" y "adoración y evangelización" al ministerio de la Iglesia Local Hispana (ILTH) en Miami, FL.

1. ¿Cuáles son las "fortalezas y debilidades" de la Iglesia Local Tradicional (ILT) en un proceso de integración de la "fe y trabajo" y "adoración y evangelización"?

2. ¿Cuáles son los principales desafíos que presenta la Iglesia Local Tradicional (ILT) en un proceso de integración de la "fe y el trabajo" y "adoración y evangelización"?

3. ¿Cuáles serían los factores principales que impiden el crecimiento saludable de la Iglesia Local Tradicional (ILT) en un proceso de integración de la "fe y el trabajo" y "adoración y evangelización"?

4. ¿Qué acciones claves se deberían desarrollar para desatar el crecimiento saludable de la Iglesia Local Tradicional (ILT) en un proceso de integración de la "fe y trabajo" y "adoración y evangelización"?

Apéndice H, se realizó una adaptación a esta era poscristiana basándose en el "Apéndice 8, Guía de preguntas para Grupo Focal" de la tesis doctoral del Dr. José Pacheco, actualmente en posesión de dicho título, "Entrenando a Pastores Bautistas Hispanos de El Paso, Texas, en su Proceso de Revitalización siguiendo el Modelo de la Iglesia de Éfeso"., (DMin diss., Midwestern Baptist Theological Seminary, 2021), 218.

# APÉNDICE I

## DE LA OBSERVACIÓN AL DISEÑO – IDENTIFICAR LAS CARACTERÍSTICAS DE UNA IGLESIA SALUDABLE

El "Manual de Plantadores de Iglesias (MPI) " de Timothy Keller y J. Allen Thompson (2016) desarrolla un enfoque misional y Bíblico sobre cómo establecer iglesias en contextos urbanos. Dentro de esta obra, el Capítulo 14 es clave, particularmente en las secciones:

- Parte V: Cambiar las fibras de la ciudad

Sección 14: Cambio espiritual: Modelo de Esdras
Sección 14.1: La Multiplicación de las Iglesias: Una Prioridad
Sección 14.2: Estudio del caso de Éfeso: Un movimiento iniciador de iglesias
Sección 14.3: Elementos de un movimiento de iniciación de iglesias

Estas secciones analizan el caso de la iglesia en Éfeso como ejemplo de una estrategia de plantación y multiplicación eclesial basada en el ministerio del liderazgo de Pablo.

PROCESO DEL MOVIMIENTO DE EFESO

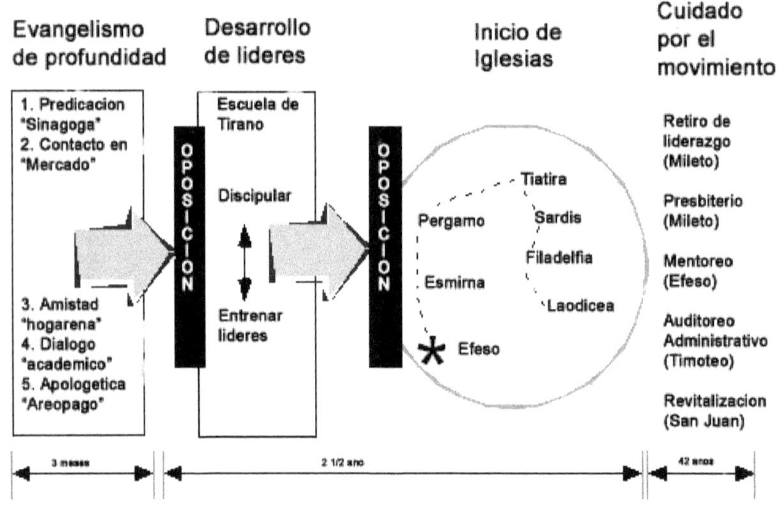


Como parte del desarrollo del Apéndice I, se introduce en primer lugar unas series de preguntas relacionadas con el proceso de Éfeso bajo la guía del apóstol Pablo en su ministerio. Este apartado busca que los participantes comprendan por qué Pablo logró alcanzar sus propósitos ministeriales. Con tal fin, se plantean las siguientes preguntas:

## I. Proceso del Movimiento de Éfeso

Esta sección busca que los participantes comprendan por qué Pablo logró iniciar un movimiento de iglesias perdurable y transformador. Para ello, se emplearon preguntas estratégicas sobre el proceso misionero descrito en el Manual:

1. ¿Qué métodos empleó Pablo para evangelizar en Éfeso y cómo se relacionan con el contexto urbano contemporáneo?
2. ¿Qué elementos del modelo "sinagoga-mercado-areópago" son aplicables hoy a la evangelización en una ciudad como Miami?
3. ¿Cómo la oposición fortaleció, en lugar de frenar, la expansión del Evangelio en esta fase?
4. ¿Cuál es el papel del diálogo cultural y apologético en el proceso misionero en contextos poscristianos?
5. ¿Qué implicaciones tiene comenzar el evangelismo con relaciones "hogareñas" y amistad auténtica?

## Desarrollo de Líderes (2 años y medio)

Objetivo: Discipular y entrenar líderes para sostener el crecimiento del movimiento.

1. ¿Qué papel tuvo la Escuela de Tirano en el discipulado y la formación de líderes?
2. ¿Cómo se puede adaptar el modelo de Pablo de enseñanza diaria a los ritmos actuales de la iglesia local?
3. ¿Por qué es esencial un discipulado relacional y no solo informativo en esta etapa?
4. ¿Qué impacto tuvo Epafras como fruto del entrenamiento y cómo se puede replicar eso en nuestras iglesias?
5. ¿Cómo se preparan líderes para resistir oposición sin comprometer la verdad del Evangelio?

## Inicio y Cuidado de Iglesias (hasta 42 años)

Objetivo: Multiplicación de iglesias y sostenimiento del movimiento a largo plazo.

1. ¿Qué lecciones ofrece el retiro en Mileto sobre la importancia del cuidado pastoral continuo?
2. ¿Qué estrategias usó Pablo para asegurar la rendición de cuentas y el fortalecimiento espiritual de los líderes?
3. ¿Cómo se manifiesta la supervisión autóctona en un movimiento misionero saludable?
4. ¿Cómo se puede asegurar una red de iglesias que piense como "un movimiento" y no solo como estructuras aisladas?

# II. Identificar Características de una Iglesia Saludable: Modelo Observacional Extraído por los Participantes

Como parte de la conclusión de la cuarta semana, el inciso II explica detalladamente el proceso metodológico mediante el cual se identificaron y desarrollaron las primeras características de una iglesia saludable, base del *Proyecto de un Proceso de Integración para la Iglesia Local Hispana* (PIparaILTH). El diseño parte de un enfoque observacional inductivo, seguido por un modelo sistemático que estructura y amplía los hallazgos Bíblicos y pastorales.

Durante el entrenamiento, los participantes analizaron el Capítulo 14 del Manual de Plantadores de Iglesias de Timothy Keller y J. Allen Thompson, el cual describe el 'Modelo de Cambio Espiritual' reflejado en la iglesia de Éfeso. A través de este estudio, guiado por el director del proyecto, se identificaron once características clave de una iglesia saludable mediante el Método Inductivo Clásico.

## 1. Fundamentación conceptual del análisis inductivo aplicado al caso de la iglesia de Éfeso

Propósito: Propósito: Guiar a los participantes a descubrir, por sí mismos, principios espirituales mediante el análisis directo de la Escritura, sin imponer conclusiones previas.

- Marco Metodológico: Método Inductivo Clásico

| Etapa | Pregunta Clave | Objetivo |
|---|---|---|
| 1. Observación | ¿Qué dice el texto? | Identificar hechos, palabras clave, contexto, estructura narrativa. |
| 2. Interpretación | ¿Qué significa el texto? | Comprender la intención del autor y el mensaje Bíblico. |
| 3. Aplicación | ¿Qué implica para nosotros hoy? | Relacionar el mensaje con la realidad ministerial actual. |
| 4. Síntesis | ¿Qué característica refleja este texto? | Formular un principio práctico observable. |

## 2. Fundamentación Literaria Complementaria

Para enriquecer el modelo inductivo, se han integrado fuentes que ofrecen profundidad teológica, formación práctica y fundamentos metodológicos. A continuación, se describen brevemente:

| Autor / Obra | Enfoque | Contribución |
|---|---|---|
| 1. Tim Keller – *Iglesia Centrada* | Eclesiología misional | Integra Evangelio, cultura y liderazgo para formar iglesias centradas en Cristo. |
| 2. I Keller & Thompson – *Manual de Plantadores* | Caso práctico de Éfeso | Proporciona un estudio inductivo del modelo de Éfeso como caso de cambio espiritual. |
| 3. Howard & William Hendricks– *Interpretación Bíblica: Como entenderla y aplicarla con precisión.* | Formación práctica | Manual accesible para enseñar el método inductivo en contextos de iglesia local. |

El libro que se usó para esta sección fue la guía práctica para el estudio Bíblico inductivo, desarrollada por Howard G. Hendricks y su hijo William D. Hendricks: *Interpretación Bíblica: Cómo entenderla y aplicarla con precisión* (Barcelona: Editorial Patmos, 2011). Ideal para comunidades locales, líderes emergentes y creyentes en formación. Inspirador, sencillo y profundamente práctico.

- Dinámica Práctica Aplicada

1. Selección del texto Bíblico tomado de la observación directa del texto del "MPI" de Keller & Allen (Parte V).
   Ej: *Es. 7:10; (Hch. 1:8; Hch. 19:9-10; Hch. 14:21-28); (Hch. 14:23; Hch. 16:13,40; 1 Co. 3:6); ...*
2. Uso guiado de preguntas inductivas (ver Guía adjunta)
   Los participantes trabajan en grupos usando preguntas estructuradas por etapa.
3. Formulación de la característica observacional
   Ejemplo:
   - *Observación:* Pablo enseñaba sistemáticamente.
   - *Interpretación:* Formación sólida produce expansión misional.
   - *Aplicación:* La iglesia debe enseñar con profundidad y visión regional.
   - *Síntesis:* Discipulado sólido con impacto regional.
4. Resultado del proceso

Las 11 características identificadas son el fruto colectivo de este análisis, y sirven como base para el desarrollo de las 12 derivadas del proyecto PIparaILT, que busca revitalizar la iglesia tradicional hispana a través de un proceso Bíblico, misional y contextual.

## 3. Guía Integral para el Análisis Inductivo de una Iglesia Saludable

- Fundamento Teológico del Método Inductivo

  El Método Inductivo promueve una lectura fiel, profunda y participativa de la Escritura, guiando a los líderes a descubrir principios teológicos directamente del texto Bíblico, en lugar de imponer ideas preconcebidas. Esta metodología es especialmente útil para formar líderes que integren la Palabra de Dios con la misión de la iglesia y los desafíos culturales contemporáneos. Aplicado correctamente, se convierte en una herramienta de transformación espiritual, comunitaria y misionera.

- Recomendaciones para Facilitadores
  - Fomente un ambiente de diálogo respetuoso, donde cada participante se sienta libre de observar y preguntar.
  - Evite imponer interpretaciones prematuras; permita que el grupo descubra el mensaje del texto.
  - Utilice herramientas visuales (pizarras y portafolios) para registrar observaciones y aplicaciones.
  - Integre tiempos de oración antes y después del estudio para pedir discernimiento espiritual.
  - Anime a los participantes a relacionar el texto con su contexto eclesial actual.

## 4. Plantilla de Trabajo para Análisis Inductivo

Use esta plantilla para guiar el análisis Bíblico en grupos pequeños o sesiones de formación:

| Pasaje | Observación | Interpretación | Aplicación | Característica Descubierta |
|---|---|---|---|---|

Observación – ¿Qué dice el texto?

- ¿Quiénes son los personajes principales?
- ¿Qué está ocurriendo? ¿Dónde y cuándo?
- ¿Qué palabras o frases se repiten?
- ¿Qué elementos culturales o históricos se mencionan?
- ¿Cuál es el tono o énfasis del pasaje?

Interpretación – ¿Qué significa el texto?

- ¿Qué quiso comunicar el autor original?

- ¿Cuál es la relación entre las ideas o eventos?
- ¿Qué revelación de Dios, del hombre o del evangelio se presenta?
- ¿Cómo se conecta este texto con otros pasajes Bíblicos?
- ¿Qué problemas o verdades está abordando el autor?

Aplicación – ¿Qué significa para nosotros hoy?

- ¿Qué me enseña este texto sobre Dios, mi vida y mi misión?
- ¿Qué debo comenzar, dejar o cambiar?
- ¿Cómo debo vivir esta verdad en mi contexto personal, familiar o laboral?
- ¿Cómo afecta esto mi participación en la iglesia y en la sociedad?

Síntesis – ¿Qué característica surge del texto?

- ¿Qué principio clave se revela sobre la vida de la iglesia?
- ¿Cómo podría esta verdad formar parte de un diagnóstico congregacional?
- ¿Qué implicaciones tiene esto para la salud y misión de la iglesia?

## 5. Reflexión Final: De la Teoría a la Transformación

La meta del estudio Bíblico inductivo no es solo adquirir conocimiento, sino cultivar obediencia. A través de este proceso, los líderes descubren la verdad de Dios, la encarnan en sus vidas y la aplican para edificar iglesias saludables, misioneras y contextualizadas en su realidad local.

## 6. Resumen: Análisis Inductivo de las primeras 11 Características de una Iglesia Saludable

| Nº | Observación | Interpretación | Aplicación | Característica | Versículos y Explicación Breve |
|---|---|---|---|---|---|
| 1 | Esdras se dedicó a estudiar, obedecer y enseñar la ley del Señor. | El cambio espiritual comienza con un liderazgo centrado en la Palabra. | Implementar programas de formación Bíblica sistemática en la iglesia. | Cambio espiritual basado en la Palabra | *Es. 7:10* – La renovación comienza con enseñanza y obediencia a la ley de Dios. |
| 2 | El Evangelio se extendía | La iglesia debe multiplicar-se para | Iniciar células que puedan convertirse | Multiplicación de iglesias | *Hch. 1:8; Hch. 19:9-10; Hch. 14:21-28* – La expansión es |

| | desde Jerusalén hasta Asia. | alcanzar diversas regiones. | en nuevas iglesias locales. | como prioridad | esencial para impactar culturalmente. |
|---|---|---|---|---|---|
| 3 | Pablo establecía iglesias en diferentes contextos culturales. | La plantación debe surgir del discipulado adaptado al entorno. | Formar líderes locales para plantar iglesias culturalmente pertinentes. | Plantación contextualizada de iglesias | *Hch. 14:23; Hch. 16:13,40; 1 Co. 3:6* – El inicio debe surgir naturalmente del discipulado y el contexto. |
| 4 | Pablo utilizaba distintas estrategias según el público. | El evangelismo debe ser flexible y contextual. | Capacitar a los creyentes para evangelizar en sus entornos laborales y sociales. | Evangelismo intencional y diverso. | *Hch. 17–19* Pablo usó predicación, razonamiento, contacto directo y apologética. |
| 5 | Pablo dedicó tiempo a enseñar y advertir a los líderes. | La creación de líderes es vital para la salud eclesial. | Establecer un programa de mentoría pastoral para líderes emergentes. | Discipulado integral y formación de líderes | *Hch. 20:17-38* – Pablo invirtió tiempo en capacitar líderes fieles. |
| 6 | Toda Asia escuchó el Evangelio desde Éfeso. | Una iglesia local puede tener impacto regional cuando es intencional. | Conectar ministerios locales con redes misioneras regionales. | Impacto misional en la ciudad y región | *Hch. 19:10* Toda Asia escuchó el Evangelio por la labor en Éfeso. |
| 7 | Muchos confesaron públicamente y quemaron libros mágicos. | La conversión auténtica implica evidencia pública. | Fomentar testimonios y procesos visibles de transformación. | Conversión auténtica y visible | Hch. 19:18-20 Transformaciones públicas evidencian un cambio real. |
| 8 | El Evangelio provocó oposición de los artesanos. | El mensaje de Cristo confronta ídolos culturales. | Preparar a la iglesia para responder con verdad y amor en medio de conflicto. | Resistencia y oposición cultural | Hch. 19:23-41 La verdad del Evangelio confronta estructuras idólatras. |

| 9 | Pablo dialogó en el Areópago y Lucas presentó defensa ante autoridades | La apologética es parte esencial del testimonio cristiano. | Ofrecer formación en defensa de la fe ante el pensamiento contemporáneo. | Defensa razonada del Evangelio | Hch. 17:22-34; Hch. 19:32- 40 Lucas defiende la legitimidad de la fe cristiana. |
|---|---|---|---|---|---|
| 10 | Pablo instruyó con lágrimas y amor, advirtiendo sobre falsos maestros. | El liderazgo pastoral requiere vigilancia y afecto genuino. | Fortalecer la supervisión pastoral con encuentros regulares y acompañamiento espiritual. | Cuidado pastoral comprometido | Hch. 20:28-31; Ef. 6:24 – Supervisión, enseñanza y amor en la comunidad de fe. |
| 11 | Pablo trabajaba haciendo tiendas mientras predicaba. | El trabajo es un ámbito legítimo de testimonio cristiano. | Enseñar a los miembros a integrar fe y vocación laboral como parte de la misión de Dios. | Integración de la fe y el trabajo | Hch. 18:3; Hch. 20:34; Hch. 19:25-27 – Pablo trabajaba mientras predicaba, afectando el entorno económico con valores del Reino. |

# APÉNDICE J

## ANÁLISIS DE IMPLICACIONES MINISTERIALES A PARTIR DE CARACTERÍSTICAS BÍBLICAS DIAGNOSTICADA DE LA IGLESIA DE ÉFESO PARA UNA IGLESIA SANA EN LA ACTUALIDAD

### De la Observación a la Aplicación: Hacia un Modelo Práctico para Evaluar la Iglesia

El Apéndice I permitió identificar, mediante un proceso inductivo, once características fundamentales de una iglesia saludable, observadas en el ministerio del apóstol Pablo en Éfeso. Dichas características ofrecen un marco bíblico sólido que sirve como punto de partida para el discernimiento pastoral y congregacional en la Iglesia Local Tradicional Hispana (ILTH).

En el presente Apéndice J se da un paso más: se propone un modelo práctico de análisis que traduce esas características en implicaciones ministeriales aplicables. Este ejercicio busca que los participantes no solo reconozcan el modelo bíblico, sino que lo contrasten con la realidad actual de sus iglesias, identificando desafíos, causas y posibles estrategias de transformación.

Para ello, se trabajará en dos niveles:

1. Preguntas diagnósticas (18 en total, distribuidas en las tres fases del modelo de Keller), que permiten evaluar la situación actual de la ILTH.
2. Tablas de análisis (Tabla 14 y 15), que muestran cómo las características observadas en Éfeso pueden iluminar las áreas en las que la iglesia contemporánea necesita crecer.

### Introducción

Partiendo del Análisis Inductivo sobre las once características de una iglesia Saludable, y tomando como referencia los elementos del Movimiento de Éfeso (14.3 del Manual de Plantadores de Iglesias), se identifican los siguientes componentes: (1) un Liderazgo Apostólico, en el cual Pablo actúa como evangelista, maestro, mentor y modelo; (2) un evangelismo intenso y diversificado, que abarca predicación, enseñanza, apologética y reuniones públicas; (3) entrenamiento ministerial, mediante el discipulado profundo en la escuela de Tiranno; (4) ministerios personales, caracterizados por consejería y enseñanza cara a cara, sin dependencia del dinero; (5) unidad y compañerismo misional, expresado en amor fraternal y trabajo en equipo multicultural; (6) cuidado pastoral y supervisión, a través de encuentros de seguimiento con los ancianos (Hch. 20); y (7) corrección y reencuentro con la Gracia, evidenciado en las advertencias de Pablo y la exhortación profética de Juan. De esta manera, se infiere que la aplicación contemporánea de este modelo debe reflejar lo en la práctica los principios que definen a una iglesia saludable, conforme al paradigma de la iglesia de Éfeso guiada por Pablo.

Por tanto, una iglesia saludable deberá ser evangelística y misional desde su predicación, formar y enviar líderes con base en la Biblia, contextualizar el Evangelio sin comprometer su esencia, crear redes de iglesias que se apoyen mutuamente, y evaluar su amor por Cristo continuamente. Este marco sirve como base doctrinal y estratégica para diseñar movimientos misionales urbanos en el siglo XXI, especialmente en contextos poscristianos como Miami o en grandes ciudades latinoamericanas.

## I. Preguntas sobre la ILTH en el proceso de integración Ministerial de la Fase 1– *Iglesia Centrada* de Timothy Keller [261]

- Evangelismo de profundidad y conexión con Dios (Frente 1 – Adoración y Evangelización)

1. ¿La predicación en su iglesia es clara, accesible y relevante para visitantes y no creyentes?
2. ¿De qué forma la adoración dominical promueve la conversión y el discipulado de nuevos creyentes??
3. ¿Por qué es esencial un discipulado relacional y no solo informativo en esta etapa?
4. ¿Se explican con claridad los elementos del culto (oración, música, predicación) para que sean entendibles por los que no están familiarizados con el cristianismo?
5. ¿Cómo equilibran en su iglesia la edificación del creyente y la proclamación del Evangelio durante la adoración pública?
6. ¿Qué oportunidades tienen los nuevos asistentes para expresar dudas o hacer preguntas sobre la fe cristiana?
7. ¿El ambiente de adoración facilita una experiencia espiritual auténtica y accesible para personas heridas o alejadas de la iglesia?
8. ¿Qué tan centradas en Cristo son las canciones, oraciones y mensajes que se utilizan?

- Integración de la fe con la vida diaria y laboral (Frente 4 – Fe y Trabajo / Cultura)

1. ¿Su iglesia enseña regularmente cómo vivir el Evangelio en el contexto laboral y cultural de la semana?
2. ¿Se ofrecen espacios donde los creyentes reflexionen sobre su vocación, trabajo y responsabilidad pública desde una perspectiva Bíblica?
3. ¿Cómo ayuda la iglesia a derribar la falsa división entre lo "espiritual" y lo "secular" en la vida cotidiana?
4. ¿Existen grupos o discipulados enfocados en aplicar la fe a los desafíos del mundo profesional?
5. ¿De qué forma su iglesia capacita a los creyentes para ser luz en su entorno cultural y laboral (educación, empresa, gobierno, arte, etc.)?
6. ¿Qué oportunidades tienen los nuevos asistentes para expresar dudas o hacer preguntas sobre la fe cristiana?
7. ¿El ambiente de adoración facilita una experiencia espiritual auténtica y accesible para personas heridas o alejadas de la iglesia?
8. ¿Qué tan centradas en Cristo son las canciones, oraciones y mensajes que se comunican dentro de la vida congregacional, incluyendo sus implicaciones para el trabajo, la cultura y la vocación diaria?

## II. Modelo de Análisis de Implicaciones Ministeriales a partir de Características Bíblicas Diagnósticas

### 1. Presentación del Método

Este modelo ha sido adaptado del enfoque de Teología Práctica y Eclesiología Misional desarrollado por:

- Van Gelder, Craig, y Dwight J. Zscheile. *The Missional Church in Perspective: Mapping Trends and Shaping the Conversation*. 1.ª ed., Baker Academic, 2011.

Complementado por los principios estratégicos de liderazgo misional propuestos por:

- Timothy Keller. *Iglesia Centrada: El ministerio según el Evangelio en el mundo posmoderno*. 1.ª ed., Editorial Poiema, 2011.

El objetivo es ofrecer una herramienta clara y práctica para analizar "características de una iglesia saludable y traducirlas en implicaciones ministeriales aplicables".

Este modelo opera sobre una triple estructura que parte del análisis Bíblico y ministerial:

- Características observadas en un texto Bíblico o ministerio (como el de Pablo en Éfeso)
- Evaluación teológica y contextual

- Derivación de implicaciones prácticas

Cada fila de análisis parte de una característica, sigue con una evaluación, y culmina con una implicación concreta.

Estas implicaciones son de dos tipos:

- Eclesiales: afectan a la cultura congregacional, la práctica ministerial y la misión local.
- Pastorales: requieren acción o transformación por parte del
- liderazgo principal o vocacional.

## 2. Las cuatro preguntas metodológicas del análisis teológico-pastoral

| Pregunta | Enfoque | Objetivo en el análisis |
|---|---|---|
| ¿Qué está ocurriendo? | Diagnóstico situacional | Identificar con claridad la característica Bíblica observada o la práctica existente en la iglesia. |
| ¿Por qué está ocurriendo? | Análisis causal o teológico | Examinar causas internas, culturales o teológicas que motivan o dificultan esa característica. |
| ¿Qué debería ocurrir? | Visión normativa | Conectar con el modelo Bíblico de iglesia saludable. Formular un ideal. |
| ¿Qué acciones deben tomarse? | Estrategia transformadora | Proponer acciones, decisiones o planes que generen transformación concreta. |

## 3. Ejemplo aplicado paso a paso (3 características integradas con las preguntas metodológicas)

□ Predicación Bíblica fiel (Hch. 19:8–10)

- ¿Qué está ocurriendo? → Pablo predica con constancia y profundidad en un contexto hostil.
- ¿Por qué está ocurriendo? → Cree que el Evangelio transforma mediante el entendimiento Bíblico.
- ¿Qué debería ocurrir? → Las iglesias deben sostener una predicación clara, fiel y culturalmente consciente.
- ¿Qué acciones deben tomarse? → Formar predicadores que comuniquen con claridad, verdad y sensibilidad cultural.
- *Evaluación: La predicación tiene que ser constante, contextual y transformadora.*
- *Implicación: Formar predicadores misionales que conecten doctrina y cultura.*

□ Discipulado Intensivo (Hch. 19:9–10)

- ¿Qué está ocurriendo? → Pablo aparta a los discípulos para enseñarles diariamente por dos años.

- ¿Por qué está ocurriendo? → El crecimiento espiritual requiere profundidad, no solo decisión inicial.
- ¿Qué debería ocurrir?: → Las iglesias deben diseñar procesos formativos robustos.
- ¿Qué acciones deben tomarse? → Crear programas de discipulado intencional y continuo.
- *Evaluación: El discipulado fue riguroso, duradero e intencional.*
- *Implicación: procesos de discipulado profundo.*

□ Conversión Pública (Hch. 19:18–20)

- ¿Qué está ocurriendo? → Muchos confiesan públicamente y queman objetos mágicos.
- ¿Por qué está ocurriendo? → El Evangelio confronta el pecado con poder transformador.
- ¿Qué debería ocurrir? → Las iglesias deben promover confesión, arrepentimiento y testimonios públicos.
- ¿Qué acciones deben tomarse? → Establecer espacios para el testimonio visible de transformación.
- *Evaluación: La conversión implicó un cambio radical y visible.*
- *Implicación: Fomentar una cultura de arrepentimiento público y discipulado vivencial.*

□ Sugerencia de uso para los participantes

- Este modelo puede aplicarse a las 11 características del ministerio de Éfeso y a las 16 preguntas clave del diagnóstico de integración ministerial.
- Útil en talleres, reuniones de planificación pastoral, ejercicios de formación de liderazgo y espacios de diagnóstico congregacional.
- Puede desarrollarse individualmente o en equipo.
- La finalidad no es solo reflexiva, sino estratégica: pasar del análisis a la acción transformadora.

## Propuesta de Actividad Final para Estudiantes

Los participantes deben completar la siguiente tabla, respondiendo a las preguntas de análisis y proponiendo implicaciones prácticas diferenciadas:

### TABLA 14 — Evaluación de las Características del Ministerio de Éfeso

*Las características que siguen fueron seleccionadas a partir de la observación inductiva realizada en el Capítulo V del* Manual de Plantadores de Iglesias *de Keller y Thompson. Este análisis, enfocado en el ministerio de Pablo en Éfeso, permitió identificar principios que resumen la visión de una iglesia.*

| Nº | Características | Evaluación | Implicaciones |
|---|---|---|---|

| 1 | Predicación Bíblica fiel (Hch. 19:8–10) | La predicación fue constante, contextual y transformadora. | Formar predicadores que comuniquen con claridad, verdad y sensibilidad cultural. |
|---|---|---|---|
| 2 | Discipulado intensivo (Hch. 19:9–10) | El discipulado fue riguroso, duradero e intencional. | Diseñar procesos de discipulado profundo y continuo en la iglesia. |
| 3 | Multiplicación regional (Hch. 19:10) | La expansión fue fruto de una estrategia sólida desde un centro misional. | Establecer iglesias que funcionen como centros de misión para multiplicación. |
| 4 | Conversión pública (Hch. 19:18–20) | La conversión implicó un cambio radical y visible. | Fomentar una cultura de arrepentimiento visible y testimonio público. |
| 5 | Oposición cultural por el Evangelio (Hch. 19:23–27) | La verdad confrontó estructuras idolátricas y económicas. | Preparar a la iglesia para enfrentar oposición con discernimiento Bíblico y unidad. |
| 6 | Desarrollo pastoral local (Hch. 20:17–38) | Pablo formó a líderes con amor, doctrina y visión. | Establecer procesos de mentoría y formación de líderes comprometidos. |
| 7 | Defensa pública de la fe (Hch. 19:32–40) | La fe fue defendida con sabiduría ante la sociedad. | Formar a los miembros en apologética y testimonio público del Evangelio. |
| 8 | Trabajo como testimonio (Hch. 18:3; 20:34) | El trabajo fue parte del testimonio misional de Pablo. | Enseñar la integración de la fe y el trabajo como vocación misionera. |
| 9 | Impacto en la ciudad (Hch. 19:10; 19:20) | El Evangelio transformó a Éfeso cultural y espiritualmente. | Desarrollar una visión misional de ciudad. |
| 10 | Cultura de oración y envío (Hch. 13:1–3) | La misión nació en un ambiente de oración, ayuno y escucha del Espíritu. | Cultivar una iglesia guiada por el Espíritu y dispuesta a enviar. |
| 11 | Plantación contextualizada (Hch. 14:21–23) | Las iglesias nacían del discipulado y se contextualizaban. | Plantar iglesias conectadas con su realidad local y Bíblica. |

## III. Modelo de Análisis de Implicaciones Ministeriales a partir de un Proceso de Integración en la Fase 1

### 1. Presentación del Método

Este modelo se basa en los principios de la teología práctica misional (Van Gelder & Zscheile, 2011) y en el enfoque de transformación eclesial propuesto por Timothy Keller en *Iglesia Centrada* (2011). Su propósito es identificar y analizar las implicaciones prácticas que surgen del proceso de integración de dos frentes estratégicos de la iglesia en su Primera Fase de transición:

- Frente 1: Adoración y Evangelización
- Frente 4: Fe y Trabajo

Estas implicaciones son analizadas a partir de los elementos observados o diagnosticados en el proceso ministerial, y se traducen en dos dimensiones concretas:

- ◊ Implicaciones Eclesiales: Cambios necesarios en la cultura, estructura y misión de la iglesia local.
- ◊ Implicaciones para el Liderazgo Pastoral: Ajustes necesarios en el liderazgo, la formación y las estrategias del Pastor Principal y los líderes influyentes.

### 2. Metodología aplicada a la tabla

Cada entrada parte de un Elemento del proceso de integración (derivado de la evaluación de la Fase 1), y se formula según la siguiente estructura:

| **Pregunta clave** | **Aplicación al proceso de integración** |
|---|---|
| ¿Qué está ocurriendo? | Diagnóstico de una práctica, carencia o tendencia en la iglesia |
| ¿Por qué está ocurriendo? | Discernimiento de causas estructurales, culturales o espirituales. |
| ¿Qué debería ocurrir? | Visión teológica sobre la transformación necesaria. |
| ¿Qué acciones deben tomarse? | Estrategias pastorales y congregacionales específicas. |

Este método permite derivar, de manera orgánica, las implicaciones eclesiales y pastorales de cada situación analizada.

### 3. Ejemplo aplicado paso a paso con preguntas de la Fase 1 (Frente 1 y Frente 4)

### Frente 1 – Adoración y Evangelización

Pregunta: ¿La predicación en su iglesia es clara, accesible y relevante para visitantes y no creyentes?

- ¿Qué está ocurriendo? → Predicación centrada en creyentes, lenguaje poco accesible a nuevos asistentes.
- ¿Por qué está ocurriendo? → Supuestos no cuestionados sobre el perfil del oyente; falta de sensibilidad misional.

- ¿Qué debería ocurrir? → Mensajes Bíblicamente fieles pero comprensibles para personas en búsqueda.
- ¿Qué acciones deben tomarse? → Capacitación en predicación misional y rediseño del lenguaje litúrgico.

◊ Implicaciones Eclesiales: Reformar el contenido del mensaje para hacerlo comprensible sin diluir la verdad.

◊ Implicaciones Pastorales: Formar predicadores que conecten doctrina con cultura contemporánea.

Pregunta: ¿De qué forma la adoración dominical promueve la conversión y el discipulado de nuevos creyentes?

- ¿Qué está ocurriendo? → La adoración es edificante para creyentes, pero difícil de seguir para nuevos asistentes.
- ¿Por qué está ocurriendo? → Enfoque interno, sin conciencia evangelística.
- ¿Qué debería ocurrir? → Un modelo de culto que sea adoración a Dios y proclamación del Evangelio a otros.
- ¿Qué acciones deben tomarse? → Integrar momentos explícitos de evangelización y seguimiento.

◊ Implicaciones Eclesiales: Diseñar cultos que equilibren profundidad y apertura evangelística.

◊ Implicaciones Pastorales: Guiar la adoración con visión misionera y entrenar equipos para seguimiento.

## Frente 4 – Fe y Trabajo

Pregunta: ¿Su iglesia enseña regularmente cómo vivir el Evangelio en el contexto laboral y cultural de la semana?

- ¿Qué está ocurriendo? → Las enseñanzas dominicales rara vez abordan la vida laboral.
- ¿Por qué está ocurriendo? → Visión reducida del discipulado, centrado en lo espiritual.
- ¿Qué debería ocurrir? → Conectar el Evangelio con el día a día, especialmente el trabajo.
- ¿Qué acciones deben tomarse? → Diseñar una serie de enseñanzas sobre vocación, trabajo y evangelización en el mundo laboral.

◊ Implicaciones Eclesiales: Redefinir la misión de la iglesia como también presente en el lugar de trabajo.

◊ Implicaciones Pastorales: Predicar con aplicaciones concretas al mundo laboral y cultural.

Pregunta: ¿Existen grupos o discipulados enfocados en aplicar la fe a los desafíos del mundo profesional?

- ¿Qué está ocurriendo? → La formación espiritual se limita al templo o actividades internas.
- ¿Por qué está ocurriendo? → Falta de estructura para abordar los desafíos fuera del ámbito eclesial.

- ¿Qué debería ocurrir? → Equipar a los creyentes para vivir y servir desde su vocación.
- ¿Qué acciones deben tomarse? → Crear grupos por áreas vocacionales (educación, salud, arte, negocios, etc.).

◊ Implicaciones Eclesiales: Formar comunidades que conecten fe y vocación de manera estratégica.

◊ Implicaciones Pastorales: Facilitar liderazgo laico para discipulado contextualizado.

## 4. Aplicación: Tabla 15 – Identificación de las Implicaciones Potenciales de un Proceso de Integración en la Primera Fase

| Nº | Elemento del Proceso de Integración | Implicaciones Eclesiales | Implicaciones para el Liderazgo Pastoral |
|---|---|---|---|
| 1 | Culto dominical centrado en creyentes, sin claridad evangelística | Diseñar servicios que integren adoración profunda y claridad para no creyentes. | Capacitar al liderazgo para guiar cultos con sensibilidad misional. |
| 2 | Falta de seguimiento posterior a visitantes y nuevos asistentes | Implementar un proceso de acogida, conexión y discipulado inicial. | Establecer equipos de seguimiento y formación básica. |
| 3 | Testimonio cristiano no se extiende al entorno laboral semanal | Redefinir la misión de la iglesia como presente más allá del domingo. | Enseñar una teología del trabajo a toda la congregación. |
| 4 | Visión de vocación limitada al ministerio eclesial | Valorar toda vocación como ministerio. | Formar a los creyentes como ministros en su profesión. |
| 5 | Liturgia sin explicación para no creyentes | Contextualizar e instruir sobre los elementos del culto. | Capacitar líderes para explicar y modelar la liturgia. |
| 6 | Ausencia de espacios de reflexión fe-trabajo | Crear grupos donde se dialogue Bíblicamente sobre la vocación. | Estimular el liderazgo laico en espacios profesionales. |
| 7 | Predicación desconectada del contexto cultural y laboral | Incluir aplicaciones prácticas en cada sermón. | Formar predicadores que conecten Biblia y vida cotidiana. |

| 8 | Cultura que separa lo "espiritual" de lo "secular" | Promover una cosmovisión cristiana integral. | Desarrollar enseñanza que unifique vida espiritual y laboral. |
|---|---|---|---|
| 9 | Poca participación de líderes laicos en formación y mentoría | Integrar a profesionales como mentores en procesos formativos. | Crear estructuras donde el liderazgo pastoral acompañe y delegue. |
| 10 | Desconexión entre evangelización y discipulado | Diseñar procesos donde el seguimiento comience desde el primer contacto. | Entrenar al liderazgo para unificar evangelización y formación. |
| 11 | Ausencia de llamados evangelísticos o momentos de decisión | Integrar espacios claros de respuesta en los cultos. | Sensibilizar al liderazgo sobre la urgencia evangelística. |
| 12 | Falta de testimonios públicos de conversión o impacto | Crear espacios litúrgicos y digitales para compartir testimonios. | Modelar desde el liderazgo la transparencia espiritual. |
| 13 | Culto excesivamente tradicional sin apertura misional | Reformar elementos litúrgicos sin perder identidad. | Guiar procesos de transición litúrgica con formación y visión. |
| 14 | Evangelismo relegado a eventos ocasionales | Hacer de la evangelización una cultura continua. | Formar evangelizadores en cada área ministerial. |
| 15 | Vocación profesional no reconocida como llamada de Dios | Celebrar y afirmar públicamente las vocaciones seculares. | Reconocer e incluir a profesionales en decisiones misionales. |
| 16 | Desconocimiento del papel de la iglesia en la transformación social | Articular una teología pública en la misión de la iglesia. | Capacitar a los líderes para la influencia cultural y la participación pública. |

# APÉNDICE K

DISEÑO SISTEMATIZADO DEL PROYECTO

## MÉTODO ACCIÓN- VALOR -MINISTERIO(AVM)

Posteriormente, el director del proyecto desarrolló un modelo más estructurado para continuar con la formación Bíblica y ministerial. A partir del análisis inductivo de pasajes clave (Esdras 7:10, Hechos y las epístolas), se elaboró el método "Acción-Valor-Ministerio" (AVM). Este sistema permitió extraer 42 características finales distribuidas en 11 grupos de textos, organizados según verbos centrales, principios espirituales y aplicaciones prácticas.

A diferencia del enfoque observacional inicial, este segundo modelo fue diseñado pedagógicamente para que cualquier iglesia, sin importar su contexto, pueda identificar, evaluar y aplicar los principios de una iglesia saludable desde una perspectiva Bíblica integral.

### I. Fundamento Hermenéutico: El Método Inductivo

El método inductivo es una metodología de estudio Bíblico que parte de la observación cuidadosa del texto para llegar a una interpretación fiel y una aplicación significativa. A diferencia de los enfoques deductivos, que comienzan con doctrinas preestablecidas, el método inductivo permite que el texto hable con claridad, respetando su contexto literario, histórico y espiritual.

Autores clave que lo promovieron o sistematizaron incluyen:

Howard G. Hendricks, profesor del *Dallas Theological Seminary*, representa una de las bases metodológicas que sustentan este proyecto, especialmente en la preparación del EVC (Equipo de Vocación Cristiana), del PP (Pastor Principal) y del LI (Líder de Influencia). Su obra en español, *Interpretación Bíblica: Cómo entenderla y aplicarla con precisión* (Barcelona: Editorial Patmos, 2011), originalmente publicada en inglés como *Living by the Book* (Chicago, IL: Moody Publishers, 1991; ed. revisada 2007), ha sido una referencia fundamental. Instituciones como *Precept Ministries International, The Navigators, InterVarsity Christian Fellowship* y *Wheaton College* han adoptado ampliamente este enfoque en sus procesos de formación bíblica y ministerial.

#### 1. Estructura del Método Inductivo Clásico

| Paso | Descripción |
|---|---|
| Observación | ¿Qué dice el texto? Identificar palabras clave, estructuras, contexto, etc. |

| Interpretación | ¿Qué significa el texto? Comprender la intención del autor original. |
|---|---|
| Aplicación | ¿Qué significa para nosotros hoy? Vivencia práctica y ministerial. |

## 2. Origen del Método Acción–Valor–Ministerio (AVM)

Inspirado por el método Bíblico-inductivo, el autor desarrolló esta herramienta original durante el análisis de Esdras 7:10, identificando diversos niveles de acción espiritual en un solo versículo. Su estructura facilita la formación de líderes, evaluación de ministerios y fortalecimiento comunitario desde una lectura clara, sencilla y profunda.

## 3. Estructura del Método Acción–Valor–Ministerio

| Elemento | Descripción |
|---|---|
| Parte del Texto | Fragmento clave con valor teológico o ministerial. |
| Acción Central | Verbo principal que articula el mensaje. |
| Característica Derivada | Rasgo espiritual o ministerial que surge del análisis. |
| Explicación | Aplicación pastoral y reflexión práctica para la iglesia saludable. |

## 4. Ejemplo Aplicado: Esdras 7:10

Versículo (NVI 1999): "Esdras se había dedicado de todo corazón a estudiar la Ley del Señor y a ponerla en práctica, y a enseñar sus preceptos y normas en Israel."

| Parte del Texto | Acción Central | Característica Derivada | Explicación |
|---|---|---|---|
| "...a ponerla en práctica..." | Obedecer | Coherencia entre enseñanza y práctica | El liderazgo debe vivir lo que predica, encarnando la Palabra. |

## 5. Contexto de Desarrollo del Método

Este método ha sido desarrollado de forma original por el director del proyecto con apoyo de herramientas de inteligencia artificial (ChatGPT4O) dentro del contexto del plan PI*5frentes*ILTH (Proceso de Integración de los *5 frentes* para la Iglesia Local Tradicional Hispana) en la ciudad de Miami. Este modelo busca una transformación espiritual, estructural y ministerial, utilizando el estudio directo de la Escritura y el juicio contextual, sin depender exclusivamente de literatura especializada.

## 6. Conclusión Final: Pertinencia y Proyección del Método AVM

El método Acción–Valor–Ministerio, nacido del análisis de Esdras 7:10 y ampliado a pasajes de Hechos y las epístolas, constituye una herramienta accesible, Bíblica y pastoralmente efectiva. Su formato claro conecta la exégesis Bíblica con la vida congregacional, sin sacrificar profundidad ni fidelidad teológica.

En el marco del PI5*frentes*ILTH, este método se consolida como un catalizador de transformación para comunidades tradicionales que desean reenfocar su misión conforme a la Palabra de Dios. Más allá de su valor metodológico, el modelo AVM encarna una convicción fundamental: que la Escritura es suficiente para capacitar al pueblo de Dios para toda buena obra (2 Ti. 3:16–17).

## II. Explicación Práctica: Grupo 1 (Esdras 7:10, NVI 1999)

Cómo se puede dividir un versículo como Esdras 7:10 en varias características distintas, basándome en un análisis cuidadoso del texto y su estructura. Aquí está el versículo en la versión RVR1960):

"Esdras se había dedicado de todo corazón a estudiar la Ley del Señor y a ponerla en práctica, y a enseñar sus preceptos y normas en Israel."

(Es. 7:10, NVI 1999).

Este versículo muestra un orden lógico y espiritual que define el ministerio de Esdras. A partir de esto, se pueden extraer tres características distintas pero complementarias:

### 1. Prioridad en la enseñanza Bíblica

Frase clave del versículo: "...y a enseñar sus preceptos y normas en Israel."

- Explicación: El clímax del versículo está en la enseñanza, que es el propósito final del proceso. Esta enseñanza no es improvisada, sino el resultado de una preparación previa (estudio y práctica).
- Implicación: La iglesia saludable debe valorar la enseñanza como un ministerio prioritario y bien fundamentado.

### 2. Vida devocional disciplinada

Frase clave del versículo: "...se había dedicado de todo corazón a estudiar la Ley del Señor..."

- Explicación: Esdras no estudió de forma casual o superficial, sino con corazón íntegro. Esto señala una devoción profunda y una disciplina espiritual constante.
- Implicación: Los líderes deben tener una vida espiritual sólida antes de liderar a otros.

### 3. Coherencia entre enseñanza y práctica

Frase clave del versículo: "...y a ponerla en práctica..."

- Explicación: No basta con conocer la Ley, también hay que vivirla antes de enseñarla. Esdras no enseñaba teoría, sino una Palabra encarnada en su vida.
- Implicación: La autoridad del maestro viene de su obediencia personal, no solo de su conocimiento.

Resumen del Proceso en Esdras 7:10:

| Etapa | Acción Central | Característica Derivada |
|---|---|---|
| 1 | Estudiar la Ley | Vida devocional disciplinada |

| 2 | Poner en práctica | Coherencia entre enseñanza y práctica |
|---|---|---|
| 3 | Enseñar al pueblo | Prioridad en la enseñanza Bíblica |

## III. Desarrollo por Grupo – Método Acción–Valor–Ministerio (AVM)

Grupo 1: Es. 7:10. "Porque Esdras había preparado su corazón para inquirir la ley de Jehová y para cumplirla, y para enseñar en Israel sus estatutos y decretos." (RVR1960)

| # | Parte del Versículo | Acción Central | Característica Derivada | Explicación |
|---|---|---|---|---|
| 1 | "...había preparado su corazón..." | Disposición | Preparación espiritual intencional. | Antes de emprender cualquier labor ministerial, Esdras cultivó una actitud de entrega y reverencia, demostrando que el ministerio efectivo comienza con un corazón dispuesto. |
| 2 | "...había preparado su corazón..." | Estudiar | Vida devocional disciplinada | Esdras se dedicó al estudio profundo de las Escrituras, mostrando la importancia de conocer la Palabra de Dios para guiar al pueblo con sabiduría |
| 3 | "...para inquirir la ley de Jehová..." | Obedecer | Coherencia entre enseñanza y práctica | La vida de Esdras reflejaba lo que enseñaba; su obediencia a la ley de Dios le otorgaba autoridad moral y espiritual ante el pueblo. |
| 4 | "...para enseñar en Israel..." | Enseñar | Prioridad en la enseñanza Bíblica | Esdras asumió la responsabilidad de instruir al pueblo en los caminos de Dios, destacando la enseñanza como un pilar fundamental en la restauración espiritual de Israel. |

Justificación: Esdras 7:10 presenta un proceso transformador que comienza en el corazón y se manifiesta en la enseñanza a otros. Este versículo subraya la importancia de que los líderes espirituales vivan lo que enseñan, siendo ejemplos vivos de la verdad que proclaman. Por lo tanto, incluir Esdras 7:10 como una característica adicional en el esquema no solo es justificable, sino esencial para comprender el modelo de liderazgo y formación espiritual que
Esdras representa. https://eldespertadoronline.wordpress.com/.

Grupo 2: Hch. 1:8; 19:9-10; 14:21-28. Estos versículos retratan el modelo de misión paulino, enfocado en expansión geográfica y consolidación de comunidades.

| # | Parte del Versículo | Acción Central | Característica Derivada | Explicación |
|---|---|---|---|---|
| 5 | "...me seréis testigos en Jerusalén, en toda Judea, en Samaria, y hasta lo último de la tierra." (Hch. 1:8) | Testificar | Vocación global de toda iglesia local | Jesús comisiona a sus discípulos a ser testigos en una expansión geográfica progresiva, indicando que la misión de la iglesia es llevar el Evangelio a todas las naciones, comenzando desde su entorno inmediato hasta los confines de la tierra. |
| 6 | ...todos los que habitaban en Asia... oyeron la palabra del Señor Jesús." (Hch. 19:10) | Expandir | Impacto regional a través de la multiplicación | La enseñanza constante de Pablo en Éfeso resultó en que toda la provincia de Asia escuchara el Evangelio, demostrando cómo una iglesia puede influir en una región entera mediante la formación y envío de discípulos comprometidos. |
| 7 | "...hicieron muchos discípulos... nombraron ancianos en cada iglesia..." (Hch. 14:21-23) | Discipular | Multiplicación intencional de comunidades | Pablo y Bernabé no solo predicaron, sino que establecieron comunidades con liderazgo local, mostrando que el discipulado genuino conduce a la formación de nuevas iglesias saludables y autónomas. |

Justificación: La multiplicación de iglesias no es una opción, sino una prioridad en el modelo apostólico. Hechos 1:8 establece el mandato de ser testigos hasta lo último de la tierra, lo cual implica la expansión del Evangelio y la formación de nuevas comunidades de fe. Hechos 19:9-10 muestra cómo una iglesia local, mediante la enseñanza y el discipulado, puede impactar una región entera. Hechos 14:21-28 evidencia que el establecimiento de iglesias con liderazgo local era una práctica habitual en la misión de Pablo. Por lo tanto, la multiplicación de iglesias es una característica esencial de una iglesia saludable y obediente al mandato de Cristo. https://hectorangel.com/hechos-1-8.

Grupo 3: Hch. 14:23; 16:13,40; 1 Co. 3:6. En este grupo se observa la plantación de iglesias contextualizadas y el reconocimiento de que el crecimiento proviene de Dios.

| # | Parte del Versículo | Acción Central | Característica Derivada | Explicación |
|---|---|---|---|---|
| 8 | "Y constituyeron ancianos en cada iglesia..." (Hch. 14:23) | Establecer | Plantación con estructura local | Pablo y Bernabé no solo evangelizaron, sino que organizaron comunidades con liderazgo local, asegurando la continuidad y el crecimiento saludable de las iglesias. |
| 9 | "...salimos fuera de la puerta, junto al río..." (Hch. 16:13) | Adaptarse | Evangelización según el contexto cultural | Al no encontrar sinagoga en Filipos, Pablo y su equipo se adaptaron al contexto local, buscando un lugar de oración junto al río, mostrando flexibilidad y sensibilidad cultural en su estrategia evangelística. |
| 10 | "...entraron en casa de Lidia..." (Hch. 16:40) | Reunirse | Iglesias que surgen desde las casas | La iglesia en Filipos comenzó en el hogar de Lidia, evidenciando que las comunidades cristianas pueden formarse en contextos domésticos, priorizando la comunión y el discipulado sobre la infraestructura física. |
| 11 | "Yo planté, Apolos regó; pero el crecimiento lo ha dado Dios." (1 Co. 3:6) | Confiar | Reconocimiento de la obra soberana de Dios | Pablo reconoce que, aunque él y Apolos desempeñaron roles importantes en la plantación y el cuidado de la iglesia, es Dios quien da el crecimiento, subrayando la dependencia total en la obra divina para el éxito del ministerio. |

Justificación: La plantación contextualizada de iglesias es fundamental para el avance del Evangelio. Los textos analizados muestran que los apóstoles no seguían un modelo rígido, sino que adaptaban sus métodos al contexto cultural y social de cada lugar. Establecían liderazgo local para

asegurar la continuidad de la iglesia (Hch. 14:23), se adaptaban a las circunstancias locales para evangelizar eficazmente (Hch. 16:13), utilizaban hogares como lugares de reunión y formación de comunidades (Hch. 16:40), y reconocían que el crecimiento verdadero proviene de Dios (1 Co. 3:6). Esta flexibilidad y dependencia en Dios son esenciales para una plantación de iglesias efectiva y sostenible.
https://www.academia.edu/35847764/Keller Manual del Plantador

Grupo 4: Hch. 17–19. Este grupo de capítulos narra la estrategia misionera de Pablo en ciudades clave (Tesalónica, Berea, Atenas, Corinto, Éfeso), donde emplea distintas tácticas: predicación, razonamiento, trabajo manual, y apologética. Aquí se pueden identificar tres acciones principales. ...Textos base (Hch. 17:1-34; 18:1-28; 19:1-41)

| # | Parte del Versículo | Acción Central | Caracterís-tica Derivada | Explicación |
|---|---|---|---|---|
| 12 | "...razonó con ellos, declarando y exponiendo por medio de las Escrituras..." (Hch. 17:2-3) | Razonar | Evangelismo basado en las Escrituras | Pablo utilizó las Escrituras para explicar y demostrar que Jesús era el Cristo, adaptando su mensaje a la audiencia judía en la sinagoga. |
| 13 | "...discutía en la sinagoga con los judíos y con los gentiles temerosos de Dios, y diariamente en la plaza con los que estuvieran presentes." (Hch. 17:17) | Dialogar | Evangelismo en espacios públicos | Pablo se involucró en conversaciones diarias en lugares públicos, abordando a diversas audiencias y utilizando el diálogo como herramienta evangelística. |
| 14 | "...varones atenienses, en todo observo que sois muy religiosos..." (Hechos 17:22) | Contex-tualizar | Evangelismo culturalmente relevante | En el Areópago, Pablo comenzó su discurso reconociendo la religiosidad de los atenienses, utilizando elementos de su cultura para presentar el |

| | | | | Evangelio de manera comprensible y relevante. |
|---|---|---|---|---|
| 15 | "...enseñaba cada día en la escuela de uno llamado Tiranno." (Hechos 19:9) | Enseñar | Evangelismo formativo y continuo | Pablo estableció un lugar de enseñanza diaria, formando discípulos y permitiendo una comprensión más profunda del Evangelio a través de la instrucción constante. |
| 16 | "...hacía milagros extraordina rios por mano de Pablo..." (Hechos 19:11) | Demostrar | Evangelismo acompañado de señales | Los milagros realizados por Pablo sirvieron como confirmación del mensaje predicado, mostrando el poder de Dios y atrayendo la atención hacia el Evangelio. |

Justificación: El evangelismo de Pablo fue intencional y diverso, adaptándose a las diferentes culturas, contextos y audiencias. Utilizó las Escrituras, el diálogo, la contextualización cultural, la enseñanza continua y los milagros para presentar el Evangelio de manera efectiva. Este enfoque multifacético demuestra la importancia de ser estratégicos y sensibles al contexto en la evangelización, asegurando que el mensaje de Cristo sea comprendido y recibido por personas de diversas trasfondos y culturas. https://espanol.ucg.org/miembros/bajo-el-lente/279-hechos-17-18-viaje-de-pablo-a-atenas-y-corinto.

Grupo 5: Hch. 20:17-38 (Pablo se despide de los ancianos)

| # | Parte del Texto | Acción Central | Caracterís-tica Derivada | Explicación |
|---|---|---|---|---|
| 17 | "...serví al Señor con toda humildad y con muchas lágrimas..." (v. 19) | Servir | Liderazgo basado en la humildad | Pablo enfatiza que su servicio estuvo marcado por la humildad y el sufrimiento, mostrando que el liderazgo cristiano requiere entrega y compasión. |
| 18 | "...no he rehuido anunciaros nada que fuera útil..." (v. 20) | Enseñar | Transparencia en la enseñanza | Pablo compartió todo el consejo de Dios sin reservas, demostrando la importancia de enseñar con claridad y sin ocultar verdades difíciles. |
| 19 | "...velad por vosotros y por todo el rebaño..." (v. 28) | Cuidar | Supervisión pastoral comprometida | Pablo instruye a los líderes a cuidar de sí mismos y del rebaño, subrayando la responsabilidad de los líderes en la supervisión |

| | | | | y el cuidado espiritual de la iglesia. |
|---|---|---|---|---|
| 20 | "...por tres años, de noche y de día, no he cesado de amonestar con lágrimas a cada uno." (v. 31) | Discipu-lar | Dedicación constante al discipulado | Pablo dedicó tiempo y esfuerzo al discipulado personal, mostrando que la formación de líderes requiere inversión continua y atención individualizada. |
| 21 | "...os he enseñado que, trabajando así, se debe ayudar a los necesitados..." (v. 35) | Modelar | Ejemplo de servicio desinteresado | Pablo no solo enseñó con palabras, sino que también modeló el servicio desinteresado, trabajando para ayudar a los necesitados y demostrando que el liderazgo implica acción y ejemplo. |

Justificación: Este pasaje muestra cómo Pablo invirtió tiempo en capacitar líderes fieles, enseñándoles con su ejemplo y palabras. Su enfoque integral en el discipulado y la formación de líderes es un modelo para la iglesia contemporánea. La dedicación, humildad y compromiso de Pablo con la formación de líderes subrayan la importancia de invertir en el desarrollo espiritual y pastoral de aquellos que guían a la comunidad de fe. https://www.slideshare.net/slideshow/conf-despedida-de-pablo-de-los-ancianos-de-efeso-en-mileto-hechos-201738-hch-no-20b/53083911.

Grupo 6: Hch. 19:10.

| # | Parte del Texto | Acción Central | Caracterís-tica Derivada | Explicación |
|---|---|---|---|---|
| 22 | "Así continuó por espacio de dos años..." (v. 10) | Perseverar | Enseñanza constante y comprometida | Pablo dedicó dos años a enseñar diariamente en Éfeso, mostrando un compromiso profundo con la formación y el discipulado de los creyentes. |
| 23 | "...de manera que todos los que habitaban en Asia... oyeron la palabra del Señor Jesús." | Expandir | Alcance regional del Evangelio | La enseñanza constante en Éfeso tuvo un efecto multiplicador, permitiendo que el mensaje del Evangelio llegara a toda la provincia de Asia, impactando a múltiples grupos étnicos. |

Justificación: Este pasaje muestra cómo la dedicación de Pablo a la enseñanza en Éfeso resultó en un impacto misional significativo en toda la región. Su perseverancia en la enseñanza diaria no solo fortaleció a la iglesia local, sino que también permitió que el Evangelio se difundiera ampliamente, alcanzando a diversas comunidades y culturas. Este modelo destaca la importancia de la enseñanza constante y comprometida como medio para lograr un alcance misional efectivo.

Grupo 7: Hch. 19:18–20.

| # | Parte del Texto | Acción Central | Característica Derivada | Explicación |
|---|---|---|---|---|
| 24 | "...venían, confesando y dando cuenta de sus hechos." (v. 18) | Confesar | Arrepentimiento público | Los nuevos creyentes no solo aceptaron la fe internamente, sino que también confesaron abiertamente sus prácticas pasadas, demostrando un arrepentimiento genuino y visible. |
| 25 | "...trajeron los libros y los quemaron delante de todos..." (v. 19) | Renunciar | Abandono de prácticas pecaminosas | La quema pública de libros de magia simboliza una ruptura definitiva con el pasado y un compromiso serio con la nueva vida en Cristo. |
| 26 | "...hallaron que era cincuenta mil piezas de plata." (v. 19) | Sacrificar | Valor espiritual sobre el material | El alto costo económico de los libros quemados indica que los creyentes valoraron más su relación con Dios que sus posesiones materiales. |
| 27 | "Así crecía y prevalecía poderosamente la palabra del Señor." (v. 20) | Expandir | Impacto transformador del Evangelio | La transformación visible de los creyentes fortaleció el testimonio del Evangelio, llevando a un crecimiento y expansión de la fe en la región. |

Justificación: Este pasaje muestra cómo la conversión auténtica se manifiesta en acciones concretas y visibles. La confesión pública, el abandono de prácticas pecaminosas y la disposición a sacrificar posesiones valiosas evidencian un cambio real en la vida de los creyentes. Estas acciones no solo fortalecen la fe individual, sino que también impactan a la comunidad, demostrando el poder transformador del Evangelio. https://thecrosstalk.com/es/temas/nuevo-testamento/actos/que-significado-motin-efeso-hechos-19/.

Grupo 8: Hch. 19:23–41. Relato del conflicto provocado por la predicación de Pablo que afectó la economía idolátrica de Éfeso.

| # | Parte del Texto | Acción Central | Caracterís-tica Derivada | Explicación |
|---|---|---|---|---|

| 28 | "...un platero llamado Demetrio... daba no poca ganancia a los artífices." (v. 24) | Oponerse | Oposición motivada por intereses económicos | Demetrio y otros artesanos se sintieron amenazados por la disminución de sus ganancias debido al crecimiento del cristianismo, lo que provocó una fuerte oposición al mensaje del Evangelio. |
|---|---|---|---|---|
| 29 | ...este Pablo... ha apartado a muchas gentes... diciendo que no son dioses los que se hacen con las manos." (v. 26) | Confrontar | Confrontación de prácticas idólatras | Pablo desafió directamente las creencias y prácticas idólatras de la sociedad, lo que generó resistencia por parte de aquellos que se beneficiaban de ellas. |
| 30 | "...la ciudad se llenó de confusión, y a una se lanzaron al teatro..." (v. 29) | Provocar | Reacción cultural adversa | La predicación del Evangelio provocó una reacción tumultuosa en la ciudad, evidenciando cómo la verdad de Cristo confronta y perturba las estructuras culturales establecidas. |
| 31 | "...el escribano, habiendo apaciguado a la multitud, dijo: Varones efesios, ¿quién es el hombre que no sabe que la ciudad de los efesios es guardadora del templo de la grandiosa Diana...?" (v. 35) | Defender | Defensa institucional de la tradición | Las autoridades intentaron calmar la situación apelando al orgullo cultural y religioso de la ciudad, mostrando cómo las instituciones pueden resistirse al cambio que trae el Evangelio. |

Justificación: Este pasaje muestra cómo la predicación del Evangelio puede confrontar y desafiar las estructuras culturales y económicas establecidas. La oposición que enfrentó Pablo en Éfeso no fue solo religiosa, sino también motivada por intereses económicos y culturales. La resistencia y oposición cultural son realidades que la iglesia puede enfrentar al proclamar la verdad de Cristo en contextos donde esta desafía las normas y prácticas existentes. https://wol.jw.org/es/wol/d/r4/lp-s/1102009066.

Grupo 9: Hch. 17:22–34; 19:32–40

| # | Parte del Texto | Acción Central | Característica Derivada | Explicación |
|---|---|---|---|---|
| 32 | "Entonces Pablo, puesto en pie en medio del Areópago..." (Hechos 17:22) | Presentar | Apologética contextualizada | Pablo adapta su mensaje al contexto cultural de los atenienses, utilizando elementos conocidos por ellos para presentar el Evangelio de manera comprensible. |
| 33 | "...hallé también un altar en el cual estaba esta inscripción: AL DIOS NO CONOCIDO..." (Hechos 17:23) | Conectar | Puente cultural para el Evangelio | Utiliza un elemento de la religiosidad ateniense como punto de partida para introducir la revelación del Dios verdadero. |
| 34 | "...es a quien yo os anuncio." (Hechos 17:23) | Anunciar | Proclamación clara de la verdad | Después de establecer conexión cultural, Pablo proclama con claridad el mensaje del Evangelio, revelando al Dios que antes era desconocido para ellos. |
| 35 | "...quería hablar en su defensa ante el pueblo." (Hch. 19:33) | Defender | Defensa pública de la fe | En medio de la confusión y oposición, se busca presentar una defensa razonada y pública del mensaje cristiano, mostrando que la fe puede ser explicada y defendida ante la sociedad. |

Justificación: Estos pasajes muestran cómo el Evangelio puede y debe ser defendido de manera razonada y contextualizada. Pablo, al dirigirse a los atenienses en el Areópago, utiliza elementos de su cultura para conectar con ellos y presentarles la verdad del Evangelio. Asimismo, en Éfeso, ante la confusión y oposición, se busca una defensa pública y razonada de la fe. Estos ejemplos subrayan la importancia de estar preparados para presentar y defender nuestra fe de manera clara, respetuosa y contextualizada en cualquier entorno cultural.

https://sermons.logos.com/sermons/1142652-el-efecto-del-del-evangelio.

Grupo 10: Hch. 20:28–31; Ef. 6:24. Aquí se concentra el llamado a la vigilancia pastoral, el amor sincero y la protección del rebaño frente a peligros doctrinales.

| # | Parte del Texto | Acción Central | Característica Derivada | Explicación |
|---|---|---|---|---|
| 36 | "Tengan cuidado de sí mismos y de todo el rebaño..." (Hch. 20:28) | Supervisar | Vigilancia espiritual constante | Pablo exhorta a los líderes a cuidar tanto de su vida espiritual como de la congregación, reconociendo la responsabilidad otorgada por el Espíritu Santo. |
| 37 | "...vendrán lobos feroces que procurarán acabar con el rebaño." (Hch. 20:29) | Proteger | Defensa contra falsas enseñanzas | Advierte sobre la aparición de falsos maestros que intentarán desviar a los creyentes, resaltando la necesidad de estar alerta y proteger la doctrina. |
| 38 | "...no he cesado de amonestar con lágrimas a cada uno en particular." (Hch. 20:31) | Amonestar | Enseñanza personalizada y empática | Pablo muestra su dedicación al enseñar y corregir con amor y compromiso individualizado durante tres años. |
| 39 | "La gracia sea con todos los que aman a ... Jesucristo con amor incorruptible." (Ef. 6:24) | Amar | Amor sincero hacia Cristo y la comunidad | Subraya la importancia del amor genuino e inalterable hacia Jesús como base del ministerio pastoral. |

Justificación: Este pasaje destaca la responsabilidad de los líderes espirituales de supervisar y cuidar a la congregación con dedicación y amor. Pablo enfatiza la necesidad de estar alerta ante las amenazas doctrinales y de enseñar con empatía y constancia. El amor incorruptible hacia Cristo es fundamental para ejercer un cuidado pastoral comprometido y efectivo.
https://www.escuelabiblica.com/estudios-biblicos-1.php?id=555;

https://regresandoalabiblia.com/wp-content/uploads/2013/08/comentario-de-la-carta-de-efesios-por-willie-alvarenga-nuevo.pdf.

Grupo 11: Hch. 18:3; 20:34; 19:25–27. Este grupo de pasajes muestra cómo Pablo integró su vocación secular con su llamado ministerial, y cómo el Evangelio tuvo un impacto directo en la economía local.

| # | Parte del Texto | Acción Central | Característica Derivada | Explicación |
|---|---|---|---|---|
| 40 | "...trabajaban juntos, pues el oficio de ellos era hacer tiendas." (Hechos 18:3) | Trabajar | Dignificación del trabajo manual | Pablo se dedicó a su oficio de hacer tiendas, mostrando que el trabajo secular es honorable y puede coexistir con el ministerio. |
| 41 | "...estas manos me han servido." (Hechos 20:34) | autosustento | Independenci a financiera en el ministerio | Pablo trabajó para cubrir sus necesidades y las de sus compañeros, evitando ser carga para la comunidad y dando ejemplo de responsabilidad. |
| 42 | "...de esta ganancia tenemos nuestra riqueza." (Hechos 19:25-27) | Impactar | Influencia del Evangelio en la economía local | La predicación de Pablo afectó la economía de Éfeso, mostrando cómo la fe puede transformar prácticas comerciales y estructuras económicas. |

Justificación: Estos pasajes ilustran cómo Pablo integró su fe con su trabajo secular, demostrando que el ministerio y el trabajo manual no son excluyentes. Al sustentarse a sí mismo, Pablo evitó ser una carga para la iglesia y modeló una ética de trabajo que impactó positivamente en la comunidad. Además, su predicación transformó la economía local, evidenciando el poder del Evangelio para influir en todas las áreas de la sociedad. https://www.escuelabiblica.com/estudios-biblicos-1.php?id=549; https://www.escuelabiblica.com/estudios-biblicos-1.php?id=551.

## Conclusión General de la Sección Especial: De la Observación al Diseño

El recorrido metodológico presentado en esta sección refleja una transición necesaria y estratégica en el proceso formativo de una iglesia saludable: pasar de la observación inductiva participativa a un modelo sistemático y contextualizado que sirva de guía clara y práctica para líderes y comunidades.

El análisis realizado por los participantes a partir del Capítulo 14 del *Manual de Plantadores de Iglesias* permitió identificar, desde la vivencia de la iglesia de Éfeso, once principios esenciales que describen la vida misional, formativa y cultural de una iglesia activa en su entorno. Este primer paso, eminentemente inductivo, no solo sirvió como diagnóstico, sino también como catalizador de visión.

Sobre esta base, el director del proyecto diseñó el método Acción–Valor–Ministerio (AVM), con el objetivo de ampliar, profundizar y sistematizar la lectura bíblica, logrando extraer 36 características adicionales con aplicaciones directas para la vida eclesial. Esta propuesta metodológica no sustituye la experiencia ni la participación comunitaria, sino que la organiza, la profundiza y la orienta hacia una implementación coherente con el contexto real de cada iglesia local.

Así, esta sección marca el inicio de un enfoque pedagógico renovado que valoriza tanto la fidelidad Bíblica como la aplicación práctica. El proyecto PI*5frentes*ILT se nutre de esta base para avanzar hacia una transformación integral que no se limita a lo doctrinal o estructural, sino que impulsa un cambio espiritual, cultural y misional desde la Palabra viva de Dios.

Concluimos afirmando que una iglesia saludable no nace solo del conocimiento ni de la planificación, sino del encuentro constante con la Escritura, del discernimiento comunitario, y del compromiso obediente con la misión de Dios en el mundo. El método AVM es, en este sentido, una herramienta pastoral al servicio del Reino, diseñada para acompañar a las iglesias locales en su proceso de renovación espiritual y envío misional.

### Conclusión Final: De la Teoría a la Transformación

El recorrido metodológico presentado aquí demuestra que una iglesia saludable no surge solo del conocimiento doctrinal ni de la estructura organizacional, sino del encuentro constante con la Palabra de Dios. El modelo AVM (Acción–Valor–Ministerio), nacido del estudio inductivo de Esdras, Hechos y las epístolas, es una herramienta práctica, accesible y fiel a la Escritura. En el contexto del proyecto PI*5frentes*ILTH, este método permite a líderes y comunidades reenfocar su misión, formarse bíblicamente y avanzar hacia una transformación espiritual y misional contextualizada.

Nota Adicional:

Los *links* incluidos en este documento fueron utilizados exclusivamente como apoyo didáctico. Su propósito fue facilitar a los participantes el acceso a estudios Bíblicos, comentarios teológicos y recursos complementarios que enriquecieran el análisis inductivo, fortalecieran la justificación pastoral y promovieran una comprensión más profunda del contexto Bíblico de cada pasaje.

## Tabla Resumen: 42 Características en Formato AVM Derivadas de las 11 Características Iniciales del EVC, LI y PP"

| N° | Versículo | Acción Central | Característica Derivada |
|---|---|---|---|
| 1 | Esd. 7:10 – "...había preparado su corazón..." | Disposición | Preparación espiritual intencional |
| 2 | Esd. 7:10 – "...había preparado su corazón..." | Estudiar | Vida devocional disciplinada |
| 3 | Esd. 7:10 – "...para inquirir la ley de Jehová..." | Obedecer | Coherencia entre enseñanza y práctica |
| 4 | Esd. 7:10 – "...para enseñar en Israel..." | Enseñar | Prioridad en la enseñanza bíblica |
| 5 | Hch. 1:8 – "...me seréis testigos..." | Testificar | Vocación global de toda iglesia local |
| 6 | Hch. 19:10 – "...todos los que habitaban en Asia..." | Expandir | Impacto regional a través de la multiplicación |
| 7 | Hch. 14:21-23 – "...hicieron muchos discípulos..." | Discipular | Multiplicación intencional de comunidades |
| 8 | Hch. 14:23 – "...constituyeron ancianos..." | Establecer | Plantación con estructura local |
| 9 | Hch. 16:13 – "...salimos fuera de la puerta..." | Adaptarse | Evangelización según el contexto cultural |
| 10 | Hch. 16:40 – "...entraron en casa de Lidia..." | Reunirse | Iglesias que surgen desde las casas |
| 11 | 1 Co. 3:6 – "...yo planté, Apolos regó..." | Confiar | Reconocimiento de la obra soberana de Dios |

| 12 | Hch. 17:2-3 – "...razonó con ellos..." | Razonar | Evangelismo basado en las Escrituras |
|---|---|---|---|
| 13 | Hch. 17:17 – "...discutía en la sinagoga..." | Dialogar | Evangelismo en espacios públicos |
| 14 | Hch. 17:22 – "...varones atenienses..." | Contextualizar | Evangelismo culturalmente relevante |
| 15 | Hch. 19:9 – "...enseñaba cada día..." | Enseñar | Evangelismo formativo y continuo |
| 16 | Hch. 19:11 – "...hacía milagros extraordinarios..." | Demostrar | Evangelismo acompañado de señales |
| 17 | Hch. 20:19 – "...serví al Señor..." | Servir | Liderazgo basado en la humildad |
| 18 | Hch. 20:20 – "...no he rehuido anunciaros..." | Enseñar | Transparencia en la enseñanza |
| 19 | Hch. 20:28 – "...velad por vosotros..." | Cuidar | Supervisión pastoral comprometida |
| 20 | Hch. 20:31 – "...no he cesado de amonestar..." | Discipular | Dedicación constante al discipulado |
| 21 | Hch. 20:35 – "...se debe ayudar a los necesitados..." | Modelar | Ejemplo de servicio desinteresado |
| 22 | Hch. 19:10 – "...por espacio de dos años..." | Perseverar | Enseñanza constante y comprometida |
| 23 | Hch. 19:10 – "...oyeron la palabra del Señor Jesús." | Expandir | Alcance regional del Evangelio |
| 24 | Hch. 19:18 – "...confesando y dando cuenta..." | Confesar | Arrepentimiento público |
| 25 | Hch. 19:19 – "...quemaron delante de todos..." | Renunciar | Abandono de prácticas pecaminosas |
| 26 | Hch. 19:19 – "...cincuenta mil piezas de plata." | Sacrificar | Valor espiritual sobre el material |
| 27 | Hch. 19:20 – "...crecía y prevalecía..." | Expandir | Impacto transformador del Evangelio |
| 28 | Hch. 19:24 – "...ganancia a los artífices." | Oponerse | Oposición motivada por intereses económicos |
| 29 | Hch. 19:26 – "...no son dioses los que se hacen..." | Confrontar | Confrontación de prácticas idólatras |
| 30 | Hch. 19:29 – "...la ciudad se llenó de confusión..." | Provocar | Reacción cultural adversa |

| 31 | Hch. 19:35 – "...guardadora del templo de Diana..." | Defender | Defensa institucional de la tradición |
|---|---|---|---|
| 32 | Hch. 17:22 – "...puesto en pie en el Areópago..." | Presentar | Apologética contextualizada |
| 33 | Hch. 17:23 – "...AL DIOS NO CONOCIDO..." | Conectar | Puente cultural para el Evangelio |
| 34 | Hch. 17:23 – "...es a quien yo os anuncio." | Anunciar | Proclamación clara de la verdad |
| 35 | Hch. 19:33 – "...quería hablar en su defensa..." | Defender | Defensa pública de la fe |
| 36 | "Tengan cuidado de sí mismos y de todo el rebaño..." (Hechos 20:28) | Supervisar | Vigilancia espiritual constante |
| 37 | "...vendrán lobos feroces que procurarán acabar con el rebaño." (Hechos 20:29) | Proteger | Defensa contra falsas enseñanzas |
| 38 | "...no he cesado de amonestar con lágrimas a cada uno en particular." (Hechos 20:31) | Amonestar | Enseñanza personalizada y empática |
| 39 | "La gracia sea con todos los que aman a nuestro Señor Jesucristo con amor incorruptible." (Efesios 6:24) | Amar | Amor sincero hacia Cristo y la comunidad |
| 40 | "...trabajaban juntos, pues el oficio de ellos era hacer tiendas." (Hechos 18:3) | Trabajar | Dignificación del trabajo manual |
| 41 | "...estas manos me han servido." (Hechos 20:34) | Autosustento | Independencia financiera en el ministerio |
| 42 | "...de esta ganancia tenemos nuestra riqueza." (Hechos 19:25-27) | Impactar | Influencia del Evangelio en la economía local |

## Conclusión Analítica de la Tabla de las 42 Características AVM – De la Observación al Diseño Ministerial

### 1. Estructura y Propósito

Esta tabla constituye un mapa teológico-funcional del proceso de desarrollo ministerial y misional basado en el método AVM (Acción–Valor–Ministerio). Cada versículo bíblico presenta una acción central, que al ser interpretada produce una característica derivada, transformando los textos en principios prácticos de formación espiritual, liderazgo y misión.

Así, el paso de "características iniciales" (conceptuales) a "características derivadas" (aplicativas) representa el tránsito de la observación inductiva al diseño ministerial.

## 2. Tres Dimensiones del Modelo AVM

Analizando el conjunto, las 42 características se agrupan naturalmente en tres dimensiones dinámicas:

| Dimensión | Descripción | Ejemplos Bíblicos |
|---|---|---|
| A. Acción (Acción Transformadora) | Se centra en la práctica concreta: preparar, enseñar, discipular, servir, testificar. | Esdras 7:10; Hechos 14:21; 20:19 |
| B. Valor (Fundamento Espiritual y Ético) | Resalta los principios que sustentan la acción: humildad, coherencia, perseverancia, amor. | Hechos 20:31; Efesios 6:24 |
| C. Ministerio (Proyección Misional) | Enfatiza el impacto comunitario y cultural del Evangelio: expandir, contextualizar, impactar. | Hechos 19:10; 17:22–23; 19:26 |

Esta estructura refleja cómo la fe madura se expresa en la acción misional, guiada por valores bíblicos y sostenida por un ministerio integral.

## 3. Ejes Misionales del Movimiento Paulino

El análisis de los pasajes (especialmente Hechos 16–20) muestra que las características se agrupan también en cuatro ejes operativos del movimiento de Éfeso:

1. Formación Bíblica Continua (Esdras 7:10; Hch. 19:9–10) → Enseñar, perseverar, razonar.
2. Expansión Misional Contextualizada (Hch. 17:22–34) → Dialogar, contextualizar, conectar.
3. Liderazgo Pastoral Humilde (Hch. 20:17–38) → Servir, cuidar, proteger, amonestar.
4. Transformación Cultural y Vocacional (Hch. 18:3; 19:25–27) → Trabajar, autosustento, impactar.

El conjunto integra así teología, práctica y cultura, mostrando una iglesia en movimiento que enseña, forma, trabaja y transforma.

## 4. Significado del Proceso AVM

El método AVM se confirma aquí como una herramienta inductiva de diseño ministerial:

- Acción: describe lo que el texto muestra como dinámica del Reino.
- Valor: interpreta la motivación espiritual o principio del texto.
- Ministerio: proyecta la aplicación contemporánea de ese principio en la iglesia local o el liderazgo vocacional. Por tanto, el formato AVM no es solo analítico, sino formativo, porque traduce la exégesis en acción ministerial contextual.

## 5. Conclusión Teológica

En síntesis, esta tabla demuestra que:

- La Iglesia Local Tradicional Hispana (ILTH) puede revitalizar su identidad misional si reinterpreta su labor desde este marco bíblico de 42 características.
- Cada rasgo refleja una virtud operativa que vincula la adoración, el discipulado, el liderazgo y la evangelización como expresiones interdependientes de una fe viva.
- La secuencia Esdras–Hechos–Efesios constituye una línea de continuidad: de la preparación del corazón (Esdras) a la acción misionera (Hechos) y la plenitud de amor (Efesios).

## 6. Síntesis Final

"El modelo AVM convierte la exégesis en praxis, la teología en acción y el discipulado en multiplicación. Las 42 características no son solo indicadores; son ADN espiritual del liderazgo Bíblico, expresando cómo la Palabra se hace vida, y la vida se vuelve misión.

Cada característica refleja una etapa del proceso de transformación integral:

- De la observación a la convicción (comprender la verdad).
- De la convicción a la acción (vivir la verdad).
- De la acción al impacto ministerial (transmitir la verdad).

En su conjunto, el sistema AVM sintetiza el movimiento de una iglesia que piensa bíblicamente, actúa éticamente y sirve misionalmente, reproduciendo el patrón paulino de formación, expansión, liderazgo y transformación cultural.

Así, esta tabla no solo organiza información Bíblica: modela una arquitectura espiritual y ministerial que puede guiar a la Iglesia Local Tradicional Hispana hacia una renovación auténtica, centrada en Cristo, sostenida por la Gracia y orientada al Reino de Dios.

*"Lo que aprendiste y recibiste y oíste y viste en mí, esto haced; y el Dios de paz estará con vosotros."*
*(Filipenses 4:9)*

# APÉNDICES ESTRATÉGICOS: CONTEXTO DEMOGRÁFICO Y DESAFÍOS PASTORALES DE LA ILTH EN MIAMI

# APÉNDICE L

## CONCLUSIÓN APLICATIVA: LIDERAZGO LIBERADO Y COMUNIDAD CORRESPONSABLE

Esta propuesta metodológica permite que todos los miembros se involucren activamente en la vida de la iglesia, vislumbrando sus funciones y responsabilidades ministeriales. Fomenta una actitud crítica y responsable ante el incumplimiento de dichos roles, conforme al orden establecido en el ministerio. Al mismo tiempo, libera al Pastor Principal para ejercer un liderazgo pastoral dual y equilibrado, integrando su llamado con una vocación activa, en coherencia con una visión Bíblica de la misión que abarca lo cultural, lo comunitario y lo internacional.

En muchas iglesias tradicionales, se ha perpetuado un modelo de dependencia en el cual el pastor, lejos de ser liberado para el servicio misional, queda restringido por estructuras económicas y roles administrativos que terminan agotándolo. Esta dependencia —a menudo motivada por la necesidad de ingresos, seguro médico u otros beneficios— lleva al control del cuerpo eclesial, en lugar de su edificación y movilización.

Este proyecto propone una reconfiguración: una iglesia que no gira en torno a un solo líder asalariado, sino que se estructura en torno a una comunidad de creyentes responsables, donde el pastor es liberado para enseñar, guiar y testimoniar, mientras otros miembros asumen con madurez sus funciones en la misión del Reino.

Eso fue lo que Pablo hizo con la iglesia. Formó discípulos, delegó responsabilidades, y no vivía de controlar una estructura, sino de liberar comunidades. Ese mismo espíritu apostólico inspira esta visión para la ILTH de Miami en nuestra era poscristiana.

Nota de transición a los apéndices M, N y O

Para completar esta conclusión y ofrecer al lector una comprensión más amplia de la misión de la Iglesia en su contexto actual, se han añadido tres apéndices complementarios:

- Apéndice M: presenta una actualización demográfica (2024–2025) sobre el origen de los hispanos en EE.UU., Florida y Miami-Dade, aportando un marco estadístico y contextual indispensable para entender el campo misional.
- Apéndice N: recoge tablas comparativas sobre inmigración y Biblia, mostrando cómo los principios bíblicos iluminan la realidad migratoria y fortalecen la perspectiva teológica.
- Apéndice O: ofrece un informe integral sobre liderazgo pastoral, desafíos de la nueva generación y libertad religiosa en Miami y en EE.UU., ampliando el horizonte hacia las implicaciones sociales y pastorales de la misión.

Con ello, se asegura que el lector no solo reciba fundamentos teológicos y metodológicos, sino también datos sociales concretos, principios bíblicos aplicados y análisis pastorales contemporáneos, en plena coherencia con la visión de una iglesia misional, contextualizada y corresponsable.

# APÉNDICE M

## ACTUALIZACIÓN DEMOGRÁFICA 2024–2025: ORIGEN DE LOS HISPANOS EN EE.UU., FLORIDA Y MIAMI-DADE

Este apéndice constituye una actualización especial del estudio, cuyo análisis principal llega hasta el año 2024. Con el fin de aportar una visión más completa y reciente, se incluyen estimaciones correspondientes a 2025, elaboradas a partir de las fuentes oficiales más actuales (*American Community Survey*, Pew Research Center, World Population Review, DataUSA y reportes locales de Miami-Dade).

El propósito de esta tabla comparativa es ofrecer un recurso adicional que enriquezca el marco analítico del libro. Aunque los datos están redondeados y algunos representados como aproximaciones (≈), proporcionan una radiografía actualizada de la diversidad hispana en tres niveles: Estados

Unidos en general, el estado de Florida y el condado de Miami-Dade.

## Introducción

Este estudio reúne y compara datos de la población hispana/latina en Estados Unidos, el estado de Florida y el condado de Miami-Dade para los años 2024–2025. Los datos provienen de fuentes oficiales y académicas: la American Community Survey (ACS) del Censo de EE.UU., reportes del Pew Research Center y estadísticas locales del condado de Miami-Dade. Se trata de un esfuerzo de integración de distintas fuentes para ofrecer una visión aproximada pero confiable de la composición hispana por país de origen. Es importante señalar que las cifras están redondeadas y, en algunos casos, representadas como aproximaciones (≈) debido a que provienen de encuestas de muestreo y proyecciones poblacionales.

Tabla Comparativa: Origen de los Hispanos (2024–2025)

| País de Origen | Hispanos en EE.UU. (% / Número) | Hispanos en Florida (% / Número) | Hispanos en Miami-Dade (% / Número) | Fuente |
|---|---|---|---|---|
| México | ≈ 60% (~39–40M) | ≈ 15% (~1.0M) | <10% (~≤300k) | *(1, 2)* |
| Puerto Rico | ≈ 9% (~5.8–6.0M) | ≈ 18–20% (~1.2M) | Proporción menor | *(2, 3)* |
| Cuba | ≈ 4% (~2.6M) | ≈ 25% (~1.5M) | ≈ 51% (~0.94M) | *(1, 4, 5)* |
| El Salvador | ≈ 3–4% (~2.3–2.6M) | ≈ 3–4% (~200k) | Menor | *(2)* |
| República Dominicana | ≈ 3–4% (~2.4M) | ≈ 5% (~300k) | ≈ 4–5% (~80k) | *(2)* |
| Colombia | ≈ 2% (~1.5M) | ≈ 7% (~450k) | ≈ 6–7% (~110k) | *(2,5,6)* |
| Honduras | ≈ 1–2% (~1.2M) | ≈ 3–4% (~250k) | Presente, no mayoritario | (2) |
| Venezuela | ≈ 1% (~0.9M) | ≈ 3% (~180k) | ≈ 4% (~65k) | *(1,5,6)* |
| Nicaragua | <1% (~0.7M) | ≈ 6% (~350k) | ≈ 6–7% (~115k) | *(1,5,6)* |
| Perú | <1% (~0.7M) | ≈ 2% (~120k) | ≈ 2% (~35k) | *(1,2)* |
| Guatemala | ≈ 2% (~1.5M) | ≈ 3% (~200k) | Presencia menor | *(1)* |
| Argentina | <1% (~300k) | ≈ 1% (~70k) | Menor | *(1,6)* |

| Ecuador | <1% (~700k) | ≈ 1% (~60k) | Menor | *(1)* |
|---|---|---|---|---|
| Chile | <1% (~200k) | Pequeño | Mínimo | *(1)* |
| Total | ≈ 100% (~65–66M) | ≈ 100% (~6.0–6.1M) | ≈ 100% (~1.88M) | *(1,2,3,4, 5,6,7,8,9)* |

Nota:

Los datos corresponden a las estimaciones más recientes de la población hispana en Estados Unidos, Florida y el condado de Miami-Dade, basados en la *American Community Survey* (ACS) 2020–2023 del Censo de EE.UU., en los reportes de distribución de origen hispano del Pew Research Center (2023) y en estimaciones estatales y locales. Para Miami-Dade, también se incluyen estadísticas locales (Censo 2020, perfiles ACS y reportes demográficos del condado hasta 2024–2025). Los porcentajes marcados con ≈ indican aproximaciones derivadas de encuestas por muestreo y proyecciones.

Fuentes:

*1. U.S. Census Bureau. American Community Survey (ACS), 1-Year Estimates, Table B03001: Hispanic or Latino Origin by Specific Origin (2020–2023). https://data.census.gov/table?q=B03001*
*2. Pew Research Center. 11 Facts About Hispanic Origin Groups in the U.S. (August 16, 2023). https://www.pewresearch.org/short-reads/2023/08/16/11-facts-about-hispanic-origin-groups-in-the-us*
*3. Pew Research Center. Who is Hispanic? (September 12, 2024). https://www.pewresearch.org/short-reads/2024/09/12/who-is-hispanic*
*4. U.S. Census Bureau. Decennial Census 2020, QuickFacts: Miami-Dade County, Florida. https://www.census.gov/quickfacts/fact/table/miamidadecountyflorida*
*5. Miami-Dade County. Demographic and Population Reports (2020 Census & ACS updates through 2024–2025). https://www.miamidade.gov/global/population/demographics.page*
*6. DataUSA. Miami-Dade County, FL Profile (2023). https://datausa.io/profile/geo/miami-dade-county-fl*

- *7. DataUSA. Florida State Profile (2023). https://datausa.io/profile/geo/florida*
- *8. Bureau of Economic and Business Research (BEBR). Florida Population Studies – Projections (2024). University of Florida. https://www.bebr.ufl.edu/population*
- *9. World Population Review. Miami-Dade County, Florida Population 2025. https://worldpopulationreview.com/us-counties/florida/miami-dade-county*

Nota:

Las fuentes 7, 8 y 9 (DataUSA Florida, BEBR y World Population Review) corresponden a estimaciones generales de población y proyecciones demográficas de Florida y Miami-Dade en su conjunto, no a desgloses por país de origen. Por esa razón, estas referencias se incluyen en la fila TOTAL, ya que aportan contexto global y proyecciones del número total de hispanos en Florida y Miami-Dade, pero no distinguen entre mexicanos, cubanos, colombianos, etc.

Conclusión

El análisis muestra que, aunque los hispanos conforman un bloque mayoritario en Miami-Dade (≈69%), su composición difiere notablemente de la del resto de Florida y de los Estados Unidos en general. Mientras que a nivel nacional los mexicanos representan casi dos tercios de la población hispana, en Florida y especialmente en Miami-Dade se observa una fuerte concentración de cubanos, nicaragüenses, colombianos y venezolanos. Esta diversidad refleja las distintas olas migratorias y los vínculos históricos de la región con América Latina y el Caribe.

Sin embargo, es necesario considerar factores que no aparecen directamente en las encuestas demográficas. Las políticas migratorias, como las deportaciones implementadas en el gobierno de Donald Trump, afectan las cifras de manera indirecta, al reducir temporalmente la presencia de ciertos grupos en la estadística oficial. De igual manera, la significativa cantidad de hispanos en el sistema penitenciario plantea un desafío para el futuro: una vez reintegrados a la sociedad, su impacto cultural, social y económico será visible.

En conclusión, los números nos ofrecen una radiografía de la realidad hispana, pero detrás de ellos hay dinámicas sociales, políticas y humanas que exigen ser interpretadas con cuidado. Comprender estas cifras nos ayuda a pensar estrategias pastorales, sociales y comunitarias más contextualizadas.

# APÉNDICE N

## TABLAS COMPARATIVAS SOBRE INMIGRACIÓN Y BIBLIA

Introducción General

El presente Informe Integral sobre Liderazgo Pastoral, Juventud y Libertad Religiosa en Miami y EE. UU. ha sido elaborado como una herramienta complementaria al libro *Deudores Incumplidos*. Mientras el libro ofrece la fundamentación teológica, bíblica y pastoral de la misión de la iglesia local hispana en la era poscristiana, este informe proporciona una perspectiva estratégica y estadística que aterriza dichos principios en la realidad contemporánea. La inclusión de tablas, encuestas, currículos y listas de verificación legales responde a la necesidad urgente de que las iglesias —en especial las congregaciones bautistas hispanas en Miami— enfrenten tres desafíos prioritarios:

1. Envejecimiento del liderazgo pastoral y falta de sucesión: las tendencias nacionales y locales revelan un cuerpo pastoral cada vez mayor en edad y con poco relevo generacional.
2. Deserción juvenil (18–22 años): los datos muestran una desconexión marcada de los jóvenes en la transición hacia la adultez, lo que subraya la urgencia de fortalecer la apologética, la mentoría y el acompañamiento familiar.
3. Un contexto cultural y legal cambiante: el panorama religioso en Miami refleja tanto el crecimiento de los no afiliados ("nones") como las oportunidades que ofrecen las leyes estadounidenses para proteger la libertad de fe en escuelas, trabajos y vida pública.

Este informe no es un análisis aislado, sino parte de la implementación práctica de la visión teológica de *Deudores Incumplidos*. Así como el libro llama a la iglesia a reconocer su deuda espiritual y su responsabilidad misional, estas tablas proveen un mapa de acción, dotando a los líderes de datos concretos, preguntas diagnósticas y estrategias aplicables para la renovación y la transformación.

TABLA 1 — Inmigración en EE. UU. (2023–2024)

| Grupo / Categoría | Población | % de EE. UU. | Rasgo clave | Criminalidad relativa *(Fuente)* |
|---|---|---|---|---|
| Total, inmigrantes (nacidos fuera) | ~46 M | 14% | La mayor población inmigrante del mundo en un solo país | Tasa de encarcelamiento menor que nativos. *(2,3,4)* |
| Total, hispanos (todos) | 65.2 M | 19% | Principal minoría del país | En conjunto, criminalidad proporcional; no mayor a la media nacional *(1)* |
| Hispanos inmigrantes legales | ~12 M | ~4% | Con ciudadanía o residencia permanente | Tasa de encarcelamiento muy baja (491/100k) *(5)* |
| Hispanos inmigrantes indocumentados | ~7–8 M | ~2% | ≈11 % de todos los hispanos | Criminalidad menor que nativos, pero mayor que inmigrantes legales (879/100k) *(5)* |
| Hispanos nacidos en EE. UU. | ~45 M | ~13% | Mayoría de los hispanos | Tasa de encarcelamiento más alta (1,284/100k) *(5)* |

TABLA 2 — Inmigración mundial (primera generación)

| País / Región | % de la población nacida en el extranjero | Número Aprox. | Rasgo clave | Criminalidad relativa *(Fuente)* |
|---|---|---|---|---|
| Mundo (ONU, 2020) | 3.6% | 281 M | Migrantes concentrados en países de altos ingresos | No hay evidencia global de mayor criminalidad *(1)* |
| EE. UU. | 14% | 46 M | Mayor población | Criminalidad menor que nativos. *(2,3,4)* |

| | | | inmigrante mundial | |
|---|---|---|---|---|
| Alemania | 22% | 18.6 M | 12 M primera generación | Criminalidad similar o menor al promedio nacional *(6)* |
| Francia | 13% | 8.5 M | 1ª generación consolidada | Ajustada por contexto, tasas similares a nativos *(7)* |
| España | 13% | 6.1 M | Población inmigrante relevante | Delitos proporcionales; más percepción que incidencia. *(8)* |
| Suiza | 30% | ~2.6 M | Una de las proporciones más altas del mundo | No desproporcionada; fuerte aporte económico. *(9)* |

## TABLA 3 — Síntesis comparativa (Hispanos en EE. UU.: nativos vs inmigrantes)

| Categoría | Población | % del total, hispano | Criminalidad encarcelamiento por cada 100k | Observación / *(Fuente)* |
|---|---|---|---|---|
| Hispanos nacidos en EE. UU. | ~45 M | 69 % | 1,284 | Tasa más alta, similar a nativos en general *(5)* |
| Hispanos inmigrantes legales | ~12 M | 18 % | 491 | Mucho más baja que nativos; incluso menor que blancos no hispanos (620) *(5)* |
| Hispanos inmigrantes indocumen-tados | ~7–8 M | 12 % | 879 | Menor que nativos, mayor que inmigrantes legales *(5)* |

## TABLA 4 — La Biblia y la inmigración

| Texto bíblico | Enseñanza principal | Aplicación a la inmigración *(Fuente)* |
|---|---|---|
| Éxodo 22:21 | Dios recuerda a Israel su experiencia como migrantes en Egipto | Tratar al inmigrante con compasión. *(1)* |
| Levítico 19:33–34 | El extranjero debe ser amado como miembro pleno de la comunidad | Hospitalidad e igualdad de trato. *(2)* |

| | | |
|---|---|---|
| Deuteronomio 10:18–19 | Dios es defensor del inmigrante | La iglesia debe reflejar ese amor y justicia. *(3)* |
| Jeremías 7:6–7 | La justicia incluye proteger al inmigrante | Fidelidad a Dios = justicia social. *(4)* |
| Zacarías 7:9–10 | Mandato de misericordia y equidad | No discriminar al inmigrante. *(5)* |
| Mateo 25:35 | Jesús se identifica con el extranjero. | Servir al inmigrante = servir a Cristo. *(6)* |
| Hebreos 13:2 | La hospitalidad es mandato universal | El inmigrante puede ser bendición. *(7)* |
| Efesios 2:19 | En Cristo hay una nueva ciudadanía espiritual | La iglesia integra y no excluye. *(8)* |

## Conclusión

El análisis comparativo de estas tablas muestra con claridad que la inmigración, lejos de ser una amenaza, constituye un factor de
vitalidad social y económica.

- En Estados Unidos, los hispanos se consolidan como la fuerza migratoria más grande y, en su mayoría, muestran tasas de criminalidad iguales o inferiores a la de los nativos, especialmente en el caso de los inmigrantes legales.
- En el ámbito mundial, los países con mayor proporción de extranjeros —como Suiza, Alemania o Francia— demuestran que la inmigración de primera generación puede integrarse de manera positiva y contribuir de forma significativa al desarrollo.
- La comparación entre hispanos nativos, legales e indocumentados en EE. UU. evidencia que las diferencias en criminalidad están vinculadas más a factores sociales y contextuales que a la condición migratoria en sí misma.
- La Biblia, por su parte, ofrece una base ética sólida que llama a las naciones y a la iglesia a tratar al inmigrante con amor, justicia y hospitalidad, recordando que el pueblo de Dios fue también extranjero y que en Cristo todos somos hechos conciudadanos del Reino.

En suma, los datos y las Escrituras coinciden en un mismo horizonte: la inmigración no debe ser vista como una carga, sino como una oportunidad para la renovación social, cultural y espiritual. La respuesta justa y compasiva hacia el inmigrante no solo fortalece la cohesión social, sino que refleja fielmente el mandato divino de amar al prójimo y hacer justicia al extranjero.

Referencias (Tabla 1, 2 y 3)

1. Pew Research Center, Who Is Hispanic? (2024), sin paginación.
2. Pew Research Center, Key facts about U.S. immigrants (2023), sin paginación.
3. U.S. Census Bureau, American Community Survey 2022.
4. National Academies of Sciences, The Integration of Immigrants into American Society (Washington, DC: NAS, 2015), cap. 7.
5. Alex Nowrasteh, Immigration and Incarceration (Cato Institute, Policy Analysis No. 994, 2023), p. 6.
6. Statistisches Bundesamt (Destatis), Migration und Integration 2022.
7. INSEE (Francia), Population immigrée 2023.
8. INE (España), Estadística de Migraciones 2023.
9. Swiss Federal Statistical Office, Population with migration background 2022.

Referencias: RVR60 (Tabla — Bíblica)

1. Éxodo 22:21, / NVI.
2. Levítico 19:33–34, idem.
3. Deuteronomio 10:18–19, idem.
4. Jeremías 7:6–7, idem.
5. Zacarías 7:9–10, idem.
6. Mateo 25:35, idem.
7. Hebreos 13:2, idem.
8. Efesios 2:19, idem.

# APÉNDICE O

## INFORME INTEGRAL: LIDERAZGO PASTORAL, DESAFÍOS DE LA NUEVA GENERACIÓN Y LIBERTAD RELIGIOSA EN MIAMI Y EE. UU

### Introducción General

El presente Informe Integral sobre Liderazgo Pastoral, Juventud y Libertad Religiosa en Miami y EE. UU. ha sido elaborado como una herramienta complementaria al libro *Deudores Incumplidos*. Mientras el libro ofrece la fundamentación teológica, bíblica y pastoral de la misión de la iglesia local hispana en la era poscristiana, este informe proporciona una perspectiva estratégica y estadística que aterriza dichos principios en la realidad contemporánea. La inclusión de tablas, encuestas, currículos y listas de verificación legales responde a la necesidad urgente de que las iglesias —en especial las congregaciones bautistas hispanas en Miami— enfrenten tres desafíos prioritarios:

4. Envejecimiento del liderazgo pastoral y falta de sucesión: las tendencias nacionales y locales revelan un cuerpo pastoral cada vez mayor en edad y con poco relevo generacional.
5. Deserción juvenil (18–22 años): los datos muestran una desconexión marcada de los jóvenes en la transición hacia la adultez, lo que subraya la urgencia de fortalecer la apologética, la mentoría y el acompañamiento familiar.
6. Un contexto cultural y legal cambiante: el panorama religioso en Miami refleja tanto el crecimiento de los no afiliados *("nones"* → no afiliados) como las oportunidades que ofrecen las leyes estadounidenses para proteger la libertad de fe en escuelas, trabajos y vida pública. Este informe no es un análisis aislado, sino parte de la implementación práctica de la visión teológica de *Deudores Incumplidos*. Así como el libro llama a la iglesia a reconocer su deuda espiritual y su responsabilidad misional, estas tablas proveen un mapa de acción *(roadmap)*, dotando a los líderes de datos concretos, preguntas diagnósticas y estrategias aplicables para la renovación y la transformación.

Tabla Resumen Integral – Iglesia en Miami y EE. UU.

| Área | Estadística / Hallazgo | Implicación Pastoral | Fuente |
|---|---|---|---|
| 1. Edad y retiro pastoral (EE. UU.) | Edad promedio de pastores: ~52 años; solo 16% ≤40 años. | Liderazgo envejecido, sin suficiente relevo generacional. | Barna Group, State of Pastors (2017, actual. 2022) https://www |

| | | | |
|---|---|---|---|
| | | | .barna.com/research/state-of-pastors. [1] |
| 2. Retiro y sucesión pastoral (EE. UU.) | 1 de cada 4 pastores planea retirarse antes de 2030; 79% dice que la iglesia no forma nuevos líderes. | Urge plan de sucesión pastoral y mentoría intergeneracional. | Barna, Resilient Pastors (2022). [2] |
| 3. Tendencia Bautista en Florida | Declive leve de membresía, pero crecimiento en ministerios hispanos y de nueva Generación. | Oportunidad: potenciar Formación continua de líderes hispano y juveniles en Miami. | Florida Baptist Convention, Annual Report 2023. [3] |
| 4. Tendencia SBC nacional | Miembros SBC en declive desde 2006; plantaciones compensan parcialmente. | El relevo no está en iglesias grandes, sino en nuevas obras locales. | Lifeway Research, 2025. [4] |
| 5. Contexto religioso en Miami | 59% cristianos; ~28% no afiliados (nones). | Riesgo: jóvenes tienden más a identificarse como 'nones'. | Pew Research Center, Miami Study (2023) [5] |
| 6. Deserción juvenil 18–22 (EE. UU.) | 66% deja la iglesia entre 18–22; 59–64% se desconecta en sus 20s. | Reforzar apologética y acompañamiento en transición postsecundaria. | LifeWay Research (2019); Barna, You Lost Me (2011). [6][7] |
| 7. Motivos de Deserción juvenil | Fe superficial, conflicto con ciencia, moralismo, dudas no respondidas. | Crear espacios tipo 'Café de Dudas'. | Barna, Six Reasons Young Christians Leave Church. [8] |
| 8. Retiro comparativo (Miami católico) | Arquidiócesis: retiro sacerdotal a los 68 años. | Modelo a considerar para sucesión bautista. | Archdiocese of Miami, Policy (2023). [9] |
| 9. Libertad religiosa en escuelas (EE. UU.) | Equal Access Act (1984); Good News Club v. Milford (2001). | Derecho a clubes cristianos en escuelas y universidades. | Equal Access Act; SCOTUS (2001). [10][11] |
| 10. Expresión personal de fe (EE. UU.) | Kennedy v. Bremerton (2022): | Se puede expresar fe sin | SCOTUS, Kennedy v. |

| | oración personal protegida. | sanción estatal si es personal. | Bremerton (2022) [12] |
|---|---|---|---|
| 11. Acomodaciones laborales (EE. UU.) | Groff v. DeJoy (2023): más facilidades para práctica religiosa. | Protege a jóvenes universitarios y adultos en trabajos. | SCOTUS, Groff v. DeJoy (2023) [13] |
| Florida (HB 529, 2021) | Escuelas: 1–2 min de silencio diario. | Herramienta para discipulado familiar y oración personal. | Florida HB 529 (2021) [14] |

Desafíos y oportunidades

*Desafío 1*: Pastores mayores en Miami y falta de sucesión → urge formación continua de líderes.

*Desafío 2*: Jóvenes 18–22 abandonan la iglesia (≈66%) → apologética y acompañamiento son críticos.

*Desafío 3*: Contexto cultural de Miami favorece a los '*nones*' (no afiliados) → misión urbana bilingüe.

Oportunidad: El marco legal estadounidense protege la expresión religiosa → aprovechar escuelas, universidades y trabajos.

Notas

[1] https://www.barna.com/research/state-of-pastors
[2] https://www.barna.com/research/resilient-pastors
[3] https://flbaptist.org/annual-report
[4] https://research.lifeway.com
[5] https://www.pewresearch.org/religion
[6] https://research.lifeway.com/2019/01/15/most-teenagers-drop-out-of-church-as-young-adults
[7] https://www.barna.com/product/you-lost-me
[8] https://www.barna.com/research/six-reasons-young-christians-leave-church
[9] https://www.miamiarch.org
[10] https://www.govinfo.gov/content/pkg/STATUTE-98/pdf/STATUTE-98-Pg1302.pdf
[11] https://supreme.justia.com/cases/federal/us/533/98
[12] https://www.supremecourt.gov/opinions/21pdf/21-418_i425.pdf
[13] https://www.supremecourt.gov/opinions/22pdf/22-174_7m58.pdf
[14] https://www.flsenate.gov/Session/Bill/2021/529

Hoja de Acción Práctica – Jóvenes 18–22 en Miami

1. Plantilla de Sondeo (18–22 años)

Objetivo: Detectar continuidad en la fe, dudas principales y nivel de acompañamiento en la transición a universidad/trabajo.

| Preguntas | Respuesta |
|---|---|
| 1. ¿Sigues asistiendo a la iglesia desde que terminaste la secundaria? (Sí/No) | ________________________________ _ |

| | |
|---|---|
| 2. ¿Participas en algún grupo juvenil o ministerio en tu iglesia actual? (Sí/No) | ___ |
| 3. ¿Cuáles son las principales dudas que enfrentas respecto a tu fe? | ___ |
| 4. ¿Tu familia y tu iglesia te acompañan en tus decisiones sobre universidad/trabajo? (Sí/No, ¿cómo?) | ___ |
| 5. ¿Te has sentido presionado a abandonar tu fe en la escuela, universidad o trabajo? (Sí/No, ¿ejemplo?) | ___ |
| 6. ¿Qué temas te gustaría estudiar para defender tu fe? (Apologética, Biblia, ciencia, sexualidad, etc.) | ___ |

2. Currículo Breve (8 sesiones de Apologética Juvenil)

| Sesión | Tema | Versículo base | Idea central |
|---|---|---|---|
| Sesión 1 | ¿Por qué creemos en la Biblia? | 2 Ti. 3:16 | La Biblia es confiable y útil para toda la vida. |
| Sesión 2 | Fe y Ciencia | Sal. 19:1 | La fe cristiana y la ciencia no son enemigos. |
| Sesión 3 | El problema del mal y el sufrimiento | Ro. 8:18 | Dios tiene propósito en medio del dolor. |
| Sesión 4 | Sexualidad y pureza | 1 Co. 6:19–20 | Nuestro cuerpo pertenece a Dios, no al mundo. |
| Sesión 5 | Relativismo vs. verdad absoluta | Jn. 14:6 | Jesús es el camino, la verdad y la vida. |
| Sesión 6 | Cristianismo y cultura | Ro. 12:2 | Ser transformados para influir en la sociedad. |
| Sesión 7 | Fe y trabajo | Col. 3:23 | El trabajo también es adoración y misión. |
| Sesión 8 | La iglesia y la misión | Hch. 1:8 | Somos enviados a compartir el evangelio en todo lugar. |

| Ley / Caso | Aplicación práctica | Fuente (Link) |
|---|---|---|
| Equal Access Act (1984) | Las escuelas públicas deben permitir clubes religiosos si permiten otros clubes. | https://www.govinfo.gov/content/pkg/STATUTE-98/pdf/STATUTE-98-Pg1302.pdf |
| Good News Club v. Milford (2001) | La Corte Suprema protegió el derecho de clubes cristianos a usar instalaciones escolares fuera de horario. | https://supreme.justia.com/cases/federal/us/533/98 |
| Kennedy v. Bremerton (2022) | Un coach pudo orar en silencio en el campo: protección de expresión personal de fe. | https://www.supremecourt.gov/opinions/21pdf/21-418_i425.pdf |

| Groff v. DeJoy (2023) | Los empleadores deben dar mayores facilidades para la práctica religiosa en el trabajo. | https://www.supremecourt.gov/opinions/22pdf/22-174_7m58.pdf |
|---|---|---|
| Florida HB 529 (2021) | Escuelas públicas en Florida deben incluir un momento de silencio diario (1–2 min). | https://www.flsenate.gov/Session/Bill/2021/529 |

4. Resumen Ejecutivo: Iglesia Bautista en Miami – Liderazgo y Sucesión

| Área | Hallazgos / Datos | Vacíos / Limitaciones | Acciones Recomendadas |
|---|---|---|---|
| Edad y retiro pastoral | A nivel EE. UU., edad promedio de pastores: ~52 años. Solo 16% ≤40 años (Barna, 2022). [1] | No existen estadísticas locales sobre edades o jubilaciones pastorales en Miami-Dade. | Solicitar a la Asociación Bautista local (Miami Baptist Association) un censo de pastores y edades. |
| Tendencias bautistas en Florida | La Florida Baptist Convention reporta membresía en declive leve, pero crecimiento en ministerios hispanos y "nueva generación" (Florida Baptist Convention, Annual Report 2023). [2] | Reportes solo incluyen cifras de bautismos, donaciones, plantaciones de iglesias, no edad pastoral. | Revisar el Annual Report 2023 de Florida Baptist Convention y proponer incluir métricas de sucesión pastoral. |
| Tendencia nacional (SBC) | Southern Baptist Convention: membresía en declive constante; aumento de envejecimiento pastoral; déficit en liderazgo joven (Lifeway Research, 2025). [3] | Faltan datos específicos para condado Miami-Dade. | Usar las tendencias nacionales como marco y compararlas con datos locales una vez obtenidos. |
| Contexto demográfico de Miami | Alta diversidad cultural y crecimiento de población hispana; 59% cristianos, ~28% "no afiliados" (Pew Research Center, 2023). [4] | No hay desglose denominacion al preciso por iglesia en Miami. | Relevancia de formar líderes jóvenes bilingües (español/inglés) adaptados al contexto urbano. |
| Política de retiro (ejemplo católico local) | Arquidiócesis de Miami: retiro sacerdotal a los 68 años (Arquidiócesis de Miami, 2023). [5] | No existe regla clara en bautistas; muchos pastores continúan >70 años. | Implementar recomendaciones de retiro voluntario a 65–70 años con plan de mentoría. |

| | | | |
|---|---|---|---|
| Estrategias de la Nueva Generación | Florida Baptist Convention impulsa programas juveniles y de plantación de iglesias. [2] | Aún no vinculados formalmente a una formación continua de líderes pastores. | Crear programas de mentoría entre pastores mayores y jóvenes dentro de iglesias hispanas de Miami. |

## Conclusión

- Problema central: En Miami, como en todo EE. UU., los pastores bautistas envejecen y no existen planes claros de sucesión.
- Vacío local: No hay estadísticas públicas de edades pastorales en Miami-Dade; los informes estatales no lo incluyen.
- Oportunidad: Pedir datos a la Asociación Bautista local y usar tendencias nacionales para presionar hacia programas de liderazgo joven.
- Acción clave: Formar un plan de sucesión pastoral en las iglesias hispanas bautistas de Miami con tres pasos: (1) censo interno de edades y salud pastoral, (2) programas de mentoría, (3) proceso de Formación continua de líderes bilingües.

Fuentes


1. Barna Group, *The State of Pastors: How Today's Faith Leaders Are Navigating Life and Leadership in an Age of Complexity* (Ventura, CA: Barna, 2017), updated with 2022 reports. *https://shop.barna.com/products/the-state-of-pastors-vol2?variant=4762382142698-5&_gl=1*a9kqkk*_ga*MjI3Mzk3MzEzLjE3NTg4MjY2NTM.*_ga_Y2DEHP04LQ*czE3NTg4MzIyMDckbzIkZzEkdDE3NTg4MzIzNjckajYwJGwwJGgw.*
2. Florida Baptist Convention, *2023 Annual Report* (Jacksonville, FL: FBC, 2024). *https://flbaptist.org/wp-content/uploads/2024/07/FBC-2023AnnualReport-050224-Final-1.pdf.*
3. Lifeway Research, "Southern Baptists' Membership Decline Continues Amid Other Areas of Growth," Lifeway Research (April 30, 2025).

*https://research.lifeway.com/.*

4. Pew Research Center, *Religious Landscape Study: Miami Metro Area* (Washington, D.C.: Pew, 2023). *https://www.pewresearch.org/topic/religion/.*
5. Archdiocese of Miami, *Clergy Retirement Policy* (Miami, FL: Archdiocese of Miami, 2023). *https://www.miamiarch.org/.*

## Conclusión General – Iglesia Local Tradicional Hispana en Miami

Este informe integral confirma que la Iglesia Local Tradicional Hispana en Miami enfrenta desafíos profundos, pero también presenta oportunidades únicas. Los desafíos son claros: el liderazgo pastoral envejece, los jóvenes se desconectan progresivamente de la iglesia y el clima cultural continúa favoreciendo el secularismo. Sin embargo, las oportunidades son igualmente contundentes: existe espacio legal para ejercer la fe, los ministerios hispanos y Next Gen continúan creciendo, y hay un potencial significativo para desarrollar un proceso de formación continua de líderes jóvenes bilingües que sirvan a la ciudad con visión y fe.

Las tablas presentadas en este estudio no son simples estadísticas; son instrumentos de discernimiento. Permiten identificar necesidades urgentes relacionadas con la sucesión de liderazgo, la formación apologética y la *misión contextualizada*. Al mismo tiempo, señalan un camino constructivo: la mentoría intergeneracional, el compromiso intencional de los jóvenes y la movilización de la iglesia hacia una *misión urbana y bilingüe.*

Al concluir el libro Deudores Incumplidos, Tomo I, con este informe complementario, se reafirma una convicción central: la Iglesia no puede permanecer pasiva ante su deuda con Dios y con el mundo. Para ser fiel a su llamado, debe unir *convicción teológica* con *estrategias prácticas*, integrando doctrina, discipulado, formación de liderazgo y compromiso cultural.

De esta manera, la Iglesia en Miami —y por extensión, la iglesia hispana en los Estados Unidos— puede transitar de la supervivencia a la transformación, del aislamiento a la misión y de estructuras de liderazgo envejecidas a una nueva generación de pastores y líderes comprometidos con el Evangelio en cada esfera de la vida.

Desde este diagnóstico pastoral y misional de la Iglesia Local Tradicional Hispana en Miami, resulta necesario ampliar la mirada analítica hacia el contexto urbano, económico y geopolítico en el que dicha misión se desarrolla.

## Conclusión prospectiva: Miami ante la reconfiguración del poder en la era de la tecnocracia

El análisis socioeconómico de Miami-Dade County revela una realidad compleja que es, a la vez, profundamente ilustrativa de las transformaciones estructurales que atraviesan los Estados Unidos y el sistema global contemporáneo. El ingreso medio por hogar en el condado resulta relativamente elevado en comparación con diversas ciudades del sur y del medio oeste del país; sin embargo, permanece por debajo del promedio nacional y de los principales centros tecnológicos y financieros. Esta condición, combinada con un costo de vida superior al promedio estadounidense, genera una presión estructural persistente sobre los hogares. Aun así, Miami se mantiene entre las regiones más dinámicas económicamente del país, lo que demuestra que su prosperidad no depende exclusivamente del nivel salarial.

La prosperidad de Miami-Dade se sustenta en factores estructurales distintos a los modelos económicos tradicionales. El flujo constante de capital internacional, el crecimiento sostenido de sectores estratégicos, las ventajas fiscales del entorno estatal y su posición geográfica y cultural privilegiada han permitido que el condado funcione como un nodo económico, migratorio y cultural de alcance hemisférico. Miami no es simplemente una ciudad en crecimiento; es un espacio donde convergen redes globales de comercio, finanzas, cultura y movilidad humana.

Este fenómeno adquiere mayor relevancia cuando se analiza a la luz de la reconfiguración del poder global en la era de la tecnocracia. En el contexto actual, el poder ya no se concentra exclusivamente en los Estados-nación ni en los centros históricos de decisión política. Cada vez más, la influencia se desplaza hacia nodos estratégicos capaces de articular tecnología, conocimiento, capital financiero y conectividad global. En este nuevo escenario, las ciudades y regiones que aspiran a mantener relevancia estructural deben ir más allá de los modelos económicos tradicionales y orientar su desarrollo hacia la consolidación de ecosistemas tecnológicos y financieros.

En este sentido, Miami puede emerger como un nodo estratégico alternativo frente a centros tradicionales como Nueva York o Silicon Valley, no como un competidor directo en escala, sino como un hub complementario con un perfil propio. Su fortaleza no radicaría en la imitación de modelos existentes, sino en la construcción de un ecosistema adaptado a la lógica de un mundo multipolar, interconectado y culturalmente diverso. Desde esta perspectiva, Miami posee el potencial de convertirse en un centro multicultural de innovación con proyección internacional, donde la diversidad no sea una tensión a gestionar, sino una ventaja competitiva estructural.

Dentro de este escenario prospectivo, la centralidad geográfica y cultural de Miami dejaría de ser únicamente un rasgo identitario para convertirse en un activo estratégico decisivo. La prosperidad futura del condado no dependería solo del incremento del ingreso medio por hogar, sino de su capacidad para integrarse inteligentemente en los nuevos circuitos globales de poder, tecnología y finanzas, preservando al mismo tiempo cohesión social, equidad y sostenibilidad urbana. Así, Miami se presenta no solo como un reflejo de los desafíos contemporáneos, sino como un laboratorio adelantado de las transformaciones que definirán el orden económico y social del siglo XXI.

## Epílogo teológico-misional: prosperidad, poder y responsabilidad pública

La proyección de Miami-Dade County como nodo estratégico en la era de la tecnocracia plantea no solo desafíos económicos y urbanos, sino también interrogantes éticos, sociales y espirituales de primer orden. Allí donde convergen capital, innovación y poder, emergen inevitablemente preguntas sobre propósito, justicia y bien común. En este contexto, la prosperidad no puede reducirse al crecimiento económico o a la acumulación de recursos, sino que debe comprenderse como la capacidad de una sociedad para sostener dignidad humana, cohesión social y *responsabilidad pública*.

Si Miami-Dade avanza hacia la consolidación de centros tecnológicos y financieros, su desafío central no será únicamente competir en innovación o atraer inversión, sino discernir cómo ese desarrollo sirve al *bienestar integral* de su población. La tecnocracia, cuando se absolutiza, corre el riesgo de reducir al ser humano a dato, productividad o eficiencia. Sin embargo, cuando es orientada por principios éticos y una visión humanizadora, puede convertirse en una herramienta poderosa para el florecimiento social.

En este escenario emergente, la ciudad se transforma en un espacio de *vocación pública*. La diversidad cultural, el dinamismo migratorio y la centralidad geográfica que caracterizan a Miami no constituyen solo ventajas competitivas, sino que implican **una** responsabilidad histórica. La manera en que se gestionen el crecimiento, la innovación y el poder económico determinará si la prosperidad futura se traduce en inclusión o exclusión, oportunidad compartida o fragmentación social.

Desde una perspectiva misional, este contexto revela que la ciudad no es un telón de fondo neutral del quehacer humano, sino un campo activo donde se disputan visiones de sentido, modelos de poder y comprensiones de la *vida buena*. La prosperidad auténtica requiere integrar desarrollo económico, justicia social y orientación moral, reconociendo que toda estructura de poder necesita límites, propósito y rendición de cuentas.

En esta clave, Miami aparece no solo como un caso de estudio urbano o económico, sino como un símbolo anticipado de los dilemas que enfrentarán muchas ciudades en el siglo XXI. En la intersección entre tecnocracia, globalización y diversidad cultural, su futuro dependerá de la capacidad colectiva para armonizar innovación con humanidad, crecimiento con equidad y poder con servicio. En esta tensión fecunda se juega no solo el destino de una ciudad, sino una señal anticipada del tipo de mundo que está emergiendo.

# ACERCA DEL AUTOR

## TRAYECTORIA ACADEMICA, PROFESIONAL Y ECLESIAL

COMPROMISO Y MISIÓN: LA IGLESIA EN LA ERA POSCRISTIANA EN UN MUNDO POSMODERNO

Guillermo Fernández posee una amplia trayectoria en el ministerio laico, tanto en la ciudad de Miami como en diversas regiones fuera de Estados Unidos. A lo largo de los años, ha interactuado de manera continua con diferentes culturas, adaptando su enfoque para la expansión del Evangelio y la formación de líderes cristianos en un mundo en constante cambio. Su trabajo se ha centrado en fortalecer la conexión entre la fe y la vida cotidiana, promoviendo un ministerio que trascienda el ámbito eclesial y genere un impacto real en la sociedad.

Fernández ha desarrollado un profundo interés en la evangelización, un tema central en su investigación para la Maestría en Estudios Teológicos en *Indiana Wesleyan University*. Asimismo, ha profundizado en el estudio de la Teología del Trabajo, eje principal de su investigación doctoral en *Midwestern Baptist Theological Seminary*.

La tesis del libro se centró en el fortalecimiento del ministerio eclesial y su impacto en la iglesia y la sociedad, examinando estrategias para integrar los principios Bíblicos con la vida cotidiana, especialmente en los ámbitos del trabajo, la cultura y la adoración. Su compromiso con este tema lo ha llevado a desarrollar modelos prácticos que conectan la vocación laical con la misión de la iglesia, promoviendo una espiritualidad integral desde el púlpito hasta el entorno laboral.

A nivel profesional, Fernández es Ingeniero Estructural, graduado del *Instituto Superior Politécnico José A. Echeverría* en Cuba y revalidado en la *Universidad de Chile*. También posee un Bachelor of Science in Civil Engineering (Licenciatura en Ciencias de la Ingeniería Civil), otorgado por la *University of Central Florida*. Es fundador y director de Avante Quality Corp, una empresa de construcción en Miami con seis licencias del Estado de la Florida, lo que la capacita para llevar a cabo cualquier tipo de obra. Con más de

20 años de trayectoria, su compañía se especializa en techos (roofing), utilizando desde métodos tradicionales hasta las más modernas tecnologías del mercado. A través de su empresa, Fernández implementa los principios de la Teología del Trabajo, demostrando que el ejercicio profesional puede ser un canal efectivo para la evangelización y el testimonio cristiano.

Además de su trabajo empresarial y teológico, Fernández ha desarrollado una labor misionera significativa. Entre 2011 y 2018, siendo miembro de la Iglesia Getsemaní en Miami, lideró misiones en tres continentes, destacando su servicio en la Amazonía ecuatoriana y peruana junto a la *Iglesia Rescate de Hialeah*. Durante cinco años, participó en más de treinta y cinco misiones de corto alcance, siendo su labor más icónica las misiones de 15 a 17 días, dos veces al año, colaborando con las culturas Achuar y Shuar y apoyando el establecimiento de comunidades cristianas en estas regiones. Entre 2016 y 2018, trabajó con el ministerio internacional "Ningún Lugar Sin Alcanzar" (NLSA), conectando el Evangelio con la cultura urbana de Miami y reforzando estrategias para la evangelización en entornos altamente secularizados.

En 2019, se incorporó junto a su familia al liderazgo de la ILTH Bethesda Baptist Church en Miami, enfocándose en la preparación y desarrollo de líderes vocacionales dentro del ministerio eclesial. Su vida y obra reflejan una combinación única de evangelización, liderazgo empresarial y desarrollo comunitario, demostrando que la fe cristiana no solo transforma la iglesia, sino que también puede impactar profundamente la sociedad y el mundo laboral.

## DE LA FE A LA PLUMA: UNA MISIÓN PARA INSPIRAR Y TRANSFORMAR

A principios de 2024, decidió emprender un nuevo proyecto como escritor, expandiendo su enfoque más allá de los temas cristianos para abarcar una variedad de géneros literarios. Esta nueva etapa en su carrera refleja su deseo de compartir sus vivencias y creatividad con un público más amplio, abordando diversas temáticas con profundidad y dedicación. Su propósito es inspirar, educar y entretener a través de la escritura, creando obras que resuenen con la experiencia humana, mientras sigue promoviendo los valores fundamentales que han guiado su vida y ministerio.

Como cristiano y escritor, su deseo es involucrarse activamente en la vida cultural de su tiempo, con el propósito de influir en lectores de diversas edades y antecedentes, ampliando así su impacto como pensador cristiano. Sin perder de vista su papel como mediador de Dios en este mundo, busca conectar con todos, actuando como pacificador entre distintos sectores de la sociedad.

Entiende que es vital que los hijos de Dios participen activamente en la cultura en la que se encuentran, siendo sal y luz en medio del mundo. Para Guillermo Fernández, es crucial que los cristianos —ya sean investigadores, escritores, deportistas o líderes de iglesias— se conviertan en motores de cambio en este siglo, siendo influencias significativas en sus culturas, en lugar de permanecer ausentes o replegados en espacios exclusivamente religiosos, desconectados de los desafíos reales de la sociedad. Él sostiene que la misión cristiana debe vivirse en todos los ámbitos de la vida.

# REFERENCIAS

Nota metodológica sobre las fuentes estadísticas

Los datos estadísticos, demográficos y socioeconómicos utilizados en este estudio provienen de fuentes oficiales y plataformas de análisis reconocidas, y reflejan las estimaciones disponibles al momento de la investigación. Debido a la naturaleza dinámica de estos indicadores, algunas cifras pueden variar con el tiempo según actualizaciones posteriores de las fuentes originales. Las comparaciones y análisis presentados deben interpretarse dentro de este marco temporal.

[1] F. F. Bruce, *The Epistle of Paul to the Romans* (Grand Rapids, MI: Eerdmans, 1963), 74–75.

[2] John Stott, *The Message of Romans: God's Good News for the World* (Downers Grove, IL: IVP Academic, 1994), 55–57.

[3] Timothy Keller, *Iglesia Centrada* (Barcelona: Andamio, 2014), 87–88.

[4] C. E. B. Cranfield, *A Critical and Exegetical Commentary on the Epistle to the Romans*, vol. 1 (Edinburgh: T&T Clark, 1975), 84–85.

[5] Douglas J. Moo, *The Epistle to the Romans* (Grand Rapids, MI: Eerdmans, 1996), 64–66.

[6] Darrell L. Guder (ed.), *Missional Church: A Vision for the Sending of the Church in North America* (Grand Rapids, MI: Eerdmans, 1998), 3–6.

[7] Lesslie Newbigin, *The Gospel in a Pluralist Society* (Grand Rapids, MI: Eerdmans, 1989), 119–125.

[8] Bruce, 74–75.

[9] Stott, 55–57.

[10] Keller, 87–88.

[11] Cranfield, 84–85.

[12] Moo, 64–66.

[13] Manuel Castells, *Communication Power* (Oxford: Oxford University Press, 2009), 412–415.

[14] Sherry Turkle, *Alone Together: Why We Expect More from Technology and Less from Each Other* (New York: Basic Books, 2011), 152–158.

[15] Heidi A. Campbell, *Digital Religion: Understanding Religious Practice in Digital Media* (London: Routledge, 2013), 21–30.

[16] Robert Wuthnow, *After the Baby Boomers: How Twenty- and Thirty-Somethings Are Shaping the Future of American Religion* (Princeton, NJ: Princeton University Press, 2007), 182–185.

[17] Craig Detweiler, *iGods: How Technology Shapes Our Spiritual and Social Lives* (Grand Rapids, MI: Brazos Press, 2013), 101–110.

[18] David Kinnaman y Mark Matlock, *Faith for Exiles: 5 Ways for a New Generation to Follow Jesus in Digital Babylon* (Grand Rapids, MI: Baker Books, 2019), 33–38.

[19] Manuel Castells, *Communication Power* (Oxford: Oxford University Press, 2009), 412–415.

[20] Peter L. Berger, *The Many Altars of Modernity: Toward a Paradigm for Religion in a Pluralist Age* (Berlin: De Gruyter, 2014), 92–94.

[21] Niels Henrik Gregersen, *Theology for a Digital World* (Göttingen: Vandenhoeck & Ruprecht, 2019), 45–47.

[22] David Kinnaman y Mark Matlock, *Faith for Exiles: 5 Ways for a New Generation to Follow Jesus in Digital Babylon* (Grand Rapids, MI: Baker Books, 2019), 33–38.

[23] Heidi A. Campbell y Troy Shepherd, *A Multitude of Blessings: A Case Study of Digital Ecclesiology During COVID-19* (London: Routledge, 2021), 55–62.

[24] Jeffrey H. Mahan, *Religion and Popular Culture in America* (New York: Routledge, 2014), 210–212.

[25] Pauline Cheong et al., *Digital Religion, social media and Culture* (New York: Peter Lang, 2012), 77–80.

[26] Craig Van Gelder y Dwight J. Zscheile, *Participating in God's Mission: A Theological Missiology for the Church in America* (Grand Rapids, MI: Eerdmans, 2018), 141–144.

[27] Stephen Garner, *Theology and the Digital* (London: SCM Press, 2013), 66–70.

[28] John Dyer, *From the Garden to the City: The Redeeming and Corrupting Power of Technology* (Grand Rapids, MI: Kregel Publications, 2011), 188–190 → Tidball destaca cómo las herramientas contemporáneas pueden extender el acompañamiento pastoral y la formación comunitaria más allá de la presencia física, sin perder profundidad relacional ni autoridad Bíblica.

[29] Klaus Douglass y Fabian Vogt, *God in Cyberspace* (New York: Crossroad, 2000), 45–47.

[30] Stanley Hauerwas, *Resident Aliens: Life in the Christian Colony* (Nashville: Abingdon Press, 1989), 82–85.

[31] N. T. Wright, *Surprised by Hope* (New York: HarperOne, 2008), 211–214.

[32] Charles Taylor, *A Secular Age* (Cambridge, MA: Harvard University Press, 2007), 3–6, 171–176.

[33] Fuentes que se usaron para justificar los "Orígenes de múltiples Causas": 1. Timothy Keller, *Iglesia Centrada.* El autor expone cómo muchas iglesias tradicionales pierden su eficacia misional por enfocarse en estructuras internas y no en la misión urbana. Propone una integración fiel del evangelio con la cultura y una renovación espiritual profunda que responda a los desafíos de la ciudad contemporánea *(Causas: 1, 2, 5, 15, 23, 24, 25, 27, 30);* 2. Michael Frost y Alan Hirsch, *The Shaping of Things to Come.* Este libro critica los modelos eclesiásticos estáticos y propone formas misionales innovadoras. Denuncia la autoconservación, el liderazgo pastoral aislado y la falta de apertura a nuevos métodos para alcanzar el entorno cambiante (*Causas: 6, 7, 13, 18, 34, 35, 36);* 3. Christian Schwarz, *Las 8 Características de una Iglesia Saludable.* Su investigación empírica destaca cómo el liderazgo centralizado, la participación mínima del laicado y la falta de visión práctica afectan el crecimiento saludable de las iglesias *(*Causas: 3, 10, 13, 16, 22, 26, 33, 36*)*. 4. Mark Greene, *Thank God It's Monday.* Señala cómo la desconexión entre la fe y el trabajo diario debilita el testimonio cristiano. Afirma que muchas iglesias no equipan a sus miembros para vivir su fe en el lugar laboral, promoviendo un dualismo dañino entre domingo y semana *(Causas: 15, 23, 24, 33).* **5.** Amy Sherman, *Kingdom Calling,* Propone que la vocación no debe verse solo como empleo, sino como una oportunidad de servicio al bien común. Muestra cómo los cristianos pueden impactar la sociedad desde sus roles laborales y profesionales con una visión de mayordomía del Reino. *(Causas: 4, 17, 18, 19, 23).* 6. Lesslie Newbigin, *The Gospel in a Pluralist Society* Advierte sobre el riesgo de una teología que no dialogue con la cultura. Critica los modelos heredados sin contextualización, y defiende un evangelio encarnado en el entorno pluralista de hoy *(Causas: 4, 21,*

*28, 31).* 7. Craig Van Gelder y Dwight Zscheile, *The Missional Church in Perspective.* Analizan cómo las estructuras rígidas impiden la misión contextual. Apoyan el liderazgo colaborativo y la reforma organizacional para avanzar hacia una iglesia verdaderamente misional *(Causas: 10, 11, 12, 26, 29). 8.* David Kinnaman y Barna Group, *Faith for Exiles.* Aporta ideas sobre el uso estratégico de la tecnología, la formación de líderes resilientes y el discipulado contextualizado para las nuevas generaciones que habitan en una "Babilonia digital" *(Causas: 20, 24, 27, 30, 35, 37).* ***9.* Samuel Escobar,** *La fe en la ciudad.* Reflexiona sobre el rol de la iglesia en entornos urbanos. Llama a una fe encarnada, comprometida con las realidades de injusticia, pobreza y transformación social como parte integral de la misión *(Causas: 3, 10, 13, 16, 22, 26, 33, 36).*

Tabla: Categorías y Causas del Estancamiento Eclesial con Fuentes Clave

| Categoría | Causas y Fuentes |
|---|---|
| CATEGORÍA 1: FACTORES ESTRUCTURALES Y ORGANIZATIVOS | 1. Autoconservación institucional<br>2. Imagen idealizada<br>3. Arrogancia organizacional<br>5. Falta de visión clara<br>6. Presupuesto desequilibrado<br>9. Liderazgo pastoral solitario<br>10. Toma de decisiones limitada<br>12. Control centralizado<br>20. Recursos mal gestionados<br>26. Falta de liderazgo práctico<br>32. Modelos heredados sin discernimiento<br>34. Liderazgo sin formación intercultural<br>36. Falta de creatividad pastoral<br>Fuentes clave: Keller (1, 2, 32), Hirsch (9, 12, 34, 36), Van Gelder (10, 9) |
| CATEGORÍA 2: DESCONEXIÓN CON LA CULTURA Y EL CONTEXTO | 4. Neofobia<br>21. Resistencia cultural<br>22. Desconexión con la comunidad<br>28. Cambio demográfico ignorado<br>29. Desconocimiento del mundo empresarial<br>35. Tecnología no aprovechada<br>Fuentes clave: Newbigin (4, 21, 28), Sherman (21), Kinnaman (35) |
| CATEGORÍA 3: FALLAS EN LA MISIÓN Y TESTIMONIO | 7. Misión reducida a eventos<br>8. Justificación institucional<br>16. Misión limitada<br>17. Falta de servicio comunitario<br>18. Ausencia de alianzas estratégicas<br>19. Rechazo a iniciativas sociales<br>25. Teología de la prosperidad<br>27. Pérdida de credibilidad<br>33. Falta de discipulado integral<br>Fuentes clave: Sherman (7, 18, 19), Keller (8, 16, 27), Hirsch (17), Frost & Hirsch (19) |
| CATEGORÍA 4: VOCACIÓN Y | 13. Desconexión ministerial<br>14. Cultura de obediencia pasiva |

| | |
|---|---|
| TRABAJO LAICO DESATENDIDOS | 15. Trabajo visto como empleo común<br>23. Desvinculación de la vocación<br>24. Dualismo fe-trabajo<br>30. Educación teológica desconectada<br>Fuente claves: Greene (15, 23, 24), Keller (23, 24, 30), Sherman (23) |
| CATEGORÍA 5: LÍMITES EN LA INTERACCIÓN CON LA SOCIEDAD | 11. Presiones económicas del pastor<br>31. Miedo al compromiso con el Estado o empresa<br>18. Ausencia de alianzas estratégicas<br>19. Rechazo a iniciativas sociales<br>Fuentes clave: Sherman (18, 19), Newbigin (31), Van Gelder (11, 31) |
| CATEGORÍA 6: CRISIS ESPIRITUAL Y PÉRDIDA DE MOTIVACIÓN | 27. Pérdida de credibilidad<br>30. Educación teológica desconectada<br>33. Falta de discipulado integral<br>37. Desmotivación espiritual<br>Fuentes clave: Kinnaman (30, 37), Greene (33), Keller (27) |

**Observacion:** Esta tabla muestra el estancamiento de la iglesia actual de los EE. UU.

[34] Estas fuentes sustentan los puntos clave del escrito, conectando el modelo dual con la Biblia, la tecnología, la formación continua y la ética empresarial: **1. Bible Gateway, Hechos 18:3.** → Explica cómo Pablo combinaba su ministerio con su oficio de fabricante de tiendas. (Disponible en: biblegateway.com). **2. Teología del Trabajo,** "La fabricación de tiendas y la vida cristiana" (2020) → Analiza el impacto del trabajo secular en la misión de Pablo. (Disponible en: teologiadeltrabajo.org). **3. Scott M. Gibson,** "Bivocationality in Ecclesial Leadership," *Revista de Liderazgo Pastoral* 5, no. (2019): 77–92 → Presenta el ministerio bivocacional como una respuesta estratégica a los desafíos contemporáneos de la iglesia, resaltando la importancia de la formación continua y la integración fe–trabajo.

[35] EXPLICACIÓN DEL CONCEPTO: Bivocacionalidad pastoral al modelo dual misional

En la literatura contemporánea, el término *"bivocacional"* ha sido utilizado para describir distintas aproximaciones al ministerio pastoral.

1. Autores como Dennis W. Bickers y Scott M. Gibson emplean esta categoría *"para referirse al pastor que ejerce dos ocupaciones diferenciadas: una secular y otra pastoral"*, generalmente como respuesta a necesidades económicas o estructurales de la iglesia. En este enfoque, la *bivocacionalidad* describe dos esferas funcionales que coexisten en la vida del líder, aun cuando se reconozca la legitimidad espiritual del trabajo secular.

2. Un segundo enfoque, representado por el Theology of Work Project en su reflexión sobre *Tentmaking*, mantiene el lenguaje de la bivocacionalidad pastoral, pero introduce un matiz significativo. Aquí se afirma que el pastor no debe concebirse como un trabajador secular de lunes a viernes y un líder espiritual el domingo, sino como *"un discípulo de Cristo que ejerce influencia tanto en la iglesia como en la sociedad".* Aunque este planteamiento avanza hacia una mayor integración entre fe y trabajo, sigue operando dentro del "marco bivocacional", en

la medida en que continúa refiriéndose al pastor y a la coexistencia de dos vocaciones reconocibles.
3. Sin embargo, el *"Modelo Dual Misional"* propuesto en este estudio constituye un tercer enfoque, distinto y verdaderamente único desde una perspectiva Bíblica Paulina. En Pablo no encontramos dos vocaciones paralelas —una secular y otra eclesial— sino *una sola vocación misional* vivida en múltiples ámbitos. El trabajo no aparece como un espacio alternativo o secundario al ministerio, sino como parte integral del mismo. Además, este diseño no se limita al apóstol, sino que se extiende a colaboradores como *Aquila, Priscila y Apolos,* quienes tampoco separaron lo eclesial de lo secular, sino que vivieron una fe encarnada en el tejido cotidiano de la vida económica y social.
CONCLUSIÓN: Desde esta perspectiva, la expansión de la iglesia primitiva no se explica principalmente por un modelo bivocacional pastoral —sea en contextos de persecución o de libertad— sino por un *diseño misional dual* que involucró a todos los creyentes, laicos y líderes por igual, como testigos activos de Dios en el mundo. En el Nuevo Testamento no se observan "dos vocaciones" en sentido Bíblico, sino una sola vocación cristiana: dar testimonio del Reino de Dios en toda esfera de la vida. Es este *Modelo Dual Misional,* y no la mera coexistencia de dos empleos, el que permitió que el Evangelio se extendiera de manera orgánica, contextual y transformadora, al movilizar a toda la iglesia —líderes y laicos— como testigos activos en una misma dirección misional.
**Notas al pie:**
1. Dennis W. Bickers, The Bivocational Pastor: Two Jobs, One Ministry (Beacon Hill Press, 2004), 33–35. 2. Scott M. Gibson, "Bivocationality in Ecclesial Leadership," Pastoral Leadership Journal 5, no. 3 (2019): 77–92. 3. Theology of Work Project, Tentmaking and Christian Life (Theologyofwork.org, 2020).

[36] Literatura sugerida con reflexiones breves: 1. Andy Crouch, *Culture Making: Recovering Our Creative Calling* (Downers Grove, IL: InterVarsity Press, 2008). Reflexión: Crouch anima a los cristianos no solo a consumir o criticar la cultura, sino a crearla. Esto aplica directamente a empresas sociales e innovación comunitaria, donde la tecnología se convierte en una herramienta de transformación cultural. 2. Barna Group, *The State of Digital Church Leadership* (Barna, 2020). Reflexión: Este informe ofrece datos sobre cómo pastores y líderes están usando la tecnología en el ministerio. Es vital para diseñar contenido educativo digital y optimizar servicios comunitarios en la era tecnológica. 3. Sherry Turkle, *Alone Together: Why We Expect More from Technology and Less from Each Other* (New York: Basic Books, 2011). Reflexión: Aunque no es teológico, Turkle advierte sobre cómo la tecnología nos aísla. Su crítica invita a la iglesia a fomentar redes profesionales cristianas y relaciones de mentoría que restauren la comunidad auténtica. 4. Alan Hirsch, *5Q: Reactivating the Original Intelligence and Capacity of the Body of Christ* (5Q Collective, 2017). Reflexión: Hirsch ofrece un marco misional (apóstol, profeta, evangelista, pastor, maestro) que puede guiar la mentoría, el discipulado vocacional y el liderazgo en contextos digitales. 5. Lesslie Newbigin, *The Gospel in a Pluralist Society* (Eerdmans, 1989). Reflexión: Newbigin enfatiza que el Evangelio debe hablar proféticamente en sociedades pluralistas y seculares. Su visión respalda las iniciativas de tecnología accesible, asegurando que nadie quede excluido de la misión digital de la iglesia. 6. Michael Frost, *Exiles: Living Missionally in a Post-Christian Culture* (Peabody, MA: Hendrickson, 2006).

Reflexión: El llamado de Frost a vivir como "exiliados creativos" inspira a los creyentes a innovar con la tecnología, desarrollando plataformas inclusivas y proyectos sociales que encarnan el Reino de Dios en la vida pública.

[37] Literatura sugerida con reflexiones breves: 1. David J. Bosch, *Transforming Mission: Paradigm Shifts in Theology of Mission* (Maryknoll, NY: Orbis, 1991) →Bosch ofrece un marco fundacional para la teología contextual en sociedades secularizadas y pluralistas, reforzando la importancia del diálogo intercultural y de una teología que hable a entornos diversos. 2. Andrew Walls, *The Missionary Movement in Christian History* (Maryknoll, NY: Orbis, 1996) →Walls muestra cómo el Evangelio echa raíces en nuevas culturas. Sus aportes fortalecen el énfasis en la sensibilidad cultural y la práctica transcultural en la formación de pastores "jóvenes en espíritu". 3. Eddie Gibbs, *Leadership Next: Changing Leaders in a Changing Culture* (Downers Grove, IL: InterVarsity Press, 2005) → Gibbs aborda *liderazgo flexible*, gestión del cambio, resolución de conflictos y liderazgo transformacional, equipando directamente para un ministerio adaptativo. 4. Mark Lau Branson y Juan F. Martínez, *Churches, Cultures, and Leadership: A Practical Theology of Congregations and Ethnicities* (Downers Grove, IL: InterVarsity Press, 2011) → Equipa a líderes con bases de antropología, sociología y dinámica multicultural. Afirma la necesidad de comunicación bilingüe y sensibilidad cultural en congregaciones diversas. 5. Sherry Turkle, *Reclaiming Conversation: The Power of Talk in a Digital Age* (New York: Penguin, 2015) →Turkle advierte sobre el impacto de la cultura digital en las relaciones y sugiere caminos de restauración. Informa la necesidad de competencia digital y uso saludable de la tecnología en el liderazgo pastoral. 6. Lester DeKoster y Gerard Berghoef, *Faith and Work: A Christian Perspective* (Grand Rapids, MI: Christian's Library Press, 2013) → Afirman la vocación integral: toda labor es servicio a Dios. Su visión ayuda a los pastores a enseñar a los laicos a superar el dualismo sagrado–secular. 7. Max De Pree, *Leadership Is an Art* (New York: Crown Business, 1989). → Subraya ética y responsabilidad en el liderazgo. Enriquecen la formación pastoral en justicia, sostenibilidad y responsabilidad social. 8. Alan Hirsch y Tim Catchim, *The Permanent Revolution: Apostolic Imagination and Practice for the 21st Century Church* (San Francisco, CA: Jossey-Bass, 2012) → Llaman a un liderazgo apostólico e innovador. Su marco fortalece redes, protagonismo laical y práctica misional global; 9. John Stott, *Issues Facing Christians Today* (Grand Rapids, MI: Zondervan, 2006). → Conecta la Ética Bíblica con desafíos contemporáneos. Sus ideas respaldan el compromiso con la justicia y la formación ética del carácter pastoral.

[38] George M. Marsden, *Jonathan Edwards: A Life* (New Haven: Yale University Press, 2003), pp. 388-410.

[39] Thomas S. Kidd, *George Whitefield: America's Spiritual Founding Father* (New Haven: Yale University Press, 2014; reprint 2016), pp. 65–110.

[40] Charles E. Hambrick-Stowe, *"Charles G. Finney and the Spirit of American Evangelicalism" (*Wm. B. Eerdmans-Lightning Source; Illustrated edition (August 26, 1996), pp. 35–92.

[41] Barbara M. Cross, *"Lyman Beecher and the Reform of Society: Four Sermons. 1804-1828"* (Cambridge: Cambridge University Press, 1965), pp.23-58.

[42] Lyle W. Dorsett, *"A Passion for Souls: The Life of D.L. Moody"* (Moody Publishers; New edition, 2003), pp. 85–140.

[43] William Martin, *"A Prophet with Honor: The Billy Graham Story"* (Zondervan; Updated edition, 2018), pp. 415-455.

[44] Los Grandes Despertares en la Historia del Cristianismo en EE. UU.

| Nº | Periodo | Enfoque Principal | Líderes Clave | Resultado |
|---|---|---|---|---|
| 1 | 1730–1760 | Conversión personal y piedad | Jonathan Edwards, George Whitefield | Base moral del país y preparación para la independencia |
| 2 | 1790–1840 | Evangelismo y reforma social | Charles Finney, Barton W. Stone | Expansión de denominaciones y movimientos sociales cristianos |
| 3 | 1850–1900 | Evangelismo urbano y global | Dwight L. Moody, Ira Sankey | Impulso a misiones y evangelismo internacional |
| 4 | 1960–1980 | Evangelismo mediático y juvenil | Billy Graham, Bill Bright | Renovación espiritual y surgimiento de movimientos juveniles |
| 5* | 2000–presente | Fe pública y misión urbana | Timothy Keller, John Piper, movimientos misionales | Renovación misional global y redescubrimiento del Evangelio integral |

Nota Academic (Nota) Obligatoria; *El denominado Quinto Gran Despertar* no constituye una categoría historiográfica consensuada, sino una interpretación *teológico-misional* contemporánea utilizada por diversos autores para describir procesos de renovación urbana, *misión integral y fe pública* en contextos poscristianos.

Nota al pie (comentario pastoral): Orando por un *Gran Quinto Despertar.*

[45] Estas fuentes respaldan la integración del ministerio laico y el ministerio eclesial, impactando la cultura a través del trabajo, mostrando cómo los cristianos pueden integrar su fe en la vida profesional y transformar la sociedad a través de su vocación: 1. Stetzer, Ed & Putman, Daniel. *Planting Missional Churches* (Nashville: B&H Academic, 2016): →Explora la importancia de ampliando la visión ministerial más allá del pastorado tradicional y afirmando el papel del laicado en la obra del ministerio.

2. National Association of Evangelicals. *Code of Ethics for Pastors* (2020). → Define los principios éticos y de integridad para el liderazgo eclesial, incluyendo implicaciones para el ministerio bivocacional y el ejercicio responsable del liderazgo pastoral. 3. Asociación Global de Estudios Teológicos. *Ética Ministerial (2021).* → Analiza los desafíos éticos y teológicos que enfrentan los líderes eclesiales en el contexto contemporáneo, incluyendo la relación entre vocación, ministerio y vida pública. Disponible en: agetenlinea.org. 4. Mennonite Church USA. *A Shared Vision for*

*Ministry* (2017). → Un documento que presenta una visión integral del liderazgo ministerial, explicando las razones por las cuales la iglesia reconoce y acredita tanto el ministerio pastoral como el liderazgo laico en la misión de la Iglesia. Disponible en: mennoniteusa.org. 5. Wells, David F. *God in the Wasteland: The Reality of Truth in a World of Fading Dreams* (Grand Rapids: Eerdmans, 1994), 88–112. → Examina el papel de los cristianos en la transformación culturalen contextos de secularización y pérdida de referencias trascendentes. 6. Bartholomew, Craig G. & Goheen, Michael W. *Living at the Crossroads: An Introduction to Christian Worldview* (Grand Rapids: Baker Academic, 2008), 123–145. →Describe cómo los laicos pueden aplicar una cosmovisión cristiana de manera integral en su trabajo, su vida pública y sus responsabilidades sociales.
7. Lindsay, D. Michael. (2007). *Faith in the Halls of Power: How Evangelicals Joined the American Elite.* Oxford University Press, pp. 155-189. → Analiza la influencia de cristianos laicos en el liderazgo cultural y empresarial en los Estados Unidos.

[46] Razones para considerar el Modelo Tradicional: Fuentes Utilizadas y Comentadas (Resumen por Tema): 1. Timothy Keller, *Center Church: Doing Balanced, Gospel-Centered Ministry in Your City* (Grand Rapids, MI: Zondervan, 2012). → Explica cómo las ciudades modernas presentan una movilidad geográfica que obliga a la iglesia a adaptar su presencia ministerial a la fragmentación urbana. También destaca la necesidad de contextualización misional en culturas móviles. 2. Alan Hirsch, *The Forgotten Ways: Reactivating the Missional Church* (Grand Rapids, MI: Brazos Press, 2006). → Hirsch introduce el concepto de redes misionales y subculturas como clave para la misión relacional. Propone la formación de comunidades según afinidades culturales en vez de límites geográficos tradicionales. 3. Mark Greene, *Thank God It's Monday* (London: London Institute for Contemporary Christianity, 2001) → Greene afirma que el evangelismo más efectivo ocurre en relaciones personales y laborales. Su enfoque destaca el valor del discipulado cotidiano y la vocación como plataforma para compartir la fe. 4. Amy Sherman, *Kingdom Calling: Vocational Stewardship for the Common Good* (Downers Grove, IL: IVP, 2011). → Sherman muestra cómo la iglesia debe integrarse en la vida de la ciudad para promover el bienestar común. Propone un cristianismo práctico que participe activamente en la justicia social, desde el liderazgo laico hasta la transformación vocacional.

[47] "Las estrategias claves para líderes en contextos laborales." Fuentes revisada: 1. Timothy Keller, *Center Church: Doing Balanced, Gospel-Centered Ministry in Your City* (Grand Rapids, MI: Zondervan, 2012). →Keller propone una iglesia que integre *contextualización específica* del evangelio con fidelidad Bíblica, promueva el *involucramiento urbano,* y capacite a los creyentes para ser testigos en todos los ámbitos de la vida. Su enfoque sostiene también la *resiliencia cultural* en contextos seculares. 2. Mark Greene, *Thank God It's Monday* (London: London Institute for Contemporary Christianity, 2001). →Una obra central para el evangelismo en el trabajo, Greene muestra cómo el testimonio cotidiano en el lugar laboral puede ser transformador. También impulsa una visión más amplia del discipulado que abarca el horario laboral, la vocación y las relaciones cotidianas. 3. Alan Hirsch, *The Forgotten Ways: Reactivating the Missional Church* (Grand Rapids, MI: Brazos Press, 2006). → →Hirsch aborda la necesidad de *flexibilidad misional,* desafiando a las iglesias a salir de sus muros y alcanzar contextos reales. Su propuesta incluye *liderazgo en red* y *comunidades por afinidad* como modelos efectivos en una cultura descentralizada y móvil. 4. Amy Sherman, *Kingdom Calling:*

*Vocational Stewardship for the Common Good* (Downers Grove, IL: IVP, 2011). → Sherman articula cómo la vocación puede usarse para el bien común, motivando al creyente a impactar el entorno cívico y profesional. Su trabajo respalda la *participación urbana*, la *formación por afinidad* y el *testimonio vocacional*. 5. Lesslie Newbigin, *The Gospel in a Pluralist Society* (Grand Rapids, MI: Eerdmans, 1989). → Fundamental para entender la *contextualización*, Newbigin argumenta que el evangelio debe proclamarse dentro de cada cultura con sensibilidad y claridad. También provee fundamentos para la *resiliencia cultural* frente a ideologías dominantes. 6. Michael Frost & Alan Hirsch, *The Shaping of Things to Come: Innovation and Mission for the 21st Century Church* (Grand Rapids, MI: Baker Books, 2003). → Plantean el uso de *estrategias tecnológicas* y nuevas formas de discipulado digital, destacando también la necesidad de liderazgos colaborativos y flexibles para un mundo urbano y globalizado. 7. Craig Van Gelder & Dwight J. Zscheile, *The Missional Church in Perspective: Mapping Trends and Shaping the Conversation* (Grand Rapids, MI: Baker Academic, 2011). → Gelder & Zscheile analizan el desarrollo del pensamiento misional en la iglesia contemporánea, enfocándose en *liderazgo en red*, adaptabilidad contextual y estructuras eclesiales más participativas. 8. Barna Group & David Kinnaman, *Faith for Exiles: 5 Ways for a New Generation to Follow Jesus in Digital Babylon* (Grand Rapids, MI: Baker Books, 2019). → Kinnaman explora cómo los creyentes pueden *usar la tecnología* para discipular, comunicar el evangelio y formar comunidades digitales resilientes. También impulsa estrategias para ser agentes activos en la cultura contemporánea.

[48] Eric Rasmusen, "What Bothers Tim Keller", Law & Economic Working Papers", *Indiana University, 2023.* → Rasmusen critica el enfoque pastoral y público de Keller, señalando que falta un coraje más firme para confrontar temas moralmente controversiales en la esfera pública. Este artículo sirve como base para analizar la tensión entre valentía moral y sensibilidad pastoral en líderes cristianos contemporáneos.

Fuentes secundarias sugeridas sobre Keller (opcional, si se desea ampliar el soporte bibliográfico):

1. Timothy Keller, *El Dios Pródigo* (Grand Rapids, MI: Zondervan, 2008) → Expone su enfoque pastoral centrado en Gracia y Verdad, clave para entender su estilo de interacción cultural.

2.Timothy Keller, *La Iglesia Centrada* (Poiema, 2011) → Explica la importancia de la contextualización pastoral, el equilibrio entre verdad y compasión, y la postura no partidista en política.

3. Collin Hansen, *Timothy Keller: His Spiritual and Intellectual Formation* (Zondervan, 2023) → Proporciona trasfondo sobre la filosofía pastoral de Keller y su enfoque frente a temas culturales.

Los dos representan dos modelos distintos:

| Tema | Rasmusen | Keller |
|---|---|---|
| Enfrentar temas | Directo, confrontativo | Verdadero, pero pastoral |
| Riesgo | Dividir a la audiencia | Ser malinterpretado como suave |
| Enfoque | Defender valores | Alcanzar personas |
| Visión | Guerra cultural | Misión en la cultura |
| Virtud central | Coraje | Gracia + Verdad |

Ambos aportan, pero el modelo pastoral que más fruto ha dado en contextos seculares es el de Keller.https://warhornmedia.com/2018/01/03/makes-tim-keller-uncomfortable/.

[49] Las fuentes mencionadas respaldan los diferentes aspectos del escrito, proporcionando base teológica, sociológica y práctica sobre cómo la iglesia puede ser un agente de equidad e inclusión, un motor de cambio social, y un punto de referencia doctrinal en temas complejos como la ética, la economía y la sexualidad. 1. Barna Group, *The Future of Faith: Trends in Church Engagement and Discipleship* (Barna Research, 2020), 76–91. → Evalúa la creciente necesidad de una educación y formación intencional dentro de la Iglesia como respuesta a las dinámicas culturales. 2. Harold G. Koenig, *Religion and Mental Health: Research and Clinical Applications* (Academic Press, 2018), 210–231. → Explora el impacto de la fe en la salud mental y la intervención de las iglesias en la sanidad comunitaria y la intervención psicológica. 3. Ed Stetzer, *Christians in the Age of Outrage: How to Bring Our Best When the World Is at Its Worst* (Carol Stream, IL: Tyndale House, 2021), 98–115. → Explica el papel de la iglesia en promover el diálogo en una sociedad polarizada, enfatizando un compromiso marcado por la gracia y un testimonio público fiel.

[50] John Rawls, "Teoría de la justicia (Spanish Edition)", (D.F., México: Fondo de Cultura Económica, 1998), *47-49; 217-219; 113- 122; 152-155; 201-205.*

[51] Fuentes Utilizadas y Comentadas (Resumen Breve y Contextualizado): 1. John Rawls, *A Theory of Justice* (Harvard University Press, 1999). → Su teoría de la justicia como equidad sirve de base conceptual para presentar a la iglesia como una institución complementaria al Estado en la promoción de justicia, especialmente en contextos multiculturales. 2. Amy Sherman, *Kingdom Calling: Vocational Stewardship for the Common Good* (IVP, 2011). → Sherman desarrolla el concepto de "mayordomía vocacional" como una forma en que los creyentes impactan su comunidad. Sus ideas respaldan el rol activo de las iglesias hispanas en el servicio a inmigrantes, familias y marginados. 3. Timothy Keller, *Ministerios de Misericordia* (Poiema Publicaciones, 2018). → Keller aborda cómo la iglesia puede ser un agente tangible de misericordia y restauración social, afirmando el servicio comunitario como testimonio activo del Evangelio en la vida urbana. 4. Max L. Stackhouse, *Public Theology and Political Economy* (Eerdmans, 1987). → Stackhouse destaca la teología pública como herramienta para que la iglesia participe en el discurso cívico y la transformación estructural de la sociedad, especialmente desde la ética cristiana. 5. Samuel Escobar y René Padilla, *en diversos ensayos sobre "Misión Integral".* →Aunque no se citan directamente, su influencia está presente en la articulación del Evangelio como transformación personal y social, integrando fe con acción comunitaria. 6. Michael Sandel, *Justice: What's the Right Thing to Do?* (Farrar, Straus and Giroux, 2009). →Aunque no desde la fe cristiana, su análisis ético de la justicia y el bien común complementa la visión rawlsiana al considerar el papel de las instituciones morales (como la iglesia) en el fortalecimiento de una sociedad equitativa. 7. Craig Van Gelder & Dwight Zscheile, *The Missional Church in Perspective: Mapping Trends and Shaping the Conversation* (Baker Academic, 2011). → Analiza el desarrollo del pensamiento misional contemporáneo. Enfatiza la necesidad de adaptabilidad contextual, liderazgo en red y estructuras eclesiales más participativas que reflejen las realidades dinámicas de las comunidades modernas. 8. Barna Group & David Kinnaman, *Faith for Exiles: 5 Ways for a New*

*Generation to Follow Jesus in Digital Babylon (Baker Books, 2019*) →Kinnaman explora cómo los cristianos pueden usar la tecnología para discipular a otros, comunicar el evangelio y construir comunidades digitales resilientes. La obra anima a la iglesia a interactuar con la cultura de forma creativa y a mantener un testimonio fiel en un mundo digital poscristiano.

[52] Ciencia, fe y verdad objetiva: 1. Nancy Pearcey, *ed., Verdad Total: Libera el Cristianismo de su Cautiverio Cultural, trad. A. Pérez (*Seattle, WA: Editorial JUCUM, 2014*), 191* → Expone la dicotomía (hecho/valor) y cómo el darwinismo expulsó al cristianismo de la esfera de la verdad objetiva; 2. William A. Dembski, *The Design Revolution: Answering the Toughest Questions about Intelligent Design* (Downers Grove, IL: InterVarsity Press, 2004), 40–57 → Defiende el Diseño Inteligente como un programa positivo de investigación científica; 3. Michael J. Behe, *Darwin's Black Box: The Biochemical Challenge to Evolution* (New York: Free Press, 1996), 39–73 → Presenta la noción de *complejidad irreductible* como evidencia a favor del diseño.

[53] Apologética filosófica y racionalidad de la fe: 1. William Lane Craig, *Reasonable Faith: Christian Truth and Apologetics*, 3rd ed. (Wheaton, IL: Crossway, 2008), 361–382 → Reconocido por sus debates públicos y escritos académicos sobre la historicidad de la resurrección de Jesús, Craig defiende la coherencia y la base evidencial de las doctrinas centrales del cristianismo, presentando la fe cristiana como intelectualmente creíble tanto en el ámbito académico como en el público. 2. J. P. Moreland, *Scaling the Secular City: A Defense of Christianity* (Grand Rapids, MI: Baker, 1987), 11–38 → Moreland, filósofo y teólogo con amplias publicaciones sobre la integración entre ciencia y fe, argumenta que el cristianismo ofrece explicaciones coherentes y racionales del cosmos y de la naturaleza humana. 3. Alister McGrath, *The Twilight of Atheism: The Rise and Fall of Disbelief in the Modern World* (New York: Doubleday, 2004), 215–220 → McGrath critica el relativismo cultural y aboga por una fe cristiana sólida y racional. Advierte que reducir el cristianismo a una mera experiencia subjetiva debilita su capacidad para dialogar de manera significativa con la sociedad contemporánea y para responder a las preguntas más profundas de la vida.

[54] La Ventana de Overton (precisión conceptual): La ventana de Overton describe el concepto como una gama de ideas en el discurso público que un político puede adoptar sin arriesgar su carrera política. Según Overton, la ventana puede desplazarse a medida que cambian las percepciones y la aceptación del público, lo que permite que las ideas anteriormente marginales se conviertan en viables políticamente. Este proceso ocurre mediante el debate público y el cambio cultural, y no necesariamente por la acción directa de los políticos. Joseph Lehman, *"An Introduction to the Overton Window of Political Possibility"* (Midland, MI: Mackinac Center for Public Policy, 2006), 1-5. → En este sentido, la Ventana de Overton funciona como una herramienta diagnóstica para comprender cómo las ideas políticas transitan desde lo impensable, a lo aceptable, luego a lo deseable, y finalmente se convierten en ley.

[55] Contraste de la Ventana de Overton: En contraste, Michael D. LaFaive explica que la "ventana de Overton" es una teoría política que describe el rango de ideas políticamente aceptables en un momento dado. Aunque originalmente fue concebida como una herramienta para entender cómo las ideas pueden ganar aceptación pública, en la práctica moderna, su uso ha sido criticado por su potencial para manipular la opinión pública en beneficio de los poderes establecidos. (Ver:

Michael D. LaFaive, *The Overton Window and Public Policy* (Midland, MI: Mackinac Center for Public Policy, 2006), 45.

[56] Programas de salud en contextos eclesiales: Cuando se menciona los programas de salud en el contexto de las iglesias, se hace referencia a iniciativas orientadas al bienestar físico y mental de las personas en la comunidad. Estos programas pueden incluir chequeos médicos gratuitos, campañas de vacunación, asesoramiento y apoyo en salud mental, talleres de bienestar, y educación sobre temas de salud. El objetivo es proporcionar recursos y servicios que mejoren la calidad de vida de los miembros de la comunidad y fomentar una atención integral.

[57] Max Weber, *The Protestant Ethic and the Spirit of Capitalism* (orig. pub. 1905; New York, NY: Charles Scribner's Sons, 1958), 79.

[58] David O'Reilly, *"What Is the Future of Religion in America?", en Pew Trust* (artículo institucional), 7 de febrero de 2023, https://www.pewtrusts.org-/en/trust/archive/winter-2023/what-is-the-future-of-religion-in-america.

[59] Christian Smith y Melina Lundquist Denton, *Soul Searching: The Religious and Spiritual Lives of American Teenagers*, (Oxford, UK: Oxford University Press, 2005), 32-35; Barna Group, *You Lost Me: Why Young Christians Are Leaving Church and Rethinking Faith*, (Grand Rapids, MI: Baker Books, 2011), 45–48.

[60] Kevin Helms, *"Donald Trump Pledges to Stop Biden's Anti-Crypto Agenda, Protect Bitcoin, Free Ross Ulbricht," en Bitcoin.com News,* 26 de mayo de 2024. https://www.crowdfundinsider.com/2024/05/225454-digital-dollar-cbdc-anti-surveillance-state-act-passes-the-us-house-of-representatives/.

[61] Jesse Hamilton, *"Dueling Digital Dollar Bills Debated in Congressional Hearing on U.S. CBDC,"* en *CoinDesk*, 14 de septiembre de 2023. https://www.coindesk.com/poli-cy/2023/09/14/dueling-cbdc-bills-heading-for-us-digital-dollar-debate-in-congressional-hearing/.

[62] Jesús Herrera, *"Trump anunciaría una reserva estratégica en bitcoin para EE. UU. si gana la presidencia"*, en *CriptoNoticias*, 18 de julio de 2024), https://www.criptono-ticias.com/comunidad/trump-reserva-estrategica-bitcoin-estadosunidos-presiden-cia/.

[63] Jesse Hamilton, *"Dueling Digital Dollar Bills Debated in Congressional Hearing on U.S. CBDC," en Bloomberg,* 14 de septiembre de 2023. https://www.coindesk.com/po-licy/2023/09/14/dueling-cbdc-bills-heading-for-us-digital-dollar-debate-in-congressional-hearing.

[64] Diffen, *"Comparing the Ideologies of the Republican and Democratic Parties,"* (s. f.; fuente comparativa divulgativa), (s.f.), https://www.diffen.com/difference/Dem-ocrat_vs_Republican.

[65] MAGA (Make America Great Again) – Nota histórica contextual (no bibliográfica): La frase *"Let's Make America Great Again"* fue utilizada por Ronald Reagan en su campaña presidencial de 1980. Posteriormente, Donald Trump registró *"Make America Great Again"* como marca en 2012 y la consolidó como lema central de su campaña de 2016, convirtiéndola en un símbolo global asociado directamente con su movimiento político.

Fuentes de apoyo documentales:

1. Ronald Reagan Presidential Library – *Announcement for Presidential Candidacy Speech*, November 13, 1979. → Documenta el uso de la

expresión *"Let's Make America Great Again"* en el contexto de la campaña presidencial de 1980.

2. United States Patent and Trademark Office – Trademark registration for *"Make America Great Again"*, 2012. → Confirma el registro oficial de la frase como marca por parte de Donald Trump.
3. New York Times, Maggie Haberman, *"How Trump's 'Make America Great Again' Hat Conquered America"*, January 5, 2017. → Analiza cómo la frase fue resignificada por Trump y convertida en emblema del movimiento MAGA.

[66] Julia Press, David Gura y Adriana Tapia Zafra, "JD Vance, Elon Musk, Peter Thiel and Silicon Valley's Embrace of the MAGA Movement," **en** Bloomberg**,** 18 de julio de 2024. https://www.yahoo.com/news/jd-vance-elon-musk-peter-223606247.html?guccounter=1.

[67] Comparing the Ideologies of the Republican and Democratic Parties" - ThoughtCo. https://www.diffen.com/difference/Democrat_vs_Republican.

[68] United Nations. *Transforming our world: the 2030 Agenda for Sustainable Development.* New York: United Nations, 2015. Available at: https://sdgs.un.org/2030agenda.

[69] Críticas Académicas Cristianas a la Agenda 2030

La Agenda 2030, adoptada por la Organización de las Naciones Unidas en 2015, se ha convertido en uno de los marcos globales más influyentes para el desarrollo sostenible. Comprende 17 Objetivos de Desarrollo Sostenible (ODS) y 169 metas orientadas a enfrentar desafíos como la pobreza, la desigualdad, el cambio climático y la paz. Sin embargo, aunque ha sido recibida con entusiasmo por amplios sectores de la comunidad internacional, también ha sido objeto de un análisis crítico sostenido dentro del ámbito académico cristiano.

1. Críticas desde la Doctrina Social de la Iglesia

Diversos autores católicos han señalado que, si bien la Agenda 2030 refleja valores compatibles con el cristianismo —como la justicia, la solidaridad y el cuidado de la creación—, también presenta serios desafíos éticos y antropológicos. Entre ellos se destacan:

- Una visión reduccionista de la persona humana, al priorizar parámetros técnicos, de una *antropología integral.*
- La ausencia explícita de la dimensión trascendente, ya que la Agenda se articula dentro de un de un horizonte secular que a excluye a Dios como fuente última de dignidad y sentido.
- El riesgo de *colonización cultural,* en la medida en que los ODS, diseñados por organismos globales, pueden imponerse en contextos locales sin suficiente apertura al pluralismo religioso, moral y cultural.

Un ejemplo representativo de esta crítica se encuentra en *The 2030 Agenda: A Critical View from the Social* (Exaudi, 2021).

2. Perspectivas Éticas y Teológicas

Desde la ética cristiana se ha advertido que los ODS carecen de un fundamento moral trascendente explícito, y que el paradigma dominante tiende a ser materialista y funcionalista. Markus Vogt, por ejemplo, sostiene que, aunque los ODS contienen aspiraciones positivas, corren el riesgo de resultar "deshumanizantes" si se interpretan únicamente como indicadores técnicos de progreso (Vogt, 2022)., La ética cristiana insiste en que el desarrollo auténtico no puede separarse de la verdad sobre el ser humano como *imago Dei*.

3. Riesgo en la Implementación Práctica

Otros investigadores señalan que la implementación de la Agenda 2030 suele responder a un modelo vertical (top-down), diseñado principalmente por élites políticas y económicas, con escasa participación sustantiva de comunidades de fe y actores sociales locales. Esta dinámica genera una tensión: por un lado, se reconoce a las religiones como actores sociales relevantes; por otro, se las relega a un rol secundario e instrumental, más funcional que verdaderamente colaborativo (Centro Diritti Umani, 2020).

4. Entre la Colaboración y la Crítica

En el ámbito protestante y evangélico, algunos estudios identifican oportunidades en los ODS como plataforma para promover la justicia social, la equidad y el cuidado de la creación. No obstante, advierten que una adopción acrítica de la Agenda puede conducir a que la iglesia diluya el Evangelio en un discurso de progreso humano, desvinculado de la *Gracia* y de la redención en Cristo (Jenkins, 2015; Samuel, 2019).

Conclusion: Discernimiento Cristiano:

La crítica académica cristiana no consiste en rechazar la Agenda 2030 de manera absoluta, sino en ejercer un discernimiento teológico y profético. La iglesia puede afirmar aquellos valores que reflejan principios bíblicos universales —como la solidaridad, la justicia y el amor al prójimo—, al mismo tiempo que señala los límites de un proyecto secular que pretende definir el futuro de la humanidad sin referencia a Dios. La contribución cristiana consiste en recordar que la verdadera sostenibilidad no es solo ecológica o económica, sino también espiritual: una vida reconciliada con el Creador y orientada al *Reino de Dios*. Solo sobre este fundamento el desarrollo puede ser auténticamente humano e integral.

References

1. Exaudi. *The 2030 Agenda: A Critical View from the Social Doctrine of the Church*. Rome: Exaudi Catholic News, 2021.

2. *Markus Vogt. "Development postcolonial: a critical approach to understanding SDGs in the perspective of Christian social ethics." Global Sustainability* (Cambridge: Cambridge University Press, 2022).

3. Centro Diritti Umani. *An Analysis of the Critiques to the 2030 Agenda for Sustainable Development: The Contribution of Laudato Si'*. University of Padua Human Rights Center, 2020.

4. Willis Jenkins. *The Future of Ethics: Sustainability, Social Justice, and Religious Creativity*. Washington, DC: Georgetown University Press, 2015. 5. Vinay Samuel. "Christian Involvement in Sustainable Development Goals: Ends and Means." *Christian Journal for Global Health* 6, no. 1 (2019): 1–10.

[70] John Rawls, *Political Liberalism*, 1a ed., (Columbia University Press, 1993), 150-152.

[71] Jürgen Habermas, *Between Facts and Norms: Contributions to a Discourse Theory of Law and Democracy*, 1a ed., (MIT Press, 1996), 87-90.

[72] Robert Dahl, *On Democracy*, 1a ed., (Yale University Press, 1998), 45-47.

[73] Amartya Sen, *Development as Freedom*, 1a ed., (Oxford University Press, 1999), 178-180.

[74] Steven Levitsky y Daniel Ziblatt, *How Democracies Die*, 1a ed., (Crown Publishing, 2018), 102-105.

[75] Martin Luther King Jr., *"Letter from Birmingham Jail," April 16, 1963.* https://www.csuchico.edu/iege/_assets/documents/susi-letter-from-birmingham-jail.pdf.

[76] Martin Luther King Jr., *"I Have a Dream," August 28, 1963.* https://www.archives.gov/files/press/exhibits/dream-speech.pdf.

[77] Martin Luther King Jr., *"Where Do We Go from Here: Chaos or Community?",*1967. https://kinginstitute.stanford.edu/king-papers/documen-ts/beyond-vietnam.

https://kinginstitute.stanford.edu/king-papers/documents/beyond-vietnam.

[78] Martin Luther King Jr., *"Beyond Vietnam: A Time to Break Silence,"* 4 de abril, 1967, https://kinginstitute.stanford.edu/king-papers/documents/beyond-vietnam.

[79] En Lucas 15:7 y 15:10, Jesús enfatiza que hay gran gozo en el cielo por un pecador que se arrepiente. Este gozo enmarca la parábola de los dos hijos y aclara su significado: la Gracia de Dios no es solamente para los visiblemente descarriados, sino también para aquellos que confían en su propia justicia. El hermano menor refleja la vida desenfrenada que rechaza al Padre (Is. 53:6), mientras que el hermano mayor retrata la autosuficiencia de quienes confían en su propio historial moral (Ro. 10:3). El mensaje de la parábola, como explica Keller, es que ambos grupos están alejados del corazón del Padre, y ambos son invitados a recibir su Gracia (Ef. 2:8–9). Tradicionalmente, la enseñanza cristiana ha destacado el regreso del hijo menor (Sal. 51:17), pero la parábola también hace un llamado al hijo mayor para que se humille y entre a la fiesta de la Gracia (Fil. 3:9).

[80] Timothy Keller, *El Dios Pródigo: Recuperando el Corazón de la Fe Cristiana* (Barcelona: Andamio, 2009), pp. 23–31 (Jesús se dirige a dos grupos: pecadores y fariseos, igual que en Lucas 15:1–2). pp. 61–70 (el hijo mayor como retrato de los religiosos moralistas muy parecido a los que hoy habitan en muchas iglesias de Miami). pp. 79–92 (el amor del Padre que ofrece Gracia a ambos hijos).

[81] Resúmenes tomadas de las siguientes literaturas: 1. Smithsonian Latino Center, "Latino History," 2022, Smithsonian Institution, https://latino.si.edu/learn/latino-history-and-culture/latino-history; 2. PBS, "Latino Americans: Timeline," Public Broadcasting Service, https://www.pbs.org/latino-americans/en/timeline/.

[82] Resúmenes tomadas de las siguientes literaturas: 1. Pew Research Center, "Latinos in the U.S. Fact Sheet," 7 de septiembre de 2023, Pew Research Center, https://www.pewresearch.org/race-and-ethnicity/fact-sheet/latinos-in-the-us-fact-sheet/; 2. U.S. Census Bureau, "Hispanic Origin," 2023, U.S. Department of Commerce, https://www.census.gov/topics/population/hispanic-origin.html.

[83] Resúmenes tomadas de las siguientes literaturas: 1. Office of Minority Health, "Profile: Hispanic/Latino Americans," 11 de octubre de 2023, U.S. Department of Health & Human Services, https://minorityhealth.hhs.gov/hispaniclatino-health; 2. U.S. Census Bureau, "Hispanic Origin," 2023, U.S. Department of Commerce, https://www.census.gov/topics/population/hispanic-origin.html; 3. Pew Research Center, Jens Manuel Krogstad y Luis Noe-Bustamante, "Key Facts About U.S. Latinos for National Hispanic Heritage Month," 22 de septiembre de 2023,

Pew Research Center, https://www.pewresearch.org/short-reads/2023/09/22/key-facts-about-us-latinos-for-national-hispanic-heritage-month/.

[84] Resúmenes tomadas de las siguientes literaturas: 1. Smithsonian Latino Center, "Latino History," 2022, Smithsonian Institution, https://latino.si.edu/learn/latino-history-and-culture/latino-history; 2. Ariel Zilber, "Percentage of Foreign-born People in US Hits Highest Rate in Over a Century: Data," 12 de septiembre de 2024, New York Post, https://nypost.com/2024/09/12/us-news/percentage-of-foreign-born-people-in-us-hits-highest-rate-in-over-a-century-data/.

[85] Las cifras descritas a la población latina nacional han sido tomadas del artículo de, Mark Hugo López, "Los Hispanos Están Transformando la Demografía de EE. UU y EE. UU. los está Transformando a ellos," 17 de septiembre de 2021, *Opinión*, https://cnnespanol.cnn.com/2021/09/17/opinion-los-hispanos-estan-transformando-la-demografia-de-ee-uu-y-ee-uu-los-esta-transformando-a-ellos/.

[86] US Census Bureau, "2020 Census Statistics Highlight Local Population Changes and Nation's Racial and Ethnic Diversity," August 12, 2021. https://www.census.gov/newsroom/press-releases/2021/population-changes-nations-diversity.html.

[87] Laura Mora, "Hispanic enrollment reaches a new high at four-year colleges in the U.S., but affordability remains an obstacle," 7 de octubre de 2022, *Pew Research Center*, https://www.pewresearch.org/fact-tank/2022/10/07/hispanic-enrollment-reaches-new-high-at-four-year-colleges-in-the-u-s-but-affordability-remains-an-obstacle/.

[88] Lucy Pérez, Bernardo Sichel, Michael Chui y Ana Paula Calvo, "La Situación Económica de los Latinos en EE. UU.: El Sueño Americano Aplazado," 9 de diciembre de 2021, *McKinsey & Company*, https://www.mckinsey.com/featured-insights/destacados/la-situacion-economica-de-los-latinos-en-estados-unidos-el-sueno-americano-aplazado/es.

[89] Tony Payán & Pamela Lizette Cruz, *America's Graying Future: Shifting Demographics and Implications for Immigration Reform* (Baker Institute for Public Policy, Rice University, 2022), https://www.bakerinstitute.org/research/gray-future-america-shifting-demographics-implications-immigration-reform.

[90] Pablo Deiros, *Diccionario Hispano-Americano de la Misión* (Grand Rapids, MI: Editorial CLIE, 1997).

[91] Para este estudio, los investigadores de Pew Research Center usaron como definición de "Familias extendidas y familias de parientes": aquel en el cual hay personas mayores de 25 años de edad que viven con un pariente o abuelos, o que viven con un hijo o nieto adulto mayor de 25 años. "Cuidador de la familia extendida o cuidador pariente": Estos términos también se utilizan indistintamente en este conjunto de herramientas. Se utilizan para captar el espectro de estas relaciones de cuidado, que incluyen a amigos cercanos de la familia, padrinos y otros adultos que no están técnicamente "relacionados" con el niño. "Latino/a/e/x/ e hispano": Los términos latinos e hispanos se utilizan a menudo de forma indistinta. Utilizan "hispano" cuando cita el censo de EE. UU. u otras fuentes. El término latín es una palabra inglesa de género neutro que se utiliza para referirse a las personas de

identidad cultural o étnica latina en EE. UU. El sufijo (-x) sustituye a la terminación (-o/-a) de Latino/Latina que es típica en el idioma español. "Familismo": El concepto latino de "familismo" se extiende más allá de los parientes de sangre e incluye a los amigos, vecinos y compadres/comadres (padrinos y madrinas). Las familias latinas mantienen conexiones, asistencia y apoyo de por vida a través del valor de la interdependencia. Véase, Generations United, "Latino Grandfamilies: Helping Children Thrive Through Connection to Cultural and Family," 21 de noviembre de 2021, https://www.gu.org/app/uploads/2021/11/21-Latino-Grandfamilies-Toolkit-Final.pdf.

[92] Pew Research Center, "Modeling the Future of Religion in America," 13 Sept. 2022, *Pew Research Center,* https://www.pewresearch.org/religion/2022/09/13/modeling-the-future-of-religion-in-america/.

[93] "Millennials" are those born between 1981 and 1996 (ages 23–38 in 2019). The working definition is equivalent to the age range of the previous generation. "Generation X" includes those born between 1965 and 1980. "Generation Z" refers to the post-Millennial generation, with a range from 1997 to 2010, although there is still no consensus on the final date. Michael Dimock, "Defining Generations," 17 Jan. 2019, https://www.pewresearch.org/fact-tank/2019/01/17/where-millennials-end-and-generation-z-begins/.

[94] General Social Survey (GSS), *"Trends in Religious Affiliation, 1972–2021,"* National Opinion Research Center (NORC) at the University of Chicago, as cited by Pew Research Center.

[95] Megan Brenan y Nicole Willcoxon, "Record-High 50 percent of Americans Rate U.S. Moral Values as 'Poor'," 15 de junio de 2022, *Gallup,* https://news.gallup.com/poll/393659/record-high-Americans-rate-moral-values-poor.aspx.

[96] Newswise, El liderazgo ético es clave para sobrevivir a una crisis, 26 febrero, 2021, https://www.newswise.com/articles/ethical-leadership-is-key-to-surviving-a-crisis.

[97] Farshad Arjomandi, "Un Nuevo Modelo de Liderazgo para un Mundo cada vez más Complejo," 22 agosto de 2022, https://gobernanza.es/un-nuevo-modelo-de-liderazgo-para-un-mundo-cada-vez-mas-complejo/.

[98] Ed O' Boyle, "4 cosas que la Generación Z y los Millennials esperan de su lugar de trabajo," Gallup, March 30, 2021, https://www.gallup.com/workplace/336275/thi ngs -gen-millennials-expect-workplace.aspx.

[99] J. Mura, P. Correa, V. Clariá & S. Bacal, "Diversidad religiosa en EE. UU., el 48 % de la población se considera religiosa. 24 de abril, 2024. https://caplinnews.fiu.edu/diversidad-religiosa-ee-uu/.

[100] Leire Ventas, Si los latinos en EE. UU. constituyeran un país "sería la quinta economía del mundo" (y otros datos que muestran su verdadero peso económico), 27 de diciembre, 2022. https://www.bbc.com/mundo/noticias-64074372.

[101] Pew Research Center, "El declive del cristianismo en Estados Unidos se ha desacelerado y podría haberse estabilizado," 26 de febrero de 2025.

https://www.pewresearch.org/religion/2025/02/26/decline-of-christianity-in-the-us-has-slowed-may-have-leveled-off.

[102] Pew Research Center, "America's Changing Religious Landscape," 2021.

[103] Lyotard, J.-F. (1979). *The Postmodern Condition: A Report on Knowledge.*

[104] US Census Bureau, "Florida Was Third-Largest State in 2020 With Population of 21.5 million," 25 de Agosto de 2021, https://www.census.gov/library/stories/state-by-state/florida-population-change-between-census-decade.html.

[105] H&CO, "¿Qué Industrias Son más Adecuadas para Hacer Negocios en la Florida?," https://www.hco.com/es-us/insights/industrias-m%C3%A1s-destacadas-para-hacer-negocios-en-florida.

[106] Expansión, "EE. UU. – Riesgo de pobreza," 21 de septiembre de 2021, *DatosMacros.Com*, https://datosmacro.expansion.com/demografia/riesgo-pobreza/usa.

[107] UCLA Latino Policy & Politics Institute. 15 Facts about Latino Well-Being in Florida. Los Ángeles: University of California, Los Ángeles, 2023. https://latino.ucla.edu/wp-content/uploads/2022/06/15-facts-about-Latino-Well-Being-FLORIDA-R1.pdf.

[108] World population review 2024, Population of Counties in Florida (2024). https://worldpopulationreview.com/states/florida/counties.

[109] J. Mura, P. Correa, V. Clariá & S. Bacal, "Diversidad religiosa en EE. UU., el 48 % de la población se considera religiosa. 24 de abril, 2024. https://caplinnews.fiu.edu/diversidad-religiosa-ee-uu/.

[110] Miami-Dade County, FL Religion. https://www.bestplaces.net/religion/county/florida/miami-dade.

[111] Miami Dade-County, About Miami-Dade County in 2022. https://www.miamidade.gov/global/disclaimer/about-miami-dade-county.page.

[112] World Population Review, Miami-Dade County, Florida Population 2024, 2,700,678. https://worldpopulationreview.com/us-counties/fl/miami--dade-county-population.

[113] DataUSA, *"Perfil demográfico y económico del condado de Miami-Dade, FL"*, 2023, https://datausa.io/profile/geo/miami-dade-county-fl.

[114] Miami-Dade County, FL Economy. https://www.bestplaces.net/economy/-county/florida/miami-dade.

[115] Hurt, Hubert O., *The History of Florida Baptist Language Congregations*, Director, Language Missions Department, State Board of Missions of the Florida Baptist State Convention, mayo de 1988, Stetson University, DeLand, Florida — Congreso presentado en la reunión anual de directores de la Florida Baptist Historical Society, publicado por la Florida Baptist Historical Society (*an agency of* Stetson University and the Florida Baptist Convention), https://floridabaptisthistory.org/wp-content/uploads/2017/08/history_of_fl_baptist.pdf.

[116] KLOG.CO, La importancia de la Zona Libre de Miami, 18 de junio del 2024. https://klog.co/blog/zona-libre-de-miami.

[117] La lengua oficial de Florida es el inglés, además, del español y el creole que han funcionado en determinada etapa junto con el inglés oficialmente. No obstante, Miami es una ciudad donde la mayoría de sus habitantes son de origen latino, concentrados en barrios como La Pequeña Habana (cubanos), Little Haiti (haitianos), Doral ("Doralzuela," venezolanos), Kendall ("Pequeña Colombia"), Allapattah ("Pequeña Santo Domingo," dominicanos), Wynwood ("Pequeño San Juan," puertorriqueños), Sweetwater ("Pequeña Managua," nicaragüenses) y Homestead (mexicanos). Según la Oficina del Censo de EE. UU., aproximadamente el 73% de los residentes de Miami-Dade hablan un idioma distinto al inglés en casa, siendo el español el más común (66%), mientras que solo el 24% reporta hablar únicamente inglés en el hogar". Oficina del Censo de EE. UU., "U.S. Census Bureau, "QuickFacts: Miami-Dade County, Florida," 2021; DataUSA, "Miami-Dade County, FL," 2022.

**Fuentes**: Comisión del Condado de Miami-Dade, Constitución del Estado de la Florida y archivos históricos de la prensa local (1973-2025): **1.** "Miami-Dade Once Made English the County's Official Language." *Miami New Times*, 8 meses atrás. En 1973 el Condado de Dade declaró al español como segundo idioma oficial y al condado como bilingüe, Miami New Times; **2.** "Dade County Repeals Ordinance Declaring English Official Language." *The Washington Post*. 19 de mayo 1993. The Washington Post; **3.** "It's English only for doing county business in Miami." *The Christian Science Monitor*, 6 noviembre de 1980. The Christian Science Monitor; **4.** "History - Spanish American League Against Discrimination." *SALAD.org*, Relata la declaración bilingüe de 1978, la ordenanza English-Only de 1980 y su derogación en 1993. Salad Online.

[118] Data USA, "Miami-Dade County, FL," acceso 12 de agosto de 2025, https://datausa.io/profile/geo/miami-dade-county-fl.

[119] University of Central Florida, "Facts 2024–2025," acceso 12 de agosto de 2025, https://www.ucf.edu/about-ucf/facts/.

[120] Miami se ha convertido en la segunda ciudad más cara de los Estados Unidos en materia de vivienda en relación con los ingresos de sus residentes—solo superada por Nueva York—según el *Housing Affordability Index* de RealtyHop (2022). Entre febrero de 2021 y enero de 2022, el precio promedio de alquiler de los apartamentos de una habitación aumentó de 2,400 a aproximadamente 2,800 dólares, mientras que las unidades de dos habitaciones subieron de 2,500 a 3,600 dólares. Este incremento se atribuye a que la demanda supera ampliamente la oferta y a la ausencia de legislación estatal que regule los costos de los alquileres. Según el mismo análisis, un hogar con el ingreso medio de Miami necesitaría destinar el 77.5 % de sus recursos para cubrir los gastos de vivienda. Tal como reporta también la prensa internacional (*BBC News Mundo*, https://www.bbc.com/mundo/noticias-60122101), la pandemia aceleró este fenómeno.

[121] Quick Clean, Problemas comunes de drenaje y cómo prevenirlos, November 12, 2024, https://quickclean.us/es/problemas-comunes-de-drenaje-y-como-prevenirlos.

[122] 1. U.S. Census Bureau, *American Community Survey 5-Year Estimates (2019–2023): Language Spoken at Home and English Proficiency — Miami-Dade County, Florida* (Washington, DC: U.S. Department of Commerce), acceso a través

de https://data.census.gov. 2. U.S. Census Bureau, *2020 Census Demographic Profile — Miami-Dade County, Florida* (Washington, DC: U.S. Department of Commerce), https://censusreporter.org/profiles/05000US12086-miami-dade-county-fl/.

[123] New American Economy, *New Americans in Miami-Dade County* (2021). https://research.newamericaneconomy.org/wpcontent/uploads/sites/2/2021/08/G4G_Miami-Dade_County_online.pdf.

[124] "Temen que Censo de EE. UU. Dejará Atrás a Negros e Hispanos," 4 de junio de 2019, *Voz de America*, https://www.vozdeamerica.com/a/temen-que-censo-de-eeuu-dejara-atras-a-negros-e-hispanos/4945427.html.

[125] Timothy Keller, *Toda Buena Obra: Conectando tu Trabajo con la Obra de Dios* (Nashville, TN: B&H Publishing, 2018), 168-170.

[126] Pablo Deiros, "trabajo", "trabajo social", *Diccionario Hispano-Americano de la Misión* (Medley, FL: UNILIT, 1997) pp. 626-627.

[127] A. Aikens, "trabajo", *Diccionario Teológico Beacon* (Lenexa, KS: Casa Nazarena de Publicaciones, 2009), 701.

[128]Agustín Esquiroz, "El Trabajo, https://www.academia.edu/40085221/EL_TRABAJO

[129] W. Stanford Reid, "Work," in *The Evangelical Dictionary of Theology* (Grand Rapids, MI: Baker/Libros Desafío, 2006), 612.

[130] V. S. Ventura, "trabajo", *Nuevo Diccionario Bíblico Ilustrado* (Terrassa, Barcelona: CLIE, 1995), 1165-1166.

[131] Darrow L. Miller, ed., *Vida, trabajo y vocación: Una Teología Bíblica del Quehacer Cotidiano*, 2a ed. trad. A. Pérez (Seattle, WA: Editorial JUCUM, 2017), *pp. 13–16].*

[132] Ibid., 85-94.

[133] Timothy Keller, *Toda Buena Obra: Conectando tu Trabajo con el de Dios* (Nashville, TN: B&H Publishing, 2018), 30.

[134] A. Collins, *Estudios Bíblicos ELA: Así Comenzó Todo, Génesis* (Puebla, México: Ediciones Las Américas, 1992), 12-13.

[135] Daniel Carro, J. T. Poe, Rubén O. Zorzoli, eds., *Genesis*, Comentario Bíblico Mundo Hispano (El Paso, TX: Editorial Mundo Hispano, 1993), 50.

[136] Ibid., 51.

[137] Carro, Poe, Zorzoli, Génesis, 52.

[138] Pedro O. Castro C., *El Desarrollo Humano Integral en Armonía con la Razón y la Fe: Fidelidad al Origen y Destino del Hombre* (Lima, Perú: CreaLibros, 2021), 75.

[139] Carro, Poe, Zorzoli, 54.

[140] George Herbert Livingston, Leo G. Cox, Dennis F. Kinlaw, et al., *Génesis*, Comentario Bíblico Beacon, vol.1 (Lenexa, KS: Casa Nazarena de Publicaciones, 2010), 35.

[141] Jonh C. Jeske, *Génesis*, La Biblia Popular, (Milwaukee, WI: Editorial Northwestern, 2004), 86.

[142] A. Schmutzer y A. Mathews, *Genesis 1-11*, The Theology of Work Bible Commentary (Carol Stream, IL: Hendrickson Publishers, 2014), 46-47.

El Arca de Noé: Proyecto Medioambiental, Ético y Cultural

| Dimensión | Descripción Bíblica | Significado Teológico | Aplicación Actual |
|---|---|---|---|

| Medio-ambiental | Dios ordena preservar a las especies: "De todo ser viviente... meterás en el arca dos de cada especie, para conservarlos con vida" (Gn. 6:19–20). | El Arca simboliza la protección del ecosistema creado por Dios y el mandato de cuidar la creación (Gn. 2:15). | Promueve una ecoteología: la responsabilidad del ser humano de preservar la vida, los recursos naturales y el equilibrio del planeta como parte de su adoración al Creador. |
|---|---|---|---|
| Ética | "Noé era varón justo y perfecto en sus generaciones; con Dios caminó Noé" (Gn. 6:9). | Noé representa la obediencia moral y la integridad frente a una humanidad corrupta. El Arca se convierte en símbolo de justicia y fe práctica. | Invita a una ética de responsabilidad y obediencia, donde el liderazgo y las decisiones humanas reflejan valores de justicia, respeto y fidelidad a Dios. |
| Cultural | Noé construye el Arca como la primera gran obra de ingeniería divina-humanitaria (Gn. 6:14–16). | Es el inicio de una cultura de renovación: el hombre colabora con Dios en la historia, reconstruyendo el orden moral y espiritual. | Inspira el desarrollo de una cultura basada en la fe, la ciencia responsable y la esperanza, que une tecnología, valores y espiritualidad en armonía. |

Referencia sugerida:
Sandra L. Richter, "Stewards of Eden: What Scripture Says About the Environment and Why It Matters," The Asbury Journal 62, núm. 1 (2007): 67–76. Richter sostiene que la vocación de la humanidad es administrar la creación y no explotarla, ofreciendo así una base teológica sólida para el compromiso ambiental, ético y cultural.

143 Jeske, 49.

144 Livingston, 30.

145 Cf. Darrow L. Miller, *Discipling Nations: The Power of Truth to Transform Cultures* (Seattle, WA: YWAM Publishing, 1997), caps. 1–2.

146 Haddon Robinson, *Romans Trough Revelation*, The Theology of Work Project, vol.5 (Carol Stream, IL: Hendrickson Publishers, 2015), 255.

147 Ibid., 256.

148 J. F. Walvoord y R. B. Zuck, *Juan, Hechos y Romanos*, Comentario Expositivo: Nuevo Testamento, vol.2 (Puebla, México: Ediciones Las Américas, 1996), 288-289.

149 Ibid., 289.

[150] D. F. Burt, *Un Reposo para el Pueblo de Dios, Hebreos 3:1–4:13* (Terrassa, Barcelona: CLIE, 1994), 155.

[151] Robinson, 259-264.

[152] Simon J. Kistemaker, *Comentario al Nuevo Testamento: Apocalipsis* (Grand Rapids, MI: Libros Desafío, 6004), 633-635.

[153] Robinson, 15.

[154] Haddon Robinson, *Matthew Through Acts*, The Theology of Work Project, vol. 4 (Carol Streams: Hendrickson Publishers, 2014), 169.

[155] Ralph Earle, *Los Hechos de los Apóstoles*, Comentario Bíblico Beacon, vol.7 (Lenexa, KS: Casa Nazarena de Publicaciones, 2010), 497.

[156] Ibid., 497-498.

[157] David Guzik, *Commentary on Acts 18 – Paul in Corinth; the End of the Second Missionary Journey and Beginning of the Third, Enduring Word Commentary*, accessed September 23, 2025, https://enduringword.com/bible-commentary/acts-18.

[158] Robinson, *Matthew Through Acts,* 173.

[159] Ibid., 173-174.

[160] Craig L. Blomberg, *Neither Poverty nor Riches: A Biblical Theology of Material Possessions* (Downers Grove, IL: IVP Academic, 1999), 152–186 →**The Tríada Paulina:** Instrucciones prácticas y organizativas sobre la colecta (1 Co. 16:1–4); Teología de la generosidad, la gracia y la solidaridad intereclesial (2 Co. 8–9); Finalidad misional y unidad entre judíos y gentiles mediante la ofrenda para Jerusalén (Ro. 15:25–27).

[161] Pablo A. Deiros, "misionero bivocacional", *Diccionario Hispano Americano de la Misión* (Medley, FL: UNILIT, 1997), 293, https://www.bibliatodo.com/Diccionario-biblico/misionero-bivocacional.

[162] Walvoord, 206.

[163] Tim Keller y J. Allen Thompson, Manual para Plantadores de Iglesia (New York, NY: Centro "El Redentor", 2002), 239-249. http://www.iglesiareformada.com/Kelle-r_Manual_del_Plantador.pdf.

[164] A. Collins, *Estudios Bíblicos ELA: La esperanza bienaventurada (1ra y 2da Tesalonicenses)* (Puebla, México: Ediciones Las Américas, 1998), 50-51.

[165] Martin H. Manser, *Diccionario de Temas Bíblicos,* G. Powell, ed. (Bellingham, WA: Software Bíblico Logos, 2012), (*"Trabajo – Tema 3410"*).

[166] Walter A. Elwell, ed., *Evangelical Dictionary of Theology*, 2nd ed. (Grand Rapids, MI: Baker Academic, 2001), "Work," 1249–1251.

[167] J. F. Walvoord y B. R. Zuck, *1 Corintios-Filemón*, El Conocimiento Bíblico: Un Comentario Expositivo Nuevo Testamento, vol. 3 (Puebla, México: Ediciones Las Américas, 1996), 240. Logos Bible Software.

[168] Diehl E. William, The Monday Connection: A Spirituality of Competence, Affirmation, and Support in the Workplace (Nueva York: Harper-Collins, 1991), 29.

→ Esta afirmación de Diehl revela la tensión entre la vida de fe y la práctica laboral que muchos creyentes experimentan. Él describe una *dualidad innegable* en la experiencia del cristiano moderno, no como una doctrina filosófica, sino como una ruptura práctica entre lo sagrado y lo secular. Teológicamente, esta división puede identificarse como una forma de *dualismo*, heredada de visiones griegas que separaron el mundo espiritual del material. Sin embargo, la cosmovisión Bíblica afirma que toda la vida pertenece a Dios (Col 3:23; 1 Co 10:31). Por tanto, el trabajo no es un ámbito profano, sino un medio legítimo de adoración, llamado y misión. Redescubrir esta unidad es esencial para integrar fe y vocación en la era contemporánea.

169 John Dillenberger, ed., *Martin Luther: Selections from His Writing* (New York: Anchor Books, 1959), 26.

170 M. Miegge, ed., *Martín Lutero: La Reforma Protestante y el Nacimiento de las Sociedades Modernas*, trad. L. V. Buenfil (Barcelona: Editorial CLIE, 2016), 107.

171 D. J. Kennedy y J. Newcombe, *What If Jesus Had Never Been Born?* (Nashville, TN: Thomas Nelson, 1997), 114.

172 Ibid., 108.

173 Darrow L. Miller, ed., *Vida, trabajo y vocación: Una Teología Bíblica del Quehacer Cotidiano*, 2ª ed. trad. A. Pérez (Seattle, WA: Editorial JUCUM, 2019), 23-25.

174 Ibid., 25.

175 Ibid., 27-28.

176 Ibid., 28-29.

177 Ibid., 29.

178 Ibid., 31.

179 Ibid., 32-36.

180 S. Mead, *The Old Religion in the Brave New World: Reflections on the Relation Between Christendom and the Republic* (Los Angeles: University of California Press, 1977), 4.

181 Nancy Pearcey, ed., *Verdad Total: Libera el Cristianismo de su Cautiverio Cultural*, trad. A. Pérez (Seattle, WA: Editorial JUCUM, 2014), 21.

182 Génesis 2:22-24.

183 Mateo 16:18.

184 Iglesia primitiva estaba determinada en principio -incluso en tiempo de las persecuciones- por una lealtad benevolente hacia el poder estatal, al que se reconocía como el orden dado por Dios y al que, por tanto, se prestaba obediencia, en tanto no se llegara a una oposición entre sus exigencias y las exigencias divinas (cf. Hch. 5: 29). **Fuente:** José Antonio Lobo, "Ideologías y configuraciones históricas de las relaciones Iglesia-Estado", *Estudios Filosóficos*, p. 276, n. 8 (cita de Paul Mikat, "Iglesia y Estado", en *Sacramentum Mundi*, vol. 3, Barcelona: Herder, 1973, col. 709), *https://www.mercaba.org/mediafire/alvarez,%20jesus%20%20historia%20-de%20la%20iglesia%2003.pdf*

185 Pearcey, *Verdad Total*, 2014, 46.

186 Albert M. Wolters, *Creation Regained: Biblical Basics for a Reformational Worldview*, 2da ed. (Grand Rapids, MI: Eerdmans, 2005), 12.

187 Pearcey, *Verdad Total*, 2014, 22.

188 Wolters, *Creation Regained*, 12–26.

189 Wolters, *Creation Regained*, 57.

**190** AUTORES Y APORTES A LA COSMOVISION CRISTIANA

| Autor | Obra Clave | Aporte resumido |
| --- | --- | --- |

| Harry Blamires (1911) | The Christian Mind (1963) | Señala que los cristianos han perdido la capacidad de pensar Bíblicamente y llama a recuperar una mente renovada por la Palabra para impactar todas las áreas de la vida. |
|---|---|---|
| Bob Briner (1935) | Roaring Lambs (1993) | Critica la retirada cristiana de la cultura, especialmente en medios y artes, e impulsa a que la fe sea creativa y transformadora en la esfera pública. |
| Peter Berger (1977) | The Sacred Canopy (1977) | Analiza cómo la secularización fragmenta la vida social y cultural, debilitando la referencia a Dios y promoviendo el relativismo. |
| Francis Schaeffer (1982) | How Should We Then Live? (1976, influyente hasta los 80s) | Traza la historia del pensamiento occidental y muestra que solo una cosmovisión cristiana puede sostener la verdad, la moral y la belleza frente al humanismo secular. |
| Michael Goheen (1985) | The Drama of Scripture (con C. Bartholomew, 2004) | Afirma que el relato Bíblico debe ser el marco interpretativo del creyente y que la misión cristiana es integral, abarcando toda la vida y la cultura. |
| Lesslie Newbigin (1994) | The Gospel in a Pluralist Society (1989) | Plantea que el evangelio no es una opinión más, sino la clave interpretativa de la realidad, ofreciendo esperanza en sociedades pluralistas. |
| Philip E. Johnson (2000) | Darwin on Trial (1991, influyente hasta 2000) | Cuestiona los fundamentos del naturalismo científico y abre el camino al Intelligent Design, mostrando que la fe cristiana es racional y defendible. |

Nota: Conocer a estos autores ayuda a los cristianos a pensar bíblicamente y vivir su fe de forma coherente en todos los ámbitos de la vida, fortaleciendo su testimonio e influencia en la cultura.

[191] Pearcey, Nancy. *Verdad total: Libera el cristianismo de su cautiverio cultural.* Trad. A. Pérez. Seattle, WA: Editorial JUCUM, 2014, pp. 31–33.

[192] Timothy Keller, y Katherine Leary Alsdorf, *Toda buena obra: La conexión entre tu trabajo y la obra de Dios.* 1.ª ed., (Barcelona: Editorial Andamio, 2015), pp. 18–19.

[193] *Íbid.*, pp. 29–30, 58 (cap. 1, «El diseño del trabajo»).

[194] Ibid., 75 «El trabajo se vuelve infructuoso».

[195] Ibid., 151-152 (cap. 11, «Una nueva historia para el trabajo»).

[196] Ibid., 155 «Un nuevo poder para el trabajo».

[197] Timothy Keller, *Iglesia centrada: Haciendo un ministerio equilibrado y centrado en el Evangelio en tu ciudad.* (Barcelona / Miami: Editorial Andamio / Editorial Vida, 2015), pp. 143–144.

[198] Keller, *Toda buena obra,* 155.

[199] David W. Miller, ed., *God at Work: The History and Promise of the Faith at Work Movement* (Oxford, UK: Oxford University Press, 2006), 144-147.

[200] M. Greene, ed., *El Gran Abismo*, trad. P. Flórez (Barcelona, España: Andamio, 2013), 5-8.

[201] Manfred Svensson, *Pluralismo. Una alternativa a las políticas de identidad* (Santiago de Chile: Instituto de Estudios de la Sociedad, 2022), 137.

[202] Ibid., 147.

[203] Tyler J. VanderWeele et al., "Association Between Religious Service Attendance and Mortality," *JAMA Internal Medicine* 176, no. 6 (2016): 777–785.

[204] Tyler J. VanderWeele, "Religious Communities, Mental Health, and Deaths of Despair," *JAMA Psychiatry* 74, no. 2 (2017): 103–104.

[205] Keller, *Toda Buena Obra,* 243.

[206] Ibid., 243-244.

[207] Ibid., 244.

[208] Ibid., 245.

[209] Ibid., 245-246.

[210] Tim Chester, El Trabajo Centrado en el Evangelio: Llegando a Ser el Trabajador que Dios Quiere que Seas, 1ª ed. (Bogotá, Colombia: Poiema Publicaciones, 2016), 9.

[211] Ibid., 13, 23.

[212] Ibid., 34.

[213] Ibid., 93, 111.

[214] S. Traeger y G. Gilbert, ed., *El Evangelio en el Trabajo*, trad. Alejandro Molero (Ciudad Real, España: Editorial Pelegrino, 2016), 21-93.

[215] Ibid., 95-132.

[216] Keller, *Iglesia Centrada*, 15.

[217] John Stott, *The Message of Romans: God's Good News for the World* (Downers Grove, IL: IVP Academic, 1994).

[218] Daniel Carro, José Tomás Poe, et al., *Comentario bíblico mundo hispano Gálatas, Efesios, Filipenses, Colosenses, y Filemón*, 1. ed. (El Paso, TX: Editorial Mundo Hispano, 1993–), 170–172.

[219] Martín Lutero, *A la nobleza cristiana de la nación alemana (1520)*, en *Escritos reformadores*, vol. 1 (Salamanca: Ediciones Sígueme, 2006), 113–148.

[220] F. F. Bruce, *The Epistles to the Colossians, to Philemon, and to the Ephesians* (Grand Rapids: Eerdmans, 1984), 353–360; John Stott, *La Iglesia Contemporánea frente al Mundo Moderno* (Barcelona: CLIE, 1990), 112–118.

[221] Timothy Keller, *Iglesia Centrada: Haciendo un ministerio equilibrado y eficaz en la ciudad* (Grand Rapids: Zondervan, 2012), 316–328. Ver también: Timothy Keller y J. Allen Thompson, *Manual de Plantadores de Iglesias* (Nueva York: Redeemer City to City, 2011), 13–25, 101–111.

[222] John Stott, *El Mensaje de los Hechos*, 1.ª ed. (Buenos Aires: Certeza Unida, **2010**), 384→ (Hch. 20: 17); John Stott, *El Mensaje de los Efesios*, 2.ª ed. (Buenos Aires: Certeza Unida, **2006**), 135–163 → (Ef. 4).

[223] Timothy Keller, *Iglesia Centrada: Haciendo un ministerio equilibrado y eficaz en la ciudad* (Grand Rapids: Zondervan, 2012), 311–328; Lesslie Newbigin, *El Evangelio en una Sociedad Pluralista* (Barcelona: CLIE, 2002), 101–115.

[224] 1. Sam Shoemaker, *Extraordinary Living for Ordinary Men* (New York: Harper & Row, 1965) → Shoemaker, pionero del movimiento de renovación

espiritual en EE. UU., destaca la importancia del laico como testigo de Cristo en el mundo laboral y social. Su obra subraya que el cristianismo auténtico debe vivirse "entre semana" tanto como en la iglesia. Esta contribución respalda directamente la argumentación desarrollada en *Deudores Incumplidos*, al demostrar cómo comunidades de laicos en ciudades universitarias y comerciales (por ejemplo, Nueva York) integraron fe y vocación de manera práctica y misional, superando la dicotomía entre vida espiritual y vida cotidiana.

[225] 2. Demos Shakarian, *The Happiest People on Earth* (Old Tappan, NJ: Revell, 1975), 60–65 → Shakarian narra el surgimiento de la Fraternidad Internacional de Hombres de Negocios del Evangelio Completo. Describe cómo empresarios laicos fueron movilizados para evangelizar en el entorno de los negocios, enfatizando que la fe no está restringida a los pastores, sino que pertenece a todos los creyentes. Aporta un testimonio clave para comprender la expansión del modelo vocacional en contextos profesionales.

[226] 3. Martín Lutero, *La vocación cristiana* (Wittenberg, 1520). → Lutero rompe con la visión medieval que limitaba la vocación al clero y los monjes. Afirma que todo trabajo honesto es un "llamado" (*Beruf*) dado por Dios. Su teología del "sacerdocio de todos los creyentes" fundamenta la integración de la fe y el trabajo, al enseñar que servir en la familia, la economía o la política es tan espiritual como predicar desde el púlpito.

[227] 4. John Stott, *The Message of Ephesians* (Downers Grove, IL: IVP Academic, 1979) → Stott interpreta Efesios como una carta clave para la comprensión de la Iglesia como cuerpo unido en Cristo. Destaca la unidad en la diversidad de dones y ministerios, y explica cómo la misión de la Iglesia abarca tanto el ámbito espiritual como la vida cotidiana. Este planteamiento se vincula directamente con *Deudores Incumplidos*, al iluminar la *identidad misional* de la Iglesia y la edificación de la comunidad como una tarea compartida, no restringida al clero, sino asumida por todo el pueblo de Dios.

[228] 5. Timothy Keller, *Center Church: Doing Balanced, Gospel-Centered Ministry in Your City* (Grand Rapids, MI: Zondervan, 2012). → Keller propone un marco de ministerio urbano que equilibra doctrina, evangelización y contextualización. Enfatiza que la misión de la Iglesia incluye transformar la cultura y la vida pública, integrando la fe con la vocación profesional de los creyentes. Su aporte fortalece la tesis de *Deudores Incumplidos* al mostrar cómo las iglesias pueden equipar a los cristianos para ejercer una fe integral en la ciudad.

[229] 6. John Stott, *The Message of Acts* (Downers Grove, IL: IVP Academic, 1990), 300–305 → Stott resalta en Hechos el dinamismo misional de la Iglesia primitiva y la descentralización del ministerio. Subraya cómo el liderazgo laico y los hogares como los de Aquila, Priscila o Lidia como plataformas para la misión. Esta perspectiva refuerza el argumento desarrollado en *Deudores Incumplidos*, al sostener una *identidad orgánica* de la Iglesia basada en la diversidad de dones, vocaciones y contextos, guiados por una misión común bajo el señorío de Cristo.

[230] 7. Alister McGrath, *Christian Theology: An Introduction*, 5th ed. (Oxford: Wiley-Blackwell, 2011). → McGrath explica cómo la doctrina de la creación y la providencia fundamenta una visión positiva del trabajo humano. También aborda la eclesiología y la ética cristiana como marcos que integran la vocación laboral con

la misión de la Iglesia. Su contribución consiste en aportar una base sistemática y teológica a la integración de fe y trabajo articulada en *Deudores Incumplidos.*

[231] 8. John Stott, *The Contemporary Christian* (Downers Grove, IL: IVP Academic, 1992) → Stott reflexiona sobre cómo los cristianos deben vivir su fe en el mundo moderno. Enfatiza la tensión entre ser fieles al Evangelio y, al mismo tiempo, relevantes culturalmente. Aporta al escrito *Deudores Incumplido* al mostrar cómo el testimonio vocacional conecta la fe con el contexto social, profesional y político de cada creyente.

[232] 9. Lesslie Newbigin, *The Gospel in a Pluralist Society* (Grand Rapids, MI: Eerdmans, 1989) → Newbigin sostiene que el Evangelio debe ser vivido y anunciado en el espacio público, especialmente en sociedades plurales y seculares. Afirma que la fe cristiana no puede confinarse al ámbito privado, sino que debe influir en el trabajo, la cultura y la vida social. Esto se alinea con el énfasis de la obra *Deudores Incumplidos* en superar la separación entre lo secular y lo espiritual.

[233] 10. Timothy Keller, *Every Good Endeavor: Connecting Your Work to God's Work* (New York: Dutton, 2012) → Keller ofrece una teología práctica del trabajo. Enseña que el trabajo no es un mal necesario, sino parte del diseño original de Dios; que el pecado distorsiona la labor humana; que la identidad del creyente está en Cristo, no en la profesión; y que el descanso sabático libera de la idolatría de la productividad. Su contribución radica en ofrecer un marco teológico y misional que respalda la argumentación desarrollada en *Deudores Incumplidos,* fortaleciendo su tesis sobre la integración entre fe, trabajo y misión en contextos seculares y eclesiales.

[234] 11. F. F. Bruce, *Paul: Apostle of the Heart Set Free* (Grand Rapids, MI: Eerdmans, 1977). → Descripción: Bruce ofrece una biografía teológica de Pablo que integra su trasfondo judío y helenístico, su experiencia de conversión y su praxis misionera. Al presentar a Pablo simultáneamente como teólogo, pastor y misionero, la obra subraya que la misión apostólica no puede separarse de la vida cotidiana, el trabajo manual y la inserción en contextos sociales concretos. Este enfoque coincide con *Deudores Incumplidos* al reforzar la comprensión de la misión cristiana como una vocación integral que articula fe, vida y misión en contextos reales, superando la dicotomía entre ministerio "espiritual" y trabajo "secular." https://www.thegospelcoalition.org/theme-lios/review/paul-apostle-of-the-free-spirit/.

[235] 12. Craig Keener, *Acts: An Exegetical Commentary* (Grand Rapids, MI: Baker Academic, 2012) → Descripción: Keener desarrolla una exégesis exhaustiva del libro de Hechos, situando la expansión de la Iglesia primitiva dentro de su contexto histórico, social y cultural. Su análisis muestra cómo la misión cristiana se desplegó a través de redes domésticas, líderes laicos y prácticas cotidianas, más allá de estructuras clericales formales. Esta lectura respalda la argumentación de *Deudores Incumplidos* al fundamentar bíblicamente una eclesiología misional descentralizada, donde la diversidad de dones, vocaciones y espacios sociales participa activamente en la obra del Reino bajo la guía del Espíritu Santo.

[236] 13. N. T. Wright, *Paul: A Biography* (New York: HarperOne, 2018) → Descripción: Wright una biografía que integra historia, teología y misión, mostrando la coherencia interna entre la vida de Pablo y su pensamiento. Al destacar la misión a los gentiles como expresión concreta del señorío de Cristo en el mundo, la obra conecta biografía personal y transformación social. Este planteamiento se alinea con *Deudores Incumplidos* al reforzar la idea de que la fe

cristiana no se limita al ámbito eclesial, sino que impulsa una participación activa y responsable en la vida pública, cultural y vocacional. → *disponible en*: https://richardbla-ckaby.com/book-review-paul/.

[237] 14. Miroslav Volf, *Work in the Spirit: Toward a Theology of Work* (Eugene, OR: Wipf & Stock, 1991) → Descripción: Volf desarrolla una teología del trabajo desde una perspectiva pneumatológica, afirmando que los dones del Espíritu están orientados a la edificación comunitaria y a la participación en la misión de Dios. El trabajo humano es presentado como una dimensión legítima de la vida espiritual y como cooperación con la obra creadora y redentora de Dios. Esta propuesta ofrece un marco teológico clave para *Deudores Incumplidos*, al sustentar la integración entre fe, trabajo y misión como expresión de una iglesia guiada por el Espíritu y comprometida con la transformación de la sociedad.

[238] 15. Jürgen Moltmann, *The Church in the Power of the Spirit: A Contribution to Messianic Ecclesiology* (London: SCM Press, 1977) → Descripción: Moltmann articula una eclesiología pneumatológica y mesiánica que concibe a la Iglesia como una comunidad dinámica, abierta al futuro del Reino de Dios y llamada a participar activamente en la transformación del mundo. La Iglesia no es presentada como una institución cerrada, sino como un cuerpo en misión, animado por el Espíritu Santo.
Esta visión converge directamente con ***Deudores Incumplidos*** al reforzar una comprensión de la Iglesia como sujeto misional en la historia, donde la vida comunitaria, la vocación laica y la misión pública forman una unidad inseparable. Reseña en *The Gospel Coalition / Themelios* disponible en: https://www.thegospelcoalition.org/the-melios/review/the-church-in-the-power-of-the-spirit/.

[239] 16. Michael Frost y Alan Hirsch, *The Shaping of Things to Come: Innovation and Mission for the 21st-Century Church* (Grand Rapids, MI: Baker Books, 2003) → Descripción: Frost y Hirsch proponen comprender la Iglesia como un organismo vivo y descentralizado, en el que cada creyente participa activamente en la misión de Dios desde su vocación particular. Su enfoque contrasta los modelos eclesiales centrados en la atracción con un paradigma *encarnacional* y *misional*, donde la comunidad cristiana se inserta conscientemente en su contexto cultural para dar testimonio del Evangelio. Esta obra converge directamente con *Deudores Incumplidos* **a**l reforzar una visión de la Iglesia como cuerpo orgánico en misión, donde la identidad cristiana se expresa mediante la participación vocacional, la contextualización cultural y la corresponsabilidad de todo el pueblo de Dios en la misión. Al mismo tiempo, la recepción crítica del libro —como la realizada por 9Marks— resulta pertinente para *Deudores Incumplidos*, al subrayar la necesidad de mantener el discernimiento teológico y bíblico frente a posibles riesgos de relativismo metodológico en los enfoques misionales contemporáneos. Disponible en: https://www.9marks.org/review/book-review-the-shaping-of-things-to-come-by-michael-frost-and-alan-hirsch/.

[240] Elliott, J. Action Research: *A Framework for Self-Evaluation in Schools.* (Cambridge: Cambridge Institute of Education, 1981), 12-16.

[241] Timothy Keller, *Every Good Endeavor: Connecting Your Work to God's Work* (New York: Dutton, 2012), 25-28.

[242] Grupos de Conexión de la iglesia de Hillsong, Manual de líderes de Grupos de Conexión. https://docplayer.es/162943298-Manual-de-lideres-de-grupos-de-conexion.html.

[243] No Place Left (NPL). → Movimiento global de movimientos que comparte una visión similar, pero articulada en inglés para contexto internacional. Según su definición oficial, NPL no es una organización central, sino una coalición descentralizada de creyentes, iglesias y equipos misionales comprometidos con la expansión del Evangelio hasta que no quede "ningún lugar ni pueblo donde Cristo no sea conocido". Características principales: 1. Visión bíblica integral: Basada en la idea de que, como en el caso de Pablo (Romanos 15:18–24), la iglesia debe "proclamar el Evangelio hasta que no quede lugar". 2. No es una organización formal: NPL no tiene jerarquía ni estructura formal, sino que es una coalición de redes y creyentes que colaboran voluntariamente. 3. Multiplicación de discípulos y iglesias: Se busca reproducir discípulos, iglesias y líderes hasta que haya presencia genuina y sostenida del Evangelio en cada pueblo, grupo étnico y lugar. 4. Descentralización y cooperación: La visión promueve liderazgo distribuido, redes interdependientes y participación de iglesias autónomas sin control organizativo central. *Resumen*: NPL es una *visión global de finalización de la Gran Comisión* expresada en términos de saturación del Evangelio en todos los lugares y pueblos, con un enfoque en reproducir discípulos y comunidades de fe de manera descentralizada y colaborativa. Disponible en: https://noplaceleft.net/what-is-npl/.

[244] Ningún Lugar Sin Alcanzar (NLSA). → Es un movimiento de movimientos hispanohablante enfocado en evangelismo, discipulado, misiones y plantación de iglesias con el objetivo de que "Cristo sea dado a conocer en toda tribu, grupo étnico, ciudad o segmento donde aún no lo ha sido". Características principales: 1. Visión generacional de evangelización: Busca que no quede ningún lugar sin ser alcanzado por el mensaje de Cristo en la generación actual. 2. Movilización misionera: Organiza escuelas de entrenamiento misionero bivocacional para capacitar obreros y evangelizadores. 3. Multiplicación de discípulos e iglesias: La visión se expresa con frases como "*Reproduciendo discípulos e iglesias hasta no quedar #NingúnLugar-SinAlcanzar*". 4. Red de iglesias y entrenamiento: Se presenta como una organización que unifica y capacita iglesias y creyentes para la misión, enfatizando obedecer a Jesús y cumplir la Gran Comisión. *Resumen*: NLSA es un *movimiento contextualizado al mundo hispanohablante* que adapta la visión de saturar lugares con el Evangelio, enfocándose en discipulado, evangelismo y plantación de iglesias dentro de contextos lingüísticos y culturales concretos. Disponible en: https://www.nin-gunlugarsinalcanzar.com/.

A continuación, se presenta un resumen de ambos movimientos.

Cuadro Comparativo: Ningún Lugar Sin Alcanzar (NLSA) vs. No Place Left (NPL)

| Criterio | Ningún Lugar Sin Alcanzar (NLSA) | No Place Left (NPL) |
|---|---|---|
| Idioma / Contexto | Expresión en español del movimiento misional; contextualizada para América Latina y el mundo hispano. | Expresión original en inglés del movimiento misional; surgida en contextos anglosajones y globales. |
| Naturaleza del Movimiento | Movimiento misional descentralizado enfocado en la multiplicación de discípulos e iglesias. | Movimiento misional global enfocado en que no quede ningún pueblo sin testimonio del Evangelio. |

| Visión Misional | Que no exista ningún territorio, ciudad o grupo humano sin acceso al Evangelio y comunidades discipuladoras. | Que no quede ningún pueblo, etnia o segmento poblacional sin presencia del Evangelio. |
|---|---|---|
| Estructura | Orgánica, relacional y no jerárquica; liderazgo distribuido y formación de multiplicadores. | Orgánica y reproducible; estructuras mínimas orientadas a la rápida expansión misional. |
| Fundamento Bíblico | Mateo 28:18–20; Hechos 1:8; Romanos 15:23. | Mateo 28:18–20; Hechos 13–14; Romanos 15:23. |
| Enfoque Estratégico | Discípulos que hacen discípulos, iglesias que plantan iglesias, líderes que multiplican líderes. | Movimientos de plantación de iglesias (CPM/DMM) con énfasis en rapidez y fidelidad bíblica. |
| Relación con la Iglesia Local | Fortalece y reforma la iglesia local tradicional hacia una identidad misional. | Opera tanto dentro como fuera de estructuras eclesiales tradicionales. |

[244] RAZONES CLAVES QUE RESPALDAN LAS RAZONES BÍBLICA DEL DEL MATRIMONIO:

1. Origen sagrado del matrimonio: Para los cristianos, el matrimonio es una institución establecida por Dios mismo. El relato de la creación lo presenta como parte del diseño original de la humanidad:
"Por tanto, dejará el hombre a su padre y a su madre, y se unirá a su mujer, y serán una sola carne." (Gn. 2:24, RVR60).
Este pasaje subraya que el matrimonio es una unión sagrada y exclusiva entre un hombre y una mujer, destinada a reflejar la relación entre Dios y su pueblo.

2. El matrimonio como imagen de Cristo y la Iglesia *(V*éase Timothy Keller, *The Meaning of Marriage* [New York: Dutton, 2011], 37–42)

El Nuevo Testamento amplía la visión del matrimonio al presentarlo como un reflejo de la relación entre Cristo y la Iglesia. El apóstol Pablo escribe:
"Maridos, amad a vuestras mujeres, así como Cristo amó a la iglesia, y se entregó a sí mismo por ella... Grande es este misterio; más yo digo esto respecto de Cristo y de la iglesia." (Ef. 5:25, 32, RVR60).

Este pasaje describe el amor sacrificial que Cristo tiene por la Iglesia, comparándolo con el amor que un esposo debe tener por su esposa. Este modelo de amor, respeto y sacrificio mutuos constituye el estándar normativo del matrimonio cristiano.

3. La unidad del matrimonio en la diversidad de género *(*Wayne Grudem, *Systematic Theology* [Grand Rapids, MI: Zondervan, 1994], 456–459)
La Escritura enseña que hombres y mujeres fueron creados a la imagen de Dios, iguales en dignidad, pero distintos en función y naturaleza.
"Y creó Dios al hombre a su imagen, a imagen de Dios lo creó; varón y hembra los creó." (Gn. 1:27, RVR60).
Estas diferencias no dividen, sino que se complementan en el diseño divino. En el matrimonio, esta complementariedad se manifiesta como una unidad armónica, donde cada cónyuge desempeña un papel único y valioso. Así, la unión conyugal refleja el plan de Dios de mostrar unidad en medio de la diversidad.

4. Los fines del matrimonio según la Escritura *(John Piper, This Momentary Marriage* [Wheaton, IL: Crossway, 2009], 15–20*)*
La Palabra de Dios presenta el matrimonio como una institución con múltiples propósitos que trascienden lo meramente humano. Entre ellos destacan:

- Compañerismo:
  "No es bueno que el hombre esté solo; le haré ayuda idónea para él." (Gn. 2:18, RVR60).
  El matrimonio provee un contexto de amistad, apoyo y mutua compañía.
- Procreación:
  "Fructificad y multiplicaos." (Gn. 1:28, RVR60).
  Este mandato divino subraya la formación de la familia como núcleo básico de la sociedad.
- Santidad:
  "Honroso sea en todo el matrimonio, y el lecho sin mancilla." (He. 13:4, RVR60).
  El vínculo matrimonial también es un medio de santificación, donde los esposos crecen juntos en fidelidad a Dios.

Estos fines muestran que el matrimonio no es solo un contrato humano, sino parte integral del plan de Dios para la humanidad.

5. El matrimonio como marco de pureza sexual *(*R. C. Sproul, *Essential Truths of the Christian Faith* [Wheaton, IL: Tyndale House, 1992], 223–225)
La Biblia enseña que el matrimonio constituye el único contexto legítimo para la expresión plena de la sexualidad humana. El apóstol Pablo lo afirma con claridad:
"Pero a causa de las inmoralidades, cada hombre tenga su propia mujer, y cada mujer tenga su propio marido." (1 Co. 7:2, RVR6*0).*
De este modo, la relación conyugal protege al creyente de la tentación, promueve la fidelidad y honra el diseño de Dios para la intimidad. El matrimonio, entendido así, no es solo un resguardo, sino también un espacio donde la sexualidad se dignifica y encuentra su propósito.

6. El matrimonio como pacto sagrado *(*John Stott, *Issues Facing Christians Today* [Grand Rapids, MI: Zondervan, 1999], 345–348)
La Biblia enseña que el matrimonio trasciende la categoría de contrato humano para convertirse en un pacto sagrado entre los cónyuges y Dios. El profeta Malaquías lo expresa con claridad:
"Jehová ha atestiguado entre ti y la mujer de tu juventud, contra la cual has sido desleal, siendo ella tu compañera, y la mujer de tu pacto." (Mal. 2:14, RVR60).
Este concepto de pacto subraya que el matrimonio implica un compromiso profundo y duradero, basado en la fidelidad y en la responsabilidad espiritual delante de Dios.

7. El amor como fundamento integral del matrimonio (John Stott, *Issues Facing Christians Today* [Grand Rapids, MI: Zondervan, 1999], 345–348)
La visión bíblica del matrimonio no se limita a los sentimientos románticos, sino que comprende un amor integral que se expresa en acción y sacrificio. El apóstol Pablo lo resume en el conocido pasaje de la caridad cristiana:
*"El amor es sufrido, es benigno; el amor no tiene envidia, el amor no es jactancioso, no se envanece; no hace nada indebido, no busca lo suyo, no se irrita, no guarda rencor..."* (1 Co. 13:4–5, RVR60).
Estas cualidades de paciencia, bondad y humildad son esenciales para la edificación de un matrimonio saludable y duradero.

8. El matrimonio como testimonio público de la fe

Vivido conforme a los principios bíblicos, el matrimonio se convierte en un testimonio visible ante la sociedad. La unión conyugal que refleja los valores del Evangelio muestra la belleza del diseño de Dios y señala la importancia de la fe en la vida cotidiana. De este modo, el matrimonio cristiano no solo fortalece a la familia, sino que también comunica al mundo la esperanza del Reino de Dios.

9. La visión del matrimonio en la tradición cristiana *(Agustín, De Bono Coniugali; Juan Calvino, Institución de la Religión Cristiana, II.8.41–43)*

A lo largo de la historia, la Iglesia ha sostenido el matrimonio bíblico como norma para la vida conyugal. Los Padres de la Iglesia, los reformadores y numerosos líderes cristianos contemporáneos lo han enseñado como parte esencial de una vida de obediencia a Dios. Este sustento histórico y doctrinal confirma que la visión cristiana del matrimonio no es un mero ideal, sino un fundamento sólido y probado a lo largo de los siglos.

Conclusión

El matrimonio, según la enseñanza Bíblica y la reflexión cristiana a lo largo de los siglos, no es un simple acuerdo humano, sino un pacto santo establecido por Dios. En él se refleja el amor de Cristo, se cultiva la unidad y la fidelidad, y se ofrece un testimonio vivo al mundo de la bondad y sabiduría del Creador. Vivido bajo estos principios, el matrimonio se convierte en un espacio de *gracia, bendición y crecimiento espiritual* para la familia y para la Iglesia.

246 FUNDAMENTO FILOSÓFICO DEL MATRIMONIO CRISTIANO

El matrimonio cristiano no se comprende únicamente a través de la revelación divina, sino también mediante la razón natural. A lo largo de la historia, filósofos y teólogos han reflexionado sobre sus fundamentos morales, sociales y teleológicos, ofreciendo un marco racional que complementa la enseñanza bíblica y eclesial.

1. Fundamento de la ley Natural (Tomás de Aquino, *Suma Teológica*, I–II, q.94, a.2; Aristóteles, *Ética a Nicómaco* y *Política*, I.1–5)

Tomás de Aquino enseña que el matrimonio es una institución natural ordenada al bien común y a la realización personal. Esta visión se apoya en la comprensión aristotélica de la naturaleza humana y la vida social, que se convirtió en la base de la teoría de la ley natural y moldeó profundamente la teología cristiana.

2. El Bien Común (Agustín, *La Ciudad de Dios*, XIX.16–17; Jacques Maritain, *La Persona y el Bien Común*, 45–53)

Agustín de Hipona sostiene que el orden moral dentro de la familia es esencial para la estabilidad de la sociedad. Jacques Maritain amplía esta visión, mostrando que el matrimonio contribuye decisivamente al bienestar social al ser la célula primaria del bien común.

3. Dignidad Humana y Relaciones Personales (Edith Stein, *La Estructura de la Persona Humana*, 105–120; *La Mujer*, 45–67; Immanuel Kant, *Crítica de la Razón Práctica*, 85–92)

La dignidad humana, tema central de la filosofía cristiana, se refleja en el matrimonio como una relación que honra y promueve la dignidad de ambos cónyuges. Edith Stein examina la complementariedad entre el hombre y la mujer, mientras Immanuel Kant desarrolla el concepto de dignidad humana como valor intrínseco. Ambas perspectivas convergen en afirmar que el matrimonio debe salvaguardar el respeto, la responsabilidad mutua y el amor como expresiones visibles de esa dignidad.

4. La Visión Teleológica (Causas Finales) (Aristóteles, *Metafísica*, 1012b–1014a; *Ética a Nicómaco*, I.1–7; Tomás de Aquino, *Suma Teológica*, I–II, q.1–5)

La teleología —el estudio de las causas finales— es clave para comprender el matrimonio cristiano. Aristóteles enseña que todo tiende hacia un fin último, y Aquino integra este principio en la teología cristiana, presentando el matrimonio como una vocación dirigida a los fines supremos del amor, la comunión y la perfección moral en Dios.

5. El Argumento de Coherencia Interna (C. S. Lewis, *Mero Cristianismo*, IV.3-4; Alasdair MacIntyre, *Tras la Virtud*, cap. 15-17)

La ética cristiana del matrimonio perdura por su coherencia interna. C. S. Lewis muestra que los principios cristianos forman un sistema racional y armonioso, mientras Alasdair MacIntyre demuestra que la tradición moral cristiana proporciona una base internamente coherente para la visión ética del matrimonio, incluso en medio de la fragmentación moral moderna.

6. La Crítica al Relativismo Moral (G. K. Chesterton, *Ortodoxia*, cap. 3-4; *El Hombre Eterno*, cap. 1-2; Juan Pablo II, *Veritatis Splendor*, nn. 32-50)

Frente al relativismo moral, G. K. Chesterton defiende la objetividad de la verdad cristiana. De manera semejante, el papa Juan Pablo II, en *Veritatis Splendor*, expone las falacias del relativismo y reafirma la validez universal de las normas morales aplicadas al matrimonio, fundamentándolas en la ley natural y la razón iluminada por la fe.

Conclusión

Desde una perspectiva filosófica, el matrimonio cristiano se apoya en principios desarrollados y defendidos por una larga tradición de pensadores cristianos y clásicos. A través de la ley natural, el bien común, la dignidad humana, la teleología, la coherencia interna y la crítica al relativismo, estos autores ofrecen una base intelectual sólida que refuerza la convicción cristiana de que el matrimonio es una institución natural, moral y racionalmente justificada.

[247] Noble T. A., "Agustinianismo", en Richard S. Taylor et al. (eds.), trans. *Diccionario Teológico Beacon*, trad. Eduardo Aparicio, José Pacheco y Christian Sarmiento (Lenexa, KS: Casa Nazarena de Publicaciones, 2009), 37.

[248] Justo L. González y Carlos F. Cardoza-Orlandi, *Diccionario ilustrado de intérpretes de la fe* (Terrassa, Barcelona: Editorial Clie, 2004), 444.

[249] Norman L. Geisler, "Kant, Immanuel", en *Baker encyclopedia of Christian apologetics*, Baker Reference Library (Grand Rapids, MI: Baker Books, 1999), 402.

[250] Mario A. Lopez, *"Diseño Inteligente: Hacia un Nuevo Paradigma Científico,* Trad. OIACDI, (Create space self-publishing, 2010), 1, 10-11.

[251] Raúl Caballero Yoccou, *Comentario bíblico del continente nuevo: Efesios* (Miami, FL: Editorial Unilit, 1992), 8-10.

[252] John Stott, *El mensaje de Hechos*, 1.ª ed., trad. David Powell, revisión bíblica de Jorge Olivares, ed. lit. Adriana Powell (Ediciones Certeza Unida, 2010), 360-392.

[253] John Stott, *El mensaje de Efesios*, 2.ª ed., trad. Carmen Pérez, revisión bíblica de Jorge Olivares y Abel Schwab, ed. lit. Adriana Powell (Buenos Aires: Ediciones Certeza Unida, 2006), 53-92.

[254] Poco más de una década después de que Juan escribiera Apocalipsis, Ignacio escribió una carta a la iglesia en Éfeso en la que alababa a los cristianos locales por su paciente perseverancia y su resistencia ante el engaño. Comenta que algunas personas de Siria han pasado por Éfeso con enseñanzas malas pero que los

efesios se han negado a escucharlas. Los alaba por ser de una sola mente con los apóstoles en el poder de Jesucristo. Al parecer, los cristianos habían tomado en serio las palabras de Jesús. A pesar de su perseverancia doctrinal y resistencia al error, la iglesia de Éfeso fue reprendida por Jesús por haber abandonado su "primer amor". Su fervor inicial, caracterizado por un amor apasionado hacia Cristo y el prójimo, se había enfriado con el tiempo. Eran doctrinalmente fieles y perseverantes, pero habían perdido el entusiasmo evangelístico que caracterizó a las generaciones anteriores. Jesús los llama al arrepentimiento, a recuperar su devoción original y a realizar nuevamente las obras que fluían de un amor genuino. De no hacerlo, advierte que quitará su candelabro, es decir, su testimonio público y su influencia misional. Simon J. Kistemaker, *Comentario al Nuevo Testamento: Apocalipsis* (Grand Rapids, MI: Libros Desafío, 2004), 133–135.

[255] Grupo de Obras Consultadas para la Elaboración del Escrito por Keller "Cómo es la iglesia de hoy": (1) Timothy Keller, *Iglesia Centrada: Cómo la Gracia cambia todo.* 1.ª ed., (Editorial Andamio, 2014), 320 pp. Tema: Expone el modelo de iglesia de Keller, destacando la centralidad del evangelio en la predicación, el discipulado y la misión urbana; (2) Timothy Keller, *Toda Buena Obra: Conectando tu trabajo con el de Dios.* 1.ª edición, Editorial Andamio, 2015, 320 pp. Tema: Presenta una teología del trabajo y muestra cómo los cristianos pueden integrar su fe en su vida profesional; (3) Timothy Keller, *El Dios Pródigo: El redescubrimiento de la esencia de la fe cristiana.* 1.ª ed., (Buenos Aires: Editorial Andamio, 2012), 176 pp; Tema: Exegesis de la parábola del hijo pródigo y su aplicación en la comprensión del Evangelio y la Gracia; (4) Timothy Keller, *Ministerio en la Ciudad: Cómo las iglesias pueden transformar sus comunidades.* 1.ª ed., (Grand Rapids, MI: Zondervan, 2021), 288 páginas; Tema: Analiza los desafíos de liderazgo eclesial en contextos urbanos, abarcando la evangelización, la justicia social y la integración cultural; (5) Redeemer Presbyterian Church – Center for Faith & Work, *Gospel in Life: Grace Changes Everything*, 1.ª ed. (Grand Rapids, MI: Zondervan, 2010), 256 pp. Tema: Explica cómo el evangelio transforma cada área de la vida, incluyendo el trabajo, la cultura y la comunidad.; (6) Timothy Keller y Allen Thompson. *Manual para plantadores de iglesias.* 1.ª ed., (New York: Redeemer City to City, 2012), 230 pp. Tema: Proporciona una guía teológica y estratégica para la plantación de iglesias en contextos urbanos.

[256] "'La iglesia de los 'iglecubanólogos o igleCastronólogos'": Se trata de un tipo de iglesia en la que el pastor asume el rol de "logos", "cabeza" en minúscula, en lugar de ser parte del "cuerpo". Su comportamiento controlador es multifactorial y se ha desarrollado a largo de su trayectoria vivencial.

[257] Antes del inicio del curso, el pastor principal respondió al cuestionario del Apéndice 6, lo que le permitió concluir en esta primera evaluación que la iglesia es una congregación saludable. Posteriormente, el pastor y el director del proyecto se reunieron con el equipo de conexión y el líder de influencia para discutir los hallazgos previos a la preparación del curso. En dicha reunión, el pastor expuso las razones que sustentan su percepción sobre la salud de la iglesia.

A su vez, el director del proyecto expresó su acuerdo con los puntos del pastor, pero también presentó un análisis crítico sobre los desafíos que enfrenta la iglesia en la era poscristiana, donde su influencia en la sociedad posmoderna ha disminuido. En este proceso, identificó una evaluación clave que sirvió como punto de partida para el estudio. Los resultados reflejaron que, si bien la mayoría percibía la iglesia como saludable, cuatro de los doce participantes la consideraron estancada, aunque reconocieron su potencial para realizar los ajustes necesarios y convertirse en una influencia relevante dentro de su contexto cultural.

[258] Tabla de propuestas de fuentes, se pueden reagrupar los libros en tres ejes temáticos: Cosmovisión Cristiana, Cosmovisión Bíblica Cristiana y Apologética Cristiana. Organizado de la siguiente manera:

1. Cosmovisión Cristiana

Obras que presentan una visión integral de la fe aplicada a la vida, la cultura y el trabajo: Darrow L. Miller y Marit Miller: *Vida, trabajo y vocación: Una teología bíblica del quehacer cotidiano*; Nancy Pearcey: *Verdad total: Liberando al cristianismo de su cautiverio cultural*; Timothy Keller: *Cada buena obra: Conectando tu trabajo con el corazón de Dios*; Timothy Keller: *Iglesia Centrada: El ministerio balanceado del evangelio en tu ciudad*; Mark Greene: *(TTT) Transforma tu trabajo*; Craig Van Gelder & Dwight J. Zscheile: *The Missional Church in Perspective: Mapping Trends and Shaping the Conversation.*

Claves: ayudan a integrar la fe en el ámbito laboral, cultural y social, resaltando el impacto transformador de la cosmovisión cristiana en la vida diaria y en la misión de la iglesia.

2. Cosmovisión Bíblica Cristiana

Obras que profundizan en la aplicación directa de la Biblia como referencia absoluta para la vida y la misión: Timothy Keller: *El Dios pródigo*; Timothy Keller y J. Allen Thompson: *Manual de plantadores de iglesias*; Howard G. Hendricks y William D. Hendricks: *Viviendo por la Palabra: Principios prácticos para la interpretación bíblica.*

Claves: refuerzan la centralidad de la Escritura, el perdón y la gracia, la plantación de iglesias y el estudio bíblico inductivo como fundamentos para una vida coherente con la fe.

3. Apologética Cristiana

Obras enfocadas en la defensa intelectual y práctica de la fe cristiana: Antonio Cruz: *Apologética en Diez Respuestas*; Antonio Cruz: *Introducción a la Apologética Cristiana: La Evidencia de Dios*; Rainer Siemens y Delmer Wiebe: *Apologética. Preguntas y respuestas*; C. S. Lewis: *Mere Christianity.*

Claves: ofrecen respuestas claras y lógicas a las objeciones, presentan fundamentos racionales y evidencias de la fe, y forman a líderes y laicos para dialogar con la cultura contemporánea.

TABLA: TRES PERSPECTIVAS CRISTIANAS INTERRELACIONADAS SOBRE LOS DESAFÍOS DEL MUNDO

| Aspecto | Cosmovisión Cristiana | Apologética Cristiana | Cosmovisión Bíblica Cristiana |
|---|---|---|---|
| Definición | Un marco de interpretación usado por los cristianos para entender el universo y su propósito en él, | La disciplina de defender y explicar la fe cristiana frente a dudas, críticas y enseñanzas erróneas. | Un marco de referencia desde el cual un cristiano interpreta y comprende el mundo, basándose en los principios y |

| | basado en la revelación divina. | | enseñanzas de la Biblia. |
|---|---|---|---|
| Enfoque Principal | Interpreta todos los aspectos de la vida (ética, política, arte) a través del prisma de la fe cristiana, sin separación entre lo sagrado y lo secular. | Se centra en preparar a los cristianos para responder adecuadamente a las críticas y ataques contra su fe, utilizando argumentos racionales y evidencias. | Se enfoca en una interpretación y aplicación coherente de las enseñanzas bíblicas en todos los aspectos de la vida, aunque reconoce que muchos cristianos no logran mantener esta coherencia. |
| Desafíos Internos | Puede ser cuestionada la autenticidad y existencia de la revelación divina sobre la que se basa. | Cada cristiano debe conocer suficientemente su fe para poder compartirla y defenderla, aunque no todos necesitan ser expertos en teología. | Incluye desafíos como el desconocimiento de la Biblia, el rechazo a sus enseñanzas, preocupación por la opinión mundial, tibieza espiritual, influencias engañosas y dudas en tiempos difíciles. |
| Versículos Clave | (Jn. 14:1) Jesús como 'el camino, la verdad y la vida', subrayando que su enseñanza y vida son fundamentales y definitorias. | (1 P. 3:15) Insta a los cristianos a estar siempre preparados para responder a quien les pida razón de su esperanza, pero con mansedumbre y respeto. | (Pr. 29:25, Apo. 3:15, Lc. 9:25, Jn. 12:25, Mt. 1:19) Versículos que enfatizan la importancia de adherirse a las promesas y enseñanzas de Dios a pesar de las influencias mundanas o desafíos. |
| Impacto en la Vida | Afecta todas las decisiones diarias y la forma de enfrentar la vida, marcando una diferencia significativa en el comportamiento y pensamiento del individuo. | La apologética asegura que los cristianos no solo retengan su fe frente a las críticas, sino que también sean capaces de promoverla de manera efectiva y respetuosa en la | La falta de una cosmovisión Bíblica coherente puede llevar a un cristianismo superficial o culturalmente conformado. La educación en las Escrituras y el compromiso con las enseñanzas de |

|  |  |  |  |
|---|---|---|---|
|  |  | sociedad (Mt. 28:18-20). | Cristo son esenciales para superar estos desafíos. |
| Métodos de Aplicación | Implica la aplicación de principios bíblicos a todos los aspectos de la vida. | Utiliza apologética clásica (pruebas y argumentos lógicos) y presuposicional (examinar las bases de las perspectivas no cristianas). | Se requiere un regreso constante a la Biblia y un apego a sus promesas para mantener una cosmovisión verdaderamente bíblica. |

Nota: *Además de estas tres perspectivas, se debe cultivar una filosofía cristiana que confronte los sistemas de pensamiento contemporáneos con la sabiduría de Cristo.*

[259] "Para el director del proyecto, resulta fundamental comprender que, aunque esta sección no vaya a ser evaluada, los participantes necesitan visualizar y comprender la dirección hacia la cual se encamina la proyección de la Iglesia, con el objetivo de convertirse en una iglesia relevante con el anhelo de transformarse en una congregación que trasciende en esta era poscristiana en la ciudad de Miami."

[260] Idem., "Para el director del proyecto."

[261] Estas preguntas se inspiran en diversos aportes contemporáneos sobre la misión de la iglesia y la integración de la fe en la vida diaria: Timothy Keller, *Iglesia Centrada: Haciendo un ministerio equilibrado y eficaz en la ciudad* (Grand Rapids: Zondervan, 2012); Howard G. Hendricks y William D. Hendricks, *Interpretación Bíblica* (Barcelona: Editorial Patmos, 2011), originalmente *Living by the Book*; Nancy Pearcey, *Verdad Total: Libera el Cristianismo de su Cautiverio Cultural* (Miami, FL: Editorial Vida, 2008); Os Guinness, *El Llamado: Descubre tu propósito* (Grand Rapids: Zondervan, 2003); Darrow L. Miller, *LifeWork: A Biblical Theology for What You Do Every Day* (Seattle: YWAM Publishing, 2009); Lesslie Newbigin, *The Gospel in a Pluralist Society* (Grand Rapids: Eerdmans, 1989).

FIN DEL TOMO I

Implementación de la Primera Fase

-------------------------------------

TOMO II

Implementación Ministerial, Multiplicación Misional y Transformación Cultural

# HACIA LA TRANSFORMACIÓN COMPLETA

## *Introducción al Segundo Libro*

Incluye Guía de Estudio
*(Segunda y Tercera Fase)*

Título Principal:

## DEUDORES INCUMPLIDOS:
*La Iglesia ante el Desafío de Romanos 1:14*

TOMO II

### Implementación Ministerial, Multiplicación Misional y Transformación Cultural

Este segundo libro representa la continuación estratégica del proyecto. Recoge los resúmenes esenciales del plan formativo y expone, con profundidad y visión renovadora, la Segunda y Tercera Fase del proceso de integración ministerial. Su propósito es conducir a la Iglesia Local Tradicional Hispana (ILTH), especialmente en el contexto de Miami, hacia una transformación integral y sostenible, ofreciendo herramientas concretas para alcanzar una iglesia verdaderamente saludable, contextualizada y misional en la era actual.

Con una perspectiva Bíblica, contextual y culturalmente relevante, este tomo busca inspirar a pastores, líderes y laicos a avanzar de la formación a la multiplicación, y de la multiplicación a la transformación cultural, en fidelidad a la misión del Evangelio y al llamado de Romanos 1:14.

www.ingramcontent.com/pod-product-compliance
Lightning Source LLC
LaVergne TN
LVHW020646110826
845149LV00012B/1929

* 9 7 8 1 9 5 8 5 4 7 1 5 1 *